대학생을 위한

예비부모교육

이원영 · 김정미 공저

학지사

　내 나이 또래들은 대학교는 물론 중학교와 고등학교에 입학할 때도 입학시험을 치러야 했다. 그 당시 우리나라에서 가장 입학하기 어렵다는 경기여중 신입생이 되었을 때 박은혜 교장 선생님은 "너희들은 이 나라에서 선택받은 사람들이다. 자긍심을 갖고 어깨를 바로 펴고 고개를 들고 당당하게 걸어라."라는 훈시를 자주 하셨다. 우리들은 너나 할 것 없이 고개를 빳빳이 들고 다니려고 안간힘을 썼다. 나도 교장 선생님의 말씀대로 해 보려 했지만 도무지 어깨가 펴지지 않았고 허리도 꼿꼿해지지 않았다. 그런데 그런 상황은 나만 겪는 것이 아니었다. 다른 친구들도 교장 선생님의 주문에 부응하는 것을 어려워했다. 무엇이 문제인지 그 원인을 알아낼 수 없었고 또 알아낼 능력도 없었지만, 갈등은 계속 마음속을 맴돌았다.

　'왜 안 되지?'

　대학에서 유아교육을 전공하는 동안 부모교육, 아동심리, 아동발달, 정신위생, 임상심리 등을 배우게 되었는데, 그것들을 통해 나는 어린아이들에 대해서도 배웠지만 내 자신의 마음을 들여다보는 방법을 배우게 되었다. 연령에 따른 발달 특징을 읽으며 내가 정상 궤도에 있는지 아닌지, 그리고 문제행동의 원인은 무엇인지 알게 되었다. 공부를 하면서 나는 정서적 문제가 해결되어야 나를 사랑할 수 있고 다른 사람도 사랑할 수 있다는 것, 도덕성의 기초는 어린 시절에 가정에서 형성된다는 것을 알게 되었다. 중·고등학교 시절에 몸이 당당하게 퍼지지 않았던 것은 내 마음에 풀리지 않은 억압된 정서적 문제가 많았던 때문이었다. 그 당시 내가 갖고 있던 인격은 어려서부터 부모님, 할머니, 고모, 이모, 학교 선생님 등에 의해 조금씩 뇌리에 깊이 새겨진 것들이며, 이제부터는 내가 내 인격의 주인이 되어 내가 바라는 당당한 사람으로 거듭나야 한다는 귀중한 깨달음도 얻었다.

학업을 수행하는 중에, 그리고 중앙대학교 교수로 취임한 후에도 나는 프로이트의 정신분석이론, 에릭슨의 인성발달 단계론, 호나이의 자아분석이론, 아들러의 개인심리학, 랭의 분열된 자아, 린지의 성격이론, 융의 분석심리학 등 마음을 들여다보는 학문의 책들을 손에 잡히는 대로 읽으며 내 마음을 들여다보기 시작했다. 이론서에서 이야기하는 내용을 보며 내 인격의 현상은 어떠하며, 원인은 무엇인지를 유추해 보았고, 어떻게 바꿀 수 있을지에 대해서도 고민하며 나를 변화시키려고 노력했다. 그 과정에서 어느 날은 변화된 것을 느껴 행복했고, 어느 날은 변화가 불가능한 것으로 보여 우울해지는 것을 시계추처럼 반복했다. 이렇게 흔들리는 시기를 꽤 오래 보낸 어느 날, 드디어 나는 마음의 평온을 찾았다. 그러면서 가능하다면 젊은 세대에게 예비부모교육을 하여 준비된 부모가 될 수 있도록 기회를 주어야 한다고 생각했다.

그러고 나서 처음으로 했던 일은 중학교 가정 교과서에 아동발달과 어른의 역할에 대한 내용을 집필하는 데 참여한 것이었고, 중앙대학교 유아교육학과에서는 인성 형성과 어른의 역할을 강조하면서 부모교육을 가르쳤다. 그런데 점점 부모교육 강의에 유아교육과 학생보다는 타과 학생들이 많아지기 시작했다. 30명이 정원인데 150명이 수강할 때가 많아 강의 수준을 정하는 것이 어려웠다. 부모교육을 교양과목으로 개설할 필요성이 있었다. 다행히 1997년 당시 중앙대학교 교무처장이던 허형 박사는 평소 부모교육의 필요성을 느끼고 있었던 터라 교양과목 내용을 전면 개혁하면서 부모교육을 교양과목에 포함해 주었다. 우리나라 최초로 대학생을 대상으로 하는 예비부모교육이 교양과목으로 개설된 것이다. 지금은 전국의 많은 대학교에서 교양과목으로 부모교육을 개설하고 있어 내 꿈이 이루어지고 있다. 이제 나의 다음 꿈은 신병훈련소에서 예비부모교육 과정을 필수로 배우게 하는 것이다. 젊은이들이 바람직한 인격을 형성하고, 그들이 결혼하여 이루는 가정이 웃음과 행복으로 가득해져서 자녀들이 행복해지는 세상이 더 빨리 오기를 바라기 때문이다.

젊은이가 사랑하는 사람을 만나 결혼하고 자녀를 낳아 기르는 것은 축복받은 일이다. 그런데 이 축복받은 일이 힘들고 저주스러운 일로 바뀌는 것은 부부 각자가 어린 시절 뇌에 각인된 인격의 어두운 그늘, 풀어지지 않은 정서적 앙금, 문제의 원인을 자기 안에서 찾지 않고 상대방에게 투사하기 때문이다. 결혼하기 전에, 아니 사랑하는 사람을 만나기 전에 내 마음을 들여다볼 수 있고 어느 정도 자신의 마음을 다스릴 수 있게 되면 두 사람이 합해 더 온전한 사람이 될 수 있고 자녀 양육도 축복으로 느끼게 될 것이다.

어린 시절 내 속에 쌓인 나도 모르는 내 마음의 부정적인 감정을 자녀에게 투사하지 않아 아이를 불행의 나락으로 떨어지지 않게 한다면, "내 마음의 문제가 이것이었군." 하며 인식하는 계기로 삼고 극복한다면, 자녀도 행복해지고 내 인격도 성숙해질 수 있다. 결혼을 하지 않고 독신으로 지내는 사람들 중에 몇몇은 어딘가 독선이 심하고 대화를 하기가 힘들다고 느낄 때가 많은데, 이들에게는 자녀를 키우며 자신의 어린 시절과 싸워 이길 수 있는 기회가 없었기 때문이라고 생각한다. 대학생들이 이 책을 통해 삶이 바뀌는 계기를 발견할 수 있다면 더 이상 바랄 것이 없다.

이 책은 1부 '예비부모교육에 대한 이해', 2부 '좋은 부모되기 1단계', 3부 '좋은 부모되기 2단계', 4부 '좋은 부모되기 3단계'의 전체 4부 16개 장으로 구성되어 있다.

각 장에서 관련 이론을 배우기 전, 독자들이 주요 내용에 대해 흥미와 관심을 갖게 하기 위해 '생각 모으기'를 해 보게 하였다. 이론을 학습한 후에는 더 깊고 넓게 생각해 보는 '생각 넓히기' 토의 시간을 갖게 하였다. 각 장을 '생각 모으기'로 시작하고 '생각 넓히기'로 끝낸 것은 부모역할을 하는 것이 왜 중요한지, 어떻게 해야 자녀를 잘 기를 수 있는지, 실제 양육 현장에 어떻게 적용할 수 있는지를 익히게 하는 것이 이 책의 목적이기 때문이다.

함께 이 책을 집필한 김정미 교수에게 특히 감사한다. 박사학위 논문의 주제로 예비부모교육을 추천하는 내 권유를 흔쾌히 받아들여 예비부모교육을 일생의 과업으로 여기고 계속 연구하면서 내 꿈에 동행하고 있기 때문이다. 또한 멋지고 알찬 책으로 출판해 주신 학지사의 김진환 사장님을 비롯하여 원고를 꼼꼼히 읽고 더 좋은 책을 만들어 주신 최임배 상무님, 이하나 님에게도 감사의 말씀을 드린다.

2011년
중앙대학교 유아교육과 명예교수
이원영

이 책의 차례

Part 1
예비부모교육에 대한 이해

Part 2
좋은 부모되기 1단계: 나에 대한 이해

Part 4

좋은 부모되기 3단계
더불어 사는 사회에서의 부모역할

Part 1

예비부모교육에 대한 이해

Chapter 1

예비부모교육의 개념

예비부모교육이란 아직 부모가 되지 않은 젊은이들에게 바람직한 부모의 태도와 역할을 알려 주어, 결혼 후 엄마 아빠가 되어 사랑이 넘치는 가정을 만들도록 돕는 예방 차원의 교육이다. 예비부모교육에 대한 보다 구체적인 이해를 돕기 위해 이 장에서는 예비부모교육의 정의, 그 가치와 의의를 살펴보고자 한다.

부모교육에 관한 개념 정의는 학자마다 다르고, 용어도 부모교육(parent education), 부모훈련(parent training), 부모참여(parent participation), 부모개입(parent involvement) 등의 용어가 구분 없이 사용되고 있다(이원영, 1992).『교육학 용어사전』(서울대학교 사범대학 교육연구소, 1995)에서는 부모교육을 "유치원 교육의 효과를 높이기 위해 부모들에게 아동발달, 교육과정 등을 알려 주고, 가정의 협력을 얻어 내려는 목적으로 시작된 교육이다. 1965년 미국 연방정부에서 저소득층의 어린이들을 위해 Head Start 프로그램을 시작한 이후 유아교육 현장에서 부모의 직간접적 참여가 강조되면서 더욱 연구되고 있는 분야로서 부모로서의 효율적인 양육 태도 및 방법을 지니도록 교육하는 것을 일컫는다."라고 정의하고 있다. 이 정의는 부모교육 프로그램에 신생아 교육법, 영아 및 유아를 위한 부모교육, 분만 예정 산모를 위한 교육, 유아교육 현장에서 교사 보조자 역할을 위한 교육, 청소년 자녀를 가진 부모를 위한 교육을 포함하고 있다. 그러나 이 정의는 아직 부모가 되지 않은 미혼 남녀, 즉 예비부모에 대한 부모교육은 구체적으로 언급하고 있지 않다(신혜영, 1996). 김정미(2004)는 "부모교육은 부모뿐만 아니라 예비부모를 포함하는 성인에게 부모됨에 대한 자신감을 주고 부모역할의 긴장을 완화시켜 부모로서 균형 잡힌 전인적 삶을 살 수 있도록 도와주는 교육"이라고 정의하였다.

미혼의 청년을 대상으로 하는 예비부모교육은 이미 부모가 된 사람들을 대상으로 하는 부모교육에서 파생된 학문으로, 부모교육의 대상을 주로 젊은 어머니로 해야 한다는 고정관념을 깨고 남성으로까지 확대함은 물론, 연령도 청소년으로 확대하였다. 특히 미혼 청년 대상 예비부모교육을 강조하게 된 것은 유아교육과 부모교육의 학문적 발전에 힘입은 점도 있으나, 서구 사회에서 빈발하는 십대 미혼모·미혼부와 같은 사회문제를 해결하고 더 나아가 예방하는 차원에서 시작되었다고 할 수 있다.

예비부모교육은 교육 대상과 목적에 따라 그 정의가 다소 다를 수 있다. 펜실베이니아 주 베드포드에서 의료관계자들이 아동학자, 영양학자, 정신건강 관계 전문가들과 협동하여 개발한 예비부모 프로그램(expectant parent program)(이재연, 김경희, 1990 재인용)에서는 일반적으로 예비부모를 출산 전 임신부로만 한정하였고, 예비부모교육을 부모준비(preparation for parenthood)라는 의미로만 한정한 바 있다.

『유아교육백서』(한국유아교육학회, 1995)에서도 미래의 부모교육은 예비부모교육을 포함해야 한다고 보았다. 다양한 배경을 가진 젊은이들에게 적절한 부모교육 프로그램을 받게 하여 부모될 준비, 부모역할을 미리 해야 '부모'로서 준비가 된다고 보았기 때문이다. 부모역할에 대한 준비는 갈린스키(Galinsky, 1987)가 제시했듯이 자녀의 연령과 발달에 따라 달라지겠지만, 부모가 되기 전부터 부모의 전 생애 동안 지속적으로 준비해야 하는 생애 맥락적 과업이다.

결론적으로 예비부모교육이란 십대 미혼 청소년·고등학생·대학생·미혼의 청년·자녀 출산 이전의 부부 등 자녀양육에 대한 일반적 또는 특수한 욕구를 가진 사람에게 부모됨에 대해 생각해 볼 기회를 주어 영유아 발달에 대한 이해를 높이고, 사랑하는 방법을 알게 하여 이들이 양육에 대해 자신감을 갖게 하고, 자녀와 행복한 관계를 맺도록 돕는 교육이다. 앞으로 부모가 될 이들에게 양육에 대한 지식·기술·태도를 가르쳐, 자녀양육에서 나타날 수 있는 잠재적 문제를 사전에 예방할 수 있도록 돕는 교육을 말한다.

그중에서도 특히 이 책에서 소개하는 예비부모교육 프로그램은 십대 미혼 부모나 임신부와 같은 특수한 상황과 요구를 가진 대상이 아닌, 부모됨에 대한 보편적 욕구를 가진 대학생들을 대상으로 부모로서 필요한 지식·기술·태도를 길러 주어 부모기를 준비하도록 하는 대학교육과정상의 교육을 말한다.

Chapter 2

예비부모교육의 필요성

현대사회의 급격한 사회적·정치적·경제적·문화적 변화는 과거 부모 세대들이 해 오던 부모역할을 크게 변화시켰다. 그중 핵가족화는 현대의 젊은 부모들이 부모 세대로부터 양육에 대한 교육을 받지 못하게 만들었다. 또 급격히 증가한 부모의 이혼 및 별거 현상은 한부모가정을 증가시켰다(이병래, 1991; Berk, 1997; Kagan, 1995). 여성취업의 보편화 현상은 유치원 교사, 어린이집의 보육교사에게 대리부모역할을 부여하였고, 성(性)에 대한 개방적 문화는 미혼모 문제를 야기했다. 따라서 이미 자녀를 둔 부모를 교육하는 것은 물론 결혼 전의 청춘 남녀에게 예비부모교육을 실시하는 나라가 많아졌다.

1960년대 후반에서 1970년대에 걸쳐 미국의 십대 미혼모들을 대상으로 한 연구는 미혼모들이 부모됨이나 올바른 자녀양육에 대한 사전지식을 전혀 가지고 있지 못함을 알려 주었다. 우리나라도 예외는 아니어서 청소년들이 생활 중에 어른들의 양육방식을 배울 기회가 없다. 게다가 과도한 대학 입시 준비교육은 사람과 사람의 만남과 사귐을 방해하고 있다. 친구도 사귀지 못하고 이성을 인격적으로 대하지 못하게 만들기 때문에 결혼하여 아기를 낳으면 양육의 번거로움과 어려움을 참지 못한다. 부모가 되기 직전의 청소년들을 대상으로 한 예비부모교육의 필요성은 점차 더 시급한 과제가 되고 있다(나은경, 1992; 이병래, 1991).

우리나라의 부모교육은 1914년 유치원 어머니를 대상으로 자모교육을 하는 협의의 교육이었다가 1979년 '세계어린이해'를 기점으로 일반인을 대상으로 하는 부모교육으로 확산되었다. 유치원 및 학교 이외에 여성단체나 유아상담소, 연구소 등을 중심으로 부모교육 워크숍이 정기적으로 열리고, 방송이나 신문에서 부모교육에 관한 기사들을 자주 취급함으로써 다양한 부모교육 프로그램 개발의 필요성이 강조되기 시작하였다. 1974년 CBS Radio의 "자녀교육 상담실"이 우리나라 최초의 유아기 자녀를 둔 부모들을 대상으로 한 부모교육이었다. 최근에는 기업에서 직원연수교육의 일환으로 예비부모들을 위한 교육 프로그램이 개설되고 있다. 심지어는 신입사원 연수에서 미래의 어머니 및 아버지 준비 교육을 하기도 한다. 중앙대학교는 1997년 우리나라에서는 처음으로 대학생을 위한 부모교육을 교양과목으로 개설하였고, 지금은 많은 대학에서 부모교육을 교양과목으로 가르치고 있다.

이와 같이 예비부모들의 요구가 증대하게 된 데는 다음과 같은 몇 가지 이유가 있다.

첫째, 핵가족 생활을 하는 대부분의 젊은 부모는 과거의 대가족제도에서 3~4대가 함께 살면서 부모역할 수행을 조언하고 관리해 주던 어른들의 도움을 받지 못한다. 이들은 자녀양육의 책임을 혼자서 수행해야 할 상황에 부딪히게 되었다. 부모됨과 바람직한 부모역할에 대해 배우지 못하고 갑자기 부모가 되면서 아동발달, 인성발달, 자녀양육방법, 가족관계, 의사소통기술 등에 대한 이해 부족으로 자녀양육 그 자체가 짐으로 여겨지게 되고, 부모역할의 수행에 많은 어려움을 겪게 되었다(이재연, 김경희, 1990). 따라서 자녀양육에 필요한 기술과 부모기에 수행하게 될 역할 및 태도 등을 습득하기 위하여 부모가 되기 이전에 학교교육 등의 기회를 통하여 체계적인 예비부모교육을 받아야 할 필요가 대두되었다. 또한 예비부모교육이 실시되는 청년기는 인간발달에서 자아정체성이 형성되는 중요한 시기로, 이 시기에 바람직한 부모관과 양육관을 내면화하도록 돕는다면 부모가 된 이후에 실시되는 부모교육보다 훨씬 높은 효과를 기대할 수 있다. 건강한 자아개념은 건강한 부모역할 수행을 예측하게 하는 주요 변인이 되기 때문이다.

둘째, 프로이트, 에릭슨, 보울비, 피아제, 번 등 많은 학자들은 일찍이 인간발달에서 영유아기의 초기 경험이 중요함을 강조했다. 태아기부터 유아기에 이르기까지 아이는 부모와 가장 많은 시간을 보내며 직접 접촉하기 때문에, 자녀의 건강한 성장·발달을 위해서는 예비부모에게 이를 미리 인식시키고 교육시킬 필요가 있다. 청소년기 이후부터 첫아기를 임신하는 시기는 태내발달에 대한 지식이나 출산 그리고 부모역할 기술을 습득하려는 동기와 욕구가 증가되므로 부모교육을 받기에 가장 적절한 시기다(Papalia, Olds, & Feldman, 2002).

셋째, 사회적으로 미혼모의 증가, 성문제, 성폭행, 낙태 등 청소년문제가 점차 더 심각해지고 있다. 따라서 예비부모들을 대상으로 임신 및 출산의 과정, 인간생명의 존엄성, 낙태문제, 성교육, 결혼, 가정생활 등에 관한 교육을 하여 청년기의 젊은이들이 직면하고 있는 많은 스트레스와 도전을 극복하게 돕고, 부모역할에 대한 자신감을 갖도록 해 줄 필요가 있다.

이와 같은 예비부모교육의 필요성을 예비부모의 입장, 자녀의 입장, 사회의 입장으로 나누어 보다 구체적으로 정리하면 다음과 같다.

예비부모의 입장

어린이가 행복한 사람으로 성장하려면 부모 또는 양육자들로부터 신체적 · 정서적 · 사회적 · 지적 배려를 받아야 한다. 20세기 이후 축적된 아동발달에 대한 지식에 비추어 보면 어린 아기를 바람직한 성인으로 키우는 일은 쉬운 일이 아니며 또 자연 발생적으로 이루어지지도 않는 것을 알 수 있다. 아기를 낳았다는 사실이 부모로서의 자격을 보증하는 것은 아니라는 뜻이다. 결혼하여 자녀를 낳아 기르는 일을 누구나 할 수 있는 일로 여겼던 과거의 양육개념과 비교해 보면 생각이 많이 바뀐 것이다. 5~8명의 자녀를 낳아 기르던 우리나라의 1950년대까지만 해도 "제 먹을 것 타고난다."라는 말이 있을 정도로 자녀양육이란 신체적 필요를 채워 주는 것과 동일시해왔던 것이 사실이다. 전세계적으로는 20세기에 들어서면서부터 부모로서의 역할은 신체적 필요만을 채워 주는 것으로 되지 않는다고 여기게 되었으며, 부모교육의 필요성이 논의되기 시작하였다. 특히 예비부모교육의 대상이 되는 대학생들은 청년기를 보내며 자아정체성 확립이라는 발달과제를 가지고 있는 사람들이어서 미래 부모가 될 것에 대해 생각할 기회가 필요하다. 예비부모교육을 받으며 자아정체감을 갖게 되는 젊은이들은 앞으로 결혼하여 아기가 태어났을 때 당황하지 않고 우는 아기, 보채는 아기를 달랠 수 있을 것이고 아기들이 필요로 하는 스킨십·사랑·관심을 줄 수 있을 것이다. 예비부모교육의 대상이 되는 대학생들의 발달과제, 그들의 사회적·심리적 요구와 연관 지어 예비부모교육이 필요한 이유를 살펴보면 다음과 같다.

건강한 자아정체성 형성을 위하여

청년기(adolescence)는 19세기 이후 근대 사회에 와서 등장한 개념으로 그 어원은 라틴어의 'adolescere'에서 유래하였으며 '성장하다(to grow up)' '성숙에 이른다(to grow into maturity)'라는 의미를 내포하고 있다(Kimmel & Weiner, 1995). 홀(Hall)은 1904년『청년기』라는 두 권의 저서를 통해 청년기란 사춘기를 기점으로 시작하여 22~25세에 끝나는 발달단계라고 정의하였다. 우리나라의 경우에는 점차 대학교육이 보편화되고 취업을 위한 준비 기간과 의무적인 군복무 등의 특수한 상황으로 인해 성인기로 독립할 수 있는 시기 이전인 25, 26세까지를 청년기로 볼 수 있다.

청년기는 아동기에서 청소년기를 거쳐 성인기로 전환하는 시기로 신체적 발달이 급격하게 진행되며 호르몬이 활발히 분비되어 성적 성숙이 이루어지고 2차 성징이 나타난다. 인지적으로도 사고체계의 질적·양적 변화가 두드러지고, 성인과 같은 논리적·추상적 사고를 할 수 있다. 청년기에는 자아의식이 높아지고 독립성이 강해져 자신의 문제에 관한 의사결정을 본인 스스로 내리고 싶어 한다. 때로는 청년들이 내린 결정이 지나치게 이상적이기도 하지만, 그들은 자신의 삶에서 더 많은 자율성을 획득하고자 노력하고 또 부모로부터 심리적으로 독립하고 싶어 한다(Dacey & Kenny, 1997; 허혜경, 김혜수, 2002 재인용).

청년들은 자신에 대한 탐색을 통해 자신의 존재를 확인하고 자신의 진로를 놓고 고민하면서 현실을 점점 더 사실적으로 파악하기 시작한다. 청년기 말에는 자기중심적이었던 대인관계에서 서서히 벗어나 상대방과 자신과의 관계를 이해하기 시작하며 자신의 존재와 위치를 자각하고 재정의를 내리고자 노력한다. 오랫동안 자아정체성을 확립하기 위해 갈등하고, 사회에서 인간관계를 형성하며 사회적으로 적응해 나가는 것이 이 시기의 중요한 과업 중의 하나다(허혜경, 김혜수, 2002).

에릭슨(Erikson, 1950)은 청년기를 정체감을 확립하여야 하는 시기로 보았다. 자신의 역할이 무엇인지, 또 자신이 어떤 사람인지에 대한 개념을 제대로 갖지 못하면 삶에 대한 회의를 가질 수 있다고 보았기 때문이다. 따라서 정체감의 성취는 자신의 장단점을 평가하고 이를 어떻게 다룰 것인지 결정하는 데 중요하다고 볼 수 있다. 청년은 "나는 어디에서 왔을까?" "나는 누구인가?" "나는 무엇이 되고 싶은가?"와 같은 정체감과 관련된 물음에 대한 답을 찾아야 한다. 정체감 또는 동일성이나 연속성에 대한 이해도 탐색되어야 한다. 정체감은 사회로부터 개인에게 저절로 주어지는 것도 아니고, 때가 되면 나타나는 2차 성징과 같은 성숙의 현상도 아니다. 정체감은 지속적인 개인의 노력을 통해서 획득된다. 청년기에 정체감 형성을 위한 노력을 적극적으로 하지 않는다면, 소외감과 고립, 혼돈의 느낌을 갖게 되고 역할도 제대로 해내지 못한다.

나는 일기를 쓰면서 자신의 경험을 명확히 하고, 개념화하고 평가한다. 생각과 감정을 글로 쓰는 것은 자아의식을 강화시켜 준다. 내가 쓴 일기는 삼라만상에 대한 나의 관점을 나타낸다. 이 시기에 나는 성숙해져 간다. 성숙은 자기 스스로에게 진실하고 정직해지는 것, 의식적인 내적 과정에 근거하여 결정을 내리는 것, 다른 사람들과 건강한 인간관계를 맺는 것, 그리고 스스로가 가지고 있는 참된 소질을 기르는 것을 포함한다. 그것은 또한 자기 주변의 환경을 생각하며 무엇을 받아들이고 무엇을 받아들이지 않을 것인지를 결정하는 것을 포함한다. 나에게 가장 중요한 질문은 "난 누구지?"다. ─대학교 2학년 여학생의 자서전 내용 중에서

자아정체성, 자아인식, 자아개념은 청년이 성취해야 할 주요 과제다. 한 개인이 성취하는 이러한 인성 특징은 부모로서의 역할 수행 능력과 매우 높은 상관관계

가 있기 때문이다. 안정된 자아정체성을 가진 사람은 불안정한 자아개념을 가진 사람보다 사회에 더 잘 적응하고, 보다 높은 수준의 자아존중감을 가지며, 열등감이나 신경증, 방어적 행동이 적은 특성을 가지고 있다. 즉, 안정된 자아개념을 가진 사람은 원만한 사회생활을 영위할 가능성이 높다고 볼 수 있다. 김정미(2003)가 대학생 169명을 대상으로 자아존중감과 양육태도의 상관관계를 연구한 결과, 높은 정적 상관을 보였다. 즉, 자아존중감이 높은 대학생은 양육태도에 더 높은 점수를 받았고, 양육태도 점수가 긍정적으로 높을수록 자아존중감도 높았다. 자기에 대한 긍정적 인식과 자아존중감은 부모역할을 수행하는 데도 긍정적 영향을 미쳤다. 사랑을 받아 본 사람이 다른 사람을 더 잘 이해하게 된다는 말이 이론적으로도 맞는 말이다. 따라서 자신을 긍정적으로 생각하는 사람이 어린 아이들을 긍정적 태도로 대할 수 있게 된다.

에릭슨(Erikson, 1968)에 따르면 정체감 탐색에 실패한 청년은 자기 회의, 역할 혼미를 경험하게 된다. 그런 사람은 파괴적이고 일방적인 선입견이나 활동에 빠지기 쉽다. 그는 계속해서 타인의 견해에 병적으로 열중하거나, 이단적 종교나 이념에 빠진다. 일단 한곳에 열중하기 시작하면 다른 견해를 받아들이지 않고 광신적으로 된다. 반대로 다른 사람과 상호 작용을 멈추고 움츠러들거나 역할 혼미에 따른 불안을 떨치기 위해 약물 또는 알코올에 빠질 수도 있다. 정체감 혼란이 오래 지속되면 만성적 비행이나 병리적 성격장애를 일으킬 수 있다. 심한 경우에는 자살을 하기도 한다. 병리적 성격장애를 가진 사람은 이성과 친밀한 관계를 맺기 어려우며, 바람직한 부모역할을 수행하는 것도 거의 불가능하다. 따라서 젊은 이들은 결혼과 자녀양육을 시작하기 전에 건강한 자아정체성을 먼저 확립해야 한다.

그렇다면 청년의 자아정체성은 어떻게 형성되는가? 정체감은 아기 때부터 의미 있는 타인(significant others), 즉 부모·형제·친척·교사로부터 사랑을 받으며 형성된다. 성장하면서 또래의 영향이 점점 부각되기는 하지만, 부모로부터 받은 자아개념 및 자아정체성이 없어지는 것은 아니다. 수정, 보완될 뿐이다. 기본적으로 자아개념 형성에서 부모 및 주변 어른들의 사랑은 가장 결정적인 영향을 준다.

우리나라의 가족 문화는 서양과 달리 대부분의 청년들이 결혼하여 가정을 꾸리기 전까지 부모와 함께 생활한다. 그래서 우리나라 대학생들의 부모-자녀관계는 다른 문화권의 경우와 매우 다르다. 이러한 부모의 양육태도 및 가족 간 친밀도와 자율감은 자아정체감 발달에 긍정적인 역할을 하고 있다.

따라서 대학생이 되면 예비부모로서 올바른 양육관과 양육태도를 형성해야 하고, 청년기 발달과제인 자아정체성을 확립해야 한다. 또 청년들은 보다 적극적으로 가족 간 사랑을 주고받는 방법을 배워야 하고 갈등이 일어나면 문제를 해결할 수 있는 방법을 익혀야 한다. 효과적인 의사소통기술을 습득하는 등 미래의 가족을 위한 준비를 돕는 교육이 예비부모교육이다.

🖼️ 자신감 있는 양육태도 형성을 위하여

부모가 된 사람은 부모역할이 생각보다 훨씬 더 힘들고 어려운 일임을 깨닫는다. 대부분의 젊은이들이 사랑에 빠져 결혼을 하고 아이를 낳지만 부모역할에 대한 준비가 되어 있지 않기 때문이다. 자녀양육은 도전적이며 흥미 있는 일이다. 인류학자 미드(Mead)는 부모들은 자신이 없기 때문에 항상 다른 부모들이 어떻게 하는가를 지켜본다고 하였다. 세계적 석학인 영국의 철학자 러셀(Russell) 역시 자서전에서 자신의 인생 90여 년을 회상하면서 자신은 부모로서 실패한 사람이고, 다른 사람들의 충고를 따르기 어려웠다고 기록하였다. 그러나 이 어려운 과정을 겪으면서 인격이 성숙할 수 있기 때문에 부모가 되는 것은 축복이다.

바람직한 부모역할에 대한 정보는 다양하므로 부모는 부모 자신과 자녀에게 도움이 되는 정보를 찾아야 한다. 이를 도와주는 것이 부모교육이다. 현대 사회에는 상반된 이론 및 연구 결과가 공존하기 때문에 부모역할에 관해서도 상반된 정보, 도움이 되지 않는 정보도 많다. 따라서 부모교육을 받아 자녀의 전인발달에 도움이 되는 지식을 획득하여 효율적인 부모역할을 수행해야 한다.

에릭슨의 이론에서도 밝혔듯이, 인성이란 사회 여건 및 문화의 영향을 받으며 끊임없이 발달하는 것이기 때문에 결혼을 했다고 해서 성숙한 인성을 자동적으로 소유하게 되는 것은 아니다. 만일 젊은이들이 결혼 전, 또는 출산 전에 영유아의 심리 및 발달, 부모로서의 역할에 대한 지식을 갖게 되면 부모역할을 할 수 있는 심리적 준비를 갖출 수 있게 된다. 자녀를 낳아 기르는 동안 부모 자신의 인성도 함께 성숙할 수 있지만, 반대로 끊임없는 좌절과 갈등의 상태로 빠져 들어갈 수도 있다. 부모가 자녀의 발달에 매우 큰 영향을 미친다는 인식이 사회에 확산됨에 따라, 자녀를 잘 키워야 한다는 부모의 부담감이 커져 가고 있다. 부모역할에 대한 사회의 과도한 기대는 긴장감을 유발하고 육아에 대한 압박감을 준다.

자신의 책임이 막중하다는 것을 모르는 부모는 거의 없다. 그러나 막상 자녀를 키울 때에는 아이에게 소리를 지르고 때리는 등 아이를 불행하게 하는 말이나 행동을 한다. 이는 자녀를 키우는 부모가 자신도 모르는 사이에 자기를 키워 준 부모의 방법을 그대로 사용하기 때문이다. 무시당한 어린 시절을 보낸 젊은 아빠가 교육이라는 미명하에 아이를 때리는 것을 흔하게 볼 수 있다.

1970년대 이후 진행된 연구는 자녀양육에 대해 다양한 정보를 제공하며 부모교육이나 부모훈련에 의해 부모가 바뀔 수 있다고 보고하고 있다. 훌륭한 부모의 자질은 생득적 능력이 아니라 후천적으로 학습되는 능력이라는 것이다. 부모의 양육방식이 긍정적으로 바뀌면 친부모의 부정적 양육방식에서 벗어나 자녀를 진정으로 사랑할 수 있다. 예비부모교육은 결혼하여 자녀를 낳기 전에 양육에 대한 잘못된 인식을 바로잡고 자신감 있는 태도로 양육에 임할 수 있도록 인간발달의 특징과 부모의 역할, 부모-자녀관계에 대한 올바른 지식 등을 배울 수 있는 기회를 제공한다.

변화하는 성역할에 적응하기 위하여

글로리아 스타이넘(Glorea Steinum), 베티 프리단(Betty Freedan)과 같은 인물

들이 중심이 되어 1960년대에 시작된 여성해방운동(Women's liberation move-ment)이 우리나라에서는 1980년대 후반에 시작되었고 지금은 전 세계로 퍼져 나갔다. 이는 남녀의 성역할에 대한 개념을 크게 변화시켜 남성은 바깥일에 속해야 하고, 여성은 가정에 속해야 한다는 생각에 변화를 일으켰으며 자녀양육도 부부가 함께 해야 하는 것으로 생각하게 되었다.

많은 여성들이 어머니, 아내의 역할 이외에 '자신의 생활' 영역을 요구하기 시작하였으며, 전문지식을 활용할 수 있는 직장으로의 진출이 두드러지게 나타났다. 이러한 여성들의 열망은 결혼 및 자녀양육 문제와 갈등을 일으키게 되었다.

결혼과 육아에 대한 여성의 심리적 갈등은 고등교육을 받은 많은 여성들이 공감하는 내용이다. 고등교육을 받은 여성들이 부모교육을 받지 못한다는 사실에 비추어 보면 남성들이 부모됨을 준비할 수 있는 기회를 갖지 못하는 것은 자명한 일이다. 자녀양육은 여자의 전담 업무라고 교육받아 왔기 때문에 많은 남성이 자녀양육에 대해 책임을 느끼지 못하는 것이 보통이다.

반면에 자신의 생활을 영위하고 싶어 하는 젊은 여성들은 자녀양육으로 야기되는 죄의식과 갈등을 피하고 싶어 하게 되었고, 독신주의를 고수하거나 결혼은 하되 자식을 낳지 않는 경향을 불러 일으키게 되었다. 최근에는 '결혼은 선택, 취업은 필수'라는 말이 돌 정도로 부모되기를 꺼린다. 젊은 여성들이 출산을 기피하지 않게 하려면 고등학교와 대학교에서 예비부모교육을 실시하여 부부가 협력하여 공동참여 및 협력하여 양육을 책임지는 분위기가 형성되도록 해야 할 것이다. 아버지도 자녀양육에 대한 책임을 지고, 가사를 분담하여야 한다는 개념은 우리나라 젊은 부부들에게 이제는 보편화되어 가고 있다. 요즘에는 자녀에게 밥을 먹여 주고, 책을 읽어 주고, 잠옷을 갈아 입히며, 산책을 함께 하는 젊은 아버지, 아기를 등에 업고 장을 보는 젊은 남자들을 보며 의아해하거나 불쌍히 여기지 않는다.

영국의 경우 고등학교 남녀 학생들이 유아학교에 와서 어린이들과 함께 놀거나 활동하며 유아와 상호작용해 보는 경험을 쌓게 하는 과정도 운영하고 있다. '남자다워라' '씩씩해라' '훌륭한 사람이 되어라' '성공해라'라는 식의 남성적·성공지향적 사람이 되도록 훈련을 받아 왔던 남성들이 이제는 남편·아버지로서의 역할에 대해서도 훈련을 받아야 하게 된 것이다.

1970년 이후 램(Lamb) 등 많은 학자들은 아동의 학업성취는 아버지의 참여와 깊은 상관이 있다는 결과를 보고하였다. 이제 자녀양육에 대한 아버지의 참여는 필수이므로, 미혼 청년을 대상으로 하는 부모교육 프로그램이 필요하게 되었다.

🖐 안정된 결혼생활을 준비하기 위하여

대부분의 가정에서는 어머니와 아버지가 한 팀이 되어 자녀를 양육한다. 그러나 최근 그렇지 않은 가정이 상당히 많아지고 있다. 증가하는 이혼 때문에 어머니 또는 아버지 한 사람과 사는 어린이들이 많아지고 있고 조부모와 사는 경우도 많다. 또 개방된 성문화로 미혼모·미혼부가 많아 어린이들이 바람직한 양육 및 교육을 받지 못하는 경우도 많아졌다. 부부관계가 원만해도 자녀양육은 어려운 일인데 가정 불화로 부부가 함께 살지 않으면 자녀들의 인성은 제대로 형성되기 어렵다. 나중에 문제아가 될 수 있는 확률도 높아진다.

미래 사회는 변화하는 가치관과 복잡한 사회문제가 결부되어 예측하기 어려운 문제가 발생할 수 있다. 맞벌이 부부의 위탁양육 문제, 장애아 출산 문제, 과도한 경쟁의식에 의한 조기 사교육 열풍 문제, 소아 정신장애 발생 문제, 재혼 시 가족 구성원 간의 갈등 등 다양한 문제가 생겨나고 있다.

이러한 문제들을 결혼 전에 예측해 보고, 해결 방법을 추구해 보는 것은 부모가 되어서 보다 현명하게 문제를 해결할 수 있는 능력을 갖게 한다. 예비부모교육을 통하여 다면적인 사회에서 바람직한 부모역할을 준비해 보고, 책임감 있는 부모상을 정립하도록 돕는 것은 미래에 안정되고 사랑이 넘치는 가정을 만들기 위해 매우 중요하다.

🐧 자녀의 입장

한정적인 삶을 사는 인간이 나름대로 자신의 생을 가치 있고 보람 있게 보내는 것은 중요한 일이다. 그러나 이러한 인간의 기본권이 누구에게나 보장되는 것은 아니다. 어떤 아이는 안정적 성품, 독립성, 자기존중성을 기를 수 있는 행복한 가 정환경에서 성장할 수 있기 때문에 자신이 가지고 태어난 능력을 최대한 계발할 수 있지만, 그렇지 못한 아이들이 더 많다.

부모는 아동발달에서 핵심적인 역할을 하는 중요한 존재로 자녀의 성장과 발달 에 지대한 영향을 주기 때문에 부모가 되기 위한 교육을 받아야 한다. 특히 유아 기는 부모가 아동의 사회, 신체, 정서, 인지, 언어 등 발달의 모든 영역에 강한 영 향력을 미치고 그 효과 또한 오래 지속된다(Kagan, 1995; 岩月謙司, 2006). 따라서 부모 또는 예비부모들이 자녀양육을 위해 필요한 지식과 기술을 배우는 것은 자 녀의 발달을 도와주기 위해 반드시 필요하다.

"어린 시절 불쾌한 기억이 절반을 넘는 사람은 이성적으로 아무리 아이의 행복 을 위해 최선을 다하려고 해도 무리다. 문득 정신을 차려 보면 뭔가 그럴듯한 구 실을 내세워 아이를 무시하거나 예절을 가르친다는 핑계로 심술궂은 행동을 하고 있다."(岩月謙司, 2006) 부모는 감정을 개방적이고 정직하게 표현하는 방법과 의 사소통기술을 배워 자녀의 자아감을 향상시키고 자녀의 전반적인 발달을 장려하 는 환경을 제공해야 한다.

인간발달의 기초가 형성되는 유아기의 교육은 주로 가정과 유아교육기관을 통 해 이루어진다. 가정환경은 유아가 출생 후 접하게 되는 일차적 환경으로 대부분 의 시간을 보내며 인간의 초기 경험을 이루는 생활환경이다. 부모는 이러한 가정 환경 형성의 주도적 역할을 하므로 자녀에게 최초의 교사이고, 가장 영향력 있는 교사다. 유아의 성장과 발달에서 부모는 자녀의 발달에 대해 관심을 갖고 정서적 안정, 사회성 발달, 지적 발달을 도울 수 있는 적절한 양육환경을 제공할 수 있어야 한다. 유아들이 처음 다니게 되는 유치원이나 어린이집의 교사들도 영유아들의 인성발달에 큰 영향을 주므로 대리부모 역할을 하는 유아교사들이 있는 곳을 선택해야 한다.

🎲 사회의 입장

OECD 보고서에서도 알 수 있듯이, 국가 경제발전의 원동력은 인간이다. 이와 같이 중요한 인적자원의 지적 · 인성적 기반은 유아기에 매우 많은 부분이 자리 잡아지기 때문에 정부 및 사회의 입장에서 이에 대한 대책을 강구하게 되는 것은 당연하다.

'빈곤 퇴치 전쟁(The War on Poverty: 1965년 미국이 빈민 유아를 위한 Head Start 교육의 일환으로 세운 목표)' 또는 '경제기회 균등'이라는 구호가 말해 주듯이, 유아교육 및 부모교육은 사회복지의 장기적 계획의 일환이다. 빈곤한 가정에서 자란 유아의 학업성취가 저조하고 사회생활에 부적응을 보이며 그에 따라 다시 가난해지는 악순환을 정부가 개입하여 타파해 보자는 데는 빈곤계층, 저소득층의 불만을 무마하자는 뜻이 있다고 하여 '정치교육'의 일종이라고 비판하는 사람도 있다. 그러나 정부의 입장에서 보면 부모교육은 후대 교육의 질적 수준을 높이고, 장래 인적자원의 질을 높이며, 빈곤계층의 폭을 좁히는 중요한 교육적 수단이다.

유아의 연령이 낮을수록 '성형력(plasticity, 가소성이라고도 함)'이 높기 때문에 고등교육에 투자할 때의 교육 효과보다 유아교육에 투자할 때의 효과가 더 크다. 따라서 질적 수준이 높은 인적자원을 확보하기 위해서 정부는 유아기 교육에 투자할 필요가 있다. 그런데 이 유아들을 가장 효율적으로 교육시킬 수 있는 사람은 부모이므로 정부는 자녀를 둔 부모는 물론 아이를 낳을 청년들에게 예비부모교육을 실시하여 훌륭한 인적자원을 길러내야 한다. 적은 비용을 들여 예비부모교육을 하는 것은 청년들이 적절한 부모역할을 할 수 있게 만들어 자녀를 훌륭한 사회

구성원으로 키울 수 있도록 한다(Kagan, 1993). 그러므로 나중에 비정상적인 성인이나 비행청소년, 실업자 등의 수를 줄일 수 있게 되고, 결국에는 이들을 위하여 사용해야 하는 사회적 비용을 줄일 수 있게 되므로 경제적이라고 할 수 있다.

[그림 2-1]은 노벨상 수상 경제학자인 헤크먼과 동료들(Cunha, Heckman et al., 2005)이 인적자원 투자 대비 회수 비율을 연구한 결과로, 유아교육에 투자하는 것이 초·중등교육이나 대학교육에 비해 회수 비율이 높은 것으로 나타났다. 따라서 예비부모교육은 청년들이 결혼 전부터 자녀양육에 대한 준비를 하는 것이므로 유아교육을 출생부터 하게 하는 방법이기도 하다. 따라서 예비부모교육은 유아교육의 효과를 극대화하는 방법이므로 경제적이다.

[그림 2-2]를 살펴보면, 유아기에는 뇌의 성장이 가장 빠른 것을 알 수 있다. 유아교육에 대한 투자는 초·중등교육에 비해서 낮지만 브루너와 동료들(Bruner et al., 2004)이 미국 12개 주에서 연령별 교육투자비와 두뇌 발달 간의 상관관계를

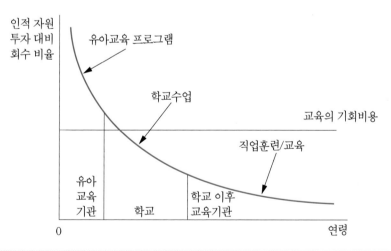

그림 2-1 각 연령별 동등 투자금 환산에 의한 인적 자본 투자 대비 교육 시기별 회수 비율

출처: Cunha, Heckman, Lochner, & Masterov (2005). Interpreting the evidence of life cycle skill formation.

연구한 결과, 유아기의 공교육 투자비가 초·중등학생에 비해 적지만 두뇌 발달의 폭은 큰 것으로 나타났다. 반면 초·중등교육에 투자하는 액수는 계속 증가하지만 뇌 발달은 유아기 이후 거의 변하지 않는 것을 알 수 있다. 비록 외형적 수치로 그 효과를 극명하게 보여 줄 수는 없지만, 뇌에 기록되는 영유아기에 부모들이 자녀를 잘 기르는 것은 경제적으로 가장 효율적인 방법이다. 선진국에서 고등학교 학생들에게 예비부모교육을 하는 이유가 여기에 있다.

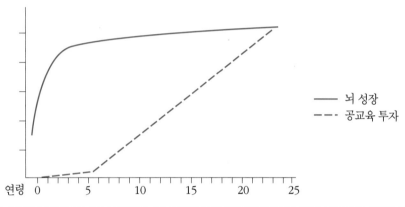

그림 2-2 연령별 유아의 뇌 성장 대비 공교육 투자 비율 효과

출처: Bruner, Elias, Stein, & Schaefer (2004). Early learning left out; An examination of public investments in education and development by child age.

Part 2

좋은 부모되기 1단계
나에 대한 이해

성장 · 발달하는 과정의 나

생각 모으기

　미래에 좋은 부모가 되기 위한 첫걸음으로 발달하는 인간으로서의 나에 대해 생각해 보고자 한다. 발달이란 외형상 작은 형태에서 큰 형태로, 기능상 낮은 수준에서 능숙하고 높은 수준으로 변화하는 것으로서 양적이고 기능적인 변화뿐 아니라, 신체적·심리적 측면에서의 질적인 변화까지를 포함하는 포괄적 의미의 변화를 말한다. 사람은 수정되는 순간부터 끊임없이 변화하며 발달한다. 인간이 일생에 걸쳐 발달하는 과정 중에는 최적의 발달 시기가 있고, 이전의 발달은 누적되어 이후의 발달에 영향을 주는 특징이 있다.

　인간의 발달 과정과 특징을 살펴보는 것은 미래에 부모가 될 자신의 현재 모습이 어떠한 발달 과정을 거쳐 이루어졌는지 점검할 수 있는 기회를 제공해 주며, 미래의 자녀가 건강하게 발달하기 위해 부모의 역할이 얼마나 중요한지를 알게 해 준다. 왜냐하면 바람직한 부모역할이란 자녀가 전인적으로 건강하게 발달하도록 돕는 것이기 때문이다. 따라서 인간발달의 개념과 원리는 물론 프로이트, 에릭슨, 융, 피아제 등 학자들의 이론을 살펴봄으로써 인간으로서 자신에 대한 이해를 높이고, 유아를 능력 있는 독립된 인격적 존재로 바라보며, 발달에 적합한 양육을 이해할 수 있는 능력을 기르고자 한다.

　다음은 예비부모교육에 참여한 어느 대학생이 쓴 에세이의 일부인데, 이 글을 보면 인간발달에 대한 이해가 좋은 부모됨에 어떠한 영향을 주는지 잘 알 수 있다.

　　여태까지 아이는 단지 아이일 뿐이라고 생각했는데, 아이 발달에 대한 비디오를 보면서 여러 가지 능력을 가진 아이를 보며 아이도 하나의 인격체라는 생각을 하게 되었습니다. 시각인지(視覺認知) 실험이나 청각인지(聽覺認知) 등의 실험을 비디오로 본 것이 가장 인상적이었습니다. 이제 지나가다 아이를 보아도 하나의 인격체로 존중하게 되었습니다. 누구나 부모가 되는데, 이런 수업이 있어 참 좋습니다. 좋은 부모가 되도록 노력하겠습니다.

특히 에릭슨의 이론에 따르면 예비부모인 대학생의 발달과제는 정체성 형성이다. 인간발달단계에서 지금 자기의 위치가 어디이며, 무엇을 향해 살아가고 있는지에 대해 생각해 보는 것은 인간다운 인간이 되기 위한 필수 조건이다. 자신을 제대로 이해하고, 있는 그대로 받아들이며 수용할 수 있는 사람이 되어야만 좋은 부모가 될 수 있기 때문이다. 예비부모교육에 참여한 어느 학생은 인간발달에 대한 이해를 통해 자신의 행동을 이해하게 되고, 보다 긍정적인 자아정체성을 형성하게 되었다고 하였다.

나를 이해하는 것은 폭넓은 카테고리를 포함한다. 자기의 어린 시절을 되짚어 가며 내가 어쩌다 이런 한 인간으로 보일 수 있는가를 깨닫는 것 역시 나를 이해하는 것이다. 『100년이 지나도 변하지 않는 소중한 육아 지혜』(이원영, 2006)라는 책을 읽으며 내 어린 시절에 대입해 보았다. 사실 난 유치원 때까지 대변을 가리지 못했다. 얼마 전까진 내가 왜 그랬을까 생각하면 한없이 부끄러웠지만, 과도한 교정 압박이 나를 그런 상태로 이끌어 갈 수 있다는 것을 알게 되자 말할 수 없는 해방감이 밀려왔다. 어린 시절의 과오에 의한 중압감에 '안녕'을 고했다.

이 사례처럼 대학생들이 자신의 어린 시절을 돌아보고 문제의 원인이 자신에게 있는 것이 아니라 부모의 잘못된 양육에서 비롯되었음을 알고 자녀를 바르게 이해하는 부모가 되겠다고 생각하는 것이 예비부모교육이 목적하는 바다. 이와츠키 겐지(岩月謙司)는 다음과 같이 저술하였다. "인간은 보통 만 3세 이후의 기억밖에 떠올리지 못한다. 그러나 만 3세 이전의 기억은 마음속 깊은 곳에 각인되어 남아 있다가 나중에 자라면서 현실을 인식하는 데 커다란 영향을 준다. 그렇다면 어떤 기억이 남아 있는 걸까? 그것은 당시 자신의 감정이 '즐거운 것'이었는지 '불쾌한 것'이었는지, '불안'했는지 '편안'했는지, 화가 났는지, 불만이었는지, 공포에 떨고 있었는지 등이다. 다시 말해 당시 자신의 감정이 그대로 기억에 남아 있는 것이다. ……그런 기억은 보통 구체적인 정황으로는 생각이 나지 않는다. ……그런데 이미 완전히 어른이 된 다음에 3세 이전의 기억이 되살아나는 경우가 있다. 자신의 자녀를 키울 때와 가까이에 어린아이가 있는 경우다."

구체적으로 기억은 못하지만 3세 이전의 부정적인 느낌이 올라와 갑자기 어린 자녀를 거칠게 다루거나 학대하는 것이 이런 경우이다. 이제 자신과 미래의 자녀를 보다 따뜻하게 받아들일 수 있는 성숙한 부모가 되기 위한 첫 단계로 인간발달에 대한 이해를 시작해 보자.

생각 만들기

나 자신과 미래의 자녀를 제대로 이해하려면 인간이 성장하면서 나타내는 각 단계별 발달에 대해 이해해야 한다. 자녀와 바람직한 관계를 맺는 첫걸음은 자녀의 신체적 · 인지적 · 정서적 · 사회적 발달이 어떠한 특징을 나타내는지, 각 단계마다 자녀에게 무엇이 필요한지 아는 것이기 때문이다.

따라서 이 장에서는 발달의 개념과 기본 원리, 발달 영역, 발달에 영향을 주는 요인을 살펴보고자 한다. 또 대학생의 발달과제와 건강한 자아정체성이 좋은 부모되기와 어떠한 연관성이 있는지도 살펴보고자 한다.

인간발달의 개념

성장, 성숙, 발달은 유사한 의미로 사용되는 용어다. 이들의 사전적 · 교육학적

용어 개념을 구분해 봄으로써 발달에 대해 보다 정확한 개념을 세워 보고자 한다.

성장(growth)이란 신체적 · 정신적 기능이 향상되고, 크기가 커지는 과정을 의미한다. 대부분의 생물은 단세포에서 시작해 유체를 거쳐서 성체에 이른다. 이 과정에서 신장 · 몸무게 · 두위 등 신체적 변화나 사용 어휘 수의 증대 등 수량화가 가능한 측면을 성장이라고 한다(유아교육사전, 1996).

성숙(maturation)이란 육체적으로나 정신적으로 수준 높은 발달이 이루어지는 것을 말한다. 근육과 신경체계의 성숙 · 변성 · 발모 · 초경 등과 같이 주로 유전적 정보에 의해 야기되는 프로그램화된 변화를 의미한다.

이에 비해 발달(development)은 성장과 성숙을 모두 포함하는 용어로 생물체가 수태에서 출생, 성장, 노쇠, 죽음에 이르기까지 끊임없이 변화하는 과정을 말한다. 성장과 성숙에 덧붙여 환경과의 상호 작용을 통해 학습된 것에 의한 변화까지도 포함한다. 즉, 출생에서 사망에 이르기까지 생체에서 진행되는 계속적이고 진보적인 양적 · 질적 변화를 의미한다.

인간발달은 연속선상에서 현저하게 구분되는 어떤 기준에 따른 단계에 의해 개념화된다. 발달단계는 크게 태내기, 신생아기, 영아기, 유아기, 아동기, 청소년기, 청장년기, 중년기, 노년기로 구분된다. 또한 발달은 신체, 사회, 정서 및 인지로 그 영역이 구분된다. 신체 발달이란 신체 크기의 변화와 대근육과 소근육을 조절하는 능력이 변화하는 것, 사회성 발달은 다른 사람과 관계를 맺고 동료를 사귀며 어울리는 능력이 변화하는 것, 정서 발달은 자신과 타인 및 주변 세계에 대한 유아의 반응과 느낌이 변화 발전할 뿐 아니라, 여러 종류의 감정을 구분하고 사회적으로 수용할 수 있는 방법으로 감정을 표현하는 능력이 발전하는 것이다. 인지 발달은 유아가 어떻게 생각하고, 주변 세계의 정보를 받아들이고 배우는 것이며 언어 발달이 포함된다. 과거에는 이러한 발달 영역이 각각 독립적으로 이루어진 것으로 생각되었지만, 최근의 연구들은 각 측면의 발달이 서로 밀접히 연관되어 있음을 밝히고 있다.

🐱 인간발달의 원리

인간의 발달은 다음과 같은 일정한 기본 원리에 의해 이루어진다.

👤 모든 발달 영역은 연관되어 있다

인간의 신체적·정서적·사회적·지적 발달은 각기 독립적으로 이루어지는 것이 아니라 서로 밀접한 관계를 맺으며 이루어진다. 각 발달 영역은 상호 간의 발달을 가능하게 하거나 또는 지체시키면서 영향력을 행사한다. 예를 들어, 컵을 집어 드는 행동은 먼저 '컵이 있다'는 것을 아는 것, 컵을 보는 것, 손과 손가락의 소근육을 사용하여 집는 능력, 눈과 손의 협응력, 그리고 컵을 들어 올리는 능력 등모든 발달 영역의 능력을 활용해야 가능하다. 따라서 모든 영역이 통합적으로 발달하도록 돕는 환경을 마련해 주는 것은 매우 중요하다.

👤 모든 발달에는 개인차가 있다

아기들은 태어날 때부터 다른 아기와 다르다. 그 어느 누구와도 똑같지 않다. 어떤 유아는 활달한가 하면 어떤 유아는 수줍어한다. 이러한 개인차는 생득적 기질(氣質)과 가족의 성격, 성별, 사회경제적 지위, 인종, 장애 여부 등의 경험이 상호 작용하여 영향을 미친 것이다. 즉, 유전적 요인과 후천적 요인의 영향에 의해 만들어진다. 각 개인은 인간발달 예정표의 범위 내에서 여러 변인의 영향을 받으며 자기 자신의 개인적 시간표에 따라 발달해 간다. 발달의 규준에 따라 95% 정도는 평균적으로 발달해 가는데, 약 6개월 정도의 개인차가 있다.

각 발달 영역에 따라 최적기가 있다

인간의 여러 발달 과업은 가장 적절하게 획득되는 최적의 시기가 있다는 원리이다. 영아기·유아기에는 모든 발달이 급속하게 이루어지고 확실하게 기틀을 잡기 때문에 이 시기를 결정적 시기(critical period)라고 부른다. 이 결정적 시기를 놓치게 되면, 과업획득의 효율성이 떨어진다. 유아의 언어 발달, 성격 발달 그리고 신체 발달에는 최적의 시기가 있다. 예를 들어, 번(Berne)은 한 인간의 심리적 자세는 만 8세 이전까지 부모와 생활하는 경험에 의해 결정된다고 하였다(Muriel & Jongeward, 2005).

발달은 이전 발달에 기초하여 누적된다

"세 살 버릇 여든 간다."라고 다산 정약용이 말했듯이, 어릴 때의 발달은 나중의 모든 발달의 기초가 된다. 유아기의 정서적·지적·사회적·신체적 발달은 성장한 후 그 사람의 지적 능력의 기초가 된다. 인간의 성장·발달에서 전 단계의 발달에 결손이 생기면 이 결손은 다음 단계의 발달에 계속 누적되어 발달장애가 점점 심각해질 수 있다. 에릭슨은 한 영아가 0~1세 때 부모와 형성한 신뢰감은 그 후의 형제관계, 친구관계, 남녀관계를 맺는 데 누적적으로 영향을 미친다고 하였다.

어릴 적의 경험이 중요하고, 한 번 잘못되면 되돌리기 어렵다

특정한 발달 과업 획득의 최적기를 놓치면, 그 후에 보완이나 교정이 힘들어진다는 원리다. 여러 발달 영역 중에서도 신체와 지능 발달이 정서 및 사회성 발달에 비해 불가역성이 더 큰 경향이 있다. 그러나 가난이나 부모의 죽음과 같은 고통스러운 경험을 겪은 사람 중에서도 이를 극복해 내는 경우가 있는 것을 보면,

발달의 가소성(plasticity)은 대단히 높다. 발달의 가소성이란 변할 수 있는 가능성을 의미한다. 유아기일수록 발달의 가소성이 높다.

발달에는 순서가 있고 그 순서는 일정하다

발달의 전 단계(낮은 차원)가 다음 단계(높은 차원)의 기초가 되는데, 그 일정한 순서는 상부에서 하부로, 중심에서 말초 방향으로, 전체 활동에서 세분된 활동으로 전개된다. 아기는 출생 직후 몸을 가누지 못하지만 시간이 지나면서 손발을 움직이고 몸을 뒤집고 기어 다니다가 앉는다. 뒤이어 물건을 잡고 서거나 혼자 서게 된다. 그 다음에 걸을 수 있게 된다.

발달의 속도는 일정하지 않다

발달은 일생을 통해 일어나는 계속적인 과정이지만 사람마다, 발달 영역마다 그 속도는 일정치 않다. 발달 속도가 빠른 아이가 있는가 하면 발달 속도가 느린 아이도 있다. 한 개인의 발달도 다양한 기관과 신체 부위에 따라 다른 속도로 발달한다. 10세 이전에 이미 성인 수준에 도달하는 부분이 있는가 하면 사춘기까지 발달하지 않는 부분도 있다. 언어 발달은 만 2~3세에 왕성하지만, 논리적·추리적 사고는 아동기·청년기에 왕성하고, 유아기나 사춘기가 다른 발달 시기보다 발달이 급격한 것을 예로 들 수 있다.

인간발달의 영역과 특징

인간발달은 크게 신체 발달, 정서 발달, 사회성 발달, 인지 발달로 나눌 수 있는데, 이들 영역은 일생에 걸쳐 서로 영향을 주고 받으며 발달한다. 몸과 두뇌, 감각

운동 능력, 근육과 움직임이 성장하는 것은 다른 발달과 밀접히 연관되어 있다. 예를 들어, 청각에 문제가 있는 유아는 청각적 자극의 부족으로 언어 발달과 인지 발달이 늦어지게 된다.

인간의 발달 중 신체 발달과 정서 발달은 영유아기에 가장 빨리 발달하는 영역일 뿐만 아니라 친사회적 능력이나 언어 및 인지 능력 발달과도 밀접한 관계를 맺고 있다. 특히 만 3세 미만 유아기에 형성되는 부모-자녀 간의 애착관계는 자녀의 정서적 안정감 발달에 아주 중요한 기초가 된다. 정서적 안정감이 부족한 유아는 자신감이 없어 모국어 습득을 제대로 하지 못할 가능성이 높고, 문제 해결 능력이 없어 인지 발달이 늦어질 수도 있다.

사회성 발달이란 유아가 다른 사람과 관계를 맺는 것을 의미한다. 더 구체적으로 말하면, 유아가 자신의 세계에 다른 사람을 받아들여 이해하고 인식하는 것을 말한다. 갓 태어난 아기는 처음에 자기밖에 모르지만 시간이 지남에 따라 배고플 때 먹여 주고, 젖은 기저귀를 갈아 주며, 함께 놀아 주는 어머니, 아버지, 할머니, 할아버지가 자기를 사랑한다는 사실을 인식하고 즐겁고 기쁘게 느끼게 된다. 가까운 친척 이외에도 유아 주위에 사랑하고 배려하는 어른이 많다면 그 유아의 정서적 안정감은 물론 친사회적인 능력도 잘 발달한다. 이와츠키 겐지(2006)는 유아가 긍정적으로 행복하게 자라려면 어머니와 아버지 자신이 긍정적이어야 한다고 했다. 혹시 어린 시절 불행한 정서적 경험을 했다면 이를 극복하고 자녀를 사랑으로 키워야 한다. 우는 어린 아기를 발로 차고 때리는 부모는 자기도 인식하지 못하는 불행한 경험이 어린 시절에 있었기 때문일 가능성이 높다. 인내심을 갖고 "아기는 아직 말을 못할 때야."라는 생각을 하며 아기를 사랑으로 돌봐야 한다. 아기가 잘 자라려면 주변에 최소 20명 이상의 애정 어린 어른이 있어야 한다. 민감한 유아는 100명 이상의 따뜻한 어른을 필요로 하기도 한다(이와츠키 겐지, 2006).

학습, 기억, 언어, 사고, 도덕적 추론, 창의성과 같은 정신적 능력이 변화하고 안정성을 갖게 되는 것을 인지 발달이라고 한다. 인지 발달 역시 다른 발달 영역과 높은 상관관계를 맺고 있다. '아 나는 내 느낌이나 생각을 제대로 표현하지 못하는구나.' 또는 '난 어린 시절의 나쁜 경험 때문에 부끄러워하고 있어, 극복해야지.' 하며 부모들이 자신의 단점을 인식하고 아기를 사랑으로 대하려고 노력하는 것은 자녀의 긍정적 정서적 발달을 돕는다.

따라서 유아의 발달을 생각할 때 신체 발달, 정서 발달, 사회성 발달, 인지 발달을 따로 구분하여 생각해서는 안 되며, 조화를 이룬 균형 잡힌 발달이 이루어지도록 노력해야 자녀의 행복한 미래를 보장해 줄 수 있다.

부모교육과 관련하여 인간발달에 대한 통찰을 준 대표적인 이론은 프로이트의 정신분석학이론, 에릭슨의 현대 정신분석학이론, 피아제의 인지발달이론, 왓슨의 행동주의이론 등이다. 각각의 이론을 통해 영역별로 인간발달이 이루어지는 양상을 살펴보고, 각 단계별 인간발달의 모습을 생각해 보고자 한다.

프로이트의 정신분석학이론

인간발달 영역 중 사회정서 발달과 관련된 인성(personality)이란 여러 가지 의미로 사용되고 있으나 대체로 두 가지 의미로 정리할 수 있다. 첫째, 인성이란 정서적 안정감, 자신감, 친사회적 기술 또는 능숙함이 발달하는 것을 의미한다. 이는 다양한 환경하에서 사회적 기술이 부족하여 친구나 교사들과 만족스러운 관계

프로이트(1856~1939)

를 맺지 못하는 학생을 일컬어 성격에 문제가 있다고 표현하는 데서 나타난다. 둘째, 인성이란 개인이 원래 지니고 있는 특성으로 남들에게 주는 가장 두드러지고 뚜렷한 인상을 말한다. 이는 공격적인 성격, 온순한 성격 등으로 표현될 때 잘 나타난다. 이 두 방향의 의미에서 보면 인성이란 개인이 독자적으로 가지고 있는 특성을 말하지만, 이 특성은 개인 내에 홀로 존재하는 것이 아니라 사회 속에서, 즉 타인과 상호 작용하며 맺

는 관계 속에 존재하는 것임을 알 수 있다(Laing, 1982).

이와 같이 인성은 인간관계 속에서 사회적 상호 작용을 통하여 형성되고 표출되므로 바람직한 인성은 사회적 상호 작용을 원만하게 행하는 사람이 갖추고 있는 특성이라고 볼 수 있다. 원만한 사회적 상호 작용을 하려면 문제 해결 능력, 자기 스스로 문제에 도전하고 해결하려는 욕구, 다른 사람을 배려하는 마음, 정직·책임감 등 사회적 덕목을 몸에 익히는 것이 필요하다.

프로이트(Freud) 자신은 부모의 양육 태도 및 방법을 구체적으로 정리하여 발표하지 않았으나, 유아기의 경험이 성장한 후의 인성에까지도 영향을 준다는 이론으로 부모교육 발전에 지대한 영향을 미쳤다. 프로이트는 만일 부모가 어린 아기의 본능적 필요를 거부하면 아기 마음에 심리적 손상을 입히게 되며, 이 손상이 영속한다고 보았다. 프로이트의 이론은 광범위하였으며 인성 발달에 대한 것을 처음으로 다루었기 때문에 20세기 초반 학자 및 부모들을 확신시키는 데 충분하였다.

"어린 시절의 경험은 잊어버린 것 같지만 우리 마음에 가장 깊게 흔적을 남기며 연속해서 일어나는 성장 전반에 걸쳐 분명히 영향을 준다."라는 정신분석이론의 기본 양육지침은 부모들로 하여금 자녀의 균형 잡힌 인성 형성에서 부모의 역할이 절대적이라는 인상을 가지게 하였다. 그 결과 부모는 권위적 훈련에 의한 양육방식을 버리고 자녀가 자유롭게 자신의 생각을 표현하도록 허용하게 되었으며, 자녀의 마음속에 나쁜 경험이 억압되어 부정적 영향을 미치지 않도록 노력하게 되었다. 특히 자녀가 문제행동을 보이면 그 잘못은 성숙하지 못한 부모에게 있다는 생각을 하게 만들었다.

프로이트는 주로 어머니의 영향을 연구하였기 때문에 부모, 그중에서도 어머니들이 양육에 대한 모든 책임을 져야 한다는 생각을 갖게 했다. 어머니가 자녀를 잘 키우고, 성·자위 행위·질투·형제 싸움 등 일어날 만한 문제를 미리 알아서 처리해 주면 정신적으로 건전한 사람으로 자라게 될 것이라는 인식을 갖게 된 것이다. 그 결과 20세기 초반의 어머니들은 양육에 관해 죄의식을 가지게 되어 양육을 제대로 못하는 현상을 일으키기도 했다.

그러나 프로이트의 영향으로 유아기 모자관계의 중요성을 알게 된 어머니들이 자녀의 건강한 인성 발달을 위해 모유로 키우기, 이유를 점진적으로 하기, 영아의 욕구에 즉각적으로 반응하기, 배변훈련을 억지로 시키지 않기 등의 양육방식을 적용하는 계기를 만들었다. 이러한 양육방식은 아주 당연하고 자연스러운 것으로 받아들여져서 1960년대까지 이의 없이 받아들여졌으며, 역사적으로는 자녀발달에서 어머니의 역할, 어머니의 책임이 강조되는 계기가 되었다.

프로이트의 이론에 따른 양육방식은 1950년대에 그 영향력이 절정에 달하였다. 하지만 지나치게 허용적인 양육태도를 만들어 내어 유아가 성인이 되었을 때 사회적 문제를 일으키게 된다는 반성이 일어남에 따라 프로이트 이론은 양육의 유일한 만능적 이론이 아니라 많은 이론 중 일부라는 생각이 일기 시작했다. 그러나 많은 비판에도 불구하고, 이후의 다양한 양육 이론과 부모교육 이론이 프로이트의 이론에 기초하여 발전된 것은 부인할 수 없다.

최근에는 어머니의 양육은 물론 아버지의 양육도 영향을 미치며 사회적 환경도 큰 영향을 미친다고 보고 있다. 또 개인의 의지와 노력에 의해서 인성이 달라질 수 있다고 보기 때문에 자녀의 미래가 어머니 혼자의 힘으로 결정되는 것으로는 보지 않는다. 최근 정신과 의사들은 '공동체'가 함께 키우는 자녀양육을 강조하고 있다(Perry & Szalavitz, 2011).

🔲 에릭슨의 현대 정신분석학이론

에릭슨(Erikson)은 신프로이트학파로, 인성의 본능적 경향을 강조했던 프로이트와는 달리 사회적 변인이 인성 발달에 영향을 준다고 보았다. 그는 정상적인 생활을 하는 사람을 대상으로 연구하여 건전한 인성 이론을 발달시켰다. 에릭슨은 프로이트의 이론 중 이드(id), 무의식에 대한 비논리적인 부분을 보완하여 자아의 힘, 의식세계 등을 강조하는 환경의 영향, 자신의 노력에 의한 인성변화 가능성에 대한 논리를 발전시켰다.

에릭슨이 제시한 인간발달의 8단계 중 처음의 5단계
는 프로이트의 발달단계와 유사하다. 하지만 에릭슨은
각 발달단계마다 중요한 심리사회적 과제가 있으며, 인
성은 인생 전반에 걸쳐 매 단계의 과제를 어떻게 수행했
는지에 따라 형성되는 것이라고 보았다. 즉, 각 발달단계
에 주어진 심리사회적 위기를 긍정적으로 해결하면 이것
이 누적되어 다음 발달 단계에서도 긍정적인 방향으로
성장하며 건강한 자아발달을 이루어 나가게 되지만, 긍

에릭슨(1902~1994)

정적인 방향으로 해결하지 못하면 그 위기를 해결하기 위해 계속 노력하느라 다음
단계로 넘어가지 못해 건강한 자아발달이 더디거나 되기 힘들다는 것이다. 예를
들어, 출생부터 1세까지에 해당되는 시기의 아이들은 주로 어머니와의 상호 작용
을 통해 사회적 관계를 형성하게 되는데, 이때 어머니가 민감하고 일관성 있는 양
육태도로 영아기 자녀를 따뜻하게 대하면 아이의 마음 속에 신뢰감이 발달한다.
그러나 아이의 욕구에 민감하게 반응하지 못하고 영아의 욕구를 충족시켜 주지 못
하면, 영아의 마음속에는 신뢰감 대신 타인에 대한 불신감이 생긴다. 신뢰감이 형
성된 영아는 그다음 발달단계인 자율성을 쉽게 형성할 수 있지만, 그렇지 못한 영
아는 신뢰감에 대한 욕구를 제대로 채우지 못했기 때문에 수치심이라는 부정적인
성격 특성을 갖게 된다. 평생에 걸친 이러한 발달과제를 어떻게 해결하느냐가 인
성 발달의 중요한 변인이 된다. 발달과제를 해결하도록 돕는 가장 중요한 요소는
그 시기에 영아가 맺게 되는 주변 사람들과의 사회적 상호 작용이다. 즉, 에릭슨은
프로이트가 주장한 심리성적(psychosexual)인 요소보다는 심리사회적(psychoso-
cial) 요소가 영아의 인성 발달에 지대한 영향을 준다고 본 것이다.

피아제의 인지발달이론

스위스의 발달심리학자인 피아제(Piaget)는 아동발달 분야의 가장 영향력 있는

피아제(1896~1980)

학자 중 한 사람이다. 그가 제안한 인지발달이론은 인간의 사고 특징과 발달 과정을 잘 설명해 주고 있다. 피아제에 따르면, 영유아들은 자신의 주변 환경을 적극적으로 탐색하고 조작하여 스스로 구성해 나가는 능동적 존재다. 이러한 아동관을 가지고 있던 피아제는 영유아의 인지 발달이 성인의 가르침에 의해서 이루어지는 것이 아니라 영유아가 주변 환경을 적극적으로 탐색하는 가운데 이루어진다고 보았다.

피아제의 인지발달이론의 핵심을 이루는 용어는 동화(同化, assimilation), 조절(調節, accommodation), 평형화(平衡化, equilibration), 적응(適應, adaptation)이다. 인간의 인지는 도식(schema)이라는 기초적 생각의 틀로 구성되어 있다. 도식이란 우리가 사물에 대해 생각하고 판단하는 개념의 지도 또는 생각의 틀이다. 각 도식의 내용이 풍부할수록, 또한 많은 종류의 도식을 가질수록 인지적 발달이 잘 이루어진다. 영유아는 태내에서 수정되어 자라날 때부터 주변 환경으로부터 많은 것을 듣고, 느끼고, 경험하며 도식을 형성해 나간다. 태내에서 반복적으로 어머니의 목소리를 들으며 어머니에 대한 도식을 만든다. 처음에는 빈약한 도식이지만 점점 성장하면서 어머니의 화날 때 목소리, 자장가 들려주는 목소리, 쓰다듬어 주는 손길의 공통점과 차이점을 느끼며, 어머니라는 도식을 점점 키워 나간다. 도식은 동화와 조절의 과정을 거치며 폭넓고 깊어지며 변화한다.

동화란 뇌를 통해 들어오는 자극을 자신이 갖고 있는 도식에 맞추어 보며 익숙한 것인지 이미 알고 있는 것인지 알아보는 과정이다. 이 과정에서 인간은 새로운 자극에 맞추어 자신의 도식을 바꾸어야 할지 그냥 첨부하기만 할지를 결정해야 한다. 이미 갖고 있는 도식을 그대로 두고 새로운 자극을 받아들이는 것이 동화다. 세상에 태어나 시각이 발달하며 어머니의 배 속에서 듣던 목소리와 더불어 어머니의 얼굴을 직접 보게 되면 처음에는 기존의 도식에 대입시키며 인지적 갈등이 일어나지만, 점차 어머니의 모습을 '어머니'라는 도식에 동화시키며, 인지 능력이 세련화된다.

조절이란 새로운 자극이 뇌에 입력되었을 때 이미 갖고 있는 도식으로 해석하거나 해결할 수 없을 때 뇌가 기존의 도식을 바꾸는 것을 말한다. 기존의 도식으로는 새로운 자극을 해결할 수 없기 때문이다. 예를 들어, 낯선 이웃집 아주머니가 집에 놀러왔을 경우 기존에 가지고 있던 어머니, 할머니, 이모 등의 도식을 아무리 되짚어 보아도 일치되는 도식이 없다면, 영아는 새로운 도식, 즉 '옆집 아주머니'라는 도식을 만들어야 한다. 기존의 도식에 포함시키지 못해 새로운 도식을 만들어서 자신의 인지구조를 변화시켜야 하는 인지적 작용을 조절이라 한다. 들어온 자극이 아는 것이어서 동화해 버리고 새로운 것이어서 도식을 바꾸어 조절을 하면 사람들은 편안해진다. 이때 평형화되었다고 한다.

주변 환경과 끊임없이 상호 작용하는 중에 동화와 조절이 반복되면서 도식이 풍요해지고 다양해지므로 인지 발달이 된다. 도식은 단순한 감각적인 행위도식부터 고도로 상징적인 논리수학적 도식에 이르기까지 그 유형이 다양하다. 이 도식들은 행동이 반복되면서 서서히 분화되고 통합되어 보다 많은 도식과 고차원적인 도식으로 변화되어 간다. 적응이란 이와 같이 영유아가 환경과 직접 상호 작용하면서 도식을 바꾸고 이 변화로 주변 환경에 더 효과적으로, 쉽게 대응하게 되는 것을 말한다. 이러한 인지구조는 연령이 증가하고, 경험이 증가함에 따라 단계를 걸쳐 발달한다.

피아제는 이러한 인지 발달단계를 감각운동기, 전조작기, 구체적 조작기, 형식적 조작기로 나누었고, 각 발달단계에 아이들이 보이는 인지구조의 특징을 이론화하였다. 특히 0~2세에 이르는 감각운동기의 영아들은 듣고, 보고, 만지고, 움직이는 감각운동 경험을 쌓으며 도식을 발달시킨다. 고도의 상징체계인 언어나 수학을 통해 세상을 이해하는 것이 아니라, 영아가 직접 몸으로 경험하게 되는 실제적이고도 구체적인 정보들을 통해 물리적 지식, 사회적 지식, 논리수학적 지식을 형성해 나가는 것이다.

만 2~7세에 이르는 전조작기의 영아 및 유아는 어떤 사물에 대한 이름, 그림,

이미지 등을 가지고 그 사물의 개념을 파악하는 것이 가능해지기는 하지만, 아직도 완전하게 상징체계만으로는 개념을 이해하는 데 한계가 있기 때문에 전조작기라고 한다. 전조작기의 영유아는 자기중심적 사고를 하므로 어떤 상황이나 사물을 객관적으로 바라보는 데 한계가 있다. 논리나 추리보다는 자신이 보고 생각하는 대로 판단하는 특징을 보인다. 7세 이상의 구체적 조작기에 이르러서야 유아의 인지구조는 보다 조직적이 된다. 따라서 한 문제의 다양한 측면을 동시에 고려할 수 있게 되고, 자기중심적인 사고에서 점차 벗어나게 된다.

그리고 12세 이후의 형식적 조작기에 이르면 성인과 비슷한 수준의 추상적이고 논리적인 사고를 할 수 있게 된다. 영유아는 성인과는 질적으로 다른 방식으로 사고하고 발달한다.

왓슨의 행동주의이론

영유아의 행동이 외부 환경에 의해 형성되어 간다는 점을 강조한 행동주의이론가 왓슨(Watson)의 양육이론은 실용주의와 단순성을 선호하는 미국 부모들에게 호응을 받았다. 왓슨은 영유아의 행동은 바람직한 방향으로 습관화시켜야 하며, 이를 위해 행동목록까지 작성해야 한다는 손다이크(Thorndike)의 영향을 크게 받았다. 손다이크는 영유아가 무엇인가를 배울 때 배우는 것 그 자체가 성공적이고 기쁨을 준다면 그 행동은 반복된다고 하였다. 그러나 왓슨은 이보다도 더 강하게 환경적 영향을 주장하였다. 왓슨은 영아의 기쁨, 싫음, 의지, 동기, 선호도가 학업 성취를 결정하는 것이 아니라 행동을 반복한 정도나 자극의 생소성 등이 습관 형성을 결정한다고 보았다.

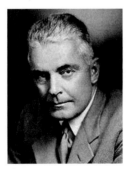
왓슨(1878~1958)

이러한 왓슨의 생각은 영유아를 전적으로 환경에 반응하는 수동적인 존재로 바라보는 아동관에 근거한다. 인간은 자기에게 주어지는 환경적 자극에 본능적으로 반응하면서 습관 형성 및 학습을 해 나간다는 것이다.

그의 이론에 따르면 영아가 보이는 공포, 분노, 애정 등의 행동반응은 본능이라기보다는 아주 갓난아기 때부터 부모의 양육방식에 의해 가정에서 길러진다. 예를 들어, 토끼를 한 번도 보지 못한 9개월 된 아기가 처음에는 겁 없이 토끼를 만지려고 하지만, 토끼를 만지는 순간 쇠망치로 쇠막대기를 힘껏 두드려 날카로운 소리가 나도록 하면 토끼를 만지지 않고 주춤거린다. 이러한 과정을 반복하면 토끼가 옆으로 올 때 무서워하며 피하는 행동을 하게 된다. 이 영아는 공포를 학습한 것이다. 어린 아기가 무엇을 잡으려 할 때, 부모들이 "안 돼!" "하지 마!"라고 크게 소리치거나 찰싹 때리는 행동을 하면 영아는 공포 및 부정적인 감정을 일으키게 된다.

왓슨은 애정 역시 본능적인 것이 아니라 피부, 입술 등을 부드럽게 만져 주는 행동에 의해 애정반응이 형성된다고 보았다. 그는 아기가 처음 태어났을 때 누가 처음 만져주는가와 상관없이 자신을 부드럽게 만져 주고 먹여 주는 사람에 의해서 애정반응이 형성되며, 아기는 그 사람을 사랑하게 된다고 보았다.

행동주의에 근거한 왓슨의 양육 이론은 프로이트와 마찬가지로 부모의 행동이 자녀에게 결정적인 영향을 주며, 어릴 때의 경험이 영속적으로 영향력을 행사한다는 결정론적 발달관을 만들었다. 특히 왓슨은 목욕, 잠자는 시간, 일어나는 시간, 아침식사, 배변활동, 아침활동, 점심식사, 낮잠, 오후놀이, 성교육 등의 일과에 대한 구체적인 지침을 남겨 지금까지 많은 영향을 미쳤다(이원영, 1992). 우리나라에도 왓슨의 양육지침이 소개되었는데, 1978년까지 사용되었던 중학교 3학년 가정 교과서에는 갓난아기는 울어도 안아 주거나 들어 올리지 않아야 버릇을 들일 수 있다는 양육지침이 나와 있었다. 최근의 연구들은 이렇게 엄격하고 기계적인 행동주의적 양육방식이 오히려 아이의 정서에 해로울 수 있다는 결과를 보여 주고 있지만 올바른 습관을 반복하여 몸에 익히게 하는 양육방법도 중요하다. 어린 시절 고운 말을 쓰는 것을 배운 아이가 커서 세련된 어투를 갖게 되는 것이 그 예이다. 대표적인 학자들의 이론을 간단하게 정리하면 〈표 3-1〉과 같다.

표 3-1   발달 관련 이론 비교표

	정신분석이론		인지발달이론	학습이론
	심리성적 인성발달이론	심리사회적 인성발달이론		
대표 인물	프로이트	에릭슨	피아제	왓슨, 반두라
주요 개념	리비도, 성격의 구조(id, ego, super ego의 기능),	사회 환경의 중요성, 자아정체성	도식, 동화, 조절, 평형화, 적응	행동주의, 관찰학습, 모델링
발달 단계	• 구강기(생후 첫 1년): 쾌락의 중심이 되는 부위가 입과 관련 있음 • 항문기(1~3세): 항문과 소화기관이 쾌락의 중심, 긍정적 배변훈련이 중요 • 남근기(3~5세): 쾌락의 초점이 생식기, 성에 대한 관심, 오이디푸스, 엘렉트라 콤플렉스, 이성 부모와 동일시 • 잠복기(6~12세): 근면성과 쾌락에 초점 맞춰짐, 심리적 억압, 무관심 • 생식기(12세 이후): 성숙한 성적 관심 증가, 이성에 대한 흥미	• 신뢰감 대 불신(0~1.5세): 양육자에 의존 • 자율감 대 수치심·의심(1.5~3세): 독립심과 자존감, 자기 가치감 격려 필요 • 주도성 대 죄의식(3~6세): 학습 가능성과 성취감 중요 • 근면성 대 열등감(6세~사춘기): 가치 있는 일, 기술, 적성 • 자아정체감 대 역할 혼미(청년기): 개성의 발달 • 친밀감 대 고립감(성인 초기): 인간 관계 형성 • 생산성 대 침체(중년기): 자녀를 돌보기, 다양한 취미생활 • 자아통합 대 절망(노년기): 긍정적 자기 존중감	• 감각운동기(0~2세): 대상의 영속성 • 전조작기(2~7세): 물활론적 사고, 상징적 활동의 증가, 직관적 사고, 미숙한 보존 개념, 자기 중심적 사고 • 구체적 조작기(7~11세): 자기 중심성 탈피, 보존개념 획득, 인과관계 이해, 유목화·서열화·가역성의 원리 이해 • 형식적 조작기(12세~): 상징적 추론 가능, 가설 설정 가능, 체계적 검증·논리적 추론 가능	• 조건 형성, 심리적 반사 • 조작적 조건 형성, 강화이론, 문제행동의 수정 • 관찰 학습, 모범 보이기, 간접경험을 통한 대리학습

(계속)

발달 과의 관련성	성격 발달	사회성 · 정서 발달	인지 발달	습관 형성, 행동 발달

🔲 인간발달에 영향을 주는 요인

이 세상에 살고 있는 사람들은 모두 다르다. 일란성 쌍생아로 태어나도 처한 환경에 따라 인성뿐 아니라 신체적 발달에도 차이를 보인다. 발달이란 매우 복합적인 과정으로 과학자들조차도 발달이 무엇에 의해 영향을 받았는지 정확하게 측정하거나 수치화할 수 없다. 다만 유전적 요인과 환경적 요인에 의해 영향을 받는다는 것과 어떤 요인이 건강한 발달에 보다 긍정적인 영향을 주는지를 알 뿐이다. 인간발달과 성장에 영향을 주는 요인들에 대하여, 브론펜브레너(Bronfenbrenner, 1979)는 생태학적 이론에서 미시체계, 중간체계, 외체계, 거시체계로 나누어 설명하였다([그림 3-1]).

미시체계(microsystem)란 영유아에게 가장 직접적이고 즉각적인 영향을 미치는 영유아의 근접환경 내에서 경험과 대인관계를 의미한다. 가족, 교육기관, 이웃, 놀이터, 병원, 교회, 또래 등과의 관계에서의 경험들을 말하는데, 이러한 미시체계 속에서의 환경은 영유아의 발달에 지대한 영향을 미치기도 하지만, 반대로 영유아의 행동이 성인과 주변환경에 지대한 영향을 주기도 한다. 같은 부모에게 양육 받아도 자녀마다 그 행동과 반응이 다른 것은 유아 자신이 갖고 있는 성격특징, 반응방식이 다르기 때문이다. 또한 미시체계 속에서 함께 생활하는 사람들 간의 관계 역시 영유아에게 영향을 준다. 부부간의 긴장 정도가 높고 갈등이 많으면 부모로서의 양육 역할을 잘 수행하지 못하는 것을 예로 들 수 있다. 그러므로 영유아의 발달을 생각할 때는 복잡한 상호 관계성을 모두 이해해야 한다.

중간체계(mesosystem)는 유아가 가정을 떠나 친구를 사귀고, 친척들을 만나고

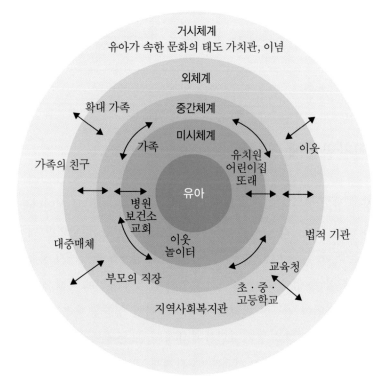

그림 3-1 영유아에게 영향을 미치는 생태학적 체계

출처: Bronfenbrenner (1979). The Ecology of human Development: Experiments by nature and Design.

초등학교에 다니는 등 더 큰 사회로 나가 인간관계를 넓히는 곳이다. 이곳에서는 미시체계에서 유아가 어떤 영향을 받고 성장했는지에 의해 영향을 받는다. 유치원에서 또래관계가 좋고 가정에서 형제관계가 화목하며 어머니와도 사랑을 나누는 영유아는 커서 중간체계·외체계에 진입해서도 긍정적으로 성장한다.

외체계(exosystem)란 영유아의 발달과 생활에 직접 개입하지는 않으나, 영유아의 발달에 간접적으로 영향을 주는 영역이다. 예를 들어, 부모의 직장이 유급 산후 휴가를 제공하고, 육아를 위해 근무시간을 조정해 주고, 육아수당을 지급해 줄 경우, 부모역할 수행에 도움을 주어 유아의 발달에 긍정적인 영향을 주게 된다.

반대로 실직하거나 사회적으로 고립된 부모의 경우 자녀를 학대할 경향성이 높아지므로 외체계 역시 어린 세대의 성장과 발달을 고려할 때 중요하게 다루어야 할 환경이다.

　마지막으로 거시체계(macrosystem)란 특정 환경이라기보다는 영유아가 살고 있는 사회의 문화와 이념, 가치, 법률, 제도, 규칙, 관습 등을 의미한다. 거시체계 역시 영유아의 발달에 지대한 영향을 주는데, 어린이들을 독립된 인격체로 존중하는 인식이 보편화되고, 이들을 위한 법률과 복지제도가 잘 마련되어 있는 사회에서 자라는 영유아는 사랑과 배려가 넘치는 양육과 유아교육을 받을 수 있다. 이렇듯 영유아는 자신이 처한 다양한 사회적 맥락 속에서 독자적이고 복합적인 발달의 과정을 겪게 된다.

🔑 **토의**

1. 프로이트의 이론에 비추어 볼 때, 나의 영유아기 발달은 어떠했는지, 그때의 경험이 생각나는지 또 지금의 성격과 관련이 있는지 생각해 보고 이야기 나누어 보자.
2. 에릭슨의 인성 발달에서 나는 지금 어느 단계까지 성취하였는지, 나는 지금 긍정적인 방향으로 가고 있는지, 부정적인 방향으로 가고 있는지 분석해 보자.
3. 피아제가 말하는 도식이란 무엇이며 도식의 조절과 동화과정의 실제적인 예를 생각해서 이야기 나누어 보자.

📖 과제

1. 주변에 영아 또는 유아가 있으면 관찰하여 이 장에서 소개한 발달이론과 비교한 후 보고서를 작성해 본다.
2. 에릭슨의 발달단계에 따르면, 대학생은 자아정체성이 형성되는 시기에 해당한다. 무엇을 위해 어떻게 살고자 하는지 자신의 인생 방향을 점검해 보고, 목표를 위한 준비 목록을 만들어 본다.

📖 도움이 되는 도서와 동영상 자료

강문희, 신현옥, 정옥환, 정정옥(2004). 아동발달. 교문사.

유혜순(1992). 아동발달. 창지사.

이원영(2006). 100년이 지나도 변하지 않는 소중한 육아 지혜. 샘터사.

Muriel, J., & Jongeward, D. (2005). 아이는 성공하기 위해 태어난다(이원영 역). 샘터사.

Perry, B. D., & Szalavitz, M. (2011). 개로 길러진 아이(황정하 역). 민음인.

岩月謙司(2006). 부모의 긍정지수를 1% 높여라(오근영 역). 랜덤하우스코리아.

EBS 다큐프라임 〈아기성장보고서〉. 아기는 과학자로 태어난다.

Chapter 4

부모가 되기 전에 이해해야 할 나

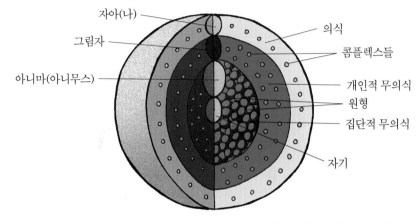

자아(나)　의식
그림자　콤플렉스들
아니마(아니무스)　개인적 무의식
원형
집단적 무의식
자기

🧑 **그림 4-1** 인성의 구조

출처: 이부영(2004). 분석심리학.

　자신의 성격을 이해하고 이를 있는 그대로 수용한다는 것은 누구에게나 매우 어렵고 힘든 일이다. 그러나 성숙한 인간이 되기 위해서는 타인을 이해하기 이전에 자신을 정확하게 이해하고 인정하며 수용하는 과정을 거쳐야 한다. 때로 많은 부모들이 자신에 대해 온전히 이해하지 못한 채, 완벽한 부모의 이미지만을 가지고, 자신은 지키지도 못할 높은 수준의 도덕성을 자녀에게 강요하는 경우도 있다. 때로는 자신이 갖고 있는 어두운 인성을 자녀들이 보이면 강한 분노를 표출하여 자녀에게 상처를 주기도 한다. 자신이 항상 옳을 수는 없으며, 때때로 실수할 수도 있고, 문제의 원인이 될 수도 있다는 것을 겸허하게 받아들이는 동시에 자신의 모습을 있는 그대로 인정하고 좋아할 수 있을 때 다른 사람의 실수와 부족함도 너그럽게 수용할 수 있다. 때문에 자신을 있는 그대로 들여다보는 경험은 부모됨에 매우 중요한 과정이다.

자신의 성격을 들여다볼 수 있는 많은 이론과 도구들이 있으나, 이 장에서는 융(Jung)의 분석심리학을 공부함으로써 자기의 내면세계를 이해할 수 있는 방법을 살펴보고자 한다. 또 MBTI 검사를 해 봄으로써 자신의 성격유형을 파악해 보고 자신의 인격은 어떤 유형인지, 나는 다른 사람들과 얼마나 다른지, 그리고 그 다름을 왜 편견 없이 수용해야 하는지에 대해 생각해 보자.

칼 구스타프 융(Carl Gustav Jung)은 1875년 스위스 산간 지방인 케스빌에서 목사의 아들로 태어나 1961년 서거한 정신과 의사다. 1900년 초반에 프로이트와 친분을 쌓았으나, 프로이트의 성욕 중심적 정신분석학과 무의식에 관한 이론에 동의할 수 없어 결별했다. 그러나 환자들의 경험을 진지하게 연구 분석한 후 인간의 정신을 탐구한 프로이트의 경험론적 태도는 끝까지 인정하였다. 융 역시 체험을 바탕으로 다른 사람의 마음을 관찰했을 뿐 아니라 자신의 마음도 진지하게 살펴본 후 분석심리학이라는 새로운 이론을 창시하였다.

융의 분석심리학은 인간의 마음을 들여다보기에 좋은 이론이다. 분석심리학이론으로 자신을 성찰하고 이해해 봄으로써 건강한 부모가 되기 위한 준비를 시작해 보자.

생각 만들기

융의 분석심리학을 이해하기 위해서는 크게 인간의 의식과 무의식을 알아보아야 한다. [그림 4-1]에서 볼 수 있듯이 무의식은 다시 개인적 무의식과 집단적 무의식으로 나눌 수 있다. 개인적 무의식에서는 그림자, 집단적 무의식에서는 아니마와 아니무스를 이해해야 한다. 그리고 자아(ego), 외적 인격인 페르소나로 나뉘는 의식세계도 알아보아야 한다.

🎴 나를 이해하기 위한 이론 – 의식과 무의식

의식은 무의식과 달리 외부세계와 접촉하며 외부세계에 대해 지각하고 방향감각을 갖게 되며 그 중심에 자아(ego)가 있다. 무의식은 마치 의식이라는 섬이 떠 있는 바다와도 같은 부분으로, 나 자신도 모르는 정신세계이다. 프로이트는 무의식에 부정적 경험이 쌓여 있는 것으로 보았다. 즉, 여러 가지 나도 모르게 나오는 말실수, 잊어버린 것들, 신경증, 각종 정신 증상, 꿈 등이 그것이다.

프로이트와 달리 융은 무의식 세계를 미지의 정신세계로 간주하며 무의식에 대해 보다 긍정적인 의미를 부여하였다. 융은 생각하지 않으려 해도 떠오르는 생각, 갑자기 엄습하는 죽음의 불안, 내 의지로 억제하거나 통제할 수 없는 일 등은 모두 무의식의 작용이라고 보았다. 그러나 이 무의식 세계의 에너지가 긍정적으로 표현된다면 긍정적인 삶의 원천이 되고, 창조성의 보고(寶庫)가 된다고 하였다. 다시 말해 무의식은 의식이 억압한 내용들이 저장된 부정적인 그 무엇이 아니라 무한한 가능성을 가진 심리적 에너지가 저장된 곳이다. 무의식은 자율성과 대상성을 가지고 있어서 인간의 정신세계가 통합될 것을 촉구한다. 즉, 의식이 너무 지적이면 무의식은 정적인 상태를 발현하고, 의식이 너무 외향적으로 치우치면 무의식은 내향적 성향을 추구하게 된다.

인간의 무의식은 크게 개인적 무의식과 집단적 무의식으로 나뉘는데, 개인적 무의식이란 개인 생활 체험에서 후천적으로 생기는 것이다. 특히 영유아기에 부모와 생활하는 가운데 겪는 정서적·심리적 경험 중 무슨 이유에서든 잊어버린 것, 도덕과 가치관에 맞지 않아 억압된 것, 억지로 눌러 버린 괴로운 생각이나 감정, 지각되지 않은 미미한 감정으로 구성된다. 집단적 무의식이란 태어난 이후의 경험에 의해서 생기는 것이 아니라 태어날 때부터 이미 가지고 나온 무의식 층으로, 일찍이 의식된 일이 없는, 사람이라면 누구나 갖고 있는 특성이다. 개인적 무의식을 그림자라고 한다면, 집단적 무의식은 우리 인간이 알 수 없는 그 어떤 것이다. 그리고 아니마와 아니무스는 개인적 무의식과 집단적 무의식의 사이에 위치하고 있어서 집단적 무의식과 개인적 무의식세계가 연관을 맺을 수 있게 한다. 아니마와 아니무스는 마음의 중재자 역할을 하여 우리의 인격이 보다 온전해지는 데 도움을 준다.

인간이 처음 태어났을 때는 모든 것이 무의식적이어서 마치 자아가 없는 것처럼 행동하다가 하나씩 하나씩 의식으로 떠오르게 되고 일련의 기억에 의해 자기 신체, 자기 존재에 대한 의식이 형성되어 간다. 무의식에 있는 것을 의식화하려면 자아와 의식이 있어야 하는데, 정신분열이란 이 자아가 분열된 상태를 말한다.

우리의 정신이 의식만 생각하고 무의식 세계를 무시한다면, 자신의 의지에 의해 무엇이든지 조절할 수 있다고 생각하게 된다. 또 무의식에 들어 있는 것들을 잘 돌보지 않고 방치하거나 외면하게 되어 자신을 온전히 이해하지 못하게 된다. 우리의 정신세계에는 의식의 세계보다 훨씬 방대한 무의식 세계가 있음을 인식하고, 무의식 세계를 지속적으로 의식화할 필요가 있다. 무의식 세계의 부정적인 요소들을 냉철하게 인식하여 의식화하는 과정에서 통합적인 자기실현을 할 수 있다.

그림자

심리학적 의미에서 그림자란 바로 자아의 어두운 면, 즉 무의식적인 측면에 있는 나의 분신이다. 자아의식이 강하게 조명될수록 그림자의 어둠은 짙어지기 마련이다. 선한 나를 주장할수록 악한 내가 그 뒤에 짙게 도사리고 있다가 문제를 일으킨다. 악이 선한 의지를 뚫고 나올 때 나는 느닷없이 악한 충동의 제물이 되어 사회적인 물의를 일으키게 된다. 학생들에게 바른 행동을 가르치는 선생님 자신이 충동적으로 원조교제를 한다든가 훔치는 것이 그 예이다. 이런 이중인격적 행동은 자기 마음속의 검은 그림자를 의식하지 못하는 데서 일어난다. 이 세상에 좋은 것만을 하고자 하고, 자기만 옳다고 생각하는 사람은 오히려 나쁜 유혹에 빠지기 쉽다. 그래서 자신의 약점이나 나쁜 점은 솔직히 인정한 후 고치려고 노력하는 것이 좋다. 실수는 인정할수록 작아진다.

무의식 속에는 나도 모르는 또 다른 내가 있어 실수를 저지르고 지향하거나 주장하는 바와 전혀 다른 모순된 행동을 하게 한다. "등잔 밑이 어둡다."라는 속담은 무의식 속에 있는 그림자를 가리키는 명언이라 할 수 있다. 그림자는 본래부터 그렇게 악하고 부정적이고 열등한 것이 아니라 그늘에 가려 있어서, 다시 말해서 무의식 속에 버려져 있어 분화될 기회를 갖지 못했을 뿐이다. 그것이 의식화되어 햇빛을 보는 순간 그 내용들은 곧 창조적이며 긍정적인 역할을 하게 된다.

그림자를 의식화하지 못하면 투사가 일어난다. 투사란 자아가 하는 것이 아니라 무의식적으로 되는 것이다. 자아는 투사된 대상에 대해 감정적으로 집착한다. 대부분의 사람에게는 무조건 싫은 사람이 존재하기 마련인데, 그렇게 싫은 사람의 속성이 자신의 그림자와 일치하는 경우가 많다. 어떤 대상에 대해 왜 그런지 모르게 공연히 싫은 부정적인 감정반응이 생긴다면 자신의 그림자를 되돌아보아야 한다. 비슷한 부류(부부, 부모-자녀)의 사람들 사이의 갈등은 대개 그림자의 투사에 의한 오해 때문인 경우가 많다.

내 안에 내가 비난하는 그 사람의 열등한 성향이 있다는 것을 인식하는 것만으로도 그림자를 의식의 일부로 소화, 동화시킬 수 있다. 그러나 그림자를 없애버리는 것을 목표로 하고 티 하나 없는 완전한 사람이 되려고 해서는 안 된다. 내 마음속에 무서운 그림자가 있을 수 있음을 받아들이고 고치려고 노력하는 온전한 사람이 되려고 해야 심리적으로 성숙한다. 예를 들어, 자녀의 급한 행동을 보고 마음에 분노가 생긴다면, 자녀의 급한 성격이 바로 자신의 그림자에 도사리고 있다는 생각을 하고 분노를 가라앉혀야 한다. 대부분의 사람은 자신에게는 그런 급한 성격이 없다고 믿어 버리고, 자녀만 나무란다. 그러나 상식선에서 벗어난 부모의 반응(예를 들어, 학대, 가혹한 체벌 등)은 자신의 그림자를 인식하지 못한 채 자신의 그림자에 드리운 열등한 성향을 자녀의 모습에서 보고 화내고 때리는 것이지 사랑하는 것이 아니다.

그림자의 투사는 자녀양육의 많은 부분에서 나타난다. 공부를 많이 하지 못한 어머니가 자신의 약한 부분을 자녀에게 투사하여 성적과 학업에 특별히 예민해지고, 자신의 욕구인지 자녀의 욕구인지 구별하지 못한 채, 배우지 못한 자신의 한을 자녀에게 쏟아 붓는 것이 그 예다. 학업을 위한 것이라면 과도한 학업량, 스트레스, 체벌, 비싼 학원비 등을 감수하고라도 시키는 예도 많다. 무모할 정도로 자녀에게 매달리고, 잔소리하고 요구하는 부모들은 자신의 그림자를 제대로 인식하고 자녀에게 과도하게 잔소리하거나 요구하지 말아야 한다.

　'부모는 완벽해야 한다'는 비현실적인 부모상을 버리고, 자신도 많은 그림자를 가진 나약한 존재임을 인정하고, 자신의 그림자가 자녀양육에 투사되는 현상을 직시하여, 문제를 이성적으로 해결하려고 노력해야 부모로서 성숙할 수 있다.

🔲 외적 인격(페르소나)/내적 인격(아니마, 아니무스)

　자아와 외부세계가 접촉하는 가운데 자아는 외부의 집단세계에 적응하는 데 필요한 여러 가지 행동양식을 익히게 된다. 이것을 외적 인격 또는 페르소나라고 한다. 페르소나란 고대 그리스의 연극에서 배우들이 쓰던 가면을 말하는데, 실상이 아니라 가상이라는 뜻이 있다. 페르소나는 집단정신의 한 단면으로 흔히 개성이라고 착각하기 쉽지만 나의 진면목이 아니라 가면이다. 페르소나는 내가 나로서 있는 것이 아니고 다른 사람들에게 보이는 나를 더 크게 생각하는 특징을 가지고 있다. 체면, 얼굴, 낯과 같은 것이 비슷한 용어다. 집단적 규범을 벗어나 조금이라도 개성을 발휘하려고 하면, 페르소나는 즉각 이를 위협시하고 아들/딸 된 도리, 남편/아내의 도리, 친구의 의리, 조직체의 단합, 형평성을 내세운다. 페르소나는 집단으로부터의 이탈을 이기적 · 독선적 · 비인간적 · 몰인정 등으로 규탄함으로써 사회규범의 와해를 막고 개인을 일정한 틀에서 벗어나지 못하게 한다. 개개인이 마음속 깊은 곳에 있는 자기를 실현하는 것을 페르소나가 체면을 내세워 막는다는 의미이다. 페르소나는 민주주의 사회보다 교조주의, 권위주의 사회에서 더 중요시된다. 집단과의 관계를 유지하는 동안 자아는 자기도 모르게 차츰 집단정신에 동화되어 그것이 자기의 진정한 개성인 것으로 착각하는 경우가 있다. 이것은 자아가 페르소나와 동일시되어 있을 때 일어난다. 페르소나와의 동일시가 심해지면 자아는 그의 내적인 정신세계와의 관계를 상실하게 된다. 그 결과 내면의 자기를 돌보지 못하게 되어 그 존재조차도 잊어버리게 된다. 결혼 후 남편과 아이들을 위해 헌신하던 부인이 막내아이의 대학 입학 후 우울증에 걸리는 것을 예로 들 수 있다. 자기내면은 돌보지 않고 외부세계에만 살아서 불균형이 일어났기 때문이다.

페르소나는 관계를 나타낸다. 페르소나는 다른 사람과 관계를 맺을 때 지나치게 상대방의 눈치를 볼 때 나타난다. 따라서 페르소나는 자아의 궁극적인 목표가 아니라는 것을 자각해야 한다. 사회생활을 할 때 어느 정도 상대방을 배려하기 위해 페르소나가 필요하지만, 상대방의 기대에 절대적으로 부응하지는 말아야 한다. 페르소나 자체가 나쁜 것이 아니라 페르소나와의 맹목적인 동일시가 문제다. 사회적 역할, 의무, 도덕규범, 예의범절을 없애야 하는 것이 아니라 그것을 맹신하며 따르지 말아야 한다는 의미다.

외적 인격과 대조되는 용어로 내적 인격인 아니마와 아니무스가 있는데, 남성의 무의식 속에 있는 여성적 요소를 아니마(Anima)라고 하고, 여성의 무의식 속에 있는 남성적 요소를 아니무스(Animus)라고 부른다. 이때 말하는 '남성적' '여성적'이라는 것은 사회적인 통념을 넘어선 보편적 · 원초적 특성을 의미한다. 의식의 외적 인격으로서의 남성과 여성은 각기 다른 내적 인격의 특성을 갖추게 되고, 이것이 전인격에 보충됨으로써 하나의 개체를 이룬다고 볼 수 있다.

그러나 우리 사회에는 '나는 누구인가?'에 대한 진지한 성찰 없이 자신이 가지고 있는 지위와 역할에 의한 외적 인격을 자기 전체로 착각하는 경우가 만연해 있다. 내면에는 다른 자아가 있으나, '여자(남자)는 이래야 한다.' '아버지(어머니)는 이래야 한다.'라는 사회적 규정에 의해 내면의 자아와 일치시키지 못한 채 이중적

인격으로 살고 있는 사람들이 많이 있다. 이들에게서는 내적 인격과 외적 인격이 조화를 이룬 진실되고 정직한 자아를 찾아보기 힘들다. 조용한 시간을 갖고 자신의 내면을 성찰하는 시간은 없이, 시끄러운 축제나 술자리, 춤판만 전전하는 대학생들은 외적 인격만 강화하는 것이다.

자신의 내적 인격을 들여다보지 않고, 외적 인격이 자신의 전부인 양 스스로를 속이며 살아가면 자아는 시간이 지날수록 분열된다. 결국에는 대상성과 보상성의 특징을 가지고 있는 무의식의 내적 인격이 외적 인격까지 덮어 버리게 된다. 이는 사회규범에 맞는 경직된 역할 수행만을 하다가 어느 순간 전혀 다른 자아의 모습을 보이는 경우라 하겠다. 사회규범에 맞추느라 진정 자기가 원하는 것은 누르고 살다가 어느날 남의 물건을 훔친다든지 부적절한 관계를 충동적으로 갖는 경우를 예로 들 수 있다.

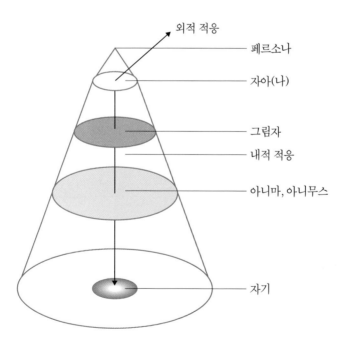

그림 4-2 자기실현에 이르는 과정

출처: 이부영(2004). 분석심리학.

좋은 부모가 되기 위해서는 사회적 규범이 원하는 여성, 남성, 아버지, 어머니의 역할뿐 아니라, 자신의 개성을 규정짓는 자신만의 독특한 내적 인격을 되돌아보며 통합된 자아상을 키워야 한다. 자아가 통합되고 안정되어야만 감정과 이성이 균형을 이룬 합리적인 양육을 할 수 있기 때문이다.

🖼️ 자기와 자기실현

인간은 전체로서 사는 것을 스스로 요구하는 경향이 있다. 자아가 의식에만 집착하면 무의식이라고 부르는 마음의 심층에는 언제나 사람으로 하여금 전체가 되도록 하려는 원동력이 움직인다. 자기란 의식과 무의식을 통틀어 한 사람의 전부를 말한다. 즉, 그 사람 전체다. 자기실현이란 개성화라고 말할 수 있는데, 진정한 개성을 실현함으로써 그 사람 자신의 전부가 되는 것을 말한다.

자기실현을 위해서는 자아를 덮어씌워 무의식을 도외시하는 페르소나를 벗기

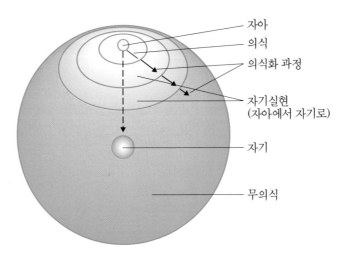

🙂 **그림 4-3** 인성의 구조와 자기실현

출처: 이부영(2004). 분석심리학.

고, 무의식으로부터 오는 암시적인 힘이 자아를 덮치지 않게 해야 한다. 지나치게 외적인 상황에 맞추거나 무의식 세계의 심리적 힘 때문에 의식을 놓쳐서는 안 된다는 의미다. 의식은 무의식을, 다시 말해 무의식에 있는 내용을 의식 세계로 나오게 해야 한다는 의미다. 따라서 자기실현은 무의식을 의식화하는 것이라고 말할 수 있다. 그림자, 아니마, 아니무스의 의식화가 이루어져야 비로소 그 개체는 자아실현을 할 수 있다. 그러나 자기실현을 완전히 해내는 사람은 없다. 무의식 세계는 너무 방대하여 이를 의식 세계로 모두 끌어올릴 수는 없기 때문이다. 따라서 인간은 완전한 인격체가 되려하기보다 비교적 온전해지려고 노력해야 한다.

이렇게 온전한 자아를 추구하는 과정에서 인간에 대한 총체적인 관점이 형성되며, 인간으로서의 성숙이 이루어지고, 좋은 부모가 될 수 있는 마음의 준비가 이루어진다.

🔲 인성의 유형

사람과 사람 사이의 의사소통을 막는 오해 · 논쟁 · 편견의 원인을 살펴보면 서로 세상을 보는 입장이 다르기 때문임을 알 수 있다. 무엇을 더 중요하게 여기는가 하는 가치에 대한 전제가 다르기 때문에 결국 서로 말이 빗나가고 격론이 벌어지고 심지어는 반목하여 피비린내 나는 투쟁으로까지 번지게 된다. 흔히 사람들은 모두 같다는 착각에 빠지기 쉬우나 남은 곧 내가 아니다. 이러한 구별을 의식하는 것은 고통스러운 일이지만, 이 고통은 인간관계의 진실을 인식하는 데 밑거름이 된다.

MBTI는 Myers-Briggs Type Indicator의 머리 글자만 딴 것으로, 융의 성격유형 이론을 근거로 브리그스(Briggs)와 그녀의 딸 마이어스(Myers), 그리고 손자인 피터 마이어스(Peter Myers)에 이르기까지 무려 3대에 걸쳐 70여 년 동안 계속 연구 개발한 인간 이해를 위한 성격유형 검사다.

MBTI 검사지는 모두 95문항으로 구성되어 있으며, 네 가지 척도의 관점에서 인간을 이해하려고 한다. 그리고 그 결과는 E(외향)-I(내향), S(감각)-N(직관), T(사고)-F(감정), J(판단)-P(인식) 중 각 개인이 선호하는 네 가지 선호 지표를 알파벳으로 표시(예, ISTJ)하여 결과 프로파일에 제시된다.

MBTI의 근간이 되는 융의 심리유형이론의 요점은 인간의 행동이 겉으로 보기에는 멋대로이고 예측하기 힘들 정도로 변화무쌍해 보이지만, 사실은 매우 질서정연하고 일관성 있게 다르다는 것이다. 그리고 이러한 일관성과 상이성은 각 개인이 외부로부터 정보를 수집하고(인식 과정), 자신이 수집한 정보에 근거해서 행동을 위한 결정을 내리는 데(판단 과정) 각 개인이 선호하는 방법이 근본적으로 다르기 때문이라는 것이다.

표 4-1　MBTI에서 선호성을 나타내는 네 가지 지표

지표	선호 경향	주요 활동
외향(E) — 내향(I)	에너지의 방향은 어느 쪽인가?	주의 초점
감각(S) — 직관(N)	무엇을 인식하는가?	인식 기능
사고(T) — 감정(F)	어떻게 결정하는가?	판단 기능
판단(J) — 인식(P)	채택하는 생활 양식은 무엇인가?	생활 양식

이를 바탕으로 한 MBTI에는 선호성을 나타내는 네 가지 지표가 있다.

각 지표는 인식 및 판단 기능과 연관된 네 가지 근본적 선호 중 하나를 대표한다. 이 선호성은 주어진 상황에서 사람들이 '무엇에 주의를 기울이는가?'와, 그들이 인식한 것에 대하여 '어떻게 결론을 내리는가?'에 영향을 미친다. 여기서 말하는 심리적 선호 경향(preference)이란 '내가 더 지속적이고 일관성 있게 활용하는 것' '더 자주, 많이 쓰는 것' '선택적으로 더 좋아하는 것' '상대적으로 편하고 쉬운 것' '상대적으로 더 쉽게 끌리는 것'을 의미한다.

이 네 가지 선호 지표를 조합하여 만든 열여섯 가지 성격유형은 사람들의 성격은 한 가지 모습으로 규명될 수 없으며, 서로 다르다는 것을 보여 준다.

표 4-2 MBTI 각 지표의 특성

외향성(Extraversion)	내향성(Introversion)
• 자기 외부에 주의집중	• 자기 내부에 주의집중
• 외부 활동과 적극적	• 내부 활동과 집중력
• 정열적, 활동적	• 조용하고 신중
• 말로 표현	• 글로 표현
• 경험한 다음에 이해	• 이해한 다음에 경험
• 쉽게 알려짐	• 서서히 알려짐
감각형(Sensing)	**직관형(iNtuition)**
• 지금, 현재에 초점	• 미래 가능성에 초점
• 실제 경험	• 아이디어
• 정확, 철저한 일처리	• 신속, 비약적인 일처리
• 나무를 보려는 경향	• 숲을 보려는 경향
• 가꾸고 추수함	• 씨 뿌림
사고형(Thinking)	**감정형(Feeling)**
• 진실, 사실에 주관점	• 사람, 관계에 주관점
• 원리와 원칙	• 의미와 영향
• 논리적, 분석적	• 상황적, 포괄적
• 맞다, 틀리다	• 좋다, 나쁘다
• 규범, 기준 중시	• 나에게 주는 의미 중시
• 지적 논평	• 우호적 협조
판단형(Judging)	**인식형(Perceiving)**
• 정리 정돈과 계획	• 상황에 맞추는 개방성
• 의지적 추진	• 이해로 수용
• 신속한 결론	• 유유자적한 과정
• 통제와 조정	• 융통과 적응
• 분명한 목적 의식과 방향감각	• 목적과 방향은 변화
• 뚜렷한 기준과 자기 의사	• 할 수 있다는 개방성
	• 재량에 따라 처리될 수 있는 포용성

출처: 한국MBTI연구소(www.mbti.co.kr).

MBTI를 통해 자신의 유형을 분석해 보고, 이 세상에는 나와 같지 않은 수많은 유형의 사람들이 있다는 것을 아는 것은 매우 중요하다. 많은 경우 부부 또는 부모-자녀 간 갈등은 "왜 나와 같지 않는가?"에서 시작되기 때문이다. 같지 않은 것이 너무나 당연하며, 그 다름을 있는 그대로 받아들이고 인정해야 한다는 마음가짐을 가질 때, 행복한 관계의 물꼬가 트인다.

나와 같아야 한다고 주장하고, 같을 것을 기대하는 것으로부터 탈피하여 "너와 나는 다르다."는 것을 인정하고 자녀를 있는 그대로 받아들이고 존중하는 것이 건강한 부모가 되는 첫걸음이다. 다음은 성격유형에 따라 부부가 생활에서 어떤 행동을 보이는지를 살펴본 예다.

 성격유형에 따른 부부관계의 실례

- **에너지 표출 방향(외향성, 내향성)**
  -같은 경우: 둘 다 외향성이면 활동적이고 민첩하여 함께 모든 일을 신속하게 하고 의기투합하기 쉬운 것이 장점이다. 그러나 성급한 결정으로 실수할 수 있다. 휴일에 대청소도 함께하고 쇼핑, 외식도 즐기므로 기분 좋을 수 있으나 즉흥적인 소비를 조심해야 한다. 둘 다 주인공이 되고 싶기 때문에 자기 주장만 내세워 충돌이 생길 수 있다. 상대방의 말을 충분히 경청하고 아내가 앞설 때는 남편은 조용히 지켜 주고, 남편이 나설 때는 아내가 지켜 주는 상호 보완적인 역할이 필요하다.
  둘 다 내향성이면 서로 많은 말을 하지 않아도 상대의 느낌을 알 수 있어 조용한 가운데 서로 편안함을 느낀다. 그러나 혼자 판단하여 오해를 일으킬 수도 있다. 자신의 욕구를 내세우기 전에 상대를 존중하기 때문에 큰 문제는 없지만 쌓인 것이 한 번 터지면 그 일 자체보다 크게 터지기 쉽다. 독립심이 강하여 상대의 힘을 빌리지 않고 자신의 일을 잘 처리해 나간다. 그러나 자칫하면 유대감이나 친밀감을 잃기 쉽다. 자칫 가족중심주의에 갇힐 수 있으므로 부부가 함께 대인관계의 폭을 넓힐 필요가 있다.
  -다른 경우: 외향성인 사람과 내향성인 사람이 만나면 서로 보완하고 균형을 이루

는 관계가 될 수도 있고 서로 힘들어하는 사이가 될 수도 있다. 한쪽은 상대가 답답하고 느리다고 여기고, 다른 쪽은 상대가 정신없고 경박하다고 느낀다. 한쪽은 적극적 표현을 기대하지만, 다른 쪽은 표현하는 것을 어색해한다. 한쪽은 궁금한 게 많고 대화를 원하지만, 다른 쪽은 말이 많은 상대가 부담스럽다. 휴일에 한쪽은 외출을 원하고 다른 쪽은 휴식을 원해서 충돌하기 쉽다. 우리나라의 현실에서 남편이 외향성이면 다행인데, 아내가 외향성인 경우에는 관계가 좀 더 힘들어질 수 있다. 외향성인 쪽은 지나친 리더십으로 위압감을 줄 수 있으므로 자기 주장을 하기 전에 상대의 의견을 충분히 물어서 반영하고, 내향성인 쪽은 의사표현 훈련을 할 필요가 있다.

- **사물 인식 방법(감각형, 직관형)**
 - 같은 경우: 둘 다 감각형이면 둘 다 현실적이며 일의 완결을 목표로 하기 때문에 실수가 적고 충돌도 적다. 부부가 저마다 맡은 현실적인 역할에 충실한 편이라 생활이 안정적이지만, 둘 다 변화에 적응하는 능력이 부족한 것이 흠이다. 전근이나 이사 등의 변동을 싫어해 삶이 단조롭고 권태로울 수 있다. 게다가 인생에는 예기치 않은 복병이 있어서 둘만 잘한다고 완전할 수 없다. 실직이나 심각한 병에 걸리는 등의 뜻밖의 상황 앞에서는 당황하거나 낙담할 가능성이 크다. 인생을 좀 더 길게 보고 넓게 보는 시각을 키울 때 가정생활이 발전하고 부부 간의 권태기를 극복할 수 있다.

 둘 다 직관형이면 영감에 따르는 미래의 가능성을 함께 꿈꾸기 때문에 환상적으로 즐겁게 살 수 있다. 로또 복권을 매주 구입할 때도 부부 간에 이견이 없고 투자에 화끈한 합의를 이루기도 한다. 그러나 현실에 어둡고 단계를 제대로 밟지 않아 극단적인 충돌을 일으킬 수도 있다. 둘의 관계는 좋아도 대책 없는 부부로 보일 수 있고, 현실적으로 원가족인 양가에 폐를 끼치는 예가 적지 않다. 지나친 낙관을 삼가고 무언가를 결정할 때는 경험을 활용하여 신중을 기해야 한다. 둘만의 의견보다는 주위 사람들의 의견을 들어 반영하면서 속도를 조절해야 한다.
 - 다른 경우: 감각형인 사람의 현실성과 직관형인 사람의 혁신성이 조화를 이룰 수 있다. 한쪽은 실제 경험을 선호하고 일상적인 면에서 인내력이 강하고, 다른 쪽은

풍부한 추상력과 반짝이는 아이디어가 있다. 그러나 이 때문에 일상생활에서 사소한 충돌이 빚어진다. 고장난 컴퓨터가 있다면 한쪽은 우선 안내서를 보고 일일이 체크해 보면서 만져 보자고 하고, 다른 쪽은 왜 고장이 났는지부터 찾아내자고 컴퓨터를 전부 분해해서 더 고장을 내어 결국은 수리센터로 보내게 되는 식이다. 사안별로 현실 중심적으로 처리할 것인지, 미래 지향적으로 처리할 것인지를 사전에 충분히 논의할 필요가 있다. 감각형은 자신의 배우자를 통해 발상의 전환을 배워야 하고, 직관형은 배우자의 현실 인식을 존중해야 한다.

• **결정을 내리는 방식(사고형, 감정형)**

–같은 경우: 둘 다 사고형이면 부부 모두 실수가 적고 차분하기 때문에 충돌할 일이 없다. 함께 공동의 목표를 가지고 연구나 일을 한다면 좋을 짝이다. 그러나 논리적이고 객관적이기 때문에 배우자에 대해서 칭찬보다 비판과 비난이 많을 수 있다. 듣는 사람으로서 맞는 말이기는 해도 섭섭하고 불쾌한 것은 어쩔 수 없다. 게다가 섬세한 감정 표현을 힘들어하고 사랑을 표현할 때도 자제하기 때문에 부부 사이가 냉랭하기 쉽다. 남편은 남편대로 아내는 아내대로 서로의 사랑에 확신이 없을 수도 있다. 사람들이 언제 도움을 필요로 하는지 알아내려고 노력하고, 사소하게라도 애정 표현을 자주 하고, 상대에게 한 가지를 지적할 때는 반드시 그보다 많은 칭찬을 더해서 해 주는 것이 필요하다.

둘 다 감정형이면 다정하고 따뜻한 부부가 될 수 있다. 인간관계와 개인적인 사건들에 대한 의사소통에 중점을 두기 때문이다. 또 둘 다 동정심이 많고 남에게 상처를 주지 못하기 때문에 부부간의 충돌을 줄일 수 있다. 그러나 한 번 부딪치면 심한 상처를 입고 서로 움츠러든다. 상대가 잘 받아주면 활발하지만 조금만 삐딱하거나 마음에 걸리는 게 있으면 토라지는 경우가 많다. 또 당연한 경우에도 혼자 불쾌한 느낌을 받을 수도 있다. 상대에게 들킬까 봐 드러내지 못하면서 속 앓이를 해서 신체적으로 알레르기 현상이 올 수도 있다. 또 부부가 거절을 못해서 살림이 어려워질 수도 있다. 어떤 결정도 감정으로만 할 것이 아니라 집안의 경제사정이나 상대의 신용 정도 등 환경적 요인과 논리성을 고려해서 하는 것이 필요하다.

−다른 경우: 한쪽은 원칙과 법규를 중시하고 다른 쪽은 융통성과 따뜻한 가슴을 가졌기 때문에 조화가 이루어진다. 그러나 상대를 볼 때는 한쪽은 너무 융통성 없고 냉정해 보이고, 다른 쪽은 우유부단하고 무책임해 보인다. 감정형은 친한 친구가 며칠만 돈을 빌려 달라고 애걸하면 거절을 못해서 '이사하려고 적금 타둔 돈'을 배우자 몰래 빌려 주고 그 친구가 종적을 감추면 병이 나 버린다. 그 사실을 안 사고형 배우자는 도저히 이해할 수가 없다. 그러나 감정형은 얼마 지나서 그 친구가 미안하다고 절대 돈은 떼먹지 않겠다고 하면 너무 불쌍해서 천천히 갚아 달라고 하는 식이다. 이것이 반복되면 사람이 나빠서가 아니라 함께 살기가 힘들어져서 결혼생활이 만족스럽지 않게 된다. 그 상처가 평생 가는 경우도 있다. 사고형은 따뜻한 표정과 표현이 필요하고, 감정형은 자기 혼자의 감정에만 충실할 것이 아니라 공동생활의 원칙을 생각하고 '예'와 '아니요'를 분명히 하는 노력이 필요하다.

• **생활양식(판단형, 인식형)**
−같은 경우: 둘 다 판단형이면 이들 부부는 비교적 서로 호흡을 잘 맞추며 살아간다. 왜냐하면 계획된 순서대로 정확한 삶을 살려고 하고 일이 끝나야만 직성이 풀리기 때문이다. 부부 각각의 역할을 중요하게 여기고 안정된 생활을 이루기 위해 노력하므로 결혼 후 다른 사람들에 비해 비교적 빨리 안정된 생활을 할 수 있다. 그러나 자기 자신의 결정에 확신이 있고 신속하게 마감하려는 경향이 있기 때문에 간혹 현명하지 못한 판단을 할 수가 있다. 물건을 구입할 때 너무 빨리 선택을 하다 보니 바가지를 쓰기도 하고 뒤늦게 하자를 발견하기도 한다. 그럴 때 자책하거나 서로를 탓할 수 있다. 어떤 결정을 내릴 때 여유를 갖고 제3자의 의견을 참고할 필요가 있다. 또 자녀나 주위 가족들의 가능성을 인정하고 자유롭게 놓아 두는 노력이 있어야 한다.
둘 다 인식형이면 즉흥적이고 자율적인 삶으로 권태기 없는 부부가 될 수 있다. 일정을 잡거나 계획을 세우기보다 순발력과 재치로 삶을 즐길 수 있다. 길을 잘못 들어서도 행선지를 바꾸는 식으로 상황에 적응하면 기분을 상하지 않을 수 있다. 그러나 2박3일 여행이 4박5일이 될 수 있는 등 확실한 결정이 없으면 생활이 불안정하고 삶이 피곤해질 수 있다. 다양한 가능성을 생각하며 마지막 마무리를 미루는 경향이 있다. 이사를 할 경우 좋은 집을 고르느라 시간을 보내다가 날짜에 쫓겨 허둥대다 보면 큰 실수를 하게 된다. 이때 서로 힘들어지면서 탓하거나 둘 다 지쳐버려 가정생활이 엉망이 될 수 있다.

－다른 경우: 한쪽은 즉흥적이고 다른 쪽은 계획적인 부부는 시작하는 사람과 끝내는 사람이 될 수 있기 때문에 서로 보완적으로 능률을 올릴 수 있다. 청소를 할 때 한쪽은 방청소가 끝나야 다른 청소를 한다. 다른 쪽은 방청소를 하다가 어떤 물건을 베란다에 가져다 놓으러 가서는 베란다 정리를 한다. 혼자 못해서 도움을 요청했을 때, 자기가 계획한 순서대로 일을 하고 싶어 하는 배우자가 미루거나 거절하면 충돌이 일어난다. 갑갑하고 융통성 없는 사람과 무슨 일을 벌일지 몰라 불안한 사람이 만나는 것이다. 인식형인 배우자는 여러 가지 일을 동시에 하기 때문에 마무리가 약하므로 시간을 예약해서 쓰는 훈련이 필요하고, 판단형인 배우자는 정확하고 완벽한 것도 좋지만 가정에서는 가족에게 여유와 관용을 베풀 수 있게 조금은 느긋해지는 훈련이 필요하다.

생각 나누기

🔑 토의

1. 나는 누구인가? 내가 인정하고 싶지 않은 나의 그림자는 무엇인가? 내면에 존재하고 있는 나의 아니마 또는 아니무스는 어떤 모습인가? 이러한 질문에 대해 생각해 봄으로써 이를 수용하고 자신의 일부로 인정하도록 노력하는 과정을 경험해 본다.

2. 다른 사람이 나와 다르다는 것은 좋은 것일까, 나쁜 것일까? 다른 점을 어떻게 받아들이고 인정할 수 있을까? 이러한 질문에 대해 생각해 보자.

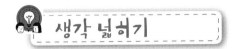

📖 과제

1. 학생생활상담센터를 찾아가 MBTI 검사를 받고, 자신의 성격유형을 파악하고, 같은 유형, 다른 유형의 사람들과 만나 공통점과 차이점을 이야기 나누어 본다.
2. 『성격유형과 자녀양육태도』(Penley, 1998)를 읽고, 자신과 같은 성격유형의 부모는 자녀양육 시 어떤 점을 유의해야 하는지 조사해 본다.

📖 도움이 되는 도서와 사이트

이부영(1999). 그림자. 한길사.

이부영(2001). 아니마, 아니무스. 한길사.

이부영(2004). 분석심리학. 일조각.

Penley, J. (1998). 성격유형과 자녀양육태도(심혜숙 역). 한국심리검사연구소.

한국MBTI연구소. http://www.mbti.co.kr

Chapter 5
다양한 양육방식과 나

생각 모으기

모든 시대의 부모들이 자녀의 생명을 존중하고, 자녀들에게 애정적인 양육태도를 보였을까? 현재를 사는 우리는 자녀에 대한 부모의 양육방식이나 양육태도가 시대, 인종, 사회에 관계없이 모두 지금과 동일하다고 생각하지만, 사실은 시대와 환경에 따라 매우 다양했다.

부모의 가치관, 태도 및 행동은 인간의 여러 역할 중 매우 중요한 것으로서 자녀의 자존감과 사람됨, 성격 형성과 사회화 등 자녀의 성장과 발달을 좌우하는 핵심 요인으로 작용한다. 그렇다면 이러한 부모의 양육태도는 무엇의 영향을 받는가? 물론 이전에 부모로부터 받은 양육방식과 개인의 기질적 성향이 양육방식을 결정짓는 주요 요인이 될 수 있으나, 이러한 모든 것 역시 지금 처해 있는 사회의 가치와 문화에 의해 크게 영향받는다.

사회가 무엇을 추구하며, 어떤 모습을 가치 있게 여기는지, 의미 있게 생각하는 생활방식은 무엇인지에 대한 인식에 따라 가치관이 형성되고, 그 가치관에 따라 현 사회의 양육태도가 결정된다. 따라서 이 장에서는 각 시대의 사람들이 중요시했던 가치와 생활방식에 근거하여 각 시대의 양육방식이 역사적으로 어떻게 변화되어 왔는지 살펴보고, 현 시대에도 공존하고 있는 다양한 양육방식에 대해 생각해 보고자 한다. 그리고 이와 더불어 우리나라 부모들의 양육방식의 특징을 파악하고 문제점을 살펴봄으로써 예비부모의 일차적 자질인 바람직한 인간관·아동관 형성을 돕고자 한다.

생각 만들기

　인류가 시작되면서 어린아이는 출생하였으며 누군가에 의해 양육되어 왔다. 사람은 자녀를 낳고 양육하기 시작할 때부터 모종의 양육관을 갖고 자녀양육을 하였는데, 이 양육관은 시대와 문화에 따라 변화를 겪었다. 부모의 양육관이 바뀔 때마다 어린이의 발달은 다른 방식으로 이루어졌다. 오랫동안 인간은 어린이를 인간으로 존중하지 못하고 성가신 존재, 미성숙한 존재 또는 축소된 어른으로 판단했다. 원시시대에 가까울수록 인간은 생존 그 자체를 위한 투쟁에 힘써야 했으므로 어린이에 대한 배려를 할 수 없었다. 도리어 어린이는 식량 획득을 위해 어른과 함께 활동해야 했으며, 어른의 생존을 위해 희생되는 때도 많았다. 따라서 역사를 거슬러 올라갈수록 어린이를 양육하는 방법은 비인간적인 면을 보이고 있다. 코메니우스가 모성 교육의 중요성을 언급한 17세기 이후로 사람들은 어린이도 그들 나름대로의 사고 방식을 갖는 인간으로 존중받아야 한다는 생각을 하게 되었다.

　그 후 루소, 코메니우스, 페스탈로치, 프뢰벨과 같은 철학자들은 어린이를 존중해야 한다는 생각을 교육현장에서 실천하였다. 20세기에 접어들면서 영유아를 인간으로 존중하며 교육해야 한다는 생각이 널리 퍼지게 되었다.

　드모스(De Mause)는 고대로부터 현재까지의 자녀양육관을 여섯 가지 형태로 분류하고 있다. 이 여섯 형태의 양육관은 시대, 문화, 지역 및 개인에 따라 차이를 보인다. 드모스는 부모의 양육관을 지나치게 단순히 표현하였을 뿐 아니라 극단적인 사례들을 많이 다루었기 때문에 그 시대를 대표하는 양육관을 분류한 것은 아니라고 비난하는 학자들도 있다. 그러나 아직까지 드모스의 이론을 뒤엎을 만한 이론은 없으므로 여기에 소개하고자 한다. 다음은 드모스가 제시한 시대별 양육관의 변천 과정이다.

드모스는 시대별 양육관을 살해형, 포기·유기형, 갈등형, 엄격한 훈련형, 사회화 과정 형성형, 수평적 부모-자녀관계 유지형으로 나누었다. 고대로 갈수록 살해형이 많았지만, 현재에도 이 여섯 가지 유형의 양육관이 공존하는 문화권이 많으므로 연관하여 설명하기로 한다.

🦉 살해형 양육관

어린이를 한 인간으로 대우하지 않는 양육관이다. 어른들은 쉽게 자기의사 및 편의대로 영아를 살해할 수 있다고 생각하였다. 인간의 역사를 거슬러 올라갈수록 영아살해가 사회적 규범에 의하여 합리화되었는데, 건강하지 못한 어린이를 살려두어 계속 고통을 당하느니 차라리 죽여 버림으로써 양육의 부담을 덜었던 것으로 보인다. 고대에는 인간을 개인보다는 집단의 관점에서 바라보았다. 아리스토텔레스는 어린이를 국가의 힘을 강하게 하는 사회구성원으로 키우려 했고, 플라톤도 사회적 요구에 부합되도록 자녀를 양육하는 것을 중요하게 생각하였다.

고대 스파르타에서는 아기가 태어나면 일단 그 지역의 노인들이 검사하여 건강하다고 판단한 아기들만을 선택하여 양육과 교육을 하였다. 아리에스와 뒤비(Ariès & Duby, 2002)에 따르면 로마인은 아기가 태어나는 대로 받아들이지 않았다. 가장의 결정에 따라 사회에 받아들여졌다. 피임, 유산, 자유민으로 태어난 아이를 버리는 일, 그리고 여자 노예의 몸에서 태어난 아기를 죽이는 일은 늘 있었고, 또 완전히 합법적인 일이었다. 이러한 관행은 318년 콘스탄티누스 황제가 영아살해를 죄라고 규정한 이후부터 바람직하지 않은 일로 보게 되었고 영아살해를 금지하는 법도 생겼다. 로마 시대에도 살해형 양육관이 있어서 아기를 죽이고 살리는 일은 아버지가 마음대로 결정하였다. 아버지는 자식이 태어나면 곧 아기를 친자로 인정하고 버리지 않겠다는 뜻을 표시하기 위해 산파가 땅에 내려놓은 아기를 들어 올리는 특권을 행사했다. 아버지가 들어 올리지 않은 아이는 문 앞이나 쓰레기장에 버려졌다. 그러면 누구든 원하는 사람이 아이를 데려다 기를 수 있었다. 만일 출타 중인 남편이 아이를 낳은 아내에게 그렇게 하라고 명령해도 마찬가지였다. 그리스인과 로마인들은 이집트인, 게르만인, 유대인들이 낳은 자식을 모두 거두고 한 명도 버리지 않는다는 사실을 기이하게 생각했다.

　그리스에서는 남자아이보다 여자아이를 버리는 경우가 더 많았다. 기원전 1년 어느 그리스인은 아내에게 다음과 같이 썼다. "만일 아기가 생기는 경우, 남자아이이면 살리고 여자아이이면 버리시오." 로마인들에게도 성에 대한 편파적 성향이 있었는지는 정확히 알 수 없지만 대부분의 로마인들은 훌륭한 아기와 아무짝에도 쓸모없는 아기는 구별해야 한다는 생각으로 기형아를 낳으면 버리거나 물에 빠뜨렸으며, 정상적으로 결혼을 하지 않고 낳은 아기들도 마찬가지로 버렸다. 특히 합법적으로 아기를 버리는 경우는 가난 때문이거나 후손들에게 얼마간의 재산을 제대로 물려주기 위해서였다. 플루타르코스(Ploutarchos)는 빈민들이 '아기가 지위와 자질을 갖출 수 있는 훌륭한 교육을 받지 못한 채 자라나서 결국 타락하게 되는 것을 보고 싶지 않아서' 아이를 버렸다고 기록하고 있다. 심지어 극히 부유한 가정에서도 원치 않는 아이가 태어나는 경우나 이미 유산 분배를 위해 내린 결정이 뒤집힐 소지가 있을 경우, 아이를 상속 명단에서 빼 버리거나 없애 버렸다.

　16세기에 들어선 후에도 어린이를 귀하게 생각하지 않았다는 증거는 많이 남아 있다. 기록에 따르면 16세기 프랑스 앙리 4세의 남동생은 창문에서 창문으로 던져지다가 떨어져 죽었다고 한다. 그 당시 의사들이 아이를 던지는 일 때문에 뼈가 부러지는 사례가 많다고 불평했다는 기록도 있다. 그 당시 간호원들은 '띠'를 사용할 것을 권고했는데, 이는 아이를 던질 때 편리하기 때문이었다고 한다.

　어린이를 한 인간으로 대우하지 않고 죽이는 형태는 과거에만 일어난 일은 아니다. 임신 중인 태아를 검사하여 여자아이로 판정되면 낙태시키는 경우, 자녀의 의사와 상관없이 동반자살을 꾀하는 경우, 한 자녀 갖기 정책을 실시하는 중국에서는 딸이 태어나면 아들을 갖기 위해 딸을 몰래 죽이는 일이 21세기인 현재에도 일어나고 있다. 남자아이들은 인간적인 대우를 받게 되었지만 여자아이들의 인권은 아직도 완전하게 존중되지 못하고 있다고 볼 수 있다.

최근 우리나라는 개방적인 성문화로 십대 청소년의 성경험 비율이 높아지면서 출산한 영아를 죽이거나 버리는 십대의 영아살해율도 점차 증가하고 있다. 꼭 십대가 아니더라도 키울 자신이 없다고 아이를 죽이는 미성숙한 부모, 인터넷 게임에 빠져 아이를 굶겨 죽이는 무책임한 부모들이 증가하여 사회적 문제가 되고 있다. 생활고 때문에서든 그 밖의 다른 이유에서든 자녀의 의사와 상관없이 동반자살을 하거나 자녀의 목숨을 함부로 다루는 부모는 살해형에 해당된다.

"제가 제 아이를…"
30대 주부가 생후 2개월 영아 살해 – 아이 키울 능력 되지 않아 아들 살해

부산에서 30대 주부가 생후 2개월 된 자신의 아이를 살해한 뒤 경찰에 자수했다.

부산 남부경찰서는 아이를 키울 자신이 없다며 영아를 살해한 혐의로 A(33,여)씨를 입건해 조사하고 있다고 밝혔다. A씨는 7일 오후 2시쯤 남구 자신의 집 안방에서 생후 2개월 된 아들을 손수건으로 질식사시킨 혐의를 받고 있다. 범행 직후 A씨는 곧장 112에 전화를 걸어 "제가 제 아이를 죽였어요."라는 말과 함께 자수했으며, 현장에 출동한 경찰이 응급조치를 취했으나 아이는 끝내 숨을 거뒀다. 경찰은 아이를 키울 능력이 되지 않아 아들을 살해했다는 A씨의 진술 등을 토대로 정확한 범행 경위를 조사하고 있다.

출처: 부산CBS(2013. 1. 7.).

포기형 · 유기형 양육관

어린이를 죽이지는 않지만 쉽게 양육을 포기하거나 버리는 양육관이다. 의식주의 필요는 채워 주지만 심리적 필요와 욕구는 무시하는 생각이 주를 이루는 아동관이다. 이는 아동의 성장발달에 대한 지식이 없었던 시대에 부모들이 유아에 대

해 가졌던 일반적인 사고 방식이다. 중세기의 기록에 따르면, 유아에 대한 일은 사회에서 처리하여야 할 여러 가지 일 중 우선순위상 최하위였다. 유아는 성인의 축소판이라는 생각이 일반적이었으며, 사회적 지위는 매우 낮았다. 어린이의 우선순위가 최하위였던 예를 안데르센의 동화『헨젤과 그레텔』에서 살펴볼 수 있다. 기근이 들어 헨젤과 그레텔의 계모와 친부가 아이들을 산 속에 버리기로 한 것은 작가의 상상에서 비롯된 것이 아니라 그 당시 유럽 곳곳에서 일어났던 사실에 근거한 것이었다. 카두신(Kadushin)에 따르면, 16세기 전후에 유럽에는 길에 버려진 아이들이 많아 길을 걸을 수 없을 정도였다고 한다. 이는 심각한 사회문제였다. 또 미성숙한 어린이들을 보살피는 것은 대단히 어려운 일이었으므로 어린이를 낳은 부모와 양육하는 성인이 따로 존재했다. 포기형·유기형 양육관을 가진 부모들이 주로 보였던 양육 사례는 모유로 키우지 않고 유모(젖어멈)와 가정교사를 두거나, 타가양육을 하거나 강보에 싸서 키우고, 비위생적으로 기르는 것이다. 각각의 구체적 사례를 살펴보면 다음과 같다.

🔳 모유로 키우지 않음

가정의 사회적 지위가 높을수록 자녀는 어머니 이외의 사람이 키우는 것으로 되어 있었다. 1780년 프랑스의 기록에 따르면, 그해 21,000명의 아기가 출생했으나 700명만이 어머니에 의해 키워졌다. 그리고 700명도 어머니와 함께 한집에서 살았지만 모유 이외의 즙이나 죽 같은 음식으로 양육되었다고 한다. 우리나라의 경우도 양반댁에는 반드시 '젖어멈' 또는 '유모'가 있었음은 누구나 알고 있는 사실이다.

15세기 프랑스의 한 가정이 이사를 갔는데 그 동네 사람들이 모유로 아기를 키우는 것을 보고 야만스럽게 느껴서 다시 이사했다는 기록이 있다. 남편도 모유로 아이를 키우는 아내를 '요상한 습관'을 가진 사람이라고 싫어했다고 한다.

영국에서는 아기에게 모유를 먹이려면 사람들의 따가운 눈총과 남편이나 부모

의사들의 권고를 물리칠 수 있는 강인한 의지가 필요했다. 자식에게 모유를 먹인 여성은 그 행적이 묘비에 기록될 정도였다. '1636년, 여섯 딸과 여섯 아들을 모유로 키운 어머니' '1658년, 여덟 자녀 중에 일곱을 모유로 키운 어머니'라는 묘비명을 보면 유모 제도가 얼마나 만연했었는지를 짐작할 수 있다.

모유로 어린이를 키우지 않는 관습은 코메니우스, 루소의 시대에도 있었다.

자기 아이를 먹이는 일을 지루하게 여겨 다른 여인이 기르도록 내주는 것은 얼마나 해로우며 비난받을 일인가? 다른 여인의 젖을 빨며 기르도록 아이를 내주는 일은 신과 자연의 섭리에 어긋나고, 어린이들에게 해로우며, 어머니 자신에게 나쁘고, 가장 고차원적인 유기(遺棄)로서 인간에게 불명예스러운 일이다.

-Comenius

어머니들이 그 첫 번째 의무를 소홀히 하여 자기 자식에게 젖 먹이는 것을 꺼려 자식을 돈으로 사들인 유모에게 맡긴 데서 비롯된 것이다. 유모는 남의 자식의 어머니이기 때문에 혈연의 애정이라고는 조금도 없이 오직 수고만 피하려 든다. 아기를 자유롭게 놓아 두면 계속 그를 보살펴 주어야 한다. 그러나 잘 묶어서 한 구석에 밀어 두면 울음소리에 시달리지 않아도 된다. 유모의 태만이 눈에 드러나지 않고 유아의 팔, 다리가 부러지지만 않으면 아기가 죽거나 평생을 허약하게 지낸들 무슨 상관이 있겠느냐 하는 식이다.

아기가 조금만 성가시게 굴면 아기는 헌 보퉁이처럼 벽의 못에 매어 달리고, 유모는 태평하게 자기 할 일이나 하는 것이다. 이런 상태에 놓인 아기들은 모두 얼굴빛이 보라빛으로 변하고 가슴이 눌려 혈액순환이 좋지 못해 피가 머리로 올라가 있다. 그쯤 되면 아기는 울 힘조차 없어 참을성 많은 아이처럼 그저 조용히 있는 것이다.

나는 어린 아기가 그런 상태에서 몇 시간 동안이나 죽지 않고 버틸 수 있는지는 모르겠지만, 그리 오래 견디지 못하리라고 본다.

-Rouseau

18세기 중반 이후, 특히 루소의 『에밀』(1762)이 출간되자 아기를 다른 사람에게 맡긴다는 것 자체가 새롭게 비판의 대상이 되었다. 의학박사인 윌리엄 캐도건(William Cadogan)은 자신의 저서 『신생아부터 3세 미만 아기의 보호와 육아에 관한 에세이』(1748)에서 그리스 로마 시대 이래의 철학자나 윤리학자들이 어머니의 수유에 대해 강조했던 사항을 되풀이하는 데 그치지 않고 모유를 수유하는 간단한 방식까지 소개했다. 이 책은 대단한 반향을 불러일으켜 세기말까지 스무 차례나 증판되는 기록을 세웠다.

젖어멈과 가정교사

로마 시대에는 신생아가 태어나면 바로 젖어멈에게 맡겼다. 젖어멈은 젖만 주는 것이 아니라 가정교사(또는 양육인[nutritor, tropheusl])와 함께 아동이 사춘기에 이를 때까지 교육을 맡았다. 아동은 그들과 함께 살고 그들과 함께 밥을 먹었으며, 저녁만 부모나 부모의 손님들과 함께 먹었다. 젖어멈과 가정교사는 아동이 성장한 후에도 여전히 중요한 사람들이었는데, 마르쿠스 아우렐리우스 황제는 친아버지, 양아버지, 양육인 모두에 대해 한결같은 효심을 갖고 있다고 말했다. 가정교사, 젖어멈, 젖형제는 일종의 이차 가족을 이루어 나중에까지 서로 너그럽게 대하면서 온갖 배려를 해 준 경우도 있지만 네로는 자기 어머니인 아그리피나를 암살하기 위해 양육인과 공모했다. 나중에 그가 반란을 일으킨 백성들에게 밀려 꼼짝 못하게 되어 죽음을 앞두고 있을 때도 젖어멈만이 곁에서 그를 위로했다고 한다. 어떤 스토아 철학자는 '가족의 사랑에 대해 설교하면서 이 사랑은 이성 그 자체인 자연과 일치한다. 따라서 아이들은 어머니, 젖어멈, 가정교사를 사랑해야 한다'고 권고하기도 하였다.

10~14세기, 특히 르네상스 이전 유럽에서는 아기를 유모에게 맡기는 관행이 대단히 넓게 확산되었다. 프랑스의 경우, 중세 때까지 매우 활발하여 왕이 칙령을 내릴 정도였다. 1350년 1월 30일에 반포된 칙령에서는 유모의 월급, 그리고 아기

를 유모의 집까지 데려다주는 호송인의 월급을 규정하고 있다.

영국의 아동심리학자 수전 아이작스(Susan Issacs)가 1948년에 쓴 책을 보면, 20세기 초반에도 부유층 가정의 어머니들은 보모를 두고 자녀양육을 했음을 볼 수 있다. 이는 과거의 타가양육(他家養育)보다는 발전된 형태이지만 이때까지도 자녀양육의 주된 책임은 부모 이외의 사람에게 달려 있었다고 볼 수 있다.

타가양육

아기는 태어나는 즉시 농촌이나 다른 지역의 가정에 보내져서 만 3~4세가 될 때까지 양육받았다. 대부분 부유층 자제를 하류계층 가정이나 시골에 사는 엄한 친척 여성에게 보내는 것이 보통이었다. 시골에 확실한 덕성을 쌓은 친척이 있는 경우에는 한 집안의 모든 아이들을 보내기도 했다. 예를 들어, 베스파시아누스 황제는 어머니가 살아 있었지만, 코사에 있는 영지의 친할머니 손에서 자랐다. 만 3~4세경이 되어 집으로 돌아오는 아이들은 대부분은 종들이 보살폈다. 이 시대의 부모와 자녀 간 거리는 굉장히 멀었으며, 아이들은 양육과 교육을 담당한 친척이나 가정교사와의 관계가 더 가까웠다.

강보에 싸서 기르기

생후 1년 동안 아기를 그냥 두면 귀를 찢거나 다리를 다치거나 성기(性器)를 만진다고 생각한 옛사람들은 이를 방지하기 위해 아기를 강보에 꼭 싸서 기르는 방법을 썼다. 꼭꼭 묶어 놓을 뿐 아니라 벽의 못에 걸어 두기도 하였다. 그뿐 아니라 갓 태어난 아기의 피부를 튼튼하게 한다는 뜻에서 소금을 뿌렸다가 얼음물에 씻는 부족도 있었다.

앞서 언급한 루소의 비판에서 볼 수 있듯이, 18세기에도 유모에게 맡겨 키우기와 강보에 싸서 기르는 것이 유행하였음을 알 수 있다. 20세기에도 아기를 강보에 묶어 1년 동안 키우는 호피족이 있었다. 요즈음에도 갓 태어난 신생아를 꼭꼭 싸 놓는 경우가 있지만, 이는 예전처럼 양육상 어른에게 편리하기 때문에 그렇게 하 는 것이 아니라 자궁 속에서 잔뜩 웅크리고 있던 아기가 허전하게 느끼지 않도록 하기 위해서다.

🧑 비위생적으로 기르기

고대 그리스와 로마에서는 공중목욕탕 시설이 크게 번창하였으나, 14~15세기 경에는 교회의 압력으로 물을 많이 사용하는 목욕 습관, 특히 위생을 목적으로 하 는 목욕이 금지되었었다. 이때에는 물에 들어가면 생명력이 녹아 버린다고 생각 하여 목욕을 금기시했기 때문이다. 그 대신 속옷을 자주 갈아입어 땀과 더러움을 닦아냈고, 향수를 뿌려서 냄새를 감췄다. 위생 방식이 '습한 청결함'에서 '건조한 청결함'으로 변하기 시작한 것은 17세기에 절정을 이뤘다.

유럽에서는 전통적으로 어린 아기의 더러움은 몸을 보호한다고 해서 오히려 좋 게 여겼다. 그래서 프랑스 중부의 리무쟁 지방에는 "아기는 더러울수록 잘 자란 다."라는 속담이 있고, 남부의 프로방스 지방에서는 "아기는 똥오줌 사이에서 자 란다."라는 속담이 생겨났다. 당시 사람들은 갓난아기의 정수리가 굳지 않아서 숨 을 쉴 때마다 발딱발딱 뛰는 숫구멍을 보호하려면 머리의 때를 보호막으로 남겨 두어야 하며, 머리카락 속에 이도 몇 마리 남겨 놓아야만 아기의 뇌를 상하게 하 거나 발작을 일으키는 나쁜 피를 빨아 낸다고 생각했다. 같은 이유로, 기저귀를 전혀 빨지 않고 말려서 사용했고, 오줌을 더럽거나 불결한 것이라고 생각한 것이 아니라 오히려 피부병을 치료하는 역할을 한다고 믿었다. 이때의 아기들 몸에서 는 고약한 냄새가 코를 찌르고, 기저귀는 늘 젖어 있었으며, 얼굴과 몸은 습진과 피부병으로 뒤덮여 있었다. 이러한 전근대적인 위생에 대한 관념은 18세기 들어 와 바뀌었다. 이때부터 물로 씻는 위생법이 좋다는 생각이 퍼지기 시작했다.

현대사회에서의 포기형·유기형은 가정에서 돌볼 수 있는 충분한 여건을 갖추었음에도 불구하고 어린 영아를 어린이집에 온종일 위탁하는 경우, 이혼 후 자녀를 고아원으로 보내고 찾지 않는 경우, 경제적인 이유로 자녀를 조부모에게 보내고 방치하는 경우, 자녀교육을 위해서라고 하지만 자녀의 의사와 상관없이 너무 이른 시기에 해외로 조기유학을 보내는 경우 등을 예로 들 수 있다. 너무 이른 시기에 부모로부터 멀리 보내 키우는 것은 부모에 대한 정상적 애착을 발달시키지 못하게 하며, 부모뿐 아니라 타인과 세상에 대한 기본적인 신뢰감을 형성하는 데도 어려움을 갖게 할 우려가 있다.

"부모의 보호 받지 못하는 아이들이 성폭력에 노출"

　나영이 주치의 인터뷰 내용

－왜 이렇게 정신건강에 문제가 있는 아이들이 많아졌나.

"가정 해체가 아이들의 뇌 발달에 큰 영향을 주었다. 역학조사를 하면 분명히 증명될 걸로 확신한다. 엄마 아빠의 부재(不在)로 충격받은 어린아이를 데리고 내게 온 할머니 할아버지들이 급증했다. 이혼하면서 서로 '네가 키워라'라고 부모가 아이를 떠밀기 시작한 것도 1997년 외환위기 때부터다. 이렇게 자란 아이들이 지금 학교폭력 문제를 일으키는 중학생, 고등학생이다. 요즘 부모들은 성적만 최상의 가치로 생각하고 자녀를 경쟁의 도구로 여기며 옆집 아이와 비교한다. 이런 상황에서 괴팍하고 강팍한 아이들이 만들어진다."

－무상보육을 어떻게 봐야 하나.

"보육 문제도 아이들 중심으로 생각해야 한다. 0~2세 아이를 보육시설에 맡길 경우 보육지원금을 주는데 어떤 아기들은 보육시설에서 견디기 힘들다. 개인별로 뇌 발달에 차이가 나는데 이런 걸 무시하고 모두가 보육시설에 아이를 맡기도록 유도할 경우 엄청난 사회적 비용을 치를 것이다. 3세부터는 언어능력이 비약적으로 발달하므로 보육시설에 보내는 것도 괜찮다. 나는 '무상'이란 말을 싫어한다. 세상에 공짜란 없다. 보육정책에서도 정부가 돈을 주기 시작하니까 부모들이 부모 되는 수고로움을 면제받으려고 하는 경향이 나타나고 있다. 부모가 되는 것은 굉장한 심리적 성숙이 요구되는 일이다."

출처: 동아일보(2012. 9. 17.).

🎴 갈등형 양육관

자녀를 쉽게 죽이거나 포기하지는 않지만, 갈등을 느끼는 서로 다른 가치 체계로 인하여 일관성 있는 양육을 하지 못하는 양육관이다. 즉, 자녀에게 잘해 주어야 한다는 생각, 또는 잘해 주고 싶다는 본능적인 욕구는 있지만 어려서부터 버릇을 들이지 않으면 나중에 손을 쓸 수 없을 것이라는 우려 때문에 자녀양육에 혼란을 빚는 양육관이다.

인간적으로 대우해 주어야 한다는 생각과 유아의 내면에는 악함, 못된 성품이 도사리고 있어 모질게 다루어야 한다는 상반된 가치체계를 갖고 있으면 자녀에게 잘 대하다가도 비합리적으로 엄격하게 될 수 있다. 자녀에게 유순하고 애정적으로 대하려 하나 어떻게 할지 몰라서, 또는 사회적 규범이 어린 자녀에게는 엄격해야 함을 강조하기 때문에 갈등을 느끼는 사고 유형이다.

역사적으로 이러한 갈등형의 양육관이 보편적이었던 시대는 르네상스기 전후였다. 르네상스(Renaissance)의 어원은 이탈리아어 'rinasciment'에서 비롯되었으며, 다시 태어난다(rebirth)는 뜻이다. '다시 태어난다'는 의미는 고대의 생활방식으로 되돌아가자는 뜻만은 아니다. 르네상스기의 정신은 중세기의 편협된 정신세계에 대한 도전이며, 집단이나 절대자에 대한 무조건 복종보다는 개인적인 생활을 보다 존중하며 나름대로 성숙된 삶을 살 수 있는 기회를 갖고자 하는 요구가 비로소 시작된 시기라고 표현할 수 있다.

14세기 말 이후 도시의 부유층 사이에 어린 자녀의 생명을 지키려는 새로운 양육관이 형성되기 시작했음을 보여 주는 증거들이 나타나기 시작했다. 물론 이전에도 부모가 자식을 잃는 것을 쉽게 받아들인 것은 아니었지만, 자식의 병에 맞서 싸우는 태도가 보이지는 않았다. 16세기 이후 자녀가 병에 걸릴 경우 치료해 주려는 욕구가 매우 뚜렷해졌는데, 이는 인간과 몸에 대한 인식이 집단주의적 관점에서 개인적 관점으로 옮겨진 것을 의미한다. 내 몸은 비록 소멸하나 또 다른 몸, 즉

내 자식의 몸을 통해 내 몸을 영구히 보존할 수 있다는 인본주의적 사고가 생긴 것이다. 이 시기 이후부터 자녀는 부모의 관심사 가운데 가장 중요한 위치를 차지하게 되었고, 부모가 자녀 자체를 사랑하게 되었으며, 자녀는 부모에게 일상적인 기쁨을 주는 존재가 되었다.

16~17세기의 문헌에는 새로운 어린이의 모습이 발견되는데, 어린이들이 훨씬 민감하고 성숙한 모습으로 등장하게 된다. 17세기 초 마리 드 메디치의 산파였던 루이즈 부르주아는 딸을 위해 쓴 교육서에서 "요즘의 아기들은 아주 명민하다."라고 언급하기도 했는데, 자식을 지나치게 사랑하는 부모들 때문에 이 시기의 도덕주의자들은 자녀의 비위를 맞추는 부모들을 비난하기 시작했다. 따라서 절도 있는 행위 규범이 강요되어야 한다는 주장도 곳곳에 나타나기 시작했다.

르네상스기에 발생한 개별화 존중 및 인본주의 사상은 부모-자녀관계에도 점진적으로 변화를 주게 되었다. 그러나 부모들은 어린이를 인간으로 대우해야 한다는 생각을 하기는 하였지만, 아동발달에 대한 정보의 절대적 부족과 양육방법 기술의 부족 때문에 갈등하게 된 것이다.

르네상스기 이후, 유럽의 상류계층 부모들은 자녀를 다른 집으로 보내 키우지는 않았으나 어린이의 마음에는 악(惡)이 존재한다고 믿고 엄하고 무섭게 대하였다. 그리하여 어른들은 어린이의 마음속에 있는 악을 제거 또는 통제할 수 있는 방법을 생각해 내었다. 서양에서 일어난 일로, 어른들은 규칙적으로 도깨비 형상이나 흡혈귀로 분장하고 잠자는 어린이를 놀래 주곤 하였다고 한다. 이처럼 계속 공포를 느끼게 한 이유는 "네가 나쁜 행동을 해서 그런 거야. 이젠 나쁜 행동을 하면 못쓴다."라는 뜻을 깨닫게 해 주기 위해서였다. 어떤 경우에는 교수대에 데리고 가서 나쁜 사람은 어떻게 되는지를 보여 주었으며, 집에 돌아와서는 채찍질을 하여 본 것을 기억하게 만들었다고 한다.

유아들을 사랑하여 그들을 위해 유치원을 설립했던 프뢰벨이 살던 19세기에도, 주된 어린이 훈육 방법은 '공포로 다스리는 것'이었으며, 여자아이가 놀이터에서 크게 웃는 것도 죄로 여겼다.

영유아의 발달을 이해하지 못하는 현대의 부모들 중에도 자녀양육으로 갈등하는 사람이 많다. 자녀를 집에서 키우며 의식주의 필요를 채워 주기는 하나 버릇들이기를 조기에 해야 한다는 생각에 압도되어 심리적인 요구와 필요는 충족시켜 주지 못하는 경우가 있는데 이는 현대판 갈등형 양육관으로 인한 것이라 볼 수 있다.

🐱 엄격한 훈련형 양육관

　서양의 중상류층 가정의 부모들이 자녀를 집에서 양육하기 시작하자 예절, 습관 형성, 도덕성 훈련 등이 중요한 문제로 대두하였다. 즉, 부모는 자녀를 매로 다스리거나 무섭게 하는 등 엄격하게 길러야 제대로 성장한다고 생각하게 되었다. 따라서 자녀를 엄격하게 다룰 수 있는 사람, 즉 가정에서 권력과 권위가 가장 큰 부친이 엄격한 양육을 책임지게 되었다. 우리나라에서도 조선시대에 엄부자모(嚴父慈母)를 양육의 지표로 삼았었다. 18세기경 서양에서 부친의 권위는 국가의 법과 동일하여 자식을 징계, 감금, 투옥도 할 수 있었다. 작가 발자크는 그의 자전적 소설에서 엄했던 부친을 다음과 같이 묘사했다.

　　내가 고등학교를 졸업했을 때 아버지는 바로 자기 서재 옆에 내 방을 정해 주고, 자고 일어나는 시간이며 눕고 앉는 시간까지도 규제하고 엄하게 감시하였다. 나의 행동이나 공부는 시간적·공간적 올가미에 얽혀 눈곱만큼도 내 생각이 스며들 틈을 허락받지 못했다. 저녁밥 먹는 동안에도 금전출납을 보고하지 않으면 안 되었을 만큼 아버지는 무서웠다.

　과거에는 동서양을 막론하고 부친의 권력이 절대적이었다. 이 당시의 양육방법은 유아를 인간으로 존중한다든지 권리를 인정한다는 현대의 양육관과는 거리가 멀다. 이 책 및 그 당시 출판된 양육서들은 모두 예절 훈련, 훈육, 통제의 방식들을 다루고 있다. 이러한 엄격한 양육을 신봉했던 양육관은 동서양 모두 19세기까지 지속되었다. 동양도 유교의 가르침에 따라 여자는 남편을, 자식은 부모를, 특히 부친의 권위를 절대적으로 존중해야 했다.

1811년에 출판된 『어머니 의사(*Maternal Physician*)』는 익명의 미국인 보모에 의해 저술된 양육서인데, 이때에도 자녀양육은 신체적 보호 및 엄격한 성격 훈련이 중요한 과제였다. 이 책에 따르면 그녀는 자신의 아들이 아기 때 성질을 부리는 것을 보고 생후 9개월부터 훈련을 엄격하게 하였다. 그 결과 부모의 명령에 즉시 복종하는 자녀가 되었다고 기록하고 있다.

유아의 나쁜 성격은 아기 때부터 교정해야 한다는 것이 엄격한 훈련형의 기본 가정이었다. 이러한 아동관은 유아의 입장에서 그들을 이해하는 것이 아니라 어른의 가치관, 행동규준 등을 유아에게 강요하는 것이다. 아무리 나이가 어리다 하여도 어른의 기대와 규준을 따라오지 못하는 것은 유아의 능력이 부족하기 때문이며, 유아가 문제행동을 보이는 것은 유아의 성품이 본래부터 사악하기 때문이라고 보는 입장이다.

유아의 발달 특성을 이해하지 않았던 좋은 예로 19세기 이전까지의 유아 의상을 살펴볼 수 있다. 당시의 그림을 보면 여자아이의 옷은 활발하게 뛰어놀 수 있는 의상이 아니라 어른의 옷을 크기만 줄인 옷이었다.

18세기의 기록을 보아도 자녀는 때려서 키우게끔 되어 있었으며, 부모들은 학교에서 아동을 때리는 것을 당연한 일로 받아들였다. 19세기 어느 독일 교장은 아동훈육을 위해 막대기는 91만 1,527번, 채찍은 12만 4,000번, 손으로 때린 것은 13만 6,715번, 귀와 뺨을 때린 것은 111만 5,800번이라고 기록하고 있다.

이 밖에도 영국의 시인 밀튼(Milton)의 부인은 어린 조카들을 때릴 때 우는 소리가 싫다고 기록하였으며, 베토벤(Beethoven)은 피아노 레슨을 받으러 오는 학생을 뜨개질 바늘로 때렸다고 하였고, 감리교의 창시자인 영국의 존 웨슬리(John Wesley)의 부인 수잔나(Susanna Wesley)는 19명의 자녀를 낳아 8명은 죽고 11명을 키우면서 양육법을 책으로 엮어 1732년 출판하였다. 이 책은 "아이가 한 살이 되었을 때, 어떤 때는 그보다 더 일찍 막대를 두려워하고 조용히 우는 것을 가르쳐야 한다. 아이의 마음을 형성시키려면 먼저 그들의 고집을 다잡아야 하고 복종하는 태도를 갖게 해야 한다"고 기록하고 있다.

이 모든 예는 거의 최근까지 아동중심 교육관 및 양육관이 존재하지 않았음을 알려 준다. 오늘날과 같은 아동존중사상은 20세기 초반부터 확립되었다. 생명을 단지 가계와 공동체의 부속물로 간주하던 사고 개념이 개개인을 소중하게 생각하는 개념으로 대체된 것이다. 자녀양육에서 중요한 역할을 담당하던 사회 대신에 자식의 부모, 특히 아버지의 권리가 강화되었으며, 개인을 중요하게 생각하는 추세와 더불어 유아교육이 권장되었고, 사랑하고 사랑받으려는 이유에서 자식을 원하게 되었다.

사회화 과정 형성형 양육관

어린이가 사회 구성원의 일원으로서 성장하고, 사회화되려면 부모가 계속해서 훈련과 안내를 하며 도와주어야 한다고 보는 양육관이다.

이러한 아동관은 19세기 이후의 철학자, 교육자, 소아과 의사, 정신분석학자, 심리학자들이 아동발달에 대해 연구하면서 점차 형성되기 시작하였다. 20세기가 되어 부모들은 어린 자녀를 키우기 힘든 것은 그 원인이 아동의 본성이 사악하기 때문이 아니라 환경 때문일지도 모른다는 생각을 하게 되었고, 환경요인 중에서도 부모, 특히 어머니가 중요한 역할을 한다고 생각하게 되었다. 드디어 영아 또는 유아는 그 아이의 발달에 맞는 방법으로 양육해야 한다는 사고가 어른들의 기본 양육관으로 자리잡기 시작한 것이다. 여러 이론 중에서도 정신분석학 및 심리학은 부모의 양육방식을 새로운 방향으로 변형시키는 중요 이론이 되었다.

프로이트를 비롯한 정신분석학자들은 젖 먹이기, 대소변 가리기, 성적 흥미 처리하기 등 일상생활에서 당면하는 문제를 해결하는 동안 영유아의 사회화가 이루어진다고 하였다. 행동심리학자였던 왓슨(Watson, 1928)은 다음과 같이 부모의 역할이 얼마나 중요한가를 강조하였다.

> 건강하고 정상적인 12명의 어린이를 내 전문 분야의 지식으로 키우도록 해 달라. 12명 중 누구든지 택해서 훈련시켜 그 아이들이 타고난 재능이나 그 아이들의 부모가 갖고 있는 취미, 경향, 능력, 직업, 종족과는 상관없이 의사, 변호사, 예술가, 유능한 상인 중 어느 직종의 전문인이든지 내가 선택하는 대로 양육할 것을 보증하겠다. 심지어는 거지나 도둑도 길러낼 수 있다.

사회화 과정 형성형의 양육관은 살해형, 포기형 · 유기형, 갈등형, 엄격한 훈련형 양육관과는 달리 영유아의 발달을 이해하고 돕는 형태로서, 양육혁명을 일으켰다고도 볼 수 있다. 부모−자녀관계에서 발생하는 모든 문제의 원인이 자녀에게 있는 것이 아니라 부모에게 있다는 생각을 할 수 있는 계기를 마련했기 때문이다.

그러나 자세히 분석해 보면 사회화 과정의 주체는 부모이고, 자녀의 의사, 의지 및 선택은 고려하지 않고 있음을 알 수 있다. 자녀는 부모, 특히 어머니의 양육방식에 의해 성격과 습관이 형성되는 것이지, 본인 자신의 의지로 이루어지는 것은 아니라는 뜻이 내포되어 있음을 알 수 있다. 다시 말하면 성숙된 또는 이미 사회화된 존재인 어른들이 책임지고 미성숙한 유아들을 사회가 받아들일 수 있는 인간 내지는 능력 있는 인간으로 길러야 한다는 뜻이 숨어 있다.

어린 자녀를 사회화시키는 부모, 특히 어머니의 역할이 중요하다는 사고에 압도된 예를 1948년 영국의 어느 어머니가 심리학자에게 보낸 편지에서 찾아볼 수 있다.

> 우리 부부는 일주일 또는 단 하루만이라도 휴가를 가고 싶습니다. …… 이렇게 하면 문제가 생길까요? 주말에 부모가 없어서 어린아이에게 해가 되었다는 글을

읽었기 때문에 굉장히 걱정이 되어서요. 아들에게 해가 되는 일은 하고 싶지 않습니다.

　이 예는 사회화 과정 형성형이 우세하던 1940~1950년대의 부모-자녀관계는 부모, 특히 어머니가 우월한 위치에 있는 수직적인 관계였음을 보여 준다. 이 양육관이 우세한 어머니들은 어떻게 해서든지 자녀에게 좋은 영향을 주기 위해 자녀의 행동을 조작하려는 태도를 갖게 되었다. 어린 자녀들이 문제행동을 보이게 되면 그 책임은 부모 자신에게 있다는 죄의식을 강하게 느끼게 되었다. 그러나 사회화 과정 형성형의 양육관에 영향을 주었던 이론이 무용한 것은 아니었다. 이러한 이론의 연구 결과들이 부모교육의 중요한 바탕을 이루고 있기 때문이다.

　현대의 사회화 과정 형성형으로는 최근 신조어로 떠오르고 있는 알파맘, 헬리콥터 부모 등을 들 수 있다. 자녀의 재능을 발굴해서 탄탄한 정보력으로 체계적인 학습을 시키는 유형의 어머니를 알파맘이라고 하는데, 이들은 자녀의 미래를 하나부터 열까지 정해 놓고 그에 맞춰 교육을 시킨다. 그러나 이는 자녀로 하여금 부모의 결정을 무조건 따르게끔 한다는 점에서 영유아 및 아동의 독립심이나 자립심을 상실케 하고 의존적인 존재로 성장하게 할 우려가 있다. 알파맘과 달리 자녀가 원하는 삶을 살 수 있도록 옆에서 조언해 주는 베타맘도 있다. 이들은 자녀의 행복과 주도성, 독립성, 자립성 등을 중요시하며, 자녀 스스로 자신의 인생을 결정하게끔 옆에서 도움을 줄 뿐, 부모 자신이 원하는 삶을 살도록 강요하지는 않는다. 최근 들어 사회화 과정 형성형의 부모가 전세계적으로 증가하면서 캥거루족, 폭격기 부모 등이 사회적 이슈가 되고 있는데, 이는 부모가 자녀의 적절한 자립과 독립을 인정하지 않고, 어머니의 사회적 참여와 능력이 증대된 것을 말한다. 사회가 복잡해져서 자녀 혼자만의 능력으로는 해결하기 어려운 문제가 점점 많아지고 있기는 하지만 자녀가 지나치게 부모에게 의존하게 되면 어른이 되어 사회부적응 행동을 보일 수도 있다. 자녀의 인생과 자신의 인생을 심리적으로 융해하여 간섭할 것이 아니라, 자녀와 함께 부모도 자기분화를 해서 독립된 인격체

이런 엄마 저런 엄마

- 알파맘: 자녀의 재능을 발굴하고 탄탄한 정보력으로 자녀를 체계적으로 교육시키는 유형의 엄마
- 베타맘: 자녀의 주도성, 독립성, 자립성 등을 중요하게 생각하여 자녀 스스로 자신의 인생을 결정하도록 옆에서 돕는 엄마
- 헬리콥터 부모: 헬리콥터 프로펠러처럼 자녀 주변을 맴돌며 간섭하는 부모로서 학교나 직장 등 항상 자식 주위에 맴돌거나, 자식이 하는 일에 사사건건 간섭하며 자식이 스스로 독립할 수 있도록 하는 것을 억제하는 부모
- 폭격기 부모: 전투기가 폭탄을 떨어뜨리듯 자녀의 인생과 인격을 폭격하여 초토화시키는 부모
- 인공위성 부모: 대학진학과 더불어 적극적 관여를 끊고 관망하는 부모

로 살아야 서로 행복하다(조성희, 2011).

🐰 수평적 부모-자녀관계 유지형 또는 조력형 양육관

살해형, 포기형·유기형, 갈등형, 엄격한 훈련형의 양육관이 우세하던 때에는 부모 특히 부친의 권위가 절대적이었던 반면, 사회화 과정 형성형이 우세하던 1950년~1960년대에는 어머니의 영향력이 강조되었다. 그러나 이 모든 양육관을 신봉하는 부모들은 수직적인 관계, 즉 성인이 조정·통제하며 자녀와 관계를 맺고 있다.

1980년대 이후 영유아 발달에 대한 연구가 증가하면서 전문가들은 유아를 의지와 선택 능력이 있는 능동적 존재로 보기 시작하였다. 그 결과 부모의 양육관이 변하여 수평적인 부모-자녀관계의 중요성을 인정하게 되었다. 자녀의 연령이 어리더라도 자녀의 의사와 권리를 존중하는 양육관이 형성된 것이다. 환경적 요인

으로서 부모의 역할이 중요함을 인식하고 최선을 다하면서도 자녀에게 자기결정 능력, 선택능력, 의지력이 있음을 인정하고 상호 작용하는 부모의 양육관이다.

이는 성인이 우월한 위치에 서는 사회화 과정 형성형과는 달리 유아에게 기본 적 능력이 있음을 인정하고, 성인과 동등하게 수평적 관계를 맺으며 살겠다고 생 각하고 자녀를 양육한다. 사회화 과정 형성형의 부모는 자녀에게 필요한 것을 나 름대로 파악해서 일방적으로 제공하는 경향이었던 반면, 조력형의 부모는 자녀의 능력 및 솔선성을 인정하고 상호 작용하는 태도를 보인다. 즉, 자기의 욕구 및 필 요를 자발적으로 표현하는 자녀를 관찰한 후 그에 부응해서 도움을 주는 것이 특 색이다.

최근의 영아발달 분야에 대한 연구결과들은 갓 태어난 아기에게도 많은 능력이 있음을 인식하게 하는 데 공헌하였다. 또 매슬로(Maslow), 로저스(Rogers), 액슬 린(Axline)과 같은 인본주의 심리학자(humanistic psychology)와 아사기올리 (Assaggiolli)와 같은 정신통합론(psychosynthesis) 학자, 피아제와 같은 인지론자 는 영유아, 아동을 어른과 동등한 존재로 보도록 하는 데 특히 더 공헌하였다.

이러한 이론들은 영유아의 발달은 부모에 의해서 영향을 받지만, 어린 영아도 자신이 선택하고 결정할 수 있음을 깨닫게 해 주었다. 즉, 부모의 영향을 받기 이 전부터 어린 아기들은 사물을 인식하는 능력이 있으며, 나름대로 선택하는 능력 도 있다. 같은 부모에게서 태어난 자녀들일지라도 반응이 다르고 양쪽 부모의 성 격 중 선택하는 경향이 다른 것은 이 때문이다. 부모의 역할이란 자녀의 성장을 도와주는 것이고, 부모라고 해서 어린 자녀보다 우월한 존재는 아니다. 다만 사회 를 먼저 살아온 경험으로 자녀를 돕는 위치에 있을 뿐이다. 다시 말해, 수평적인 인간관계에서 돕는 역할을 해야 한다는 것이다.

맥거크(McGurk)는 영유아의 성숙 및 발달이 부모의 역할 및 환경적 요인에 의 해 더 큰 영향을 받는다고 생각하는 것은 성인 중심적으로 해석하는 것이라고 보 았다. 맥거크에 따르면 유아가 사회화 과정을 겪을 때는 환경, 특히 부모의 영향 을 받지만 유아 자신의 역할도 작용한다고 하였다. 이는 '유아 자신'과 '부모가

수직적 관계
부모가 명령하면 자녀는 무조건 따라야 한다.

수평적 관계
부모와 자녀가 서로 협력하고 존중한다.

출처: 이원영(2004). 우리 아이 좋은 버릇 들이기.

제공하는 환경' 간의 상호 작용의 결과로 인성이 결정된다고 보는 양육관이다.

부모-자녀관계를 수평적으로 인식하고 자녀를 도우려면 부모 자신의 성숙과 시간, 노력이 필요하다. 자녀와 함께 느끼고 생각할 뿐 아니라 함께 놀아 주며 전인 발달을 돕는 것은 쉬운 과업이 아니다. 특히 말로 느낌이나 생각을 표현하지 못하고 말귀를 알아듣지 못해 전적으로 부모에게 의존할 수밖에 없는 갓난아기를 인내심을 갖고 부드럽고 친절하게 돌보는 일은 결코 쉬운 일이 아니다. 이유를 알 수 없는데 계속 울어대는 아기에게 불안감을 내보이거나 화를 내지 않고 돌보아 주어야 하는 일을 상상해 보면 알 수 있을 것이다. 생후 6세 이전에는 발달의 가소성(plasticity)이 높고 이때의 경험이 뇌에 각인되므로 현명하게 대처하는 부모의 태도가 필요하다. 이와 같은 일은 부모 자신이 성숙할 때에만 가능하므로 부모됨이 어려운 과업임을 보여 준다. 그러나 어린 자녀를 양육하는 동안 부모 자신의 인격이 성숙할 수 있어 완전하지는 않더라도 온전한 인성을 가질 수 있기 때문에 자녀를 출산하여 양육하는 것은 축복이다.

🎲 한국인의 성격과 양육태도

 한 나라 또는 한 민족의 양육태도는 하루 아침에 이루어진 것이 아니라 오랜 세월 동안 여러 분야의 영향을 받으며 형성된다. 우리나라 부모의 양육태도 역시 5,000년의 역사를 이어오는 동안 종교, 사회규범 및 가치, 가족제도, 교육제도, 문화, 외국으로부터의 영향을 받으며 형성되었다.

 우리나라의 경우 조선시대까지는 주로 중국 문화권의 영향, 특히 유교의 영향을 받으며 자녀양육을 해 왔지만, 1910년 이후부터는 원하든 원하지 않든 일본의 영향을 받을 수밖에 없는 처지에 있었고, 1945년 이후에는 미국을 비롯한 서구 문물의 영향을 받았다고 볼 수 있다.

 우리나라의 가정교육을 이해하기 위해서는 우리나라 사람들의 특성을 이해하여야 한다. 우리는 분명히 서양인과는 다르다. 우리나라에서 살아본 서구인들은 한국인이 자신들과 다르게 생각하고 행동한다는 것을 실감한다(Gale, 1898). 19세기 말 선교사로 일하며 우리나라 사람들을 접해 본 게일(Gale) 목사는 『Korean Sketches』(1898)에서 한국인은 미신 숭배, 서열 중시, 효 사상, 의존성, 숙명 의식, 자기 억제 등의 특성을 보인다고 하였다. 각종 언론매체를 통해 우리나라 사람들이 단편적으로 기술하는 한국인의 특성도 외국인들이 보는 특성과 유사하여 대개 정(情), 권위 및 서열 의식, 형식주의, 체면, 한(恨), 의리와 명분, 현세ㆍ현실주의, 탓하기, 가족우선주의가 있다고 진술하고 있다. 성장 배경이 다른 양측이 관찰한 한국인의 성격에 공통점이 있음을 볼 수 있다.

 우리나라 부모, 특히 어머니에게 주로 나타나는 애정-통제적인 양육태도는 한국인의 심리 특성인 정(情)과 한(恨)에 얽혀 있고, ‘우리다움’이나 ‘체면’을 강조하는 사회심리적 특성을 갖고 있다. 우리나라 부모는 자녀와 끈끈한 정으로 묶여 있다. 또 ‘못 배운 한’이나 ‘가난한 한’ ‘다른 가문보다 못한 한’ 등을 무슨 수를 써서라도 자식을 통해 풀어 보려는 심정이 있다.

‘이 세상에 존재하는 부모 중에 자녀에게 정(情)과 사랑을 느끼지 않는 사람이 있겠는가?’라고 반문하는 사람이 있겠지만, 우리나라의 부모들이 자녀에게 느끼는 정(情)은 다른 나라의 부모들이 느끼는 정(情)과는 다른 특성을 갖고 있다.

서구의 부모와 달리 우리나라 부모는 자녀를 한 몸으로 느끼고 행동하기 때문에 애정을 느끼고 기대를 많이 하는 것으로 보인다. 이는 우리나라의 부모와 자녀가 ‘부모-자식’을 하나로 지각하는 경향이 두드러지는 때문이라고 분석할 수 있다. 따라서 자식이 부모의 고통을, 부모가 자식의 고통을 자신의 고통처럼 경험하는 성향이 높다. 그렇기 때문에 우리나라 부모는 자녀를 독립된 인격체로 보지 못하는 경우가 많다. 자녀를 자신의 틀 속에서 파악하여 그 틀에서 규정하기 때문에 부모는 자신의 주관적 기대와 자녀의 행동이 얼마나 일치 또는 불일치하는지에 따라 자녀를 평가한다. 우리나라 부모들이 자녀를 사랑하면서도 자녀가 부모들이 세운 규준이나 규범에 충실히 따라주기를 기대하는 이유가 여기에 있다. 우리나라 부모들은 자녀에게 자신의 규범이나 요구를 제시하는 동시에 희생과 봉사를 아끼지 않는다. 자녀는 바로 자신과 동일체이기 때문이다.

희생적이고 애정적인 부모의 태도에 대해 자녀들은 어떻게 생각하고 있는가? 혈육과 가문을 강조할 뿐 아니라 동일체감을 느끼는 부모에게 우리나라 자녀들은 보은의식, 감사함, 미안함 및 측은함을 느낀다. 그러나 성장하는 과정에서 자녀는 부모를 싫어하고 미워하는 동시에 부담감이나 근심을 느끼고, 부모의 통제로부터 벗어나기 위해 청소년 범죄를 저지르기도 한다. 최근 들어 범죄 연령이 하향화하고 범죄 유형이 횡포화되는 것도 여기서 비롯된다고 할 수 있다.

한국인의 양육태도에 영향을 미치는 요인

현대 한국인의 양육태도에 영향을 준 요인을 밝혀내는 것은 쉽지 않다. 그러나 한국인의 의식구조나 양육태도가 형성되는 데 도교, 유교, 불교, 천도교, 기독교 등의 종교적 영향과 정신분석이론, 심리학, 아동발달이론 등의 학문 분야가 영향을 주었을 것임은 부인할 수 없을 것이다. 새로운 문화 및 가치규범이 도입될 때마다 겪었지만, 현 시점에서도 우리나라는 유교적 가치관에 입각한 양육태도를 그대로 존속하지도 못하는 상태에서 서양의 가치관이나 양육태도도 받아들이지 못하는 어정쩡한 태도로 자녀를 양육하고 있는 실정이다. 이러한 상황은 과거의 것을 지키지 못하면서 새로운 것도 만들어 내지 못한 혼돈상태를 야기했으며, 부모-자녀관계 형성에 많은 부작용을 일으키고 있다.

홍수처럼 밀려오는 서구의 문물이 영향을 줌에도 불구하고, 그리고 양육태도 형성에 혼돈을 초래하고 있음에도 불구하고, 우리나라 부모들이 계속 견지해 온 태도는 자녀와 동일체감을 느끼며 자신의 모든 것을 바쳐 자녀교육에 힘쓰는 것이다. 그러면 자녀와 동일체감을 느끼는 우리나라 부모의 강력한 특성은 어디서 유래한 것인지 유교의 영향, 서양 양육태도의 영향, 그리고 기타 요인으로 나누어 살펴보고자 한다.

유교의 영향

우리나라 부모들이 갖고 있는 양육태도의 이론적 근거는 유교적 가르침에 있다고 하겠다. 과거 우리나라 부모들의 자녀교육 목표는 "성인(聖人)이나 군자(君子)를 기르는 것"이었다. 행동과 지식이 성인군자와 같이 되도록 노력하는 동안에 자녀의 가치관과 행동에 변화가 일어나도록 하는 것이다. 즉, 교육적 작용 및 사회화 과정이 생활을 통해 무형식적 상황에서 자연스럽게 이루어지고 그 영향력이 어린 자녀의 전 인격에 미치도록 하려는 것이다.

가문을 중시하던 유교 사상과 대가족제도를 유지하도록 한 농업중심 경제구조는 부모는 물론 가문의 구성원 모두가 혈연의식을 공고히 하고, 함께 힘을 모아 2세 교육을 하는 데 영향을 주었다. 과거 유교적 전통이 강력하던 시대의 가정교육은 친척 간의 관계를 돈독히 하는 인간 간의 정(情)을 중요시하였고, 부자유친(父子有親), 군신유의(君臣有義), 부부유별(夫婦有別), 장유유서(長幼有序), 붕우유신(朋友有信)의 오륜(五倫)을 위주로 하는 교육이었다. 이 중 친(親), 별(別), 서(序)

는 가정윤리이고, 의(義)와 신(信)은 사회 또는 국가 윤리다. 유교사상은 부부 중심의 서양 문화와 달리 우리나라의 가족관계를 부모-자녀 중심의 가족문화로 만들었다. 1970년 이후 정부가 적극적으로 편 가족계획운동은 우리나라의 가족구조를 핵가족으로 바꾸었지만 이 정책이 성공한 후에도 부모-자녀 중심의 가족문화는 그대로 유지되었다.

가족 간 친밀한 관계를 유지해야 한다는 정신이 현대에도 계승된 것은 바람직하지만, 대가족제도하에서 여러 사람이 부딪히며 원만한 관계를 배울 수 있었던 것과는 달리 요즘은 자기 가족만 강조하는 가족 이기주의적 혈연관계를 강조하는 방향으로 변질되었다. 이는 과거의 유교적 정신과는 사뭇 다른 것이다. 현재에도 우리나라 부모들은 '한두 자녀를 낳아 잘 기르는 것' '부모가 자녀에 대해 동일체감을 느끼는 것' '정으로 묶인 가족관계'를 계속하고 있다. 그러나 대가족제도에 적합했던 가족윤리를 핵가족제도에 적용하고 유지하는 과정에서 문제점이 발생하고 있다. 대가족제도하에서 일어나는 갈등, 협동, 타협을 경험하는 기회는 없이 소수의 가족이 친하게 밀착되게 된 데다가 서양의 개인주의를 잘못 받아들여 가족 이기주의로 빠지게 된 부분이 많다. 최근 일부에서는 개인주의를 지나치게 강조한 나머지 가족해체까지 일어나고 있다.

유교의 가르침이 근본적으로 유아를 익애하거나 통제하라고 한 것은 아니다. 단지 어른을 알아보고 바르게 행동하는 등 예의범절을 잘 가르치려는 의도였을 뿐인데, 세월이 지남에 따라 왜곡 해석된 경우가 많다. 오늘날 우리나라 부모들은 남에게 폐를 끼쳐도 자기 자식이 잘 되어야 한다는 개념을 갖게 되었고, 자녀에게 좋다고 생각하는 것을 제공하는 것이 부모의 도리이며 사랑이라고 잘못 생각하게 되었다. 서구 문물의 영향을 받으면서 우리나라 사람들은 유교사상을 깊이 음미하며 배울 기회가 없어 사고가 경직되고 융통성을 잃었으며, 극단적인 성인 중심적 사고체제를 갖추게 되었다.

유교사상에 기초한 우리나라 부모의 양육태도는 시대가 변함에 따라 변화되기는 했으나, 정(情), 그중에도 부자유친(父子有親)의 정이나 서열을 중시하는 장유

유서(長幼有序)의 규범, 문을 숭상하는 정신은 계속 남아 있다. 최상진(1994)은 중고등학생 및 대학생 311명을 대상으로 한 '부자유친 성정과 자녀에 대한 영향력'이라는 연구에서 우리나라의 부모-자녀관계는 '효(孝)'와 '서(序)'라는 유교적 규범에 의해 강하게 영향받고 있다고 보고하였다. 자녀에 대한 부모의 부자유친 성정에서는 유친·불신·혈육의식·희생·근심 요인이 나타났고, 부모에 대한 자녀의 부자유친 성정에서는 유친·불신·보호의식·측은감·부담 요인이 나타났으며 부자유친 성정이 자녀에 대한 부모의 영향력으로 강력히 작용하는 것으로 나타났다.

결론적으로 우리나라의 부모-자녀관계는 서양의 이성적·독립적인 관계와는 달리 익애적·자아 미분화적 관계가 특징적으로 보편화되어 있다. 이처럼 부모-자녀 간에 일체감·연대성이 강조되고, 정(情)을 바탕으로 부모-자녀관계를 맺으면서 애착형성이 강하게 일어나고 자녀 역시 정이 많은 성인으로 성장한다.

서구 양육태도의 영향

1945년 이후 우리나라는 여러 측면에서 미국 문화의 영향을 받았다. 그러나 기이할 정도로 양육에 관한 한 미국의 Spodeck 이론에 영향을 깊이 받았다는 증거는 찾아보기 힘들다. 물론 미국 유학파들 사이에 미국인의 양육태도를 수용한 사람들도 있기는 하지만, 음식문화에서 밥과 김치를 포기하지 못했듯이, 대부분의 부모들은 부자유친의 성정에 따라 자녀와 동일체감을 맺는 양육태도를 전혀 포기하지 않았고 또 바꾸어야겠다는 필요성도 느끼지 않고 있다. 자녀와 밀접한 정서관계를 유지하는 것과 동시에 우리나라 부모들이 포기하지 않은 것은 예전에 과거를 보듯이 대학 합격을 중요한 성취로 보면서 자녀를 이에 맞추려 하는 점이다. 일류 대학에 붙게 하려는 소망이 너무 큰 나머지 자녀의 언행을 여러 면으로 통제하는 일이 많다. 고려 초 중국에서 도입하여 조선시대까지 학술과 교육의 기본 체제로 작용하였던 과거제도에 매달렸듯이, 학교에서 공부를 잘하게 해서 좋은 대학교에 자녀를 보내고 이어서 좋은 직장과 높은 사회적 지위를 누리도록 하려는 양육의 기본 전제는 변함이 없다. 합리성과 평등성을 근간으로 하고 개인주의가 부모—자녀관계에까지 확대되는 서양인의 양육태도와 정과 공부를 통한 사회적 성공을 목표로 하는 한국인의 양육태도는 매우 다르다.

　자녀와 동일체로 느끼는 우리나라 부모는 자신이 좋다고 생각하는 것은 모두 자녀에게 주려고 한다. 또한 자녀는 자기 몸의 일부와 같으므로 한시도 떼어놓을 수 없다는 입장을 가지고 있다. Bowen(1978)의 이론에 따르면 이와 같은 한국인 부모는 자기분화를 못한 것이고 자녀에게도 자기분화의 기회를 주지않는 것이다. 그러나 장점도 있다. 애착형성이 되어야 하는 영아기(만 3세 미만)에 어머니가 아기와 일체감을 느끼며 돌보는 것이 그것이다. 부모가 자신의 이부자리 옆에 아기를 누이고 아기가 뒤척이거나 끙끙댈 때마다 즉각적으로 반응해 주는 것은 안정 애착을 형성시켜 영아에게 행복감을 준다. 그러나 만 3세 이후부터 부모는 자녀의 독립심, 개별성을 기르기 위해 자녀를 독립된 인격체로 대해야 한다. 16세만 되면 집을 나가 혼자 살아보려고 하는 청소년들이나 이를 허용하는 미국의 부모와 달리, 우리나라 부모는 자녀의 나이가 아무리 많아도 결혼할 때까지는 자녀와 함께 살려고 한다. 다시 말해서, 우리나라 부모는 자녀와 정(情)적인 관계로 밀착되어 있기 때문에 독립심이나 자율성을 기르기 위해 양육서를 뒤적이는 등의 합리적 양육방법을 적용하는 경우가 매우 적다. 때문에 초등학교 고학년만 되어도 자녀들이 부모에게 반항하거나 가출을 하는 경우가 증가한다. 부모의 간섭에 중압감을 느끼거나 우울해 하는 청소년들이 우발적으로 자살을 하는 경우도 많아지고 있다. 부모 자신의 자기분화와 자녀의 자기분화를 심각하게 고려해야 할 때다.

기타 요인

　우리나라 부모의 양육태도를 바꾸기 위해 애를 쓴 이들이 있었다. 자녀와 일체감을 느끼는 동시에 자녀를 부모의 소유로 간주하여 심하게 간섭 또는 체벌하는 부모들의 양육태도를 고치기 위해 소파 방정환과 소춘 김기전은 '소년해방운동'을 벌였다. 소춘 김기전은 "먼저 윤리적으로 해방하고 다시 경제적으로 해방하면

순인 것을 알자"고 하였다. 천도교의 인내천(人乃天) 사상을 바탕으로 한 그들의 어린이 해방운동은 하늘이 곧 사람이므로 평등하며 어린이도 어른과 동등한 존재라는 사상을 담고 있어 함부로 어린이를 때리지 말 것을 강조하였다.

미국의 선교사들을 주축으로 1900년대 초부터 영향을 미친 현대 유아교육이론 역시 자녀를 인격적인 존재로 보기, 놀이와 활동을 통해 자연스럽게 학습하도록 하기, 사회·정서 발달을 우선적으로 돕기 등 아동중심교육의 원리를 부모들에게 인식시키려고 노력하였다. 특히 1970년대 이후 유아교육자, 소아정신과전문의, 아동발달학자, 심리학자 등은 아동발달에 적합한 경험을 제공하고 놀이나 활동을 하게 하는 것이 효과적이라는 것을 부모들에게 계속 주지시키고 있으나 요즈음의 부모들은 전문가의 조언을 듣기보다는 보다 어린 연령에 조기교육을 실시하여 다른 가정의 자녀보다 많은 것을 배우도록 하는 데 총력을 기울이고 있다.

현대 우리나라의 양육태도에 큰 영향을 미친 사회적 요인은, 1970년대에 강력히 추진되었던 가족계획운동이다. "아들, 딸 구별 말고 둘만 낳아 잘 기르자." "잘 기른 딸 하나 열 아들 부럽지 않다."라는 구호로 퍼진 가족계획운동은 성공을 거두었고, 많은 부모들은 아들이든 딸이든 상관없이 한 명 또는 두 명만 낳아 기르게 되었다. 그 결과 부모들의 부자유친 성정은 극단의 수준까지 강화되었고, 자식 농사에 실패하면 안 된다는 강박관념까지 곁들여져 자녀에 대한 각종의 통제로 작용하게 되었다. 특히 1970년 중반부터 우리나라에 영향을 주기 시작한 블룸, 피아제 등의 인지발달이론은 본질과는 아주 반대로 유아기부터 지능을 높여 성장한 후 일류 대학에 입학할 수 있도록 해야 한다는 왜곡된 신념으로 발전하였고, 이는 학습지 산업 및 각종 과외를 부추기는 데 적용되었다. 연구에 따르면 학원수강이나 과외 교습을 처음으로 시킨 시점이 유아 때인 경우가 55.1%이고, 연구 대상 유아의 87%가 학습지를 구독하고, 63%가 예체능학원에 다니고 있는 것으로 나타났다. 현대 우리나라 부모들은 어린 자녀를 자신과 같이 사랑하지만 독립된 인격체로 존중하지 않을 때가 많고, 자녀의 인생은 전적으로 부모의 책임이라고 여기면서 자녀의 삶을 지나칠 정도로 통제하여 사교육 과열 현상이 그치지 않고 있다. 조기교육, 영재교육, 학습지, 무분별한 영어과외 등을 시키는 위험한 현상에 대해 우려하는 목소리도 높다.

1980년대부터 우리나라에서 활발하게 시작된 여성해방운동도 우리나라의 양육태도에 강력한 영향을 주고 있다. 전통적으로 어머니의 고유 역할로 간주되어 오던 자녀양육이 공동의 형태로 이루어져야 한다는 운동이 일어났고, 여성취업, 특히 전문직 진출의 동기를 여성에게 부여하여 "취업은 필수, 결혼은 선택"이라는 말이 유행어가 될 정도가 되었다. 이러한 운동은 젊은 어머니의 취업과 장년 및 노년기 여성들의 자아성취 열망에 따라서 영유아의 양육은 가정의 친척 간에 해결되던 과거의 양육 형태에서 변화하여 유치원의 종일반, 놀이방, 어린이집과 같은 보육시설에 자녀를 맡겨야 할 필요성을 높였다. 자녀양육은 "양보다는 질이다."(Erath, 1997)라고 안위하면서, 현대의 취업모들은 자신이 직장에 있더라도 아이에게 문제가 없을 것이라고 믿고 싶어 한다.

여성해방운동은 여성의 사회진출 측면에서 공헌한 바가 크다. 그러나 아버지들의 적극적인 개입과 영유아를 맡은 놀이방 또는 어린이집의 질적 수준이 고려되지 않은 상황에서 영유아의 발달에 역기능을 하기도 했다.

한국인의 양육태도 개선 방향

우리나라 부모의 양육태도 중 '정(情)'을 주축으로 하는 측면은 순기능적인 면이 많다. 최상진의 연구에서도 밝혀졌듯이, 우리나라의 부모들은 아직도 자녀들에게 강력한 영향력을 행사할 수 있다. 자녀와 자신을 동일시할 정도로 긴밀하게 정을 느끼며 희생하는 부모의 태도에 대해 자녀는 감사함을 느끼면서 부모가 자신에게 기대하는 것을 최선을 다해 수행하려고 하기 때문이다. 부모와 갈등상황이 일어날 경우 자녀는 자신의 주장보다는 부모의 뜻을 따르겠다는 반응을 많이 한 것을 보아서도 알 수 있다.

그러나 "한국 사람은 모를 때는 무섭고, 친하면 참견이 심하다."(조선일보,

1995. 5. 10.)라고 어느 외국인이 평했듯이, 우리나라 부모는 자녀에게 친하게 느끼기 때문에 간섭을 과도하게 해서 부담과 근심을 느끼게 하고, 자기 가족이 아닌 다른 사람에게는 정을 주지 않아 냉담한 사회 분위기가 형성되기도 한다. 과열 과외 경쟁이 무차별적으로 일어나는 이유는 내 자녀가 남의 아이를 꼭 이겨야 한다는 경쟁 심리에서 비롯되기 때문이다.

보다 나은 미래를 설계하기 위해 우리나라 부모들은 어떻게 해야 하는 것일까? 현대를 살아가는 우리나라 부모들은 부모-자녀 간의 정과 한의 심리를 순기능적인 측면으로 유지하면서 객관화하도록 노력하여야 한다. 다시 말해서, 자녀와 부자유친의 정을 갖는 것은 좋으나 자녀들이 '부모님이 두렵다' '무섭다' '세대차이를 느낀다' '불만스럽다'고 느끼게 되거나 내 자녀만 잘 되면 된다는 가족 이기주의 때문에 사회 전체의 분위기를 흐트러뜨려서는 안 될 것이다. 또 '못 배운 한' '출세하지 못한 한' '큰 돈을 벌지 못한 한' '뜻을 이루지 못한 한'을 자녀를 통해 이루려는 삶의 목표는 수정해야 할 것이다. 즉, 한풀이로의 양육이 아니라 나에게 맡겨진 자녀의 인생 그 자체가 귀하고 축복이라고 생각하고 어린 자녀를 존중하고 격려하는 관계로 바꾸어야 한다.

우리의 '정'과 '한'의 심리에 객관적이고 합리적인 태도를 가미할 수만 있다면 우리나라 부모들의 자녀양육은 세계적인 수준이 될 수 있을 것이다. 특히 갓 태어난 아기와 접촉을 많이 하며, 밤에도 부모의 옆에 아기 이불을 깔고 아기가 움직이거나 조그만 소리를 낼 때마다 반응해 주는 과정에서 안정애착을 형성하다가 만 3세 이후부터는 서서히 심리적 독립심을 갖게 하는 일이 필요하다.

미국인 부모들은 부모가 자는 방이 아닌 다른 방에서 아기를 재운다. 어려서부터 독립심을 기르고 올바른 기본 습관을 형성시키기 위해서다. 〈타임(Time)〉지는 아기가 출생한 직후부터 접촉을 많이 하며 사랑해야 아기의 뇌에 긍정적이고 행복한 정서가 쌓인다는 글을 실은 바 있다. 이와 같이 서구의 부모들은 영아기에 자녀와 일체감을 느껴 민감하게 반응하는 양육방식을 도입해야 할 것이다. 이에 대해 라이트(Wright)는 밤마다 울어대는 아기를 부부의 침대에 함께 재운 후부터 보다 행복한 아기가 되었다고 하면서 미국인 부모의 양육방법은 "수백만 년 동안 어머니의 곁에서 잠자도록 창조된 갓난아기의 뇌"의 기능에 어긋나는 양육 실제이므로 바꾸어야 한다는 해석을 한 바 있다. 물론 라이트의 제안이 서구사회에서 보편화되려면 오랜 세월이 걸릴 것이다. 그러므로 이미 애정적인 우리나라 부모들은 앞으로 애정과 이성을 균형 있게 적용하며 자녀를 세계인으로 바람직하게 키워야 할 것이다.

애정과 이성의 조화, 의존성과 독립심의 조화, 부모의 기대와 아기의 필요를 시의적절하게 적용하기 등은 우리나라 부모들이 개선해야 할 양육방법의 방향일 것이다.

🔑 토의

1. 현대를 살고 있는 우리의 주변을 둘러보고 지금도 존재하고 있는 다양한 양육관에 대해 이야기를 나누어 보자.

2. 우리나라 특유의 정과 한이 나타나는 실제 양육 상황을 주변에서 보거나 겪은 적이 있으면 이야기를 나누어 보자. 우리나라 특유의 양육방식에 대한 경험을 나누면서 이러한 양육방식의 장단점에 대해 생각해 보자.

3. 우리나라 양육환경을 개선하기 위해 도입할 수 있는 가정 친화적 정책은 무엇인지 제안해 보자. 자녀와 함께 삶의 질을 향상시키고, 자녀의 인권을 최대한 존중할 수 있는 전략에 대해 이야기를 나누어 보자.

4. 가정을 통해 계속 이어나가야 하는 전통적 가정교육의 정신은 무엇인지 생각해 보고, 이를 어떤 방식으로 전수하고 자녀들에게 가르칠 수 있을지 생각해 보자.

📖 **과제: 자서전 써 보기**

　나의 부모는 어떤 분인지, 또 그들이 서로 어떤 관계를 이루고 있는지, 나의 가정은 어떤 모습인지 등은 나의 미래의 모습을 만들어 내는 데 대단히 중요한 역할을 한다. 가족과 경험하는 일들에 의해 우리의 생각과 가치관이 형성되기 때문이다. 즉, 앞으로 나의 결혼생활은 어떤 모습이어야 하는지, 자녀를 어떻게 양육해야 할 것인지, 또 일과 휴식ㆍ교육ㆍ돈과 정치 및 종교를 어떻게 볼 것인지에 대해 지금 내가 속한 가정은 매우 큰 영향을 준다. 한 인간의 성장은 조부모와 부모, 형제자매, 주변 환경, 친구, 사회, 학교, 종교기관 등과 같은 다양한 환경들과 서로 영향을 주고받으며 이루어지기 때문이다.

　지금까지의 인간발달에 대한 이해, 자신의 마음에 대한 이해, 그리고 부모의 양육관에 대한 이해를 바탕으로 자신의 삶을 객관적으로 되돌아보고, 가족 속에서 나의 존재와 가족에 대한 소중함을 다시 생각할 수 있도록 돕는 자서전을 작성해 보자. 예전에는 몰랐던 부모의 양육관과 그 영향력, 그리고 미래의 내 자녀를 위한 바람직한 양육방식에 대해 생각이 구체적으로 정리될 것이다.

　자서전 작성은 조부모로부터 부모 그리고 나에게 이르기까지 3세대의 가족사를 시간의 흐름에 따라 기술하며, 가족이라는 울타리 안에서 지금의 '나'는 어떠한 영향을 받으며 자라 왔는지 알아봄으로써, 부모와 나의 관계를 돌아보고 앞으로 나의 양육관을 정립하는 데 기초를 삼고자 제안하는 것이다. A4 용지에 10장 이내로 자서전을 작성하되, 다음과 같은 체계로 내용을 구성한다.

　첫째, 조부모로부터 부모 그리고 나의 형제자매에 이르기까지 가계도(genogram)를 작성한다. 가계도 작성은 다음과 같이 한다.

　남성은 □, 여성은 ○로 나타내며, 진한 선(━━)은 밀착관계, 물결선(〰〰)은 갈등관계, 점선(┄┄┄)은 냉담하고 소원한 관계를 나타내며, 정상적인 관계는 보통 실선(———)으로 나타낸다.

□에는 아버지의 이름과 나이, ○에는 어머니의 이름과 나이를 적는다. 부모가 사망하였다면 사망 시의 나이를 적고, 그 도형에 사선을 긋는다. 아버지와 어머니의 직업과 학력, 종교, 결혼 시 연령과 결혼 기간, 성격 등을 다음과 같이 적는다.

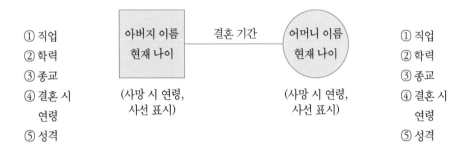

출생 순위대로 형제자매를 □, ○로 그린다. 각 형제자매들의 문제상황 대처유형과 그들의 성격에 어울리는 형용사를 적는다.

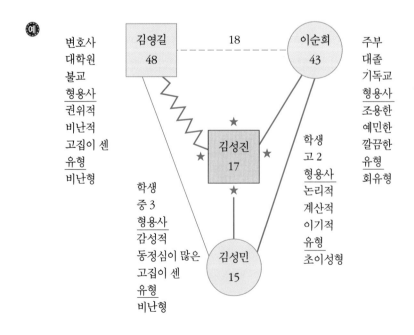

가족 구성원의 유형을 기록할 때, 회유형, 비난형, 초이성형, 산만형, 일치형 등으로 표현할 수 있는데, 그 개념은 다음과 같다.

    회유형   다른 사람과 상호 작용하는 상황은 존중하지만, 자기 자신의 가치나 진정한 감정은 무시한다. 다른 사람의 모든 요구를 거의 수용하고 들어준다. "나는 항상 좋은 사람이어야 한다." "어느 누구에게도 화를 내서는 안 된다." "나는 모든 사람을 위해 희생해야 한다." "나는 가치가 없다." "힘이 없다." 등의 독백을 한다. 자신의 감정을 숨기고, 어떤 문제이든 해결하고자 노력하며, 모든 잘못은 자신 때문이라고 여기고, 문제의 비난을 자신이 떠맡고자 한다.

    비난형   회유형과 정반대다. 다른 사람들을 무시하고 오로지 자신만을 생각하는 사람이다. 다른 사람을 괴롭히고 비난하며 자기 자신과 상황에만 가치를 둔다. 내면에는 외로움과 긴장감이 가득 차 있으며, 실패자라는 패배감을 갖고 있다. 자신이 힘이 있고 강한 사람으로 인식되기를 원하는 반면, 감정은 경직되어 있고 융통성이 없다.

    초이성형   비인간적인 객관성과 논리성의 소유자이며, 자신과 다른 사람을 과소평가하고 상황만을 중요시한다. 자신과 다른 사람의 감정을 거부하며 어떤 감정도 내보이지 않고, 매우 정확하고 이성적이며 냉정하고 차분하며 침착하다. 객관적이고 합리적인 의사소통 패턴을 선택한다. 권위적이며 항상 논리적이고, 옳아야 하며, 경직되어 있고, 강박적이다. 또 인정이 없고, 융통성이 없으며, 지나치게 합리적이고, 강한 자존심과 지나친 책임감으로 남의 장점을 인정하지 않으며, 상처받기 쉽고, 어떤 감정도 표현할 수 없는 외로움과 고립감을 느낀다.

    산만형   초이성형의 정반대 유형이다. 끊임없이 움직이며 토론하고 있는 주제로부터 다른 사람들의 관심을 분산시키려고 한다. 주제와 관계없는 말, 일관성이 없는 말, 뜻이 통하지 않는 요점이 없는 말을 나열하고, 어느 누구도 자신과 상관이 없고 관심이 없으며, 자신이 적절하지 못하다고 생각한다. 난처할 때 농담하고 딴전을 피우며 횡설수설하고 적절하게 반응하지 못한다. 분주하고 산만하며, 신체의 어느 한 부분을 계속적으로 사용한다. 눈깜박이기, 다리 흔들기, 머리카락 만지기 등 안절부절못하는 행동을 한다.

일치형　자신과 타인, 상황 모두를 존중하며 신뢰한다. 개인의 특성을 존중하고 자신의 내적·외적 자원을 사용하며 대화가 개방적이다. 자신과 타인을 사랑하며, 변화에 대하여 융통적이고, 상황을 아는 위치에서 반응하기를 원한다. 일치된 말과 일치된 정서를 사용하며, 일반적으로 현재의 메시지를 일관성 있게, 정확하게 전한다.

　가능하다면 한 세대로 끝나지 말고 이와 같은 방식으로 아버지와 어머니의 윗세대(조부모, 아버지 어머니의 형제관계)도 이와 같은 방법으로 연결지어 작성한다.

　둘째, 가계도에 그려진 시간의 흐름대로 가족의 역사와 가족들 간의 관계, 특별한 사건, 특별히 전해지는 유전적 기질 또는 성격 등을 흥미 있게 전개한다. 나와 관련된 부분에서는 부모님의 데이트, 약혼, 결혼, 결혼 초기의 이야기들로부터 시작하여, 엄마가 나를 가졌던 임신 기간 중의 에피소드, 출산, 나의 영아기, 유년기, 사춘기, 성인기(결혼했다면 자신의 배우자 선택과 결혼, 결혼 초의 이야기 서술)의 이야기를 적어 본다. 가계도와 가정사를 정리하기 위해 조부모 또는 부모와 많은 대화를 나눈다.

　셋째, 전반적인 가정사를 정리하고 나면, 자신이 그렸던 가계도의 그림을 다시 보면서, 가족 구성원 간의 의사소통의 문제는 무엇인지, 그리고 그 원인은 어디에 있다고 생각하는지 적어 본다. 문제를 해결하기 위해 가족은 어떤 노력을 했었고 또 하고 있으며 그 결과는 어떠했는지, 만약 아무런 노력도 하지 않았다면 어떤 노력이 필요하다고 생각하는지 적는다. 이러한 과정은 나의 가족 간의 관계를 객관적으로 들여다볼 수 있게 도와준다.

넷째, 자서전을 마무리하며 나의 부모와 나에 대해 느낀 점이나 새롭게 발견한 점이 있다면 무엇인지 써 보고, 새로운 결심이 있다면 그것에 대해서도 서술해 본다. 자서전을 쓰면서 주의할 점은 특별히 어떤 시기, 어떤 특별한 사건이나 관계 등이 나의 삶에 크게 영향을 미쳤는지 깊이 생각하며 작성하는 것이다. 이러한 사건이나 관계가 아직까지도 나의 삶에 영향을 미치고 있는지, 그렇지 않다면 어떻게 이 문제를 극복했는지, 그리고 또 부모가 당신의 인생에 긍정적인 영향을 끼친 일에 대하여 어떻게 감사하고 이를 인정할 수 있는지를 정리해 보며 자서전을 마무리한다.

📖 도움이 되는 도서

Rollet, C., & Morel, M. (2002). 출산과 육아의 풍속사(나은주 역). 사람과 사람.

Ariès, P., & Duby, G. (Eds.). (2002-2006). 사생활의 역사 1-5. (주명철, 성백용, 이영림, 전수연, 김기림 역). 새물결출판사.

황훈영(2001). 옛날 우리 어머니들은 아이를 어떻게 키웠을까? 책이 있는 마을.

Chapter 6

좋은 부모가 되기 위한 나의 준비

생각 모으기

그대들의 아이라고 해서 그대들의 아이는 아닌 것.

아이들이란 스스로 갈망하는 삶의 딸이며 아들인 것.

그대들을 거쳐 왔을 뿐 그대들에게서 온 것은 아니다.

그러므로 비록 지금 그대들과 함께 있을지라도 아이들이란 그대들의 소유는 아닌
　것을.

그대들은 아이들에게 사랑을 줄 순 있으나 그대들의 생각까지 줄 순 없다.

왜? 아이들은 아이들 자신의 생각을 가졌으므로.

그대들은 아이들에게 육신의 집은 줄 수 있으나 영혼의 집마저 줄 순 없다.

왜? 아이들의 영혼은 내일의 집에 살고 있으므로.

그대들은 결코 찾아갈 수 없는, 꿈 속에서도 가 볼 수 없는 내일의 집에.

그대들 아이들과 같이 되려 애쓰되 아이들은 그대들과 같이 만들려 애쓰진 말라.

왜? 삶이란 결코 뒤로 되돌아가진 않으며, 어제에 머물지도 않는 것이므로.

그대들은 활, 그대들의 아이들은 마치 살아 있는 화살처럼 그대들로부터 앞으로 쏘
　아져 나아간다.

그리하여 사수이신 신은 무한의 길 위에 한 표적을 겨누고 그분의 온 힘으로 그대
　들을 구부리는 것이다. 그분의 화살이 보다 빨리, 보다 멀리 날아가도록.

그대들 사수이신 신의 손길로 구부러짐을 기뻐하라.

왜? 그분은 날아가는 화살을 사랑하시는 만큼, 또한 흔들리지 않는 활도 사랑하시
　므로.

　　　　　　　　　　　　　　　　　　−Kahlil Gibran의 『예언자』 중 〈아이들에 대하여〉

칼릴 지브란(Kahlil Gibran)의 〈아이들에 대하여〉는 자녀는 어떤 존재인지, 부모가 자녀를 위해 해 줄 수 있는 일은 무엇인지를 생각하게끔 도와준다. 우리는 때때로 자신이 살아 온 삶이 자신에게는 너무 일상적이어서, 이에 대해 별로 성찰하지 않고 지낸다. 그러나 자신의 성장 과정과 부모의 양육관, 그리고 부모의 양육태도에 의해 자신이 가졌던 느낌과 경험을 반성적으로 사고해 보는 기회를 갖는다면 자신의 성장과 가족 내 문제에 대한 통찰력을 갖게 될 것이다. 이러한 통찰력은 부모의 긍정적인 양육태도를 발견할 수 있게 하고, 이를 다시 내면화시켜 자신이 결혼하여 자녀를 낳은 후 건전한 양육관 및 양육태도를 가질 수 있도록 도와준다. 또한 반성적 사고를 통한 자각과 성찰은 비록 부모의 양육관과 양육방식이 부정적이었다 하더라도 부모를 있는 그대로 이해하게 하고, 어린 시절 부모로부터 받은 상처를 극복하여 더 나은 양육을 할 수 있도록 도와준다.

　이 장에서는 부모의 양육태도에 대한 이론을 통해 자신이 받은 양육방식을 진지하게 객관적으로 생각해 보고, 보다 바람직한 양육방식에 대해 숙고해 보며, 무엇보다도 칼릴 지브란의 말처럼 자녀는 나의 소유물이 아닌 독립된 인격과 자신만의 미래를 가진 존재임을 깊이 생각해 보자.

생각 만들기

　부모라면 누구나 자녀를 긍정적인 방향으로 양육하여 자녀로부터 인정받고 존경받는 존재가 되고 싶어 한다. 그러나 막상 부모가 되면 매 순간 어떤 양육태도로 자녀를 대해야 할지 몰라 혼란스럽다. 또 자녀와 어떻게 대화하는 것이 좋을지 모르는 때가 많다. 여기서는 자녀양육에 있어 가장 중요한 양육관에 대해 생각해 보고 세퍼(Schaefer)의 양육태도 모형을 보며 부모의 양육태도가 자녀의 발달에 미치는 영향을 생각해 보고자 한다. 또한 자녀로부터 사랑받고 존경받는 부모가 되기 위해 갖추어야 할 태도와 역할에 대해서도 살펴보고자 한다.

아이의 눈높이에 맞추는 자녀관

좋은 부모가 되기 위해 갖추어야 할 첫 번째 요건은 바람직한 아동관이다. 즉, 자녀를 어떤 존재로 바라보는지가 가장 중요하다. 주변에서 발견되는 부모–자녀 간의 문제들의 대다수는 잘못된 아동관에서 비롯된다. 동반자살로 자녀의 목숨을 쉽게 결정하는 것, 조기 유학을 위해 어린 나이에 해외로 보내서 마약 등 문제를 일으키는 것, 또는 과도한 학업 스트레스와 부담스러운 기대 때문에 자살하는 중·고등학생들의 문제는 모두 부모들의 잘못된 아동관에 의해 자녀와 의사소통을 제대로 하지 못해 나타난 결과다.

학자들은 오랫동안 한 개인의 성장이 유전적 요인에 의해 결정되는지, 또는 환경적 요인에 의해 이루어지는 것인지에 대해 의문을 갖고 많은 연구를 해 왔다. 부모들 사이에 오가는 "아이의 뇌는 스폰지와 같다."라는 말은 환경적 요인을 강조하는 아동관이고 "아이는 제 밥그릇 자기가 타고난다."라는 말에는 선천적으로 많은 것이 결정되기 때문에 유전에 의해 결정된다는 아동관이 들어 있다. 이와 같이 모든 부모들은 자녀에 대해 나름대로의 신념을 가지고 있다. 자녀가 어떤 존재이고 어떻게 성장하는지에 대한 이러한 신념은 결국 부모의 역할을 규정짓게 된다. 예를 들어, 자녀는 스폰지와 같아서 주변에 좋은 것을 보여 주고 만들어 주기만 하면 모두 다 빨아들여 성장한다고 믿는 부모는 자녀를 위해 최상의 환경을 마련해 주기 위해 노력할 것이다. 단, 스폰지와 같다고 생각하기에 스폰지는 주변의 것을 빨아만 들이지 선호성을 가지고 있다고 생각하지 않아서, 어떤 환경을 제공해 줄 것인가를 결정할 때 부모의 판단만 고려된다. 즉, 부모가 생각하기에 좋은 환경, 부모의 경험에 의해 바람직하다고 보이는 자극들만이 선택될 것이고, 이를 선택하는 과정에 스폰지가 그 환경에 대해 갖는 느낌, 정서 등은 고려되지 않는다.

인간에 대한 최근의 연구들은 인간을 소우주에 비유하며, 무한한 자율성과 자신만의 개성을 가진 능동적 존재로 규명하고 있다. 마찬가지로 자녀는 자신만의 세계를 가지고 있는 또 다른 인격체다. 부모를 통해 세상에 태어났지만 부모의 소유물은 아니며, 부모가 절대 가 볼 수 없는 미래의 삶을 살 존재다. 그런데 많은 부모들은 자녀를 너무도 쉽게 자신의 소유물 또는 자신 삶의 중요한 프로젝트로 생각하고, 자신의 의지와 판단으로 자녀를 양육하려는 경향이 높다. 아무리 어린 자녀라도 자신의 생각을 가지고 있고, 나름대로의 선호가 있으며, 자신의 삶을 자기 생각대로 살고 싶어 한다. 따라서 자녀의 마음을 읽으려고 노력하며, 자녀의 눈높이에 맞춰 보다 나은 선택을 하도록 기다려 주고, 안내해 주는 부모의 역할이 필요하다.

자녀의 자율성, 주도성, 개성을 존중하고, 자녀가 부모의 삶이 아닌 자신의 삶을 살 수 있도록 돕겠다고 생각하는 부모만이 민주적 양육태도, 자율과 절제의 균형을 갖춘 양육태도를 가질 수 있다.

🏠 사랑과 절제가 있는 양육태도

셰퍼(1959)는 부모의 양육태도를 애정-적의, 자율-통제의 두 축으로 나누었다. 셰퍼는 애정-적의를 x축으로, 자율-통제를 y축으로 구분하였는데, [그림 6-1]과 같이 부모의 양육태도는 두 축에 따라, 애정-자율적 유형, 적의-자율적 유형, 적의-통제적 유형 그리고 애정-통제적 유형으로 다시 나뉜다.

🏠 애정-자율적 태도

애정적이고 자율적인 태도를 가지고 있는 부모는 자녀와 민주적인 관계를 유지할 수 있고 자녀를 인격적인 존재로 대우한다. 자녀에게 자유를 주지만 방임하지 않으며 자유와 함께 책임을 지게 하며, 상호관계에서 문제가 발생할 때는 당면한

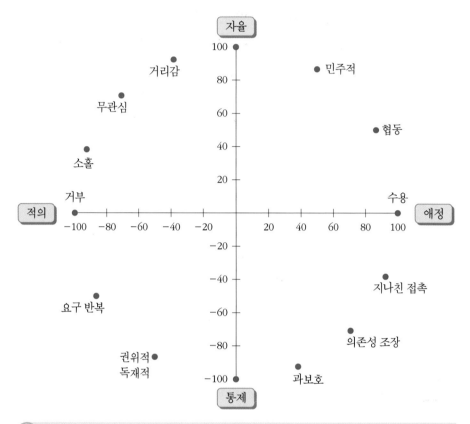

그림 6-1 셰퍼(Schaefer, 1959)의 양육태도 유형

문제를 함께 토의하면서 합의하는 태도를 갖는 부모다. 이러한 양육행동 및 태도를 지닌 부모 슬하에서 성장하는 유아는 능동적 · 외향적 · 독립적이고, 사회적응을 자신 있게 하며, 사교적이고 창의적이며, 자신이나 타인에 대해 적대감이 없다. 그러나 집 밖에서 잘 적응하는 이런 자녀들도 집에서는 부모에게 복종하지 않거나 약간의 공격성, 고집을 보일 때가 있다. 이런 행동을 나타내는 이유는 부모에게 안정감을 느끼기 때문이라고 본다.

애정-통제적 태도

애정적이나 통제하는 부모는 자녀에게 애정을 베풀지만 자녀의 언행을 여러모로 제약한다. 부모에 의한 통제는 신체적인 체벌부터 언어적인 통제 및 심리적인 통제에 이르기까지 다양하다. 애정-통제적인 부모는 자녀를 사랑하기는 하지만 자녀의 삶을 통제하는 경향이 있다. 어린 자녀로 하여금 시행착오의 과정을 거치면서 살아가는 방법을 터득하게 하기보다는 어른의 경험에 의거하여 삶을 계획하고, 학습 내용이나 방법을 선택하고, 경우에 따라서는 자녀의 배우자까지도 부모의 마음에 드는 사람을 선택한다. 애정적이면서 자율성을 부여하는 가정에서 성장한 사람보다 애정-통제적 부모에 의해 성장한 사람은 부모에게 더 의존하고 사교성 · 창의성이 적은 편이며, 상상으로 적대감을 품는 경우가 많다. 애정적이면서 통제적인 부모는 체벌을 수반한 통제는 아니더라도 심리적 통제를 쓸 수 있다. 언어적 통제가 심해지면 언어 폭력이 될 수도 있다.

적의-자율적 태도

적의-자율적인 부모는 자녀를 진심으로 사랑하지 않을 뿐 아니라 자녀의 행동 규범을 안내하지도 않는다. 자녀가 어떻게 행동해야 바른 행동을 하는 것인지에 대해 행동 기준을 제시하거나 지도를 하지 않기 때문에 자녀가 마음대로 행동하도록 내버려두는 경우가 많다. 자녀가 하고 싶어 하는 일을 다 하게 하는 것이 자율성을 부여하는 것이라고 잘못 생각하는 경우도 이에 속한다. 이런 양육태도를 가진 부모에게서 자란 사람은 반사회적인 행동을 할 확률이 높아진다. 또한 공격적이고 자신의 행동을 조절하지 못하는 특성을 보이기도 한다.

적의-통제적 태도

적의-통제적인 부모는 자녀에게 애정표현을 하지 않고 자녀를 수용하지 않으며 심리적, 신체적으로도 자녀의 행동을 규제한다. 이들은 자녀를 따뜻하게 용납하지 않을 뿐 아니라, 행동 체벌 또는 심리적 통제로 규제하는 태도를 보인다. 정서장애를 가진 아동의 부모에게서 이런 태도가 보인다. 이런 부모의 자녀는 자아에 대한 분노가 발생하며 내면화된 갈등과 고통을 많이 갖고 있다. 경우에 따라서 자학적, 퇴행적이 되기도 한다. 이러한 양육태도를 가진 부모에게서 양육받으며 성장한 사람은 자아정체감을 갖지 못하고 자아에 대해 분노를 느낀다. 우리나라 젊은이들이 읽고 감명을 받았다고 하는 『딥스』(Axline, 2002)의 부모는 거부-통제

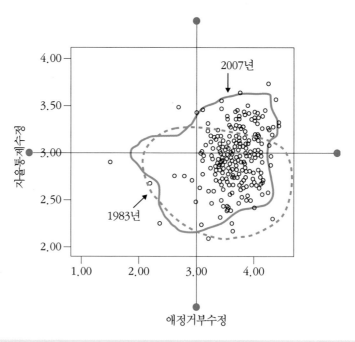

🧑 **그림 6-2** 셰퍼(1959)의 양육태도 모형에 따른 분포 성향

출처: 전우경, 강정원(2007). 유아기 자녀를 둔 어머니의 양육태도에 대한 1980년대 초반과 2000년대 중반의 차이 비교연구—Schaefer의 양육태도 모형을 중심으로.

적 태도의 좋은 예다. 이러한 유형의 부모에게서 자라난 아동은 심한 경우에는 내면화된 갈등과 고통을 견디지 못해 자기학대 또는 자살을 하기까지 한다고 한다.

우리나라 어머니들의 양육태도를 조사한 연구(이병래, 1991; 이원영, 1983)에서는 셰퍼의 MBRI척도를 사용하였는데, 한국인 부모, 특히 어머니들에게 주로 나타나는 양육태도는 애정-통제적인 형태인 것으로 나타났다.

전우경과 강정원이 2007년 MBRI척도로 검사한 우리나라 어머니들의 양육태도는 [그림 6-2]에서 볼 수 있는 바와 같이 아직도 애정-통제적 유형이었다. 그러나 1983년에 비해 애정-자율적인 태도가 많이 증가하였다.

자녀를 망치는 양육태도

- **자기 틀에 자녀를 맞추려는 부모**

  부모의 희망사항을 자녀에게 강요하는 어리석은 부모는 자신의 틀에 자녀를 가두려고 한다. 자신의 고정관념을 부수고 자녀의 눈높이에 새롭게 조정해서 맞추어야 한다.

- **자신감이 없는 부모**

  경제적으로 어렵고 학력이 낮아 사회적인 경쟁력이 뒤떨어진다고 생각하는 부모들은 자신감이 부족하다. 자녀는 자신감이 없고 위축된 부모를 가장 싫어한다. 부모의 우울함과 소심함이 자녀에게 그대로 전해져 주눅들게 만든다.

- **'위험한 고집'으로 똘똘 뭉친 막힌 부모**

  '내 아이는 나 이상 잘 아는 사람이 없다'고 판단하고 다른 사람의 조언을 거부하는 만용적인 태도는 버려야 한다. 정보를 두루 받아들이고, 이웃이나 친지의 조언도 겸허하게 받아들이는 '겸손'이 필요하다.

- **모두 잘하지 않으면 끙끙대는 부모**

  자녀가 잘되고 잘못되는 것이 마치 자신의 능력을 평가하는 기준이라도 되는 것처럼 모든 면에서 최고이기를 바란다. 자녀가 좋아하는 것, 행복해하는 것, 뒤떨어지는 것 등의 능력 평가서를 성장 과정에서 세심하게 체크하는 것이 중요하다.

- **일관성이 없는 부모**

일관성 없는 부모의 자녀는 눈치 살피기에 급급하다. 육아 원칙을 세우고 고수하는 모습을 보이는 것이 현명하다. 혼낼 때와 칭찬할 때의 기준이 항상 일정해서 자녀가 일관성을 느껴야 한다.

- **자기 문제에 빠져 있는 이기적인 부모**

부모가 가장 필요한 시기인 만 2세까지도 참지 못하고 다른 사람 손에 맡기는 무책임한 부모, 심각한 우울감을 보이는 부모 역시 자녀의 마음을 병들게 한다. 꼭 필요할 때는 최선을 다해서 자녀의 곁을 지켜 주는 것이 부모의 도리다.

- **너무 감싸는 과잉보호형 부모**

또래와 놀기 시작하면 스스로 일을 처리할 수 있어야 하는데 과잉보호로 자란 아이는 무기력하고, 좌절감을 극복하지 못해 끙끙대는 나약한 모습을 보인다. 어려서부터 자녀가 할 일은 스스로 하게 하고 함부로 참견하지 말고 자녀 스스로 판단하게 하고, 시행착오를 거치게 한다.

- **시샘과 과시욕이 많은 부모**

다른 자녀와 늘 비교하기 때문에 남에게 뒤처지는 것을 참지 못하고 자신의 허영심을 위해 자녀를 볼모로 삼기 때문에 자녀가 희생된다. 부모를 위한 것인지, 자녀를 위한 것인지, 먼저 판단하고 자녀에게 요구한다.

🎲 자녀들이 좋아하는 아버지의 모습

갓 태어난 아기가 분만실에서 맨 처음 보는 것이 아버지의 얼굴인 경우가 많다. 대개 아버지들은 아내의 몸에서 나온 아기를 보고 그 신기함에 입을 다물지 못한다. 예일대학교 아동연구센터의 심리학 교수인 카일 프루엣(Kyle Pruett)은 아기의 출생을 목격하는 아버지들은 자신이 새 생명을 이 세상에 탄생시킨 것과 그 새 생명의 운명이 자신과 영원히 불가분의 관계에 있다는 것을 불현듯 깨닫고는 '감동한다'고 하였다. 신생아가 아버지를 처음 볼 때 갖는 느낌을 정확히 알 수는 없지만, 일반적으로 별다른 감정을 갖지 않는 것으로 추측하고 있다. 그러나 어머니의 뱃속에 있을 때 아버지의 목소리를 많이 들어 본 아기는 출생 즉시 아버지의 목소리에 미미한 수준이지만 반응을 보인다. 아기는 첫돌이 채 되기 전에 아버지와 유대관계를 맺게 되는 경우가 많다. 그런 관계는 늘 대부분 아기가 배가 고프거나 같이 놀 상대가 필요하거나 또는 기저귀를 갈아야 하는 절박성 때문에 맺어진다. 심리학자들이 애착이라고 부르는 이 관계를 부모들은 '사랑'이라고 생각한다. 생후 6~8개월이 되면 아기는 자신을 돌봐주는 사람에게 애착을 느낀다. 낯선 사람을 싫어하고 자기를 돌봐주는 사람을 찾는 것이다. 만일 아버지가 직장일로 바빠이 어린 생명과 상호 작용을 하지 않으면 두 사람 사이에 진정한 의미에서의 '사랑'과 '신뢰'가 생기지 않는다.

아기들은 빠르면 생후 3~6주에 어머니와 아버지를 구별할 수 있다. 아기들은 대개 어머니가 옆에 있을 때는 정서적으로 안정되지만 아버지가 다가오면 흥분한다. 어머니들은 항상 똑같은 자세로 아기를 안지만, 아버지들은 아기를 서투르게 안고 좀 더 공격적이기 때문이다. 아버지가 아기를 배려하여 부드럽게 안아 주고, 노래를 불러 주거나 옹알이 형태의 소리를 내며 상호 작용하는 것이 좋다.

아버지가 육아에 적극 참여하는 것의 장점을 연구한 결과 심리학자 로버트 모래디(Robert Moraedi)는 "아버지가 적극적으로 육아에 참여하는 집단의 아이들은 폭력을 행사할 가능성이 적고 지능지수가 높으며 절제력과 사회 적응력이 강한 것"을 발견하였다.

1990년대 이후 '좋은 아버지가 되려는 사람들의 모임' '딸 사랑 아버지 모임' 등의 단체가 '좋은 아버지되기 운동'을 주도하면서 아버지 역할에 대한 기대 수준이 점점 높아지고 있다. '좋은 아빠 스트레스'에 시달리는 아버지가 늘고 있다는 보도도 있지만, 이는 현대의 아버지들이 자녀양육에 적극 참여하고 있음을 보여주는 바람직한 현상이다.

『얘들아 아빠랑 놀자』의 저자 서진석 씨의 놀이 철학

- 좋은 아빠는 잘 놀아 주는 것에서부터 시작한다.
- 아이들과 눈높이를 맞춘다.
- TV를 끈다.
- 주중 하루 저녁, 주말 하루 정도는 자녀와 놀 시간을 낸다.
- 짧은 시간 동안 격렬하게 놀아 준다.
- 한계를 느낄 때까지(최소한 하루 종일) 아이를 돌보는 경험이 필요하다.
- 아빠 스스로 놀이를 즐긴다.
- 내 아이를 알기 위해 노력한다.
- 나는 초보 아빠라는 사실을 잊지 않는다.
- 한 달에 한두 번은 하루 종일 아이를 돌보며 아내에게 휴가를 준다.
- 아빠는 가족의 주말 문화를 설계한다.

출처: 서진석(2002). 얘들아 아빠랑 놀자.

아버지의 역할 수행

산업사회 이전의 부모역할이란 동서양을 막론하고 아버지는 외부세계와 가정을 연결하는 역할을 하였고, 어머니는 가정 내에서 자녀를 양육하는 역할을 담당하였다. 즉, 아버지는 가족체계 내에서의 사회적 대표자, 사회 내에서의 가족의 대표자로서 도구적 역할을 담당하고, 어머니는 가족의 애정 및 정서문제를 담당하는 표현적 역할을 하였다. 또한 아버지는 경제적 자원의 제공자이며, 자녀훈육의 책임자로서 자녀들로 하여금 장래계획을 설계하도록 하여 자녀가 능력 있고 독립적인 성인이 되도록 지도하는 역할을 하였다. 이에 비해 어머니는 가정의 소비생활과 가사일을 담당하고 가족 간의 협조와 이해를 도모하는 역할을 수행하였다.

그러나 고도의 정보사회로 접어들면서 전통적인 부모역할에도 변화가 나타났다. 아버지와 어머니의 고유역할이 유아교육기관으로 일부 이양되기도 하고, 부모의 역할이 분담 또는 교환되기도 하였다. 지금까지 아버지는 사회문화적 고정관념에 따라 자녀양육에서 이차적·주변적 인물로 간주되어, 자녀이해와 양육참여가 필요함에도 그 역할이 간과되어 왔다. 그러나 예전의 대가족 속에서 많은 사람들이 자녀양육에 참여하고 도움을 줄 수 있었던 것에 반해, 현대사회의 핵가족에서는 자녀를 위해 도움을 줄 수 있는 사람은 아버지와 어머니밖에 없으므로 아버지의 역할 및 참여는 필수가 되었다. 양성의 부모가 각기 다른 자극으로 유아양육에 임하는 것이 자녀 발달에 효과적이다. 유아는 어머니, 아버지뿐만 아니라 의사소통이 가능한 모든 사람들과 애착관계를 형성한다. 또한 아버지와 유아관계, 어머니와 유아관계는 서로 독립적으로 발달하므로 유아는 어머니와 아버지 모두 필요하다.

이러한 시대의 흐름과 사회적인 요구뿐 아니라 남성 스스로도 자녀양육을 포함한 가정 내에서의 위상을 새롭게 자각하기 시작하였다. 즉, 가정 내에서의 행복이 직장에서의 성취에도 많은 영향을 준다는 것을 깨닫게 된 것이다. 사회에서의 성공과 성취만을 강조해 왔던 과거의 아버지들의 가치관이 사회의 성공 못지않게 가정도 중요하다는 인식으로 변화하게 되었다.

아버지 역할에 대한 새로운 관점은 아버지에게도 고유의 역할이 있음을 강조한다. 비그너(Bigner, 1979)는 아기를 안아 주는 데도 어머니와 아버지는 다르다고 하였다. 즉, 어머니는 아기와 오랜 시간을 지내다 보니 아기의 행동을 통제하기 위해 안아 주는 경우가 많지만, 아버지는 아기가 안아 주기를 원할 때 또는 같이 놀아 주기 위해서 가끔 안아 주기 때문에 아기에게 심리적으로 다른 자극을 줄 수 있어 아동의 사회적 능력 형성에 중요한 역할을 한다는 것이다.

어머니와 아버지는 자녀양육상 질적으로 다른 역할을 한다. 아버지나 어머니가 모두 똑같이 잘 해내거나 서로 바꾸어 할 수 있는 역할도 있지만, 어떤 측면에서는 아버지만이 해낼 수 있는 역할이 있다는 의미다. 즉, 어머니가 아무리 훌륭하더라도 아버지의 역할을 대신할 수 없고, 아버지가 어머니의 역할을 대신할 수 없다. 일반적으로 어머니는 가정에서 일어나는 일을 중심으로 함께 놀아 줄 수 있고 언어적 상호 작용을 잘 할 수 있다. 반면 아버지는 신체적이고 활동적인 놀이를 더 잘 할 수 있는 것을 예로 들 수 있다. 아버지는 어머니와는 다른 방식으로 자녀를 사회화시키고 또 사회적 규범에 대한 영향을 줄 수 있기 때문에 또래나 어머니보다 중요한 사회화 매개자가 될 수 있다.

이러한 연구들은 아버지도 어머니만큼 양육자로서 유능하지만 상호 작용의 양, 빈도 및 활동 유형에서 차이가 있다는 관점을 갖고 있다. 아버지와 어머니로부터 받는 각기 다른 종류의 자극은 부모 중 한쪽에게서만 받는 자극에 비해 아동의 지적·사회적 발달에 보다 효과가 있을 가능성이 높기 때문에, 어머니와는 다른 아버지 고유의 역할 수행이 필요하다.

도덕성 및 성역할 학습에 미치는 아버지의 영향

아버지는 아이의 성역할 및 사회성 발달에 영향을 준다. 유아는 아버지의 행동을 동일시하며 정직, 책임감, 명확한 판단, 이성적이고 공정한 판단력, 이타적 행동, 관용을 배우게 된다. 반면 아버지의 태도가 반사회적이거나 냉담하고 적대적일 경우에 유아는 자라면서 여러 가지 비행이나 부적응 양상을 보이게 된다. 이러한 유아들은 대개 그들의 부모에 대해 부정적 태도를 보인다. 특히 아버지의 거부와 무시에 대해 심한 반발을 보인다(Lamb, 1995).

아버지는 유아의 바람직한 성장 발달에 촉진제 역할도 하지만 비행청소년이 되는 것을 막는 역할을 하기도 한다. 그리고 아버지는 이성적으로 공정하게 문제를 풀 수 있는 판단력이 있고, 일의 모순을 가려낼 수 있으며, 규범 및 규준을 제공하는 역할을 할 수 있어 도덕성을 제대로 길러 줄 수 있는 존재다.

아버지는 성역할 모델로 유아의 성(性)유형화 과정에 영향을 준다. 특히 딸이 여자답게 성장하는 데 아버지의 역할은 필수적이다. 남편으로서 가정을 잘 보살피고 자녀를 일관성 있게 훈육하는 아버지, 아내와 정서적으로 원만하게 지내는 아버지는 딸에게 건전한 성의식을 발달시키는 것으로 나타났다.

또한 린은 남자아이를 남성답게 기르는 데 아버지의 양육태도와 역할이 중요하다. 아들의 남성다움과 딸의 여성다움은 아버지가 온정적·애정적이고 관심을 갖고 양육에 적극적으로 참여할 때 올바르게 이루어진다.

자아존중감이 높고 적극적이고 온정적인 아버지가 애정을 가지고 자녀를 격려, 인정해 주고 자녀와 이야기를 많이 나누면 성역할 학습에 긍정적인 영향을 준다. 그리고 아버지의 확고한 신념이나 가치관은 유아의 자아실현에 도움을 준다. 따라서 아버지가 유아의 요구에 우선순위를 두며 함께 놀아 주고, 가정을 소중히 여기며 책임을 지도록 부모교육을 실시할 필요가 있다.

학업 성취에 미치는 아버지의 영향

아버지는 자녀의 인지 발달에 중요한 역할을 한다. 아버지와 어머니 모두 유아의 인지 발달에 도움을 주지만, 자극을 제시하는 방법이 아버지와 어머니는 각기 다르다. 즉, 아버지는 자녀의 놀이 상대로서 물리적인 기술을 돕고, 어머니는 목소리와 천부적인 민감성으로 자녀의 정서 발달을 돕는다. 아버지는 가정 내에서 주로 이성적이고 판단자적인 역할을 하기 때문에 자녀의 인지 발달에 지대한 영향을 미친다.

아버지가 유아의 인지적 학습에 미치는 영향에 관한 연구 결과에 따르면, 남자아이가 여자아이보다 분석력이 뛰어난데, 그 원인은 아버지가 아들들에게 따지거나 분석적이기 때문이다. 또한 아버지와 상호 작용을 많이 한 남자아이는 그렇지 못한 남자아이에 비해 학교성적이 더 우수하였다(Blanchard & Biller, 1971). 아버지가 없는 유아는 아버지가 있는 유아에 비해 인지 발달이 늦고, 언어 점수가 낮게 나타났다. 아버지가 있는 가정에서 유아들 간에 이루어지는 개인차에 관한 연구를 살펴보면, 아버지의 행동특성이 유아들의 지적 발달에 영향을 미치는 편이다.

유아기 자녀에 대한 아버지의 관심, 온정적인 양육행동, 그리고 아버지가 자녀와 놀며 함께 보낸 시간은 유아의 인지 발달에 도움이 된다. 많은 어머니들이 아버지가 유아의 말이나 행동을 많이 통제한 경우 유아의 성취동기가 저하되는 반면 부드럽고 자상한 아버지는 자녀의 성취동기를 고양시킨다는 것을 밝히고 있다. 아버지가 온정적인 경우 유아의 성취욕구를 촉진시킨다고 볼 수 있다.

이야기를 잘 들어 주고 자녀들의 활동에 참여하는 아버지의 아이들이 상상력이 풍부하고, 융통성이 있으며, 영리하고 학업성적도 우수하였다. 온정적이고 애정적인 양육행동을 하는 아버지에게서 성장한 유아는 성취동기가 높다. 반면 지나치게 간섭하고 과도하게 통제하는 아버지를 둔 유아는 아버지의 기대를 충족시킬 수 없어 충돌하는 경우가 많다. 즉, 유아의 활동을 금지하고 처벌하는 아버지는 유아의 성취동기를 저하시키고, 긍정적이고 애정적으로 참여하는 아버지는 유아의 성취동기를 높인다.

> **아버지의 기도**
>
> 내 아이를 이런 사람이 되게 하소서.
> 약할 때 자신을 분별할 수 있는 힘과
> 두려울 때 자신을 잃지 않는
> 용기를 주시고
> 정직한 패배에
> 부끄러워하지 않고 당당하며
> 승리에 겸손하고
> 온유할 수 있는 사람이 되게 하소서.
> 그를 요행과 안락의 길로 인도하지 마시고
> 곤란과 고통의 길에서
> 항거할 줄 알게 하시고
> 폭풍우 속에서도 일어설 줄 알며
> 패한 자를 불쌍히 여길 줄 알게 하소서.

그의 마음을 깨끗이 하고

높은 이상을 갖게 하시어

남을 다스리기 전에 자신을 먼저 다스리게 하시며

내일을 내다보는 동시에 과거를 잊지 않게 하소서.

또한 생활의 여유를 갖게 하시어

인생을 엄숙히 살아가면서도

삶을 즐길 줄 아는 마음과

교만하지 않은

겸손한 마음을 갖게 하소서.

그리고 참으로 위대한 것은

소박한 데 있다는 것과

참된 힘은

너그러움에 있다는 것을

새기도록 하소서.

그리하여 그의 아비된 저도

헛된 인생을 살지 않았는가 나직이

속삭이게 하소서.

Douglas MacArthur

자녀들이 사랑하는 어머니의 모습

현재의 첨단과학은 아기들이 육체적, 정서적, 지적으로 잘 성장하기 위해서 무엇이 필요한지에 대한 내용을 속속 밝혀내고 있다. 지금 우리는 자궁 내에서도 태아의 문제를 찾아내 치료할 수 있고, 발달 과정에 있는 뇌 속의 기적 같은 회로 연결에 대해서도 이전보다 더 많은 것을 알고 있다. 또 과학은 자녀양육에서 부모의 역할이 얼마나 중요한지에 대해 새롭게 인식하고 있다. 지금의 아기가 나중에 자랐을 때의 모습은 아기가 울 때 위로해 주고, 놀이터에서 다른 아이와 잘 어울리도록 도와주며, 밤에 잠들 때 자장가를 한 번이라도 더 불러 주는 노력을 얼마나 했느냐에 따라 달라진다. 아기가 자신을 독특한 존재로 깨달아 갈 수 있도록 해 주는 것은 이렇게 매우 단순해 보이는, 별일 아닌 것 같은 부모의 작은 행동 하나하나인 것이다.

얼마 전까지만 해도 어머니들은 자녀를 어떻게 기르는 것이 가장 좋은지를 그냥 추측에 따라 판단할 수밖에 없었다. 그러나 지금은 더 이상 추측에만 의존할 필요가 없다. 지난 20세기 대부분에 걸쳐 육아 이론은 거의 과학적 근거도 없는 가운데 아기가 하고 싶은 것을 다 할 수 있게 해 줘야 한다는 관점과 엄격한 규율 훈련을 통해 길러야 한다는 관점의 양 극단을 치달았다. 그러나 지난 수십 년 동안 인식력 발달을 연구하는 과학자들은 고도의 영상 기술을 활용해 유전과 환경 사이의 끊임없는 상호 작용을 추적하여 아이들의 발달에 어떤 경험이 좋은지를 밝혀낼 수 있었다. 물론 아직 갈 길은 멀지만 과학자들은 아기들의 경험과 성장과의 관계에 대해 포괄적인 이해를 하게 되었다. 그 결과 아기들의 성장, 발달은 마치 조각가가 대리석 덩어리를 깎아내 작품을 완성해 가는 과정과 같음을 발견하였다. 조각가가 주어진 재료와 도구, 기술, 인내심, 끈기로 각각 다른 작품을 만들어 내듯이 어머니도 이와 같은 과정을 거쳐 자녀의 성장, 발달을 이끌어내는 것이다.

🏠 성장의 최대 영양소는 어머니의 관심과 사랑

생후 첫 몇 년간 어머니가 자녀양육에 최선을 다하는 것은 자녀의 미래를 결정하는 중요한 열쇠가 된다. 긍정적인 자아의식과 자긍심, 신뢰감, 자발적인 동기유발 등은 영아기 때부터 생성되기 때문이다. 그런데 현대 우리나라의 어린이들은 어머니로부터 따뜻한 사랑보다는 지적 성취에 대한 스트레스를 받으며 시달리는 경우가 많다. 십대들의 폭력, 자살, 혼전임신이 증가하는 현상은 아동이 내부적인 분노감과 자기 파괴적인 충동을 안고 성장한다는 증거다. 겉으로 잘 드러나지는 않지만 자녀에게 자아의식을 심어 주는 데 실패할 경우 학습에 대한 의욕도 상실된다.

영아의 자아의식이 발달하는 데는 다양한 요인이 복합적으로 작용하여 이루어지지만, 아기가 첫발을 디딜 때, 기어 다닐 때, 오르기를 할 때 '내가 했다'는 사실을 깨닫는 내면의 기쁨이 중요한 원동력이 된다. 그런 일을 해냈을 경우 아기는 "해냈어, 장하지 않아?"라고 묻는 듯 밝게 미소 짓는다. 또 다른 중요한 원동력은 외부로부터 받는 인정과 격려다. 어머니가 큰 소리로 웃어 주거나 아이를 안아 주며, "혼자 섰어?" "혼자 기어올라갔구나."하는 것이 그 예다. 어머니가 지나치게 감싸면 아기는 스스로 성취감을 맛볼 수 없어 내면으로부터 기쁨을 맛볼 기회를 놓친다. 아기는 발육의 한 단계를 무사히 마치면 자신감을 갖게 되고 자신의 세계를 스스로 통제할 수 있다는 확신을 갖게 된다.

외부적 피드백은 다른 면에서도 중요하다. 신생아는 어머니의 차분한 목소리만 들어도 안심이 되고 마음이 안정되어 주변 세계를 둘러볼 여유가 생긴다. 출생 직후부터 아기가 울면 안아서 달래 주고, 미소를 지으면 누군가 미소로 답해 주고 옹알이를 할 때마다 누군가 응답해 주면 아기는 어른들이 자신을 사랑하고 함께 놀려고 한다고 생각한다. 따라서 어른들이 그런 놀이를 같이 해 줄 때마다 아기의 뇌는 더욱 발달하게 된다. 아기가 놀 때 운동능력, 인식능력, 정서적 안정감, 사회성 발달 측면이 자극을 받기 때문이다.

어머니, 아버지가 자녀에게 해 주는 이런 반응은 대수롭지 않아 보이지만 아기에게 자긍심, 외부세계 및 미래에 대한 확신을 준다. 아기는 이러한 부모의 반응을 보고 느끼며 '나는 괜찮은 아이야.' '난 할 수 있어.'라는 마음을 갖게 된다. 자신감과 자기조절 능력을 갖게 되는 것이다.

아기의 각 발달단계는 자발적인 동기유발과 자신감을 강화하는 기회가 된다. 걸음마, 소변 가리기, 글자 읽기, 표현력 등을 스스로 익히려고 애쓰는 자녀의 열정적인 노력을 어머니와 아버지가 각각 지지해 준다면 더 좋다. 이런 노력은 자녀를 더 자율적이 되게 하고, 정서적 안정감을 갖게 하며, 자기 세계를 확장시킬 수 있는 기회를 준다. 어머니는 그런 과정을 잘 이해하고 아기의 자아의식을 강화할 수 있는 방법을 알 필요가 있다.

　임신 때부터 아기에게 열정을 갖는 어머니는 이미 아기의 성공적인 미래를 보장해 주는 것이다. 신생아 역시 부모의 관심을 끌기 위해 부단히 노력한다. 아기들이 보이는 미세한 행동들을 찾아 긍정적으로 반응해 주는 것이 아기의 성장을 바르게 인도하는 방법이다.

아기의 성장에 도움이 되는 조건

• 신체적 보호, 안전 및 규제

모든 어린이들은 태아 시절과 유아기에 신체적 및 심리적 피해, 화학적 독소, 폭력으로부터 보호받을 권리가 있다. 그 어떤 교육보다 신체적 보호와 안전이 보장되어야 한다.

• 지속적으로 양육해 주는 사람

모든 아기는 양육자와 따뜻하고 친밀한 관계를 맺을 필요가 있다. 이것은 조기 사교육이나 영재교육보다 훨씬 더 중요하다. 이런 관계가 없거나 중단될 경우 아이들은 추론, 동기부여, 소속감을 갖지 못할 수 있다. 영유아들은 깨어 있는 대부분의 시간 동안 따뜻한 보살핌을 받아야 한다.

• 개인차를 살릴 수 있는 다양한 경험

모든 아이들은 자신만의 독특한 기질을 갖고 있다. 한 아이의 본성을 키워 주기 위해 그 아이에 맞는 경험을 어려서부터 시켜 주는 것은 학습장애 및 문제행동을 예방해 준다. 또 잠재력을 최대한 발휘할 수 있도록 해 준다.

• 발달에 적합한 경험

아이들은 나이에 따라 발달 수준에 맞는 경험을 해 볼 필요가 있다. 비현실적인 기대는 아이의 발달을 가로막는다.

• 제한해 주기와 기대하기

아이들은 규칙을 정하는 기술과 평화롭게 문제를 해결하는 방법을 배워야 한다. 이런 목표를 달성하기 위해 아이들의 행동을 적절히 제한해 주어야 한다. 해야 하는 일과 하지 말아야 할 일을 구분할 수 있도록 도와야 한다. 또한 그들의 감정에 공감도 해 주어야 한다.

어린이들은 '너는 이런 아이구나.'라는 선입견이 아니라 '너는 무언가 해낼 수 있어.' 하는 능력에 대한 기대를 받고 싶어 한다. 또 그들은 잠재력과 함께 나약함도 이해해 주는 어른들을 필요로 한다. 그들에게는 실패 모델이 아니라 동기를 부여해 주는 어른이 있어야 한다.

• 안정적이며 협조적인 지역사회와 문화

아이가 건전하게 자라기 위해서는 가치관과 규범이 올바른 지역사회에서 성장할 필요가 있다. 이것은 다양성은 물론이고 가정, 또래 집단, 종교, 문화 속에 내재되어 있는 가치관을 의미한다.

• 꿈을 갖게 하기

아이들은 항상 미래에 대해 꿈을 갖고, 기대하며, 희망을 가져야 한다. 이 모든 조건을 충족시켜 주는 것이 우리 사회의 최우선 목표가 되어야 한다.

🖼️ 어머니 역할에 대한 개념 변화

부모는 자녀에게 필요한 여러 가지 욕구를 채워 주며 그들을 성장시키는 과정에서 역할을 공유하거나 분담해야 한다. 일반적으로 부모역할은 아버지 역할, 어머니 역할로 양분되어 고정되어 있는 것이 아니며, 상황에 따라 서로 보완 또는 교환할 수 있다. 양쪽 부모가 자녀양육과 교육의 역할을 공유하여 수행할 때 유아는 전인으로 성장한다.

자녀에 대한 부모의 교육적인 역할은 시대를 초월하여 변함이 없지만 차이도 있다. 과거에는 자녀에게 맹목적인 복종을 중요시했다면 현대에는 영유아의 발달에 관심을 갖게 된 것이 다르다. 과거에 요구되던 좋은 부모상이 현대에는 맞지 않는 것도 이러한 시대적 상황을 반영하는 것이라고 할 수 있다. 여기에 좋은 어머니에 대한 역할 개념을 소개하면 다음과 같다(Duvall, 1977; 숙명여자대학교, 1996 재인용).

시대에 따라 달라진 어머니의 역할

• **어머니 역할에 대한 전통적 개념**
  - 집에 머물면서 가사의 의무(요리, 청소, 빨래)를 수행한다.
  - 자녀의 신체적 욕구(먹는 것, 입는 것, 안전한 보호)를 충족시킨다.
  - 자녀를 훈련시킨다(기본 습관 훈련).
  - 자녀를 훈육, 보상, 명령하며 엄격하게 양육한다(바른 예절).
  - 도덕 교육을 수행한다(인성 형성).

• **어머니 역할에 대한 현대적 개념**
  - 자녀의 의식주를 해결해 준다.
  - 기본 생활습관 및 예절을 익히게 한다.
  - 자신감, 자율성, 생활 적응을 위해 자녀를 훈련한다(인격 형성).
  - 자녀를 정서적으로 만족스럽고 안전하게 해 준다(정서적 안정감).
  - 자녀의 사회성 발달을 격려한다(정직, 책임감, 배려 등의 사회적 행동).
  - 자녀의 지적 성장을 자극한다(책을 읽어 주거나 가르침).
  - 자녀의 수준에 맞는 양육환경을 제공한다(설명, 답변).
  - 자녀가 말하는 것에 관심을 가져 주고 자녀와 감정을 공유한다(공감).
  - 미소, 유머 감각을 가진 아동으로 성장하도록 돕는다(유머).

유아기는 인간발달의 민감기이기 때문에 어느 시기보다 중요하다. 부모는 유아의 사회적 · 정서적 · 인지적 · 언어적 · 신체적 발달에 가장 중요한 영향을 미칠 수 있는 위치에 있다. 따라서 좋은 부모는 자녀의 성장 · 발달을 돕기 위해 자신들이 어떤 역할을 해야 하며, 또 관련된 내용이 무엇인지를 잘 알고 있어야 한다.

어머니의 기도

아이들을 이해하고 아이들의 말을 끝까지 들어 주며

묻는 말에 일일이 친절하게 대답하도록 도와주소서.

면박을 주는 일이 없도록 도와주소서.

아이들이 우리를 공손히 대해 주기를 바라는 것과 같이

우리가 잘못을 저질렀다고 느꼈을 때

아이들에게 잘못을 말하고 용서를 빌 수 있는 용기를 주소서.

아이들이 저지른 잘못에 대해 비웃거나 창피를 주거나 놀리지 않게 하여 주소서.

우리들의 마음속에 비열함을 없애 주시고

아이들에게 잔소리를 하지 않게 하여 주소서.

Carrie Myers

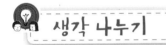

우리가 세상을 살면서 가지고 싶은 것(want)과 꼭 필요한 것(need)이 있다. 이 중에서 우리에게 없어서는 안 될 꼭 필요한 것을 '권리'라고 한다. 그리고 이런 것들은 우리 모두에게 똑같이 공평하게 필요하다. 우리의 아이들도 성인과 똑같은 '권리'를 가지고 있다.

「유엔아동권리협약(The Convention on the Rights of the Child)」은 세 가지 기본원칙하에 아동의 기본 권리를 규정하고 있다.

첫째, 어린이의 연령 기준으로서, 이 협약의 대상인 어린이는 18세 이하다. 둘째, 아동에게 최선의 이익이 돌아가는 것을 기본 원칙으로 한다. 모든 조치, 정책은 어린이에게 가장 유익한 방향으로 결정되어야 한다. 셋째, 차별받지 말아야 한다. 이는 인종, 국적, 종교를 초월하여 모든 어린이에게 해당된다. 이러한 기본 원칙하에 어린이는 네 가지 기본권리, 즉 생존할 권리, 보호받을 권리, 발달할 권리 및 참여할 권리를 누려야 한다. 각각의 권리를 좀 더 구체적으로 설명하면 다음과 같다.

생존할 권리   생명을 유지하기 위하여 영양가 있는 음식, 깨끗한 공기와 물을 섭취하며 안락한 주거지에서 적절한 생활수준을 누리고 최상의 건강을 지키기 위하여 의료혜택을 받을 권리를 말한다. 굶주림과 영양실조, 신체적 학대를 포함한 성인에 의한 공격, 빈곤, 위험한 노동환경, 범죄(갱, 구걸, 마약, 절도 등)에 개입되는 것, 다양한 종류의 질병 등은 아동의 생존을 위협하는 요인이다. 생존에 피해를 받는 아동은 15세 미만의 노동자 아동(「근로기준법」 기준), 학대당하는 아동, 성적으로 착취당하는 아동, 부모에게 버려지는 아동(미혼모 아동 포함), 장애아동, 소수민족 아동, 난민아동, AIDS 양성반응 아동, 보호시설의 아동, 거리의 아이들(비행·가출 아동)이다.

보호받을 권리   각종 차별대우와 착취, 학대와 방임, 가족과의 인위적인 분리 등으로부터 보호받을 권리를 말한다. 경제적 착취, 신체, 정서, 성학대, 방임과 유기, 전쟁, 혹사, 차별대우는 아동의 보호받을 권리를 위협한다. 보호받을 권리를 받아야 할 피해아동은 위법행위를 한 아동, 돌봐주는 사람이 없는 아동(유기아), 학대를 당하는 아동, 성적 상품이 된 아동, 거리의 아이들, 재난을 당한 아동(전쟁, 자연재해로 인한 난민 아동)이다.

발달할 권리   신체적·정서적·도덕적·사회적 성장에 필요한 정규교육, 비정규교육을 포함한 모든 종류의 교육을 받고, 놀이, 여가, 정보, 문화활동, 사상, 양심, 종교의 자유를 누릴 권리, 국적과 이름을 가질 권리를 말한다. 발달을 위해 정보와 자료, 교육, 놀이와 오락활동, 문화활동 참여, 사상, 양심 및 종교의 자유,

정체성(국적, 성명 등), 건강과 안전, 표현의 자유가 필요하다.

참여할 권리　자신의 의사를 표현할 자유와 자기 생활에 영향을 주는 일에 대하여 말할 수 있는 권리, 책임감 있는 어른이 되기 위해 어린이 자신의 능력에 맞는 적절한 사회활동에 참여할 기회를 가질 권리(문화행사, 지역사회활동에 참여할 권리, 사상·양심·종교의 자유를 누릴 권리, 아동의 의견이 신중하게 받아들여질 권리)를 말한다. 아동을 참여시키기 위해 성인들의 의식이 다음과 같이 전환되어야 한다.

- 아동은 자신의 감정과 의견을 가진, 성장하는 존재임을 인정한다.
- 아동은 자신의 요구를 분명히 말하고 적절한 지원과 존중을 받을 수 있는 충분한 자격이 있으며, 그것을 통해서 사려 깊고 책임 있는 결정을 내릴 수 있는 존재다.
- 아동은 정직함, 신중함, 질문하기를 좋아하는 행동양식, 그리고 무한한 상상력을 가진 귀중한 존재다. 자신의 견해를 형성할 능력이 있는 아동에 대하여 본인에게 영향을 미치는 모든 문제에서 자신의 견해를 자유롭게 표현할 권리를 보장하며, 아동의 견해에 대하여는 아동의 연령이나 성숙도에 따라 정당한 비중이 부여되어야 한다.
- 아동은 타인의 권리를 침해하지 않는 한도 내에서 정보를 얻을 권리와 자신의 견해를 표현할 권리, 집회의 자유와 결사의 자유를 가진다.

🔑 **토의**

1. 아동의 권리라고 인식하지 못했는데 새롭게 알게 된 권리는 무엇인가?
2. 「유엔아동권리협약」 중에서 우리나라에서 잘 이행되고 있는 권리 항목은 무엇이며, 그렇지 못한 항목은 무엇인가?
3. 아동은 어떤 존재인가? 지금까지 내가 아동에 대해 가졌던 인식은 무엇이었는가?

4. 수업참여를 통해 새롭게 변화된 아동에 대한 인식은 무엇인가?

5. 아동의 권리를 보호하고 존중하기 위해 일상에서 내가 할 수 있는 일은 무엇인가?

🖼️ **과제:** 메타포 만들기

부모의 양육태도, 가족 간의 유기적 관계 속에서 성장하고 있는 자신에 대한 발견은 인간을 객관적으로 이해할 수 있도록 도우며, 특히 부모와 자녀의 관계에 대한 새로운 시각을 제시해 준다. 부모와 자녀에 대한 생각을 메타포를 통해 표현해 보면, 인간과 삶에 대해 새롭게 형성된 관점을 보다 분명히 내면화할 수 있게 된다. 재미있는 은유를 통해 "아이는 ~(이)다. 왜냐하면 ……이기 때문이다." "부모는 ~(이)다. 왜냐하면 ……이기 때문이다." 문장을 완성해 본다. 창작에 도움을 주기 위해 예비부모교육에 참여한 학생들이 진술한 내용을 소개하면 다음과 같다.

- 아이는 흰색 도화지다. 왜냐하면 아무것도 그려지지 않았기에 어떤 그림이라도 담아낼 수 있는 무한한 가능성을 지녔기 때문이다.
- 부모는 화가다. 왜냐하면 화가의 손길대로 그림이 그려지듯 부모의 손길대로 자식의 모습이 만들어지기 때문이다.
- 아이는 바다다. 아이는 무한가능성을 가지고 있는 바다와 같은 존재다. 그 깊이와 넓이를 알 수 없는, 그리고 그 안에 무엇이 담겨 있을지 모를 하지만 생동감 넘치는 모험이 시시각각 벌어지는 살아 있는 바다와 같다.
- 부모는 등대다. 아이가 바다라면 부모는 바닷길을 인도하는 등대와 같은 존재

다. 바다 위에 서 있는 등대는 바닷길을 인도할 수는 있지만 바다를 움직일 수는 없다. 바다를 움직이는 것은 바다 스스로의 힘이다. 이와 같이 부모는 아이를 인도할 수는 있지만, 그들의 삶을 대신 살아 줄 수는 없다. 바다의 가능성을 막지 말며 바다 스스로의 움직임을 끊임없이 주시해야 올바른 길로 바다를 인도할 수 있다.

- 아이는 소프트렌즈다. 왜냐하면 우선 눈에 넣어도 아프지 않을 것 같다. 그리고 아이를 통해서 세상을 맑게 볼 수 있다.
- 부모는 식염수다. 왜냐하면 소프트렌즈를 마르지 않게 하듯이 아이의 정서를 마르지 않게 하고, 소프트렌즈를 깨끗이 해 주듯이 아이의 마음을 순수하게 해 주어야 한다.

📖 도움이 되는 도서

이해명(2006). 자녀 성공의 key는 아버지가 쥐고 있다: 좋은 아버지가 되기 위한 21세기 자녀 교육법. 예담프렌드.

장경근, 정채기(2005). 아버지가 나서면 딸의 인생이 바뀐다. 황금부엉이.

현용수(2006). 유대인 아버지의 4차원 영재교육. 동아일보사.

Poulter, S. B. (2005). 당신은 아들에게 어떤 아버지입니까?(이원기 역). 지식의 날개.

Russert, T. (2006). 아버지의 지혜(이경식 역). 문학수첩.

Turnbull, B. (2001). 좋은 부모가 되기 위해 떠나는 10단계 여행: 부모역할이 즐거워지는 실천 프로그램(장명숙 역). 한울림.

平山論(2006). 아버지가 아이에게 꼭 해줘야 할 20가지(홍성민 역). 파라북스.

Part 3

좋은 부모되기 2단계
가족과 부모에 대한 이해

Chapter 7

변화하는 가족과 부모역할

생각 모으기

지금 우리가 함께 살고 있는 가족은 어떤 모습일까? 특히 대학생을 자녀로 두고 있는 가족의 모습은 어떠할까? 가족은 인간과 마찬가지로 자녀가 성장함에 따라 끊임없이 변화하고 발달한다. 가족 발달에 따라 부모가 다른 역할을 담당하며 함께 성장해야 건강한 가족이 될 수 있다.

우리나라 대학생이 속한 가정의 현재 모습은 어떠한지를 알아보기 위해, 대학생 351명을 대상으로 그들이 작성한 가계도를 분석한 김정미(2003)의 연구 결과를 보면 가족구성원의 관계가 대부분 밀착관계(43%)이며 정상관계는 41%로 나타나 가족관계가 바람직하다. 반면에 소원한 관계(10%)나 갈등관계(6%)라고 보는 입장은 매우 드문 것으로 나타났다.

가족관계 중 부자관계의 경우, 갈등을 갖고 있는 정도(14.5%)는 다른 가족관계의 갈등 정도보다 높게 나타났다. 아버지와 아들의 밀착관계는 23.4%로, 다른 가족과의 관계보다 매우 낮은 것으로 나타났다. 반면에 모자관계의 경우, 밀착과 정상적 관계로 보고한 사람이 96.4%인 것으로 나타나 아버지와의 관계는 어려운 반면, 어머니와는 친밀한 관계를 맺고 있는 대학생 아들의 모습을 떠올릴 수 있다. 아들뿐 아니라 딸도 어머니와 매우 밀착(66.6%)되어 있는 반면에 아버지와의 밀착 정도는 낮아(29.5%), 전반적으로 우리나라 대학생인 경우 아버지보다는 어머니와 자녀가 밀접한 관계로 유지되고 있음을 알 수 있다.

부부관계, 부자관계, 부녀관계, 모자관계, 모녀관계로 나누어 대학생 자녀를 둔 가족 내 관계의 정도와 양상, 특히 갈등관계에서의 문제는 무엇인지 살펴보면 다음과 같다.

🔳 대학생 자녀가 있는 가족의 부부관계

갈등이란 개인의 욕구가 동시에 둘 이상 존재하여 해결에 곤란을 느끼는 상태 또는 개인의 욕구가 사람마다 달라 문제가 발생하는 상태를 말하는데, 전자는 개인내적 갈등이고 후자는 개인 간의 갈등이다(유영주, 김순옥, 김경신, 2001). 가족 내에서 갈등은 후자에 해당되는 개인 간의 갈등 때문에 일어난다. 갈등의 유형은 크게 접근-접근 갈등, 접근-회피 갈등, 회피-회피 갈등으로 나타난다. 부부관계의 경우, 접근-접근의 갈등 유형이 심한 갈등관계로 나타나고, 접근-회피 유형은 부부 중 한 사람이 인내하면 표면적 정상 관계로 보인다. 회피-회피의 유형은 서로 소원한 관계로 보일 수 있다.

대학생들의 자기 보고를 통해 나타난 부모의 부부관계는 대체적으로 밀착관계(43%)와 정상관계(41%)였다. 자녀의 관점에서 부모의 부부관계는 대부분 바람직한 것으로 나타났다. 부모의 부부관계가 갈등관계이거나 소원한 관계는 적게 나타났지만, 문제가 발생한 원인을 찾아보면 성역할에 대한 생각의 차이, 성격 차

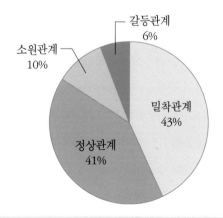

🙂 **그림 7-1** 대학생 자녀가 있는 가족의 부부관계

출처: 김정미(2003). 예비부모교육에 대한 대학생들의 만족도 및 요구도 조사연구.

이, 배우자의 외도, 경제적 어려움, 가정폭력 등이었다.

아이들 교육은 엄마만이 해야 한다는 생각을 가지고 계셨나 보다. 가끔 아버지
는 우리가 무엇을 잘못하면 어머니에게 집에서 애들 교육을 어떻게 시켰냐는 등
핀잔을 주곤 하셨다.   ―대학교 2학년 여학생의 자서전 중

결혼한 이후 경제적 주도권은 아빠가 가지고 있었다. 그래서 엄마가 생활비나
우리 교육비 등을 아빠에게 타쓰는 것을 볼 때면 마음이 괜히 안 좋았다. 항상 아
빠는 기분 좋게 주는 것이 아니라 엄마에게 잔소리를 하면서 줬던 게 생각난다.
                                                  ―대학교 3학년 여학생 자서전 중

대학생인 아들과 아버지의 관계

사춘기를 막 지난 청년기 아들과 아버지의 관계는 일반적으로 접근―접근의 갈
등관계다. 청소년기 이전의 자녀는 아버지와의 갈등을 주로 회피하지만, 자녀가
점차 성장하면서 자신의 의견을 말하며, 대립적 갈등관계로 변화한다. 아들의 사
회적 관계와 인식의 폭은 넓어지고 주관적 판단력이 왕성해지는데 반해, 아들에
대한 아버지의 변하지 않는 권위주의적 · 독단적 태도는 자녀를 무시하는 일방적
인 지시로 나타난다. 따라서 아들은 부모와의 의사소통을 거부하게 된다. 또한 아
버지는 자녀보다 연장자로 생활경험이 많으며 양육자이기 때문에 자신의 견해를
강력하게 피력하고, 이상주의적인 자녀에게 현실적 조언을 하려는 경향이 크다.
대학생 자녀는 대부분 자기의 상황을 부모에게 이해시키려고 노력하기보다는 자
신을 이해하지 못한다고 단정지어 버린다. 이러한 자녀의 편견은 부모와 의사소
통을 해야 한다는 필요성 자체도 부인하게 만든다.

청년기의 자녀와 갈등이 가장 심한 부모는 애정에 비해 통제를 많이 하는 독재

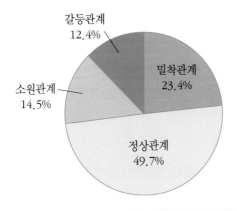

🌐 **그림 7-2** 대학생인 아들과 아버지의 관계

출처: 김정미(2003). 예비부모교육에 대한 대학생들의 만족도 및 요구도 조사연구.

적인 부모다. 부모의 과잉 통제와 함께 우리나라 청년들은 다른 나라 청년들에 비해 부모의 간섭을 많이 받고 있는 것으로 나타났다. 동아시아의 중국, 일본, 한국 세 나라의 청소년을 대상으로 문화체육부(1997)에서 부모와의 갈등 정도를 연구한 결과를 보면, 대상자 중 중국 청소년은 27.5%, 일본 청소년은 50.2%, 한국 청소년들은 64.4%가 간섭을 받는다고 응답하였으며, 부모의 높은 간섭 때문에 부모와의 갈등을 경험하고 있는 것으로 나타났다. 요즘 청년 세대는 부모의 지나친 권위행사·통제·간섭하는 것을 싫어하고 대화를 통해 이해받고 싶어 하기 때문에 자주 갈등이 야기된다.

　대학생 자녀의 자기보고를 통해 나타난 부자관계(23.4%)는 부부의 밀착관계(43%)보다 낮은 것으로 나타나 부부가 친한 정도보다 부자관계는 덜 가까운 것으로 보인다. 갈등(12.4%) 및 소원한 관계(14.5%)에 있다고 대답한 대학생도 꽤 되는 편이다. 이러한 결과는 아버지의 권위적이고 독단적인 태도와 아들의 아버지에 대한 편견, 의사소통 부재 때문인 것으로 보인다. 아버지가 딸보다는 아들에게는 기대가 높아 아들에게 부담으로 작용하여 관계에 부정적인 영향을 끼치기도 한다.

나는 아버지를 매우 싫어하는데, 아마 지금도 제 마음속에는 그러한 생각이 자리 잡고 있는 것 같습니다. 언제나 권위적이고, 독단적이고, 고집불통에 소리를 질러대시고, 만취 상태에 안 좋은 모습도 자주 보이시고, 가족들 모두가 싫어하는 담배를 피우시는 아버지의 모습은 제가 세상에서 가장 싫어하는 인간의 모습이기도 합니다.   −대학교 1학년 남학생의 자서전 중

상당히 가부장적 사고를 가지고 계신 아버지는 항상 저에게 이렇게 해라 저렇게 해라 하셨고 폭력적인 방법도 자주 사용하셨습니다. 저는 항상 아버지는 자신의 일도 처리 못하면서 저에게만 꾸중한다고 생각했습니다. 아버지의 경제적으로 무능력한 모습을 보며 자란 저였기에, 이제 아버지의 그늘에서 조금 벗어난 저로서는 지금의 무능력한 모습이 너무도 싫어 발버둥치고 있는지도 모르겠습니다. 그래서 아직도 항상 아버지와 갈등관계를 이루고 있습니다. 서로 얘기를 하려고 시도도 하지 않고 서로의 말을 그냥 묵인하며 지내는 관계입니다.
                                                                     −대학교 1학년 남학생의 자서전 중

아버지가 가정에서 권위적이고 워낙 매사에 열심이시고 자식들에 거는 기대가 커서 갈등이 많다. 자식들이 그 기대에 부응하지 못해 가정이 그 문제로 회오리가 치곤 한다.   −대학교 3학년 남학생의 자서전 중

대학생들이 표현한 아버지 상(像)은 권위적이고 통제적이며 애정표현에 인색하다. 문제는 이런 아버지 밑에서 자란 아들은 결혼하여 자녀를 같은 방식으로 키울 가능성이 많다는 것이다. 그것을 방지하기 위해서는 자신은 반드시 '긍정적인 양육'을 하겠다는 의지를 갖고 부모교육을 받거나 양질의 양육서를 읽어 아동중심 양육관, 애정−자율적 양육태도 및 기술을 갖도록 노력해야 한다.

대학생인 딸과 아버지의 관계

여자 대학생이 느끼는 부녀관계는 밀착되었다고 느끼는 모녀관계(66.6%)보다 매우 낮은 것으로 나타났다(29.5%). 아들이 아버지에게 소원한 느낌을 갖는 것처럼 여자 대학생도 아버지와 소원한 관계(11.9%), 갈등관계(8.7%)를 느껴 다른 가족관계보다 관계가 좋지 않은 것으로 나타났다.

부녀관계에서도 아버지의 권위주의적 태도, 자녀의 의견 무시, 폭력적인 행동이 관계에 부정적 영향을 미치는 것으로 보인다. 고든(Gordon, 1975)이 말한 대로 아버지들이 의사소통을 하지 못하는 것이다. 부녀관계가 갈등관계나 소원관계라고 말한 가정 내 아버지의 의사소통 방식의 대부분은 명령, 지시, 경고, 위협, 훈계, 설교, 강의, 논쟁, 판단, 비평, 비난, 비웃음 등이다. 이러한 의사소통 방식은 자녀가 말을 중단하게 하거나, 죄의식 또는 열등감을 느끼게 하거나, 자존심을 상하게 하고, 방어하게 하며, 분노를 폭발하게 하고, 수용되지 못한다는 느낌을 갖게 하여 부녀관계에 부정적인 영향을 주고 있다.

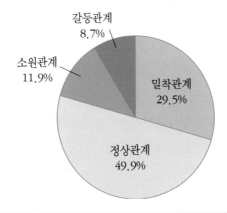

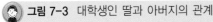 **그림 7-3** 대학생인 딸과 아버지의 관계

출처: 김정미(2003). 예비부모교육에 대한 대학생들의 만족도 및 요구도 조사연구.

나의 아버지는 가정에서 무뚝뚝하고 권위주의적이다. 어렸을 때는 나를 많이 예뻐해 주셨고 그래서 나도 아빠를 잘 따랐다고 한다. 하지만 초등학교 때부터 지금까지 보아 온 아버지의 모습은 집에 오시면 저녁을 드시고 별 말씀 없이 방에 들어가셔서 자기 일을 하셨다. 또한 가끔 내가 별로 하고 싶지 않은 일을 강요하시는 적이 있다. 이런 아버지와 나의 관계는 가끔 갈등이 있기는 하지만 내가 비교적 순종하는 성격이라 원만한 관계를 맺고 있다. 더욱이 아버지는 무뚝뚝하시고 나는 조용한 편이라서 어머니와 대화하는 것처럼 서로 많은 대화가 있는 편은 아니다. '특히 아버지와는 훨씬 더 적은 대화를 나눈다'는 것이다. 이러한 현상이 나타나는 이유는 아버지의 권위적인 태도 때문인 것 같다. 가족구성원 간의 의사소통 문제를 해결하기 위해서 지금까지 나의 가족은 많은 노력을 하지 않았다. 나는 행복한 가정이 되려면 우선 가족 간에 대화를 충분히 나누고 각자의 견해 차이를 인정할 줄 아는 다양하고 원활한 의사소통이 이루어져야 한다고 생각한다. 따라서 아버지는 집에서 무뚝뚝하기보다는 좀 더 부드러워졌으면 좋겠고, 나의 의견을 무시하기보다는 존중해 줬으면 한다.   −대학교 2학년 여학생 자서전 중

내가 어렸을 때 부모님이 싸우는 것을 보았다. 전에도 종종 싸우셨지만 이번에는 아버지가 어머니께 손찌검까지 하셨다. 큰 충격이었다. 그 일이 있은 후에 나는 아버지가 무서웠다. 아버지는 우리에게 미안하다 하셨지만 쉽게 잊혀지는 일이 아니었다. 아버지는 너무 무심하셨다. 그리고 강압적이셨다. 우리 집은 대화가 없다. 아니 대화 속에 아버지가 없다. 그리고 생활 속에서도 아버지는 저 멀리 계신다. 나만이라도 다가선다면 달라지지 않을까 생각해 본다. 아버지는 나에게 이제 무심한 사람이 되어 버렸다.   −대학교 4학년 여학생 자서전 중

🎲 대학생인 아들과 어머니의 관계

　과거 우리 사회는 부모가 아들에 거는 기대가 컸다. 현대에 들어와 그 정도가 낮아지기는 했으나 여전히 아들은 태어날 때부터 가정의 기대를 한 몸에 받는다. 아들은 가정의 기대주이며 대들보로서 어머니의 미래가 된다. 뿌리 깊은 가부장적 사고가 이어져 온 가정의 경우, 어머니와 여자 형제가 모든 가사를 도맡아 하므로 아들은 어려서부터 가사에 접할 기회를 거의 갖지 못한다. 아들이 성공해야 가정이 성공한다는 가부장적 인식으로 아들의 성취에 대해 어머니는 과도하게 기대하고 집착한다. 집착과 기대는 아들에게 부담이 되어 성장하면서 많은 반항과 탈선을 하게 한다. 또한 어머니 입장에서의 성공에 대한 기대는 아들로 하여금 자신의 실제 모습을 숨기게 하고, 진솔한 대화를 하지 못하게 한다. 과잉보호와 기대, 집착의 양육태도가 모자 간의 가장 대표적인 문제 원인으로 보인다.

　청년들이 주로 어머니와 갈등을 일으키는 영역은 일상생활의 사소한 문제부터 진로의 결정에 이르기까지 그 폭이 넓다. 그리고 문제에 따라 또는 각 가정마다

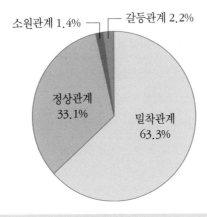

그림 7-4 대학생인 아들과 어머니의 관계

출처: 김정미(2003). 예비부모교육에 대한 대학생들의 만족도 및 요구도 조사연구.

갈등의 양과 정도도 다르다. 어머니와 갈등을 일으키는 부분은 일상생활에서 청결이나 정리정돈, 옷차림, 머리 모양, 생활태도, 용돈, 귀가 시간의 통제와 자율성, 권위와 불복종, 학교 성적, 교우관계, 이성교제, 군입대, 진로, 가치관의 차이 등 일일이 나열할 수 없을 정도로 다양하다. 청년기의 어머니-아들 갈등은 갈등 이후 회복 정도에 따라 부모-자녀관계의 질이 좌우된다. 예를 들면, 건강한 부모-자녀관계는 갈등 이후 다시 이전의 상태로 회복이 빠르다. 그러나 건강하지 못한 부모-자녀관계는 갈등 이후 원상 회복하는 데 감정과 시간이 많이 소모된다. 경우에 따라서는 관계가 회복되기 전에 또 다른 갈등이 일어난다. 또는 지속적인 부모-자녀 갈등에 따라 정상적인 수준의 부모-자녀관계가 유지되기 어려운 경우도 있다(Hann, Smith, & Block, 1968).

청년 초기 대학생의 대부분은 어머니의 과잉보호적인 양육태도를 부담스러워하지만, 어머니라는 존재는 자신을 위해 무한한 희생을 한다고 느껴 강한 정서적 유대감을 느끼고 있다. 또한 아버지의 권위적이면서도 독단적인 태도에 비해 수용적이고 배려하는 어머니와 강한 밀착관계(63.6%)를 유지하고 있었다. 매우 낮은 비율이지만 갈등관계(2.2%) 및 소원관계(3.7%)도 보고하였는데, 어머니의 과도한 집착과 성취에 대한 기대가 그 원인인 것으로 나타났다.

내가 커오면서 가장 상처가 되었던 부분은 지나친 기대로 인한 자신감 상실을 들 수 있겠다. 어렸을 때부터 어머니는 내가 의사가 되기를 기대하셨다. 나는 내 꿈을 갖기도 전에 부모님의 꿈을 떠안게 된 것이다. 그래서 지금도 정말 하고 싶은 일을 찾지 못하고 있다. 그렇지만 지난 일을 탓한다고 돌이켜지지는 않는다는 것을 알고 있기에 그것을 치유하고 스스로 극복해야 한다는 생각이다.

-대학교 3학년 남학생의 자서전 중

🎴 대학생인 딸과 어머니의 관계

모녀관계는 가족관계 중 가장 높은 밀착관계(66.6%) 수치를 보이고 있다. 소원하거나 갈등관계의 비율은 낮은 편인데, 갈등관계인 경우에는 불평등한 성역할 강요, 어머니의 일방적 요구와 집착, 부모의 맞벌이로 인한 공허감 등이 원인이었다. 자녀세대는 사회의 변화에 따른 새로운 가치관과 사회적 규범을 빨리 수용하지만, 부모세대는 전통적인 것에 집착하는 경향이 높다. 특히 가정 내 성역할에 대한 모녀 간의 갈등은 동성이기 때문에 더 심각하게 느껴질 수 있다. 또한 대학생은 전문 기관에서 교육을 받으므로 부모의 경륜보다는 현대적 가치를 전달해 주는 전문가의 가르침을 삶의 지침으로 삼게 되어, 부모의 권위가 점차 약화되고 부모-자녀 간의 지식 및 가치관의 차이가 점점 더 커진다.

모자관계와 마찬가지로 모녀관계는 어머니의 학업에 대한 경쟁의식, 일방적이고 과도한 기대와 집착으로 인해 대학생 딸로 하여금 어머니와의 친밀한 관계를 회피하게 하는 결과를 만든다.

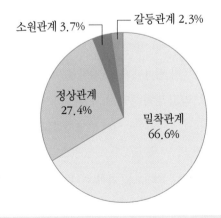

🧑 **그림 7-5** 대학생인 딸과 어머니의 관계

출처: 김정미(2003). 예비부모교육에 대한 대학생들의 만족도 및 요구도 조사연구.

부모-자녀관계는 청년기의 정체감 수준과 밀접한 관련이 있다. 예를 들면, 부모와 지나칠 정도로 가까운 관계에 있거나, 부모의 지나친 통제와 과보호 속에 있는 청년은 자아정체감을 찾지 못하는 상태에 놓이게 된다. 그들은 자신이 스스로 자아를 찾고 자신의 장래를 위해 고민하기보다는 부모의 결정을 그대로 받아들이고 타협하는 순응주의자들이 된다. 정체감 확산이나 혼란에 빠진 청년들은 대부분 부모와의 관계가 소원하며, 부모로부터 무시를 당하거나 거부를 당하는 경우가 많다(허혜경, 김혜수, 2002).

　　어머니의 과보호적 양육태도 이외에도, 어머니의 취업이 많아지면서, 가정 내 안전 기지로서의 어머니에 대한 기대가 채워지지 않아서, 또한 양적으로 함께 보내는 시간이 충분치 않아 모녀관계가 소원해진 경우도 있었다.

　　이렇게 해서 나는 오빠를 싫어하지 않을 수 없다. 그러면서 싹튼 것이 남녀는 평등해야 한다는 것이다. 지금도 집에서 밥 차리는 것은 언니나 내가 해야 할 일이다. 엄마는 오빠에게 말도 건네지 않으면서 나한테 오빠 밥을 차려 주라고 한다. 그것이 이해가 안 가고 또 이해하기 싫다. 분명 오빠에게도 손이 있고 쌀 씻을 능력이 있고 냉장고에 이미 만들어져 있는 반찬을 꺼낼 수 있는 힘도 있는데 그걸 왜 나에게만 시키는가. 자기가 먹을 밥은 자기가 하는 게 당연하고, 자기가 먹은 그릇은 자기가 씻는 것이 당연한 일이며, 자기 방은 자기가 청소하는 것이 너무나 당연한 것이 아닌가. 아무리 엄마에게 내 생각을 말해도 엄마는 언제나 "오빠는 못하니까 그냥 네가 해."라고 말하시면 난 가슴이 터져 버릴 것 같다.

-대학교 4학년 여학생의 자서전 중

　　엄마는 매번 나를 붙들고 "○○고를 가야 한다. 그래야 서울대, 연고대를 갈 수 있다."고 이야기했다. 그리고 난 "싫어요."라는 말 한 번 안 하고 하라는 대로 다 하고 시키는 과외, 학원 수강을 다 했다. 그러면서 난 점점 자신을 잃어갔던 것 같다. 집에서는 아무 문제없는, 조용한 딸로 지냈다. 집에서 너무나 괴로워서 학교

에 가면 엄청 떠들고 시끄러운 아이였다. 행복한 아이로 보이고 싶었다. ……하
루하루가 많이 괴로웠다. 난 미술을 정말 하고 싶었다. 다른 것에는 의욕이 생기
지 않았지만 미술만은 좋았고 뭔가 그리고 있을 때 난 살아 있는 것 같았다. 엄마
는 다른 학원은 다 보내면서 미술학원은 한 번도 보내지 않았고 미술 하고 싶다
고 내가 유일하게 원하는 것을 엄마 앞에서 말했는데 엄마는 바로 거절했다.
……대학교 입시문제에 부딪쳤는데, 사실 이 대학, 과도 엄마가 정해 준 것이다.
엄마는 나의 성적 데이터와 대학에 대한 모든 것을 알고 있었다. 사실 망치더라도
재수를 해서 내 스스로 원하는 대학, 과를 찾아가 보고 싶었다. 그런데 또 말을 못
하고 후회하고 말았다. 처음에는 너무나 학교를 싫어하고 적응을 하지 못했는데,
점점 시간이 가면서 안주하는 내 모습이 나에게도 엄마에게도 실망 그 자체였다.

－대학교 2학년 여학생의 자서전 중

　부모님이 싸우는 게 너무 지긋지긋하고 빈 집에 들어오는 게 너무 싫었다. 그
럴수록 엄마는 점점 멀어졌다. 아니 내 마음속에서 엄마에 대한 존재를 죽였다.
늘 속으로 다짐하고 다짐했다. 엄마는 없다고, 엄마는 가끔씩 나의 반항에 심하게
때리셨다.

－대학교 1학년 여학생의 자서전 중

　대학생들의 자기보고에 의한 가족 간의 관계를 살펴본 결과, 사회적, 개인적인
다양한 요인이 있지만, 자녀를 독립된 인격체로 인정하고 자율적 의지를 살려 자
신의 삶을 영위할 수 있도록 돕는 역할로서의 부모역할에 대한 인식 부족과 자녀
발달에 따른 양육 지식 및 기술의 부족이 근본적인 부모－자녀 문제의 요인이라고
보인다.

　한국청소년상담원에서 초·중·고등학생 자녀를 둔 1,238명의 부모를 대상으
로 실시한 설문조사에 따르면, '부모로서의 지식이나 자질을 구비'하였다고 응답
한 부모는 7.6%에 불과했다. 87.3%에 달하는 부모가 '다소 부족하다(59.0%)' 또
는 '많이 부족하다(28.3%)'라고 응답했다. 그리고 자녀를 양육함에 있어서 자녀

와 문제를 일으키는 가장 큰 원인이 자녀교육에 대한 지식과 자녀에 대한 이해가 부족(42%)한 때문이라고 보았다. 이러한 통계 결과로 볼 때, 부모들은 자녀를 양육하면서 많은 어려움을 호소하고 있으며, 전반적으로 자녀의 발달단계에 적합한 지식이나 이해가 부족한 것으로 생각하고 있었다.

한 인간이 태어나서 온전한 성인으로 성장하는 데 그가 속한 가족과 부모의 역할은 매우 중요하다. 가정이란 계약이나 제도, 법률에 의해 구성된 집단이 아니며, 혈연에 의해 자연 발생적으로 형성된 일차적 환경으로 한 인간의 전인적 발달에 직간접적인 주요 변인이 되기 때문이다.

인간뿐 아니라 가정도 자녀의 성장에 따라 끊임없이 변화하고 발달한다. 역동적으로 변화하는 가족의 구조와 관계를 이해하고 능동적으로 대처할 때 가정 내에 발생할 수 있는 위기와 문제를 보다 현명하게 해결할 수 있다. 가족 생애 발달 주기와 각 단계별 요구와 특징을 살펴봄으로써 좋은 부모가 되기 위한 기초를 놓아보자.

생각 만들기

많은 연구들은 가정환경이 인간발달에 어떠한 영향을 주는지 구체적으로 밝히고 있는데, 가장 대표적인 것은 가족생활주기(family life cycle)에 의한 발달 과정이다. 가족생활주기는 시간의 흐름 위에 가족의 형태가 변화하는 것에 초점을 두고 대체로 자녀의 성장 과정을 중심으로 단계를 구분하여, 각 단계에서 가족이 공통적으로 경험하는 것을 설명하고 있다.

변화하는 가족생활주기

가족의 생활주기와 이에 따른 부모됨의 과정에 대한 연구는 1930년부터 미국에서 시작되어 1960년대에 다양하고 활발하게 진행되었다.

대표적 이론가인 갈린스키(Galinsky, 1987)의 이론을 살펴보면, 그는 다양한 연령층의 자녀를 둔 다양한 유형의 부모들과 면담하여 6단계의 발달단계를 제시하였다. 자녀가 성장함에 따라 부모도 성장하는지를 탐색하기 위해 계획된 이 연구는 태아에서 18세까지의 자녀를 둔 다양한 인종적 · 종교적 · 지역적 배경을 가진 부모 228명을 면접한 결과로 이루어져 있다.

태아기의 자녀를 둔 부모의 이미지 형성 단계부터 자녀양육 단계, 권위 형성 단계, 설명하는 단계, 상호 의존하는 단계, 떠나보내는 단계로 구성된 6단계의 발달 과업과 내용을 살펴보면 〈표 7-1〉과 같다.

두발(Duvall, 1998)은 한 가족은 개인처럼 일생을 통해 발달과제를 가지고 계속 성장하는데, 성장을 위해서는 각 단계마다 생물학적 · 문화적 · 개인적 욕구가 충족되어야 한다고 보았다. 가족의 8단계 생활주기에 따라 자녀가 보이는 욕구의 내용을 살펴보면 다음과 같다. 〈표 7-1〉과 달리 〈표 7-2〉는 자녀들이 가정을 떠난 후 결혼한 부부가 사망할 때까지의 7단계와 8단계를 소개하였다. 이 세상에 태어난 사람은 모두 세상을 떠나게 될 것이고, 우리나라의 평균 수명은 계속 길어져 준비가 필요하기 때문이다.

갈린스키와 두발의 이론은 가족생활주기를 통해 부모됨의 과정을 확연히 이해할 수 있도록 하는 데 크게 기여하였다. 그러나 이 이론은 미국의 삶과 문화를 배경으로 하고 있어 우리나라 현실에 그대로 적용하는 것은 어렵다. 예를 들어, 갈린스키가 말한 6단계의 독립기는 문화적 차이가 있다. 미국의 경우에는 고등학교를 졸업하는 18세 이후에 대부분 독립하여 생활하지만, 우리나라에서는 결혼 전까지 자녀와 함께 살며, 때로는 결혼 이후에도 부모와 함께 사는 경우가 많다. 또

단계	시기	발달과업
1단계 가족 형성기	결혼하여 자녀가 없는 신혼기	부부 상호 간의 결혼에 대한 적응
2단계 자녀 양육기	첫아이 출생~ 30개월	스트레스가 가장 많이 발생하는 시기로 부모라는 새로운 역할 수행
3단계 자녀의 유아기	첫아이 30개월~ 6세	약화된 부부 간의 애정 결손을 극복하고 부모–자녀 간의 긍정적 관계를 지속하여 인간발달의 결정적 시기인 유아기에 자녀의 적절한 전인발달이 이루어지도록 양육
4단계 자녀의 학동기	첫아이 6세~ 13세	자녀가 초등학교에 진학하여 학업에 몰두하는 시기로 집단생활에 잘 적응하고 주어진 학습과제를 잘 수행할 수 있도록 격려하고 지원
5단계 십대 자녀기	첫아이 13세~ 20세	부모로부터의 정신적·신체적 독립을 추구하는 자녀에게 자율적 선택과 결정의 기회를 많이 부여하고, 자신의 선택과 결정에 따른 결과에 대해 책임의식을 가질 수 있도록 지도하고 격려
6단계 독립기	첫아이부터 막내까지 가정을 떠나는 시기	취업, 군복무, 대학진학, 결혼생활 등으로 본격적인 자기 삶을 구상하는 성인 자녀를 돕고 지원
7단계 빈 둥지기	모든 자녀 출가~ 은퇴 시기	부모만 남는 시기로, 결혼한 자녀를 돌보면서 자신들의 노부모를 부양하는 이중 역할 수행
8단계 가족 해체기	은퇴~사망	신체적·언어적·인지적·사회적·정서적 모든 발달이 급격히 퇴화하는 시기로 죽음을 아름답게 준비하고 받아들임

출처: Duvall (1998). Family development's First forty years.

적 양육자로서 훈육하고 보호하는 역할을 담당하게 되지만, 자녀가 성인이 되면 자녀와 수평적인 관계를 형성하다가 점차 자녀에게 의존하게 된다. 가족의 생활이 변화하는 단계에 따라 부모에게 요구되는 바람직한 역할을 살펴보면 다음과 같다.

새로 결혼한 부부

가족이 만들어지기 위해서는 가족의 기본 구조가 되는 남녀의 만남과 결혼이 전제되어야 한다. 건강한 인성을 가진 남녀가 만나 결혼하고 부부로서의 관계성을 정립하는 것으로 가족생활주기가 시작된다.

만 남

매슬로(Maslow, 1968)는 어른이 되었는지를 스스로 점검할 수 있는 준거로 다음과 같은 기준을 제시하였다. 즉, 분명하고 효율적으로 현실을 직시하는 사람, 자신과 타인을 수용할 수 있는 개방된 마음을 가진 사람, 인간으로서 조화로움을 계속 유지하는 사람, 자발성과 표현력을 가진 사람, 건전한 주체성을 가진 사람, 자기 객관화가 가능한 사람, 창조성이 있는 사람, 사람과 사물에 대해 항상 감사하는 사람, 민주적 태도를 가진 사람, 주변 사람과 친밀한 관계를 가질 수 있는 사람, 수단과 목적을 구분할 줄 아는 사람, 건전한 유머감각을 갖고 있는 사람, 새로운 것에 도전하는 사람, 환경을 바꾸려고 노력하는 사람이다. 한 사람이 부모가 되기 위해서는 이러한 조건들에 부합된 남녀가 만나는 것이 매우 중요하다. 부모됨의 가장 중요한 요소는 부모 각자의 인격이기 때문이다. 올바른 인격의 토대 위에 건전한 가치를 가지고 있는 남녀가 만나 아이를 낳고 키울 때 우리 사회는 밝아질 수 있다. 그러나 완벽한 인간은 없다. 그러므로 젊은 남녀는 결혼, 출산, 양육을 인격 성숙의 기회로 삼아야 한다. 서로 부족한 점을 인정하면서도 더 나은 인성으로 변화하려는 노력을 하여야 두 사람이 행복해지는 것은 물론 자녀도 가정에서 행복을 느끼게 될 것이다. 이것이 바로 우리 사회가 진화할 수 있는 원동력이다.

남녀가 만나 사랑하게 되면, 감성적 설렘과 이성적 사고를 가지고 총체적으로 판단하여 결혼을 결심하게 된다. 스턴버그(Sternberg, 1986)에 따르면 결혼을 위한 이상적인 사랑은 세 가지 요소, 정서적인 친밀감 · 자극적인 열정 · 인지적인 헌신이 있어야 한다.

친밀감(intimacy)이란 사랑하는 사람과 가깝게 연결되어 있는 느낌을 말한다. 친밀감은 초기에 지속적으로 높아지다가 차츰 둔화되어 안정된 상태로 접어든다. 초기 관계에서 상대방을 알기 위해 노력하므로 친밀감을 높이고 어느 정도 상대가 파악되면 관계가 안정되면서 친밀감을 더 이끌어 내려는 시도도 감소한다. 이 정도가 심해지면 권태감을 느껴 결혼생활에 위기가 온다.

열정(passion)이란 사랑하는 사람과 하나가 되고자 하는 강렬한 욕구다. 만남이 거듭될수록 신체적 접촉을 하려는 횟수가 빠른 속도로 증가한다. 처음에는 뜨겁고 격렬한 열정을 느끼지만, 습관화된 후에는 이러한 높은 강도의 열정을 상실하게 된다. 남녀관계는 열정으로 시작하여 소원한 관계로 쉽게 바뀔 수 있다.

헌신(Commitment)이란 사랑하기로 결심한 이후 오랫동안 그 사랑을 지속하기 위해 필요한 노력이다. 친밀감이나 열정과 달리 헌신은 직선적인 발달 과정을 보인다. 헌신은 상대방을 알아가고 이해해 가면서 그 정도도 증가한다. 헌신에는 가족을 신체적, 경제적으로 건강하게 유지하겠다는 책임감도 포함된다.

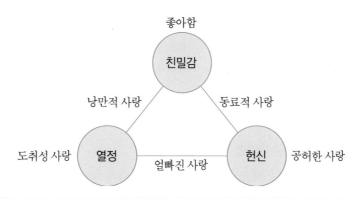

그림 7-6 사랑의 세 가지 구성 요소와 사랑의 유형

출처: Sternberg (1986). A Triangular Theory of Love.

이러한 사랑의 세 가지 요소가 어떻게 구성되었느냐에 따라 사랑의 다양한 유형이 만들어진다. 친밀감만 있을 경우에는 '좋아함(liking)', 열정만 있을 때는 '도취된 사랑(infatuation)', 헌신만 있을 때는 '공허한 사랑(empty love)'이 된다.

친밀감과 열정이 결합하면 '낭만적 사랑(romantic love)'이 되고, 열정과 헌신이 결합하면 '얼빠진 사랑(fatuous love)', 친밀감과 헌신이 결합하면 '동료적 사랑(companionate love)'이 된다. 친밀감, 열정, 헌신의 세 가지 모든 요소가 결합하면 '성숙한 사랑(consummate love)'이 되고, 모든 요소들이 부재한 상태는 '동물적 사랑' 또는 '사랑이 없는 관계'다.

결혼

성공적인 결혼이란 두 사람의 역동적이고 발전적인 관계를 통해 개인의 만족까지 성취되는 것이라 볼 수 있다. 결혼이 성공적이려면 부부가 계속 노력과 헌신, 효율적인 대화, 생산적이고 창의적인 갈등관리를 해야 한다. 고든(Gordon, 1975)은 성공적인 결혼생활에는 사랑, 유머, 대화, 의무수행, 동료감, 성실성, 인내, 융통성, 원만한 성관계, 공유 등의 요소가 필요하다고 하였다.

성공적인 결혼생활을 한 사람들의 특징은 대개 다음과 같다. 첫째, 가족의 위기를 성공적으로 해결한다. 둘째, 지속적으로 애정을 교환한다. 셋째, 배우자에게 헌신하고 성실하다. 넷째, 칭찬, 감사 등의 지지를 아끼지 않는다. 다섯째, 개방적이고 솔직한 대화가 가능하다. 여섯째, 인생관, 가치관, 기대 역할을 맞춰 나간다. 일곱째, 유연하고 융통성 있는 태도를 갖는다. 여덟째, 배우자에게 관용과 인내를 베푼다. 아홉째, 배우자와 함께 하는 활동을 많이 한다. 열 번째, 원만한 부부관계를 유지하려는 의지를 갖는다.

좋은 부모가 되는 과정에서 배우자와의 행복한 관계는 중요한 첫 단추다. 부부 상호 간의 관계가 원만하고 만족스럽다면, 이러한 정서적 분위기가 자녀양육에도 긍정적으로 반영된다. 원만하지 못한 부부관계에서 자녀에 대한 집착, 학대, 방임, 거부, 유기 등의 문제가 발생한다.

📖 부부간의 관계 정립

행복한 가정을 꾸미고 아이들이 사랑하는 부모가 되기 위해서는 무엇보다도 화목한 결혼생활을 유지해야 한다. 결혼이란 서로 다른 환경에서 성장한 두 사람이 서로의 성격과 생활습관에 대해 이해하고 적응해 가며 애정과 신뢰가 있는 공동체를 형성해 가는 것이므로 결코 쉬운 일이 아니다. 그러나 일단 서로 노력하여 화목한 부부관계를 유지할 수 있다면 가장 축복받은 관계가 된다.

결혼을 했다고 해서 부부의 관계가 완전해지는 것은 아니다. 부부가 함께 잘 살아 나가기 위해서는 사랑 이상의 의지, 인내, 노력이 요구되기 때문이다. 결혼을 하고 서로 적응해야 하지만, 서로 다른 환경·배경·문화·풍습에서 자란 두 남녀가 함께 생활하는 일이 힘든 것은 당연한 일이다. 결혼 후 좌절과 갈등을 겪게 될 때 나만 운이 없어 이런 사람을 만났다고 생각할 것이 아니라 '우리는 서로 다르다' '다른 부부도 서로 다르다'는 것을 인식하고 노력하려는 자세를 가져야 한다. 행복하고 따뜻한 가정이 되기 위해서는 무엇보다도 가족 간 대화를 해야 한다. 서로에게 자신의 감정과 바라는 점을 솔직하게 이야기하고, 문제를 일으키는 내용을 고치려고 서로 노력한다면 배우자에 대한 친밀감이 더 잘 형성될 수 있을 것이다.

표 7-3 부부의 바람직한 의사소통

상황	개떡형(비난)	돌떡형(냉소)	찰떡형(공감)
늦은 귀가	당신의 친구들은 가족도 없어? 가정주부가 이래도 돼?	아예 들어오지 말지. 일찍도 들어오시네.	늦어서 걱정했어.
늦은 전화	왜 이제야 전화해? 손가락이 부러졌어?	그 동네는 전화 없지?	지금이라도 전화받으니 마음이 놓인다.

(계속)

외출 / 출장	집에 붙어 있는 적이 없어.	집 떠나서 신나겠네.	잘 다녀와. 집 걱정 말고.
결정에 대한 다른 의견 제시	제발 알지도 못하면서 나서지 좀 마.	당신이 뭘 안다고. 언제부터 그렇게 신경 썼다고.	듣고 보니 일리가 있네. 나는 왜 그 생각을 못 했지? 그렇게도 한번 생각해 볼게.
다른 이성 칭찬	그런 사람은 당신 같은 타입을 안 좋아해.	그렇게 좋으면 그 사람이랑 살아.	어떤 점이 맘에 드는데?
누구네가 돈을 많이 벌었을 때	남들이 돈버는 동안 당신은 뭐 했어?	내 눈이 삐었지. 누굴 탓해. 사람 잘못 고른 내 발등을 찍어야지.	부럽지만 가족 건강하고 이만하면 만족해.
아이들 문제	앤 도대체 누굴 닮아서 이 모양이야.	남편(아내) 덕 없는 내가 자식 덕 보겠냐.	속상하지만 아이와 셋이 얘기 한번 해 보자.
해결할 일이 생겼을 때	당신이 여태 한 일이 뭐 있어?	난 몰라. 당신이 알아서 해.	둘 다 힘들지만 어쨌든 나눠서 한번 해 보자.
취미생활	그런 걸 뭐 하러 해? 하여튼 쓸데없는 일 하는 건 알아줘야 해.	식구들한테나 신경 좀 써. 그 반의 반만 나한테 해 보서.	그래. 열심히 해. 그거 하는 동안 당신이 행복하면 좋겠다.

출처: 오한숙희(2003). 부부, 살어? 말어?

 새로 결혼한 부부의 발달과업

가정의 토대 확립, 재정의 공유체제 확립, 서로에 대한 수용가능 유형 확립, 만족스러운 성관계 갖기, 만족스러운 의사소통하기, 우정의 연결고리 만들기, 친인척과 원만한 관계 갖기, 미래의 부모역할에 대한 의견 나누기, 서로에 대해 배려하고 헌신하려고 노력하기

영아기 자녀를 둔 가족

결혼 후 자녀를 낳아 영아기까지, 즉 만 3년 동안 양육하는 가족이다. 이 시기에는 이전에 가졌던 자녀에 대한 이미지, 부모역할에 대한 이미지를 실제와 접목하게 된다. 이 시기의 가족에게 가장 중요한 것은 부모-자녀의 안정적인 애착 형성이다. 긍정적인 관계 형성과정에서 확고하지는 않으나 점차 부모됨의 의미를 이해하게 된다.

출 산

행복한 결혼과 준비된 출산을 하려면 아기에 대한 상상과 출산 후 현실 간의 차이를 조정해야 한다. 예를 들어, 잡지나 TV 광고에 나오는 아기들은 잘 웃고, 건강하고, 행복해 보이기 때문에 이 세상에 태어나는 모든 아기가 그럴 것이라고 상상하지만 갓 태어난 아기는 울고, 보채고, 기저귀를 갈아 주어야 하는 등 요구하는 바가 많은 것이 현실이므로 이를 조정하고 받아들여야 한다는 의미다. 예비부모 시기에 가졌던 아기에 대한 의식적·무의식적 기대가 깨질 가능성은 얼마든지 있다. 미숙아, 아기의 질병, 장애가 있는 아기, 사산아일 경우의 충격은 얼마든지 일어날 가능성이 있다. 실제와 기대를 조정하며 바람직한 부모상을 재정립해야 한다.

아기와 친해지기

수유, 수면, 배변, 쾌적함 등 신체적인 충족과 함께 부모의 민감한 반응, 즐거운 상호 작용이 애착형성의 주요 요소가 된다. 아기가 태어나기 전부터 양육에 대한 예비 지식과 양육의 실제를 배워두면 아기가 태어날 때 아기의 요구에 쉽게 적응하며 긍정적인 상호 작용을 할 수 있다. 모성애나 양육기술은 그냥 생기는 것이 아니라 배워야 하는 것이다. 때로는 자신의 아기로 받아들이고 인정하는 것까지도 시간이 오래 걸릴 수 있다. 잘 기를 수 있을지에 대한 불안감이 긍정적인 애착 형성을 방해하기도 한다. 누구나 처음부터 좋은 부모가 되는 것은 아니다. 이러한 걱정과 두려움 그리고 설레임의 과정을 거치며 조금씩 부모로 성장하는 것이다. 영유아기의 자녀가 부모와 애착을 형성하는 것은 대단히 중요하므로 뒤에서 자세히 다룰 것이다.

🎐 아기의 기질

같은 형제라도 아이마다 각기 다른 인성, 기질을 갖고 태어난다. 신체적으로 더 활동적이거나 덜 활동적이기도 하고, 먹고, 자고, 배설하는 등의 생리적 시간이 각기 다르기도 하다. 또한 새로운 상황에 대해 민감한 아이가 있는가 하면, 소극적으로 반응하거나 회피하는 아이가 있다. 일상생활의 변화에 대한 적응력도 다르며, 여러 자극에 대한 민감성의 수준도 다양하다. 성격적으로 긍정적인 분위기의 아이가 있는가 하면 부정적인 분위기의 아이도 있고, 기분이나 느낌을 표현할 때 사용하는 에너지의 정도도 다 다르다. 산만한 아이가 있는가 하면 집중을 잘하는 아이도 있고, 어떤 문제에 부딪쳤을 때 다시 시도하고 해결하고자 하는 능력도 아이에 따라 다르다. 최근 과학자들은 아기 성격의 많은 부분이 유전에 의해 결정된다고 보고 있다. 유전적으로 까다로운 기질을 타고난 아기는 양육을 더 잘 받아야 잘 자란다.

🎐 가정의 첫 위기

대부분의 아내는 출산 후 호르몬 변화, 요구가 많은 아기, 수면 부족, 늘어난 가사부담, 생활패턴의 변화, 자아존중감의 변화 등으로 우울증을 겪는다. 남편 역시

아내가 너무 바쁘고, 아기에게 신경을 쓰는 것 때문에 질투를 느껴 밖으로 도는 경우가 있다. 아내를 도우려 해도 자신의 미숙한 양육기술 때문에 스트레스를 받는다. 부부 자신에 대한 것들은 모두 뒤로 밀려나고 부부의 생활이 완전히 아이 중심으로 재편성되며 생활리듬이 깨진다. 이때 부부관계 및 생활 유형이 변하는 것에 잘 대처하지 못하면, 가정에 위기가 생길 수도 있다. 많은 수의 이혼이 결혼 후 3, 4년 즈음에 발생하는 것도 양육과 무관하지 않다. 이 시기에 남편은 아내의 신체적·정서적 에너지가 고갈되었음을 인식하고 연민과 사랑으로 대해 주어야 한다. 아기의 출생은 젊은 부부에게 신체적·정신적 어려움을 주지만 잘 극복하면 이 세상에서 가장 축복된 인간관계를 가질 수 있다.

📖 관계의 재정립

아기의 출생으로 가족관계에 일시적 불균형이 생기는데, 이를 재정립하는 것이 필요하다. 아기와 젊은 부모와의 관계, 시부모, 친정부모와의 관계, 부부관계, 다른 자녀와 가족들과의 관계, 대리 양육자와의 관계를 재정립하는 과정을 통해 인생에 대한 새로운 통찰과 이해가 생긴다. 우선 아이와의 관계에서 분리와 결속의 중심을 잘 잡아야 한다. 아기를 지극히 사랑하고 일체감을 느끼며 기르지만(결속) 아기가 점점 성장함에 따라 심리적으로 독립하게 하는(분리) 양육을 해야 한다는 의미다. 정서적 유대감은 잘 형성하면서도 아이를 독립적 인격체로 존중해야 자신감 있는 사람으로 성장한다.

결혼하여 자녀를 낳은 부부가 조부모와 함께 살 경우에도, 자녀에 대한 일차적 양육권은 친부모인 부부에게 있다. 만일 조부모가 성숙한 인격을 갖추고, 젊은 부부가 부모세대를 수용하고 이해한다면 자녀에게는 대단히 좋은 일이다. 아이들을 배려하는 어른이 집안에 많을수록 아이의 인성이 올바른 방향으로 형성될 것이기 때문이다.

이와즈키 겐지(岩月謙司, 2006)에 따르면, 아기가 건강한 청년으로 자라기 위해서는 사랑과 배려가 있는 어른이 아기 주변에 최소한 20명이 있어야 한다고 한다. 민감한 아기는 100명의 어른을 필요로 한다. 또 어떤 아기는 100명보다 더 많은 어른이 필요할지도 모른다. 마음이 따뜻한 20명의 어른을 필요로 하는 아기가 있다고 가정해 보자. 그런데 이 아이 주변에 그런 어른이 18명 정도밖에 없다면 단 두 명의 사랑을 받지 못해 마음이 허전한 사람으로 자랄 수 있다는 뜻이다.

영아기 자녀를 둔 가족의 발달과업

> 요구되는 생활비용 충족시키기, 가사의 책임분담 재조정, 의사소통을 보다 효율화시키기, 자녀를 포함하는 생활유형에 적응하기, 조부모와 조화로운 관계 유지하기, 다양한 인간관계를 경험하기 위해 이웃과 사이좋게 지내기

유아기 자녀를 둔 가족

자녀가 유아기에 들어서면 언어적 의사소통 능력이 발달하고 접하는 세계가 급격히 확장된다. 만 3세 이후의 유아는 독립성, 자율성을 가지려는 욕구가 강하기 때문에 부모를 거스르는 때가 많다. 이때 부모는 일방적으로 강요하지 말아야 한다. 대신 부모로서의 권위를 가지고, 자녀에게 무엇이 옳고 그른지를 대화로 알려주어야 한다. 이 시기에 이르면 부모는 자녀가 자신의 소유물이 아니라 분리된 또 다른 존재이며 인격체임을 알게 된다. 부모도 자녀로부터 심리적으로 독립하여 자아성숙의 길을 택해야 한다.

권위의 발달

자녀의 의사소통 능력이 급격히 증진되면서 아이들은 자신의 마음에 많은 사람들을 받아들인다. 처음에는 어머니 아버지를, 다음에는 할머니 할아버지를 받아

들이면서 사회적 세계가 더 확장된다. 부모의 진정한 권위는 자녀를 다스릴 때 얻어지는 것이 아니라 자녀의 독립성을 인정하고 존중할 때, 또 효율적으로 자녀와 의사소통할 때 조금씩 생긴다. 부모는 자녀에게 한계를 정해 주고 그것을 강화하여 옳고 그른 것의 기준을 형성해 주는 동시에 자율성과 주도성을 발달시켜 주어야 한다. 부모의 권위는 일관성 있는 양육에서 발생한다. 자녀가 실행할 수 있을 정도의 원칙을 정하고 지속적으로 일관성 있게 훈육할 때 이루어지는 것이다. 자녀의 능력에 적합한 기대와 원칙을 세우기 위해서는 자녀의 발달 특징, 기질, 성향 등에 대한 이해가 선행되어야 한다. 권위 세우기가 자녀와의 단순한 힘 겨루기가 되지 않도록 항상 자신을 되돌아봐야 한다.

성역할과 성 정체감 다루기

유아기 자녀를 둔 부모의 주요 역할 중 하나는 자녀가 올바른 성역할 개념과 성 정체감을 갖도록 도와주는 것이다. 자녀들이 자신의 성에 대한 개념, 이성에 대한 이해, 성역할, 태도 등을 형성하는 데 있어 부모의 기대와 이미지가 많은 영향을 미친다. 특히 이 시기의 아이들은 자신의 성에 대해 알게 되고(성 동일시, 性 同一視), 사람은 평생 같은 성으로 있다는 것(성 항상성, 性 安定性)과 다른 옷이나 머리 모양을 하더라도 성은 변하지 않는다는 것(성 불변성, 性 不變性)을 알게 된다. 또한 생명과 성의 기원에 대한 궁금증이 생겨나고, 오이디푸스/엘렉트라 콤플렉스 등이 나타나기도 한다. 부모의 바람직한 부부관계 및 결혼 만족도, 일상생활에서 보여 준 성에 대한 태도가 아이의 성역할, 성 정체성 개념 형성에 가장 큰 영향을 준다.

유아기 자녀를 둔 가족의 발달과업

확대되는 가족이 요구하는 공간과 설비를 갖추는 데 필요한 비용 충당하기, 자녀를 포함하는 가족생활의 예측 가능한 비용과 예측 불가능한 비용 충족시키기, 변화하는 가족의 욕구를 충족시켜야 하는 책임에 적응하기, 가족구성원들 사이에 의사소통이 원만하게 되도록 노력하기

초등학생 자녀를 둔 가족

초등학생 자녀를 둔 부모의 가장 중요한 과업은 여러 가지 분야를 자녀에게 설명해 주는 일이다. 아이들이 살고 있고 살아가야 하는 세상에 대해서, 다른 사람들이 자녀의 특정 행동을 보고 어떻게 생각하고 느끼는지에 대해서, 그리고 자녀의 다양한 질문에 대해서 설명해야 한다. 또한 자녀에게 필요한 지식, 기술, 가치 등이 무엇인지 선별하고 가르쳐야 하며, 건강한 자아개념을 발달시키기 위해 부모가 무엇을 해야 하는지 준비해야 한다. 이 시기는 자녀의 근면성이 발달하는 때이므로 학교생활에 잘 적응하고, 스스로 공부하는 습관을 기르도록 도와야 한다. 이 시기의 아동에게 학업성취의 정도는 인성에 영향을 주므로, 부모는 자녀가 어려워하는 내용을 함께 고민하고 해결하게 해 주어야 한다. 또 공부에 흥미가 없는 자녀를 야단치는 대신 자녀가 관심을 갖고 열심히 할 수 있는 일을 함께 찾아 볼 수 있게 도와야 한다. IT전문가, 여행전문가, 화가, 가수, 미용사, 요리사, 게임전문가 등 다양한 분야의 전문가로 살아갈 수도 있기 때문이다.

부모로서 자신에 대해 설명하기

자신의 양육방식과 이상적인 양육 신념 간의 갈등에 대한 현실적 · 객관적인 재해석 및 평가의 과정을 갖는 시기로 자녀에게 부모로서 느끼는 감정을 함께 이

야기 나누거나 가정경제의 어려움에 대한 자녀의 이해를 구하는 노력을 해야 하
는 시기다. 이러한 이야기를 자녀와 나눈다는 것은 매우 어려운 일이지만, 동시
에 중요한 일이므로 가정에서의 문제나 어떤 주제를 자녀와 함께 나누는 습관을
들인다.

자녀가 자신에 대해 인식하게 하기

초등학교에 다니는 시기는 부모, 형제자매, 친구, 친척, 교사, 조부모와 같은 주
변 사람들이 자신을 어떻게 평가하는지에 민감한 시기다. 자녀에 대해 주변 사람
들이 어떻게 생각하는지 말해 주어 긍정적인 자아개념을 가지도록 도와주어야 한
다. 그러나 다른 사람이 자신을 어떻게 생각하는지에 대해 집중하다 보면 자기 내
면에 집중하지 않고 남의 눈치만 보게 되기 때문에 지나치게 다른 사람의 견해를
강조하지 않도록 한다. 자녀를 자신의 연장으로 생각하지 않고 독립된 인격체로
수용하며, 부모와 자녀 사이의 거리를 인정하는 것이 자녀를 객관적으로 바라볼
수 있는 눈을 갖게 한다.

자기분화와 융합에 대해 설명하기

이 시기 아동의 관심은 점차 부모와 가족에서 벗어나 친구와 더 넓은 세상으로
확대되며, 독립심이 증대되고 부모로부터 자기분화(분리)하려는 경향이 강해진
다. 친구들과 보내는 시간이 길어지고 부모가 중요시하는 가치와 생각을 대수롭
지 않게 여기기도 한다. 따라서 부모는 자녀의 발달에 적합한 새로운 이미지를 갖
고 부모로부터의 자기분화하기, 융합하기가 왜 필요한지 설명해 주어야 한다. 증
대되는 분리욕구는 인정하면서도 자녀가 부모에게 심리적으로 의존하려 할 때는
돌아올 수 있도록 포용하여야 한다. 자기분화와 융합의 균형을 이루어야 한다는
의미다.

자녀에게 세계에 대해 설명하기

자녀의 주변 세계에서 일어나는 일들을 설명하고, 사회적 관계·문화·공유하는 가치 등을 알려 주어야 한다. 이 시기의 자녀에게 가르치고자 하는 행동, 태도, 자세, 가치 등을 결정하여 설명해 주면 아동이 잘 이해하고 받아들인다. 이 시기의 아동은 추리력, 인지력 등이 발달하므로 부모의 지시에 대해 무조건 순종하는 것이 아니라 자신의 생각을 표현하게 된다. 따라서 자녀가 말하는 내용을 잘 들어주며 세상에서 일어나는 일을 이야기 해 주어야 자녀들이 자신의 행동 기준이나 세상에 대한 지식을 형성할 수 있다.

개입 정도 결정하기

부모는 자녀와 지나치게 동일시하지 않도록 주의해야 한다. 개입 부족, 과함 모두 조심해야 할 양육태도이므로 적절한 때에 적절한 방법으로 개입해야 한다. 초등학교 저학년을 지나면서 아동들은 자신의 정체성을 갖고 싶어 하기 때문에 이때부터 부모들은 서서히 부모-자녀 간에 심리적 거리를 두며 자녀를 존중해야 한다. 물론 이들이 심리적으로 의지하고 싶어할 때는 도움을 주어야 한다. 이 시기 자녀들이 심리적 독립심을 갖게 하는 것과 의지하고 싶어할 때 허락해 주는 것의 균형이 필요하다는 의미다. 부모 역시 자신만을 위한 시간이 필요한데 Bowen은 이를 자녀로부터의 자기분화라고 하였다. 자녀의 요구를 끊임없이 들어주어서는 안된다. 자녀의 일에 언제, 얼마만큼 적절하게 개입할 것인지, 자녀가 독립적으로 해결하도록 두어야 하는 일은 무엇인지 등의 균형을 잡고, 부모도 부모 자신만을 위한 시간을 가지며 자기개발에 힘써야 한다.

초등학생 자녀를 둔 가족의 발달과업

아동의 활동 욕구를 충족시키는 동시에 부모의 사생활 갖기, 재정적 지급 능력 유지하기, 결혼생활을 유지하기 위해 노력하기, 아동의 학업수행을 구체적으로 도와주기, 실수를 두려워하지 않으며 도전하기, 아동의 친구관계 등 학교생활에 관심갖기

십대 자녀를 둔 가족

갈린스키(Galinsky)에 따르면 십대 자녀를 둔 가족은 상호 의존의 단계에 이른 가족이다. 자녀는 신체적으로 성인에 가까워지고, 여러 측면에서 개성이 나타난다. 이 시기의 자녀에게는 이전과 같은 방식의 훈육이 점차 어려워진다. 부모-자녀관계를 수평적으로 변화시키면서 새로운 부모상을 정립해야 한다.

새로운 부모-자녀 간의 이미지 정립

부모의 권위와 자녀의 질풍노도 같은 행동이 갈등을 빚는 시기로 긍지와 고통의 감정이 교차된다. 자녀에 대해 현실과 거리가 먼 이전의 기대를 버리고 자녀와의 대화를 통해 자녀의 행동에 어떤 한계를 설정해 주고, 자녀를 안내함으로써 부모-자녀 간의 권위관계를 재정립해야 한다. 자녀와의 대화기법을 연구하는 노력이 나타나는 시기다.

자녀의 성, 정체감 수용하기

청소년기 자녀를 둔 부모는 자녀의 성에 대한 관심과 흥미, 성적인 성숙을 받아들여야 한다. 또한 성에 대한 질문, 행동을 어떻게 수용하고 대처해야 할지 준비해야 한다. 이 시기의 청소년이 직면하는 또 다른 중요한 과제는 정체성 형성이다.

청소년은 자신을 다른 사람과 구별하여 튀고 싶어 한다. '나는 누구인가?'에 대한 정체감을 형성하기 위해 주변에 대해 저항하고, 반항하며, 반대하는 자신만의 실험 기간을 거치게 된다. 부모는 십대 자녀가 정체성을 형성하기 위해 보이는 행동에 대해 잘 대처하면서 부모로부터 분리된 자녀의 자아정체감을 수용해야 한다.

📖 성장한 자녀와 새로운 관계 맺기

가족과 친구 사이를 시계추처럼 오가는 자녀와 새로운 유형의 관계를 형성해야 한다. 이제 자녀는 부모 없이 혼자서 살아갈 수 있다. 따라서 이 시기의 자녀는 이전처럼 부모에게 의존하거나 결속감을 느끼지 않는다. 때로는 하숙생처럼 때로는 친구처럼 행동하며 부모를 대한다. 청소년기 자녀를 둔 부모는 '이 애는 나와 분리된 완전한 성인이야.'라는 생각을 하며 부모-자녀와의 친밀감과 거리감을 균형 있게 유지하도록 노력해야 한다.

👧👦 십대 자녀를 둔 가족의 발달과업

가족 구성원들의 다양한 요구에 대비하기, 금전 문제에 대처하기, 모든 가족 구성원들이 책임 공유하기, 부부관계에 초점 맞추기, 청소년과 성인 사이의 의사소통 중재하기, 친척과의 관계 유지하기, 청소년의 성인이 되고자 하는 욕구에 맞추어 태도 바꾸기

👧👦 십대 자녀를 둔 부모가 빠지기 쉬운 함정 열 가지

1. "너는 아빠의 꿈이고 엄마의 희망이다." "그래도 너 때문에 내가 산다." → 그 결과 자녀는 희생양이 되고 만다.
   중년기 때 찾아드는 배우자에 대한 불만족과 지루함을 자녀의 성공으로 보상받고 싶어 한다. 왜곡된 기대가 자녀에게 짐이 되고, 자녀는 작은 우상이 되고 만다. 자녀는

배우자가 아니고, 대리인은 더더욱 아니다. 오히려 자녀에게 줄 수 있는 최대의 선물은 자신의 배우자를 사랑하는 것임을 명심하라.

2. "공부만 열심히 하면 된다. 일단 대학에 들어가서 네 마음대로 해라." → 그 결과 자녀는 절름발이 인생을 산다.

공부지상주의가 자녀를 망친다. 자녀에게는 대학보다 더 소중한 인생의 가치가 있다. 모든 것을 대학 입학 이후로 미루다 보면 자녀에게는 대학이 지상 최대의 목표가 되어 버린다. 대학은 요술방망이가 아니다.

3. "엄마, 아빠가 시키는 대로 해라. 다 너를 위한 것 아니냐." → 그 결과 자녀는 마마보이/마마걸이 될 것이다.

자녀를 로봇으로 만들지 말라. 말썽 안 부리고 잘 자라 준다는 것을 가장 모범적인 자녀양육인 것처럼 여기는 부모가 자녀의 장래를 망친다. 하나에서 열까지 부모가 대신 해 주거나 일일이 지시하고 명령하기 시작하면 자녀는 스스로 노력을 포기하게 될 뿐만 아니라 분별력을 잃고 면역체계가 약화되고 만다.

4. "너는 몰라도 돼. 아직은 때가 아니야." → 그 결과 자녀는 미숙아가 되고 만다.

호기심을 억누르지 마라. 십대에는 십대에 맞는 경험이 필요하고 이십대에는 이십대에 맞는 경험이 필요하다. 십대 자녀에게 가장 필요한 경험 중 하나가 '실수'를 하더라도 실수에서 무엇인가를 배우는 것이다. 자녀를 인큐베이터에 가둬서 팔삭둥이를 만들지 마라. 캥거루 자녀가 되게 하지 마라.

5. "지금은 성(性)에 눈 뜰 시기가 아냐. 나중에 저절로 알게 돼." → 그 결과 자녀들은 훔쳐 배우게 되고 비뚤어진 성 의식의 희생자가 된다.

성적 호기심을 억누르는 것은 마치 넘쳐 나오는 물을 막는 일과 같다. 성은 저절로 알게 되는 지식이 아니다. 덮어 두려는 자세보다 좀 더 적극적으로 광고 속에 나타난 여성의 상품화된 성 이미지를 조사한다거나 남성과 여성의 성적(性的) 차이 등을 토론함으로써 성에 대한 문제의식과 바람직한 성 윤리를 정립시켜 주는 기회를 갖는 것이 바람직하다.

6. "네 친구들은 어째 다 그 모양이냐? 그 애들한테 배울 게 뭐가 있니?" → 그 결과 자녀는 열등생이 되고 만다.

친구에 대한 비난은 누워서 침 뱉기와 같다. 곧 내 자녀가 그런 수준이라는 이야기와 다름없다. 자녀는 친구가 비난 받는 순간 자신이 모멸감을 느낀다. 그리고 자존감에 심한 상처를 입게 된다. 자녀의 친구 선택을 격려하라. 그리고 도와라. 그렇지 않으면 친구를 몰래 만나게 되고 더 이상 아무 이야기도 꺼내지 않음으로써 대화의 통로가 차단된다.

7. "세상은 절대 믿을 게 못 돼." → 그 결과 자녀는 부정적 세계관의 소유자가 되고 만다.

세상을 부정적으로 묘사하고 믿지 못하게 만들어서 자녀의 미래를 어둡게 채색하지 말라. 세상은 적대시해야 할 대상이 아니라 자신이 가꾸고 변화시켜야 할 세계다. 자녀에게 세상을 아름답게 볼 수 있는 눈을 길러 줄 때 자녀는 미래를 꿈꾸는 자가 된다.

8. "뭐니뭐니 해도 돈이 최고야, 돈 없이 되는 것 봤니?" → 그 결과 자녀는 돈의 노예가 된다.

돈은 가치를 배우는 가장 좋은 도구다. 가사를 도운 대가로 용돈을 주지 말아라. 당연히 해야 할 일에도 금전적인 보상을 바랄 수 있다. 또한 자녀에게 미안한 마음을 물질적으로 보상하려 하지 마라. 돈이 최고가 되면 인간 가치를 상실하게 된다. 작은 것에 대한 만족과 감사를 가르쳐라.

9. "엄마, 아빠는 이래도 너희들은 이러면 못 써." → 그 결과 자녀는 이중인격자가 된다.

말과 행동이 불일치할 때 자녀는 거짓을 배우게 된다. 그리고 이중잣대가 그들을 혼란스럽게 한다. 눈앞의 이익을 따라 살게 하기보다는 손해를 볼지라도 약속에 신실한 사람이 되도록 가르쳐라. 세상이 나를 속일지라도 자신을 속이지 않게 하라.

10. "더 이상 시간이 없어." → 그 결과 자녀는 비관주의자가 되고 인생 포기자가 된다.

너무 늦은 경우란 없다. 더구나 실패자는 다시 일어날 기회를 가져도 포기자는 기회가 와도 잡지 못한다. 건강한 생각의 씨앗을 뿌려라. 할 수 있다는 생각만큼 인생의 큰 자본도 없다. 언제든지 새롭게 시작하는 법을 배우게 하라.

출처: 부모넷(http://www.bumonet.or.kr).

🧑‍🧑‍🧒‍🧒 성인 자녀를 둔 가족

이 시기에 자녀가 집을 떠나게 되는데, 성장한 자녀의 부모로서 자신의 위치를 재정립하고, 부모로서의 성취, 실패에 대해 평가해 보면서 자녀의 떠남을 준비하게 된다.

📖 떠나보내기 위한 준비

자녀를 떠나보내게 되면 아쉬움과 두려움(밀착된 경우)이 생기기도 하고, 자녀의 독립으로 조용하고 안정된 휴식을 기대하기도 한다. 부모 자신의 삶이 만족스러웠다면 자녀가 떠나는 상황을 쉽게 받아들일 수 있으나, 자녀가 성공적으로 독립하지 못하거나 부모로서 자신의 삶이 만족스럽지 못하다면 이 시기에 어려움을 느낀다. 자신의 부모가 죽는 것을 경험하면서 부모는 인생의 덧없음에 직면하고, 자녀는 더 이상 부모에게 완벽함을 기대하지 않는다.

📖 떠나보냄에 대한 적응

자녀를 떠나보낸 후 부모는 외로움과 허전함을 달래고 일상생활과 또 다른 일에 익숙해지며 새로운 삶을 살게 된다. 인간으로서 자기 자신에 대해 생각하며 새로운 자신의 자아정체감을 발견하고 부부간의 정체감을 재정의해야 하는 시기다. 자녀를 떠나보낸 후 자유로워졌다고 생각하기 쉽지만 또 다른 형태의 부모-자녀 관계를 형성하며, 부모로서 자신의 이미지를 변화시켜 가야 하는 시기다.

📖 완화된 통제

자녀가 새로운 가정을 꾸려 독립함에 따라 자녀에 대한 통제가 완화된다. 성장한 자녀는 부모에 대해서 책임감을 갖게 되고 서로 염려와 도움을 주는 상호 복합적인 관계로 변화한다. 부모는 자녀의 분리된 정체성을 수용해야 하며, 자녀는 부모를 떠나 다른 사람과 어울려 사는 것을 배워야 한다. 가족행사, 생일 축하, 명절 지내기, 일주일에 한 번씩 전화하기, 정기적으로 만나기와 같은 가족관계 유지 방법을 모색하게 된다. 또한 이 시기에 이르면 부모는 자신과 자녀가 부모기 동안 쌓아 온 이미지에 따라 자신이 어떤 부모였는지를 평가할 수 있게 된다.

👩👨 성인 자녀를 둔 가족의 발달과업

> 텅빈 보금자리에 적응하기, 자녀의 배우자를 받아들여 가족 범위 확대시키기, 조부모로서의 생활에 적응하기, 자신의 부모 돌보기, 은퇴 후의 생활에 적응하기, 쇠퇴하는 신체적 · 정신적 상황에 대처하기

💡 생각 나누기

표 7-4 애정형 척도 검사

번호	문항	그렇다	아니다
1	나는 '첫눈에 반한다'는 것이 가능하다고 생각한다.		
2	나는 한참 지난 다음에야 비로소 내가 사랑하고 있음을 알았다.		
3	우리 사이의 일이 잘 풀리지 않으면 나는 소화가 잘 되지 않는다.		
4	현실적인 관점에서, 나는 사랑을 고백하기 전에 먼저 나의 장래 목표부터 생각해 보지 않으면 안 된다.		

(계속)

5	먼저 좋아하는 마음이 얼마 동안 있은 다음에 비로소 사랑이 생기게 되는 것이 원칙이다.		
6	애인에게 나의 태도를 다소 불확실하게 해 두는 것이 좋다.		
7	우리가 처음 키스하거나 볼을 비볐을 때, 나는 성기에 뚜렷한 반응(발기, 축축함)이 오는 것을 느꼈다.		
8	전에 연애 상대였던 사람들 거의 모두와 나는 지금도 좋은 친구관계를 유지하고 있다.		
9	애인을 결정하기 전에 인생설계부터 잘 해 두는 것이 좋다.		
10	나는 연애에 실패한 후 너무 우울해져 자살까지도 생각해 본 적이 있다.		
11	나는 사랑에 빠지면 흥분되어 잠을 이루지 못하는 때가 있다.		
12	애인이 어려운 처지에 빠지면 설사 그가 바보처럼 행동한다 하더라도 힘껏 도와주려고 노력한다.		
13	애인을 고통받게 하기보다는 차라리 내가 고통받는다.		
14	연애하는 재미란 두 사람 간의 관계를 발전시키면서 동시에 내가 원하는 것을 거기서 얻어 내는 재주를 시험해 보는 데 있다.		
15	사랑하는 애인이라면 나에 관하여 다소 모르는 것이 있다 하더라도 그것 때문에 속상해지는 않을 것이다.		
16	비슷한 배경을 가진 사람끼리 사랑하는 것이 가장 좋다.		
17	우리는 만나자마자 서로 좋아서 키스했다.		
18	애인이 나에게 관심을 보이지 않으면 나는 온몸이 쑤시고 아프다.		
19	나의 애인이 행복하지 않으면 나도 결코 행복해질 수 없다.		
20	대개 제일 먼저 나의 관심을 끄는 것은 그 사람의 외모다.		
21	최상의 사랑은 오랜 기간의 우정으로부터 싹튼다.		
22	나는 사랑에 빠지면 다른 일에는 도무지 관심 가지 않는다.		
23	그의 손을 처음 잡았을 때 나는 사랑의 가능성을 감지했다.		
24	나는 어느 사람과 헤어지고 나면 그의 좋은 점을 발견하려고 애를 쓴다.		
25	나의 애인이 다른 사람과 같이 있다는 생각이 들면 견딜 수 없다.		
26	두 사람의 이성과 데이트하며 교묘하게 서로 알지 못하도록 했던 적이 적어도 한 번은 있다.		
27	나는 사랑했던 관계를 빨리 잊고 다른 사람을 찾을 수 있다.		
28	애인을 결정하기 위해 한 가지 고려해야 할 점은 그가 가정을 중요하게 생각하는가 하는 것이다.		

(계속)

29	사랑에서 가장 좋은 것은 둘이 함께 살면서 가정을 꾸미고, 함께 아이들을 키우는 일이다.		
30	애인이 원하는 것을 위해서라면 나는 기꺼이 내가 원하는 것을 희생할 수 있다.		
31	배우자를 결정하는 데 가장 먼저 고려해야 할 점은 그가 좋은 부모가 될 수 있는가다.		
32	키스나 포옹이나 성관계를 서둘러서는 안 된다. 그것은 서로 충분히 친밀해지면 자연스럽게 이루어지는 것이다.		
33	나는 매력적인 사람들과 데이트하는 것을 좋아한다.		
34	나와 다른 이성과의 과거 관계를 지금 애인이 알게 되면 속상할 것이다.		
35	나는 연애를 시작하기 전부터 나의 애인 될 사람의 모습을 분명히 정해 놓고 있었다.		
36	만일 내 애인이 다른 사람의 아기를 기르고 있다면, 나는 그 아기를 내 자식처럼 키우고 사랑하며 보살펴 줄 것이다.		
37	우리가 언제부터 서로 사랑하게 되었는지 정확히 알 수 없다.		
38	결혼하고 싶지 않은 사람하고는 진정한 사랑을 할 수 없을 것 같다.		
39	나는 질투 같은 것은 하고 싶지 않지만, 애인이 다른 사람에게 관심을 가진다면 참을 수 없을 것 같다.		
40	내가 애인에게 방해물이 된다면, 차라리 나는 포기하겠다.		
41	나는 애인의 것과 똑같은 옷, 모자, 자전거, 자동차 등을 갖고 싶다.		
42	나는 연애하고 싶지 않은 사람하고는 데이트도 하고 싶지 않다.		
43	우리의 사랑이 끝났다고 생각될 때도, 그를 다시 보면 옛날 감정이 되살아나는 때가 적어도 한 번쯤은 있었다.		
44	내가 가지고 있는 것은 무엇이든지 나의 애인이 마음대로 써도 좋다.		
45	애인이 잠시라도 나에게 무관심해지면, 나는 그의 관심을 끌기 위하여 때로는 정말 바보 같은 짓도 할 때가 있다.		
46	깊이 사귀고 싶지는 않아도, 어떤 상대가 나의 데이트 신청에 응하는지 시험해 보는 것도 재미있는 일이다.		
47	상대를 택할 때 고려해야 할 한 가지 중요한 점은 그가 자신의 직업을 어떻게 생각하는가 하는 것이다.		
48	애인과 만나거나 전화한 지 한참 되었는데도 아무 소식이 없다면 그에게 그럴 만한 이유가 있기 때문일 것이다.		

(계속)

| 49 | 나는 누구와 깊게 사귀기 전에 우리가 아기를 가지게 될 경우 그쪽의 유전적 배경이 우리와 잘 맞는지부터 먼저 생각해 본다. | | |
| 50 | 가장 좋은 연애관계란 가장 오래 지속되는 관계다. | | |

출처: 김중술(2007). 사랑의 의미.

애정형 척도 검사 채점법과 해석

각 척도별로 '그렇다'로 대답한 문항의 수를 합한 다음 척도별로 백분율로 계산하여 백분율 값이 가장 높은 척도가 자신의 애정형을 나타낸다.

즉, 다음의 표에 '그렇다'로 대답한 문항의 번호를 동그라미로 표시한다. 척도별로 '그렇다'로 대답한 문항의 수를 세어 백분율을 계산한다. 그 결과, 예를 들어 '가장 좋은 친구' 척도에서 80%가 나오고, '논리적' 척도에서 60%가 나왔으면, 애인을 가장 좋은 친구로 삼는 사람임과 동시에 사랑도 매우 현실적으로 하는 사람이라고 해석할 수 있다.

흔히 이와 같은 질문지형 검사에 응답할 경우, 검사 문항과 직접 관계가 없는 그 사람의 성격적 특성이 큰 역할을 할 때가 있는데, 심리학에서는 반응 경향성이라고 한다. 예를 들어, 애정형 척도 검사의 거의 모든 척도에서 높은 점수를 받는 사람이 있는가 하면, 반대로 거의 모든 척도에서 낮은 점수를 받는 사람이 있을 수 있다. 그렇다고 하여 반드시 전자의 사랑이 특징이 없는 혼란된 양상이라거나, 후자가 전혀 사랑할 줄 모르는 사람이라는 의미는 결코 아니다. 그보다도 전자에 속하는 사람의 성격특성이 어느 일부에서만 그렇다거나 혹은 가끔만 그래도 '그렇다'로 대답하는 반응 경향성을 가지고 있는 사람이며, 후자에 속하는 사람은 자신의 행동이나 정서적 반응에 대하여 매우 조심스럽고 분석적인 사람이어서 질문지 문항에 대답할 때에도 그와 같은 성격적 태도가 작용한 경우라고 볼 수 있다. 특히 독특하게 낮은 척도들도 높은 점수와 마찬가지로 의미가 있다. 그것들은 그 사람이 사랑이라고 생각하지 않는 것을 나타낸다고 볼 수 있다.

하위척도	가장 좋은 친구	이타적	논리적	유희적	낭만적	소유적
문항번호	2	12	4	3	1	6
	5	13	9	10	7	14
	8	19	16	11	17	15
	21	24	28	18	20	26
	29	30	31	22	23	27
	32	36	38	25	33	33
	37	40	42	39	35	34
	50	44	47	43	41	46
		48	49	45		
응답 수						

🔑 **토의**

1. 이 장에서 제시한 애정형 척도 평가지를 작성해서 자신은 어떤 유형의 사랑을 추구하는지 살펴보자. 자신과 같은 유형, 다른 유형의 사람들과 함께 공통점과 차이점에 대해 이야기 나누어 보고, 자신을 객관적으로 바라보는 경험을 가져 보자.

2. 생애주기이론에 따라서 지금 우리 가족은 어떤 발달단계에 있는지, 지금 단계의 발달과제가 제대로 이루어지고 있는지 살펴보자. 그리고 부족한 부분이 있다면 그것이 무엇인지 이야기 나누어 보자.

📖 과제

1. 내 가족의 발달 과정을 생각해 보면서, 내가 받은 양육은 어떠했는지 성찰해
   본다.
2. 내가 태아일 때 어떠했는지, 출산 과정은 어떠했는지 부모님에게 여쭈어 보
   고, 세상에 태어나게 해 주셔서 감사하다는 말과 사랑한다는 말을 전한다.

📖 도움이 되는 도서와 동영상 자료

오한숙희(2003). 부부? 살어? 말어? 웅진닷컴.

이민정(2008). 이 시대를 사는 따뜻한 부모들의 이야기 1, 2. 김영사.

Gray, J. (2008). 화성에서 온 남자, 금성에서 온 여자(김경숙 역). 동녘라이프.

Leboyer, F. (1990). 폭력없는 탄생(주정일 역). 샘터사.

Tannen, D. (2002). 남자를 토라지게 하는 말 여자를 화나게 하는 말(정명진 역). 한언.

岩月謙司(2006). 부모의 긍정지수를 1% 높여라(오근영 역). 랜덤하우스코리아.

MBC 스페셜 휴먼다큐 〈사랑〉

MBC 스페셜 다큐멘터리 〈가족 1, 2, 3, 4부〉(2003.9.21/9.28/10.5/ 10.12)

MBC 스페셜 설날 특집 인터뷰 다큐멘터리 〈가족 1, 2부〉(2004.1.20 ~21)

Chapter 8

민주적 의사소통과 양육

생각 모으기

무시, 훈계, 깎아내리기, 심문하기가 아닌 진짜 대화, 자녀의 마음을 읽어 주는 대화에서 아이의 자존감이 건강하게 자라납니다.
단 한마디, "친구들이 놀려서 속상했겠구나." 마음을 읽어 주세요.

저희 가족의 최대의 문제점은 대화가 부족하다는 점입니다. 권위적인 부모님의 행동으로 인해 자주 언쟁하게 되고 갈등관계가 점점 심해지는 것 같습니다. 이는 다시 대화를 줄어들게 만드는 원인으로 작용하고, 결국 악순환이 되어 가족 구성원 간 의사소통의 문제를 일으키고 친밀성을 무너뜨리고 있다고 생각합니다.

－대학교 1학년 남학생의 자서전 중

처음부터 대화를 했더라면 더욱 빨리 풀렸을지 모를 우리 가족들의 문제들……. 늦은 감이 있어서 아쉽기는 하지만 많이 보고 많이 이야기하다 보니 서로를 더욱 사랑하게 되었다.　－대학교 2학년 여학생의 자서전 중

가족은 세대 차이, 가치관의 차이, 권위주의 등 다양한 문제가 있음에도 불구하고 대화와 의사소통으로 가장 친밀한 인간관계를 맺을 수 있는 사람들이다. 혈연에 의한 공동체인 가정에서 사랑 대신 갈등이 일어나는 것은 문제 해결 방법에 대한 견해 차이에서 비롯된다. 서로를 이롭게 하려는 의도는 분명히 있는데 문제를 해결하는 과정과 그에 따른 의사소통 방식에 문제가 있어서 갈등이 일어난다. 따라서 의사소통 방법을 개선하여 가족 간의 긴장관계를 해소하고 대화를 증진해야 한다.

고든(Gordon, 1975)은 부모-자녀 간의 의사소통을 나-전달법과 너-전달법으로 구분하였다. 너-전달법(You-message)은 상대방을 일방적으로 비난, 명령, 경고, 평가, 설교하는 형태의 의사소통을 말한다. 나-전달법(I-message)은 상대방의 행동에 대해 내가 어떻게 느끼는지를 전달함으로써 나의 느낌과 입장을 알려주고 상대방으로 하여금 자신의 감정을 자유롭게 표현하도록 해 주는 의사소통 방법이다.

사티어(Satir, 1972)는 의사소통이란 인간과 인간 사이에 오고가는 모든 것을 의미하며, 서로 영향력을 행사하고 또 모든 것을 덮어 줄 수 있는 거대한 우산과 같은 것이라고 보았다. 또한 의사소통 능력은 학습되는 것이기 때문에 의사소통 유

형은 변화할 수 있다고 믿었다. 사티어는 의사소통의 유형을 회유형, 비난형, 초이성형, 산만형 및 일치형으로 구분하였다. 회유형은 자신의 의견보다는 다른 사람의 의견에 동조하고 맞춰 주려고 애쓰는 유형이며, 비난형은 지배적이며 다른 사람을 무시하고 자신만 옳다고 생각하는 유형이다. 초이성형은 비인간적인 객관성과 논리성의 소유자로서, 자신과 다른 사람은 과소평가하고 상황만을 중요시한다. 산만형은 초이성형과는 정반대 유형으로 버릇이 없고 사람들을 혼란스럽게 하며 집중을 못한다. 일치형은 자신과 타인, 상황 모두를 존중하고 신뢰하며, 자신과 타인을 사랑하며, 변화에 대하여 융통적이고 상황을 아는 위치에서 반응하는 유형이다.

부모와 청소년기 자녀 간의 의사소통 유형을 순환모형에 기초하여 개방형 의사소통과 문제형 의사소통으로 분류해 볼 수 있다. 개방형 의사소통 유형은 부모-자녀가 상호 작용할 때 자신들의 생각, 경험, 감정을 자유롭게 표현하는 유형이다. 반면에 문제형 의사소통은 서로 의사표현을 주저하고, 대화 소재를 선택할 때 조심하며, 입만 벌리면 갈등이 일어나는 유형이다.

부모-자녀 간의 의사소통에서 중요한 것은 지식의 교환이 아니라 상대방에 대한 신뢰다. 부모 또는 자녀들이 자신의 생각이나 감정을 자유롭게 표현할 수 있는 분위기여야 서로 이야기하고 싶어지기 때문이다. 특히 청소년기 자녀는 자신이 처한 문제에 너무 몰두하여 부모와 이야기를 나눌 기회가 거의 없고 부모보다는 친구들을 더 신뢰하는 특징이 있어서 다른 발달 시기보다 부모와 대화가 단절되는 경우가 많다. 이 이론에 따르면 나-전달법을 사용하여 상대방의 느낌과 생각에 공감하고, 개방적으로 의사소통하며, 신뢰를 가지고 이야기 나누는 것이 좋다.

대학생이 부모와의 의사소통을 어떻게 인식하고 있는지를 알아보기 위해 대학생 169명에게 실시한 설문조사 결과(김정미, 2004) 어머니와의 의사소통이 아버지보다 더 개방적인 것으로 나타났다. 우리나라 대학생은 어머니보다는 아버지와의 의사소통에 어려움을 가지고 있으며, 가족 간의 의사소통 과정에서 발생하는 많은 문제는 아버지의 폐쇄적인 의사소통 방법이 원인이었다. 미래에 아버지가 될 남학생들에게 바람직한 의사소통 방식을 교육받을 수 있는 기회가 주어지는 것은 그래서 중요하다.

부모와의 의사소통이 개방형이라고 인식한 대학생은 문제형이라고 인식한 대학생보다 통계적으로 유의미하게 높은 자아존중감을 보였으며, 대학 생활에도 잘 적응하는 것으로 나타났다. 이는 자아정체성이 형성된 대학생도 부모와 개방적 의사소통을 하고 싶어 하는 것을 보여 주는 결과다.

> 부모교육 수업을 들으며 인상적이었던 것은 3~4세 아동의 행동에 어른들의 말투나 비언어적인 행동이 얼마나 중요한지, 그리고 지금까지 나의 말투와 행동에 무엇이 문제였는지를 생각해 본 것입니다. 전 그저 어린아이들은 아무것도 모르는 아이라고만 생각하였기 때문에 아이들 앞에서 말투도 곱게 써 본 적이 없고 아이들이 보고 배울 수 있는 행동을 한 적이 없습니다. 하지만 부모교육 수업 후 아직 어린 동생들이 있기 때문에 수업에서 다루었던 내용들을 집에 가서 동생들에게 해 보았고, 간단한 것이지만 어린 동생들과 놀이도 하고, 나름대로 어린이에 대한 인식이 많이 바뀌었기에 행동 하나, 말투 하나에 많은 신경을 쓰고 있습니다. 동생들의 반응을 보면서 수업에서 들었던 내용들과 일치되는 것들을 보면서 새롭게 자리 잡힌 저의 행동과 말투가 뿌듯합니다.
>
> −대학교 2학년 남학생의 에세이 중

부모라면 누구나 자녀의 발달을 긍정적으로 이끌며 자녀로부터 인정받고 존경받는 존재가 되고 싶어 한다. 그러나 막상 부모가 되면 매 순간 어떤 양육태도로 자녀를 대해야 할지 몰라 혼란스럽고 또 자녀와 어떻게 대화하는 것이 그들과 잘 통하는 것인지 모를 때가 많다. 자녀를 키우다 보면 감정적으로 일관되지 못하게 대하는 경우도 많고 효과적으로 대화한다는 것이 정말 어렵다고 느낄 때도 많다. 이는 새롭게 배운 부모교육 이론보다는 어렸을 때 부모와 생활하며 겪은 일들이 뇌에 기록되어 있다가 튀어나오기 때문이다. 뇌에 기록된 부정적인 말투나 행동이 이론보다 더 빠르고 강력하다. 많은 부모들이 긍정적인 양육태도에 대한 뚜렷한 신념이 부족하고 의사소통 시 방해가 되는 언어 표현을 사용하는 이유이기도 하다. 이 장의 목표는 예비부모인 대학생들이 자신의 부모, 또는 다른 사람들과 상호 작용할 때의 의사소통 방식을 인식하고 문제점은 개선하여, 미래의 자녀와 개방적 의사소통을 할 수 있는 능력을 키우도록 돕는 것이다. 민주적 부모−자녀 관계의 필수 요소인 효과적 의사소통 방법에 대해 살펴보자.

생각 만들기

　대부분의 사람들은 자식을 낳으면 배우지 않아도 자연스럽게 부모역할을 할 수 있게 되리라는 막연한 기대를 가지고 있다. 부모됨이란 본능적이어서 저절로 이루어진다고 보기 때문이다. 그러나 막상 부모가 되면 양육이 쉽지 않은 것을 알게 되고, 배워도 금방 성격이나 양육방법이 바뀌지 않는 것을 알게 된다. 스스로도 완전하지 않다는 것을 알면서, 부모는 강하고 모범적이어야 한다는 강박관념 때문에 좋은 부모인 척하며 자녀와 솔직한 관계를 맺지 못하는 경우가 많다. 그래서 명령하고, 경고하고, 협박하며, 훈계하는 것이 자녀와 해야 할 대화의 전부인 것으로 생각하는 잘못을 저지르게 된다.

　그러나 자녀는 부모 스스로도 지켜내지 못하는 높은 수준의 행동을 요구하고, 끊임없이 잘못을 지적하고 비난하는 부모를 싫어하게 되는 경우가 많다. 부모들은 이렇게 하는 것이 자녀를 잘 기르는 유일한 방법이고, 또 자녀의 장래에 도움이 될 것이라고 생각하지만 전혀 아니다. 자녀에게 민감하게 반응하여 자녀가 부모로부터 수용받고 있다는 느낌을 받아야 효과가 있다.

　다음은 부모교육 전문가 고든이 정리한 부정적인 부모의 언어표현 방식이다(Gordon, 1975). 자녀가 가정의 일상에서 이루어지는 대화에서 무엇을 느끼고 반응하게 될지 생각해 봄으로써 부모−자녀 간의 대화를 저해하는 요소들에 대해 알아보고, 이에 대한 대안으로 바람직한 의사소통의 원리와 방법에 대해 살펴보자.

🐰 의사소통에 걸림돌이 되는 부모의 언어표현

- 명령과 지시는 자녀와의 대화를 단절시킨다.

  (예) 엄마한테 그런 말하는 거 아니야. / 빨리 장난감 치워.

- 경고하고 협박하는 것은 자녀의 마음에 반발심과 적개심을 쌓는다.

  (예) 빨리 준비하지 않으면 혼자 놔두고 간다. / 장난감 정리 안 하면 모두 버려버릴 거야! / 계속 울면 경찰 아저씨 부를 거야.

- 훈계하고 설교하는 말은 부모의 생각을 강요한다.

  (예) 인사를 잘해야 착한 사람이지! / 여자아이답게 예쁘게 걸어야지. / 옷을 똑바로 입어야지.

- 강의하고 가르치는 식의 말은 자녀로 하여금 열등감을 느끼게 한다.

  (예) 엄마가 어렸을 땐 너처럼 그렇게 안 했어. / 잘 생각하고 했어야지.

- 충고하고 해결책을 주는 것은 자녀가 새로운 시도를 해 보려는 의욕을 꺾는다.

  (예) 가위로 자르면 되지 않니! / 그렇게 만들면 다 무너진다.

- 비난하고 탓하는 말은 자녀의 마음에 상처를 준다.

  (예) 네 생각은 틀렸어. / 너 때문에 시끄러워서 엄마가 계산을 잘못 했잖아.

- 과잉 칭찬은 부모에 대한 신뢰감을 떨어뜨린다.

  (예) 너는 정말 천재야. / 그래 그래, 네 말이 모두 맞아.

- 비웃거나 욕하는 것은 자녀의 자존심을 다치게 한다.

  (예) 멍청이같이! 바보처럼 그것도 못해. / 똑같은 말을 몇 번이나 해야 하니? / 이게 뭐야.

- 심리학자처럼 해석하고 분석하는 것은 자녀에게 억울한 마음이 들게 한다.

  (예) 너 엄마한테 혼날까 봐 그러는 거지? / 네가 과자 먹고 싶으니까 동생 과

자 사 주라고 그러는 거지?

- 지나치게 동정하는 말투는 자녀 스스로 문제를 해결하려는 의지를 꺾는다.

    (예) 아유 안 됐다. / 쯧쯧 불쌍해라.

- 심문하고 철저히 조사하려는 듯한 말투는 자녀로 하여금 부모가 자신을 믿지 않는다는 느낌을 갖게 한다.

    (예) 왜 그런 행동을 했니? / 틀림없이 네가 뭔가 잘못했을 거야.

- 주의를 돌리고 대화의 화제를 바꾸는 것은 자녀로 하여금 무시당하는 느낌을 갖게 한다.

    (예) 아이: 친구가 날 자꾸 놀려요. 엄마: 그 일은 걱정하지 말자.

    아이: 엄마 책 읽어 주세요. 엄마: 어! 만화할 시간이네.

🔢 효과적인 의사소통 방법

자녀와 문제가 생기면 대부분의 부모들은 그 문제에 대한 결론을 마음속에 미리 가지고 있다. 즉, 자신의 기준에 자녀를 맞추려고 한다. 또한 아이 역시 대화를 통해 문제를 해결하려 하기보다는 울거나 떼를 써서 자신이 목적하는 바를 얻어내려 한다. 이런 과정이 반복되면 부모와 자녀와의 관계에 금이 가기 시작한다. 그렇다면 자녀와의 문제를 바람직하게 해결할 수 있는 방법은 무엇인가? 고든 (1975)은 다음과 같이 의사소통할 것을 권고하였다.

🖐 수용성 수준 파악하기

자녀의 행동을 보는 부모들의 시각은 각각 다르다. 자녀의 특정 행동에 대해 어떤 부모는 문제로 여기지만, 또 다른 부모는 정상적으로 보기도 한다. 그것은 부모에 따라 수용성 수준이 다르기 때문이다. 부모의 수용성 수준에 따라 자녀와의 관

수용 가능 행동	유아의 전체 행동	수용 가능 행동
수용 불가능 행동		수용 불가능 행동
A 부모(수용형)		B 부모(비수용형)

그림 8-1 부모의 수용성 수준

계가 달라지므로 수용성 수준이 매우 낮은 부모는 자녀에게 관대해질 수 있도록
노력해야 한다. 이것은 부모의 입장에서도 마찬가지다. 똑같은 부모의 말이나 행
동에 대해서 어떤 아이는 상처를 받고 어떤 아이는 그다지 예민하게 반응하지 않
는다. 이것은 아이에 따라 수용성 수준이 다르기 때문이다. 자녀와 문제가 발생했
을 때 우선 자신이 이 문제에 대하여 어디까지 받아들일 수 있는지 생각해 보아야
한다. [그림 8-1]에서 볼수 있듯이, A 부모의 자녀는 어머니, 아버지와 마음이 통
한다고 느낄 것이고, B 부모의 자녀는 의사소통이 안 된다고 느낄 것이다.

누가 문제를 가지고 있는지 생각해 보기

자녀가 "친구들이 내 별명을 부르며 놀렸어."라고 화를 내며 들어오는 경우, 이
것은 자녀에게는 심각한 문제지만 부모에게는 그다지 심각한 문제가 아니다. 이
처럼 어떤 문제는 자녀에게 갈등을 느끼게 하고 마음을 불편하게 하지만, 부모는
그다지 문제로 느끼지 않는다. 이는 자녀가 문제를 가진 경우다. 반대로 '자녀가
컴퓨터 게임을 밤 늦게까지 하고 있는 경우'는 자녀에게는 즐거운 일이지만 부모
의 입장에서는 문제가 된다. 이와 같이 자녀의 어떤 행동이나 태도에 의해 부모가
갈등과 문제를 느끼는 경우는 부모가 문제를 가진 경우다.

표 8-1   문제의 소유자에 따른 의사소통 방법

영역	문제의 소유자	특성	해결 방법
수용 영역	자녀의 문제	부모는 수용할 수 있지만 자녀를 괴롭히는 문제들	• 자녀 스스로 문제를 해결할 수 있도록 돕는다. • 반영적 경청
	부모-자녀 문제 없음	부모가 수용할 수 있는 행동들이면서 자녀에게도 문제가 되지 않는 것들	• 부모-자녀 사이에 문제가 없으며 부모-자녀의 더 좋은 관계가 되게 한다.
비수용 영역	부모의 문제	부모가 수용할 수 없는, 부모를 괴롭히는 자녀의 말이나 행동들	• 자녀의 말이나 행동이 부모에게 문제가 될 때 그 상황을 해결하는 기술을 배운다. • 나-전달법

자녀가 문제를 가지고 있다면 '반영적 경청'을 해야 한다. 부모가 문제를 가지고 있다면 '나-전달법'을 사용한다. 그리고 부모와 자녀 모두 문제를 가지고 있는 경우에는 '승-승(win-win) 전략'을 사용해야 한다.

반영적 경청으로 자녀가 문제를 해결하도록 돕기

수용성 수준을 파악하고 누가 문제를 가졌는지 알게 되면 본격적으로 문제를 해결하기 위해 노력한다. 문제가 자녀에게 있는 경우, 즉 어떤 문제가 자녀에게 심각한 문제가 되는 경우에는 '반영적 경청' 방법을 사용하여 문제를 해결한다. 반영적 경청이란 상대방의 이야기를 잘 들어 주는 것이다.

'잘 들어 준다'는 것은 단순히 '듣는다'는 것과는 다르다. 자녀의 말이나 행동에 숨은 감정과 생각을 들어 주어 자녀가 부모로부터 이해 받고 있다는 느낌을 가질 수 있도록 하는 것이다.

반영적 경청의 초보 단계는 수용적인 태도로 자녀의 말을 반복해 주는 방법이다. 이 방법은 자녀의 감정을 건드리거나 무시하지 않고 있는 그대로 받아들인다. 예를 들어, 놀다 들어온 아이가 "엄마, 너무 더워!"라고 했을 때 "더우면 옷 벗고

썼어." 또는 "더운데 왜 그렇게 다니니?"라고 하기보다는 "그래, 너무 덥구나."라고 말한다. 또 다른 예로, 개를 보고 무서워 매달리면서 "엄마, 무서워."라고 하는 아이에게 "괜찮아, 물지 않아!" "무섭긴 뭐가 무서워." "아이구 이 겁쟁이야."라고 하기보다는 "정말 개가 무섭구나."라고 말한다.

다음은 한 단계 더 높여 자녀의 생각과 느낌을 진심으로 알아주는 단계다. 친구와 놀고 들어온 자녀가 "친구가 내 별명을 부르면서 놀렸어."라고 했을 때, "누가 그런 소리를 해. 다시는 그 친구와 놀지 마!" 또는 "그런 걸 가지고 뭘 그래!"라고 반응하기보다는 "그래? 그런 소리를 들어서 속이 상했구나."라고 자녀의 마음을 만져 주고 이해해 준다. 또 다른 예로, 어머니가 다른 아주머니와 이야기하고 있을 때 자녀가 대화를 하지 못하도록 방해하는 경우가 많다. 이때 어머니는 자녀를 혼내기보다는 "엄마가 너와 이야기하지 않고 아줌마와 얘기해서 섭섭했구나(심심하구나)."라고 말한다면, 자녀의 생각과 느낌을 알고 읽어 주는 '반영적 경청'이다.

때로는 부모 자신을 노출하는 것도 필요하다. 주사 맞는 것이 두려워 병원에 가기 싫어하는 자녀에게 "병원에 가는 것이 싫구나."라고 하면 초보적인 단계이고, "주사 맞으면 아플까 봐 두렵구나."라고 한다면 두 번째 단계이고, "주사 맞으면 아플까 봐 두렵구나. 엄마도 어렸을 때 주사 맞는 것이 제일 무서웠단다."라고 대답한다면 더 수준 높은 대화라고 할 수 있다.

반영적 경청은 많은 시행착오의 과정을 거친다. 아이의 마음은 시시각각으로 변하고 또 민감하기 때문에 꾸준한 연습과 진실하고 개방된 마음으로 자녀와 대화를 나눌 때에만 만족스러운 성과를 이룰 수 있다. 부모의 의사소통 기술이 서투르거나 자녀의 마음을 잘못 읽어서 실수하는 경우도 있지만 걱정할 필요는 없다. 아이의 마음을 수용하고 공감해 주려는 부모의 마음을 자녀도 안다.

나-전달법으로 내 상황을 말해 주기

부모가 문제를 소유한 경우, 즉 어떤 문제가 자녀에게는 즐거운 일이지만 부모에게는 문제가 되는 경우에는 나-전달법으로 문제를 해결할 수 있다.

나-전달법은 자신의 생각이나 느낌을 있는 그대로 표현하는 방법이다. 이것은 부모의 의사와 감정을 전달하면서도 자녀를 탓하고 비난하지 않기 때문에 자녀는 부모의 이야기를 훨씬 더 잘 경청하게 된다. 또한 가정사나 주변 여건이 좋지 않아 부모가 느끼는 감정이 좋지 않을 때 부모의 처지를 분명히 알려 주면 자녀는 '나 때문이야.'라는 죄의식을 갖지 않게 된다. 부모가 처한 사항을 이해하려고 노력하게 될 것이다.

나-전달법을 사용하는 방법은 부모가 처한 상황을 구체적으로 말해 주는 것이다. 아이가 나쁜 것이 아니고 부모가 처한 상황이 문제가 있어 아이의 행동이 거슬린다는 것을 알려 주는 방법이다. "엄마가 일 때문에 피곤하단다. 그래서 쓸데없이 화가 나려고 해. 화내면 안 되는데."라고 말해 주면 자녀는 어머니의 피곤함을 덜어 주기 위해 나름대로 협력할 것이다.

맹목적으로 복종을 강요받는 것을 좋아하는 사람은 아무도 없다. 아이도 마찬가지다. 그러므로 자녀의 행동이 부모의 일이나 상황을 어떻게 방해하고 있는가를 간단히 설명해 줄 필요가 있다. 예를 들어, "네가 늘어놓은 장난감을 엄마 혼자 치우려면 시간도 많이 걸리고 힘이 들기 때문에……."라고 이야기를 시작한다.

표 8-2 문제행동을 보일 때 나-전달법과 너-전달법의 예

사례	나-전달법의 예	너-전달법의 예
장난감을 어지럽게 늘어놓고 정리하지 않는다.	장난감을 치우면 좋겠구나. 장난감이 널려 있어서 청소하기가 어렵단다.	치워라. 치워. 왜 이 모양이냐!
생떼를 부린다.	네가 울며 이야기하면 내가 잘 알아들을 수가 없어. 그렇지. 말로 하니까 내가 쉽게 알아들을 수 있구나.	너 아기니? 왜 징징대고 난리야?
동생을 때린다.	동생을 때리는 너를 보니 엄마 마음이 아프구나. 왜냐하면 엄마는 네가 동생을 잘 돌볼 것이라고 믿었거든.	동생을 잘 돌봐야지.

표 8-3	부모가 자녀에게 하는 나-전달법의 예	

	나-전달법	너-전달법
부모 ｜ 자녀	"나는 피곤하다." 기호화 ↓ 해독 '부모님이 피곤하시구나'	"너는 꼭 나 피곤할 때 그러더라." 기호화 ↓ 해독 '나는 피곤할 때 엄마(아빠)를 귀찮게 하는 사람이구나'

앞의 내용들을 모두 모아 보면 "네가 정리하지 않고 늘어놓은 장난감을 엄마 혼자 치우려니 시간도 많이 걸리고 힘이 들어서 속상하구나. 엄마와 함께 정리하면 좋겠구나." 정도가 된다.

물론 나-전달법이 자녀에게 잘 통하지 않거나 즉각적인 효과를 나타내기 어려울 수도 있다. 매일 거절하고 야단치던 부모가 갑자기 달라지면 자녀가 의아해하며 부모의 말을 듣지 않기도 한다. 그래도 포기하지 말고 계속 부모의 입장을 전하는 방법을 쓰면 자녀도 이성적으로 대화하는 방법을 배운다.

나-전달법을 사용하면 너-전달법을 사용할 때보다 불필요한 오해를 줄일 수 있다. 〈표 8-3〉의 예와 같이, 회사일로 피곤해져서 집에 돌아와 쉬고 싶은데, 자녀가 자꾸 말을 걸 때 "너는 피곤할 때만 골라서 그러는구나."와 같은 너-전달법을 사용하면 자녀는 자기중심적 성향으로 인해, 피곤해진 원인이 자신이라고 오해하게 된다. 대신에 "지금 좀 피곤해서 그러는데, 조금 있다가 얘기해 줄래."라고 나-전달법을 사용한다면 불필요한 오해 없이 자녀가 있는 그대로 상황을 받아들이고 이해할 수 있게 된다.

승-승(win—win) 전략을 사용하여 문제 해결하기

어떤 문제가 자녀와 부모 모두에게 문제가 될 경우에는 승-승 전략을 사용한다. 승-승 전략은 말 그대로 부모와 자녀 모두 승자가 되는 것이다. 즉, 부모와 자녀의 욕구를 동시에 만족시키는 해결책을 찾는 민주적 방법이다. 이 방법은 우선

표 8-4 승-승 전략

단계	단계 내용	부모의 역할
1	문제 발생 · 갈등의 확인	• 갈등을 일으키는 문제점을 찾는다. • 부모 자신이 느끼는 것을 있는 그대로 말한다.
2	문제 원인 파악	• 갈등 해결이 가능한 대안을 찾아본다. • 해결 방법을 다양하게 모색한다. • 열거된 의견들을 비슷한 것끼리 조합한다. • 먼저 자녀가 가지고 있는 해결 방법을 알아보고, 부모가 생각하는 방법을 제시한다. • 자녀가 제시한 해결 방법을 평가하거나 판단하지 않는다.
3	가능한 해결책 모색	• 해결책에 대한 결과를 예견하면서 하나하나 검토한다. • 부모는 각 해결책에 대한 자신의 느낌을 정직하게 말한다.
4	최선의 해결책 결정 및 평가	• 부모-자녀 양자 모두 이 해결책에 만족하는지 알아본다. • 실천이 가능한지 알아보며 최선의 해결책을 선정한다. • 결정에 같이 참여했음을 이해시킨다.
5	결정된 해결책의 합의 및 실천	• 결정된 사항을 구체적으로 기록한다. • 약속증서와 같은 형식의 문서를 작성하여 서명하고 눈에 잘 띄는 곳에 게시한다.
6	실천에 대한 평가	• 결정된 방법에 만족하고 있는지 자녀에게 확인해 볼 필요가 있다. • 자녀는 실천하기 어려운 방법에 별 생각 없이 동의하기도 한다. • 약속이 이행되지 않을 경우 해결책이 효과가 없는 이유를 자문해 보고 문제 해결 과정을 다시 단계적으로 밟아 나간다.

문제의 원인을 밝히고 가능한 해결 방법을 제시하며 각각의 해결책을 평가한다. 여러 가지 방법 중 한 가지 해결책을 합의하여 실행한 후 평가한다.

구체적인 예를 살펴보면 다음과 같다.

• 문제가 발생한다.

　아이: 엄마! 장난감 사 줘. 안 사 주면 울 거야.

　부모: 안 돼.

　(갈등이 일어났음을 확인한다.)

- 문제의 원인을 밝힌다.

  부모: 값이 너무 비싸. 비슷한 장난감도 집에 있잖아. 돈 없어. 사지 마.

  아이: 그 장난감이랑 달라. 난 꼭 사야 해.

- 다음과 같이 가능한 해결 방법을 제시한다.

  부모: 한 달 있으면 네 생일이잖아. 그때 사 줄게.

  아이: 그럼 오늘은 다른 더 싼 장난감이라도 사 줘.

  부모: 3,000원 정도 내에서 골라 볼래?

- 각각의 해결책을 평가한다.

  아이: 싫어! 3,000원짜리 중에는 맘에 드는 게 없단 말이야. 생일까지는 한참
        남았잖아. 내일까지 사 줘.

  부모: 내일은 어렵고, 일주일 동안 네 방을 정리하면 하루에 500원씩 줄게.
        그 돈을 모으고 엄마가 나머지 돈을 보태서 장난감을 사 줄게. 어때? 오
        늘 꼭 사야겠다면 3,000원짜리밖에 못 사.

  아이: 그래? 생각 좀 해 보고.

- 해결책을 합의해서 결정한다.

  앞에서 제시한 대안 중 하나를 선택하여 서로 합의한다.

- 합의된 방법으로 실행하고 실행한 후 결과에 대해 이야기한다.

  자녀와 함께 해결 방안을 찾아보고 약속을 정하여 실행하는 것이 처음에는
  매우 어렵다. 그러나 이러한 과정을 통하여 아이들은 문제의 원인을 찾는 기
  술, 협상하는 기술, 선택하는 기술 등을 익히고 연습하게 되며 부모 스스로
  의 성장에도 도움이 된다. 또한 부모-자녀 간에 받을 수 있는 심리적인 상처
  를 줄임으로써 좋은 부모-자녀관계를 발달시킬 수 있다.

칭찬의 중요성

피그말리온은 그리스 신화에 나오는 키프로스의 왕이다. 그는 어느 아름다운 조각상을 살아 있는 미녀라고 한 치의 의심 없이 믿었다. 이것을 보고 그를 가련히 여긴 신이 조각에 생명을 불어넣어 인간이 되게 해 주었다. 긍정적으로 생각한 키프로스 왕이 긍정적 보답을 받은 것이다.

어느 심리학자가 한 유명한 실험이 있다. 교사가 임의로 5명당 1명 꼴로 학생을 뽑은 후에 "너희의 성적은 향상될 것이다."라고 말한 후에 교사 자신도 그렇게 믿으려고 노력했다. 그러자 얼마 후 정말로 그 학생들의 성적이 올랐다. 그는 이 현상에 '피그말리온 효과'라는 이름을 붙였다.

우리의 아이들도 마찬가지다. 어떤 아이라도 부모가 '할 수 있다'고 믿고 기대하며 인정해 주고 칭찬해 주면 '피그말리온 효과'를 기대할 수 있다. 즉, 칭찬을 듣고 자라는 아이는 자아존중감과 자신감이 생겨 자신을 사랑하고 어떤 일이든 열심히 하는 아이로 자랄 것이다. 최근 뇌를 연구한 학자들의 연구결과에 따르면 (중앙일보, 2011. 1. 20.) 인간의 뇌는 거짓 칭찬도 좋아할 정도로 칭찬에 굶주린 것으로 나타났다.

부모가 자녀에게 하는 칭찬의 말을 생각해 보자. 혹시 '착하다' '예쁘다' '참 잘했다' '너무 멋있어'와 같은 추상적인 단어만 남발하지는 않았는가? 부모가 조심해야 할 것은 칭찬을 마구 남발해서는 안 된다는 점이다. 또한 자녀의 능력보다 지나치게 기대하거나, 하지도 않은 행동을 무턱대고 칭찬할 때, 자녀는 열등감을 느끼고 부모의 기대나 칭찬을 신뢰하지 않게 될 것이다.

그렇다면 칭찬은 어떻게 하는 것이 좋을까?

사실에 입각해서 부모가 본 만큼 느낀 대로 이야기한다

예를 들어, 자신의 방을 정리한 아이에게 "방을 잘 정리했구나. 참 착하네."라고 말하기보다는 "인형도 바구니에 넣고 다른 장난감들도 모두 제자리에 정리했구나. 네 방이 깨끗해져서 이 방에 들어오는 것이 즐겁구나."라고 이야기해 준다. 이처럼 자녀가 한 만큼 사실에 입각해서 칭찬해 줄 때, 자녀는 부모의 칭찬에 대해 신뢰감을 느끼고 다음에도 더 잘 해야겠다는 생각을 하게 된다.

자녀의 나이와 능력 수준에 맞는 칭찬을 한다

어린아이에게 기쁜 목소리로 "와! 혼자 옷을 입었네!"라고 칭찬해 준다면 그 아이는 자신이 한 일에 대해 긍지를 느낄 것이다. 반면에 십대 자녀에게 똑같은 칭찬을 한다면 그 아이는 아마도 모욕감을 느낄 것이다. 칭찬은 자녀의 나이와 발달 수준에 알맞게 해야 한다.

과거의 약점이나 실수를 암시하는 내용이 담긴 칭찬은 피해야 한다

예를 들어, "엄마는 네가 그걸 할 수 없을 줄 알았는데 해냈구나."라고 칭찬한다면, 자녀는 마음속으로 '엄마가 나를 믿지 않고 있었구나'라고 생각하게 된다. 대신 "그걸 해내려고 노력을 참 많이 했구나."라고 자녀의 현재 상황에 초점을 맞추어 칭찬해 준다.

어른들이 기대하는 것을 미리 칭찬하지 않는다

"다영아 문 좀 닫아 줄래? 아이 착하지?" "우리 민정이가 동생에게 양보할 거야. 아이 착하지!"와 같이 가상의 칭찬을 들을 때, 나이 어린 자녀는 말을 잘 듣지만 점점 자라면서 칭찬의 말에 전혀 귀를 귀울이지 않는 역효과를 불러 온다. 그러므로 자녀가 한 행동을 잘 보고 있다가 사실에 근거해서 칭찬해야 한다.

🎲 현명하게 벌 주는 방법

언제 어디서나 자녀에게 신체적 고통을 주는 벌은 피해야 한다. 체벌은 아이에게 공포를 느끼게 하고 마음속에 분노를 일으킨다. 이는 부모를 미워하게 하고, 복수심, 반항심, 죄책감을 느끼면서 자신을 쓸모없는 사람이라고 생각하게 만든다. 부모의 입장에서도 마찬가지다. 지금 당장은 매가 두려워 복종하는 듯하지만 오래가지 않아 복종을 거부하게 된다. 그러면 부모는 자녀를 더 때리게 되고 나중에는 습관이 되어 버린다. 자녀와의 문제를 대화를 통해 해결하기보다는 쉽게 매를 들게 되는 것이다. 결국 부모 스스로의 정서적·인격적 성장에도 전혀 도움이 되지 않는다.

자녀의 그릇된 행동을 다스리는 데 벌은 필요하다. 어른은 벌을 체벌과 동일시하는 경향이 있지만, 벌과 체벌은 엄연히 다르다. 벌이란 체벌만을 의미하지 않는다. 벌은 '하지 말아야 할 일은 하지 않도록 깨닫게 하는 행위'다. 자녀가 좋아하는 것을 일정 기간 중지하는 것, 방에서 혼자 생각해 보게 하는 것, 용돈을 줄이는 것도 벌에 포함된다.

지혜롭게 벌을 주는 방법으로 자연적·논리적 귀결이 있다. 자연적·논리적 귀결이란 자녀가 한 행동의 결과를 위험하지 않은 한도 내에서 경험하게 하는 것이다. 예를 들어, 밥을 먹지 않겠다고 떼쓰는 자녀에게 억지로 음식을 먹이지 않는 것이다. 하루 정도 굶으면 본인이 밥을 먹겠다고 한다. 어떤 아이는 이틀 정도 버티기도 한다. 단, 간식이나 음료수를 대신 먹이지 않아야 한다. 벌을 줄 때는 다음과 같은 몇 가지 원칙을 지켜야 한다.

- 부모가 화난 상태에서는 벌을 주지 않는다.

  벌에 부모의 기분이 개입되어 자녀가 행한 잘못에 비해 심한 벌을 주게 되면 자녀는 자신이 벌을 받는 것이 부당하다고 느끼게 된다.

- 벌은 행동이 발생한 뒤에 바로 주어야 한다.

  "아빠 오시면 혼날 거다." 또는 "너 있다가 집에 가서 보자."라고 하는 부모들이 많다. 그러나 자녀는 모두 잊어버리고 있다가 잘 놀고 있을 때 벌을 받게 되어 자신이 벌을 받는 이유조차도 모르고 벌을 받게 되므로 효과가 없다.

- 벌은 될 수 있는 대로 아이가 한 행동과 관련해서 주어야 한다.

  자녀의 어떤 행동으로 인하여 벌을 주게 될 때 그 벌의 내용은 자녀가 한 행동의 결과를 개선시킬 수 있는 것이면 좋다. 자녀가 식사시간에 밥을 먹지 않으면 "너 그래 봐라. 말라 비틀어질 거야." 하며 위협을 하기보다는 아무 말 없이 상을 치우고 기다려서 자녀가 배고픔을 느끼게 하는 것을 예로 들 수 있다. 여러 번 배고픔을 느낀 자녀는 식사시간을 놓치지 않으려고 할 것이다.

🧑 벌은 사랑과 존중을 바탕으로 해야 한다.

벌을 줄 때 "넌 왜 항상 이 모양이니?" "저리 가! 보기도 싫어!" 하며 인격을 모독하거나 자녀를 미워하는 표현은 하지 않아야 한다. 즉, 자녀의 행동이 마음에 안 든다고 해서 자녀를 미워해서는 안 된다. 자녀의 어떤 행동은 마음에 들지 않지만 자녀에 대한 사랑은 변함없다는 것을 확인시켜 주어야 한다. 자녀가 벌을 받은 후에 따뜻하게 안아 주는 것도 한 방법이다.

생각 나누기

🔑 토의

사례로 제시한 〈그것이 알고 싶다〉는 행복한 아버지가 되는 방법에 대한 것이다. 동영상을 찾아 시청하고, 행복한 부모–자녀관계가 되기 위해 필요한 부모의 자질은 무엇인지 생각해 보자.

행복한 아버지가 되기 위한 노력

깡패보다 더 무서운 아버지

한 청소년 단체에서 조사한 통계에 따르면, 아버지와 전혀 대화를 하지 않는 청소년의 비율이 20%, 아버지와 대화하는 것이 어려운 아이들이 70%를 넘고 있다. 가출 청소년들이 머물고 있는 청소년 쉼터를 가 보면 이런 사실을 쉽게 확인할 수 있다.

대부분의 아이들은 아버지와 문제가 없었다면 가출까지는 하지 않았을 것이라고 단언하였다. 아이들은 반문한다. "아버지 좋아하는 사람도 있나요? 깡패는 무섭지 않지만 아버지는 무서워요."

일생을 좌우하는 생후 1년, 그러나 아버지는 없다

인간은 생후 12개월 안에 신뢰 또는 불신감을 갖게 된다. 이때 부모와의 상호 작용이 대단히 중요한데, 많은 아버지들은 이 시기에 아이와 함께할 수 있는 시간을 보내지 못한다. 육아는 여성의 몫이라는 잘못된 생각 때문에 아이와 애정관계를 유지하지 못한다. 아버지와 애정관계를 맺지 못한 아이들은 소극적인 성격이 되거나 아니면 정반대로 거친 성격을 가질 가능성이 높아진다. 이렇게 유아기와 아동기를 보내다가 청소년기에 들어서면 자녀들은 아버지와 대화를 단절하고 등교 거부나 가출과 같은 극단적인 형태로 아버지에게 반항한다.

아버지, 바뀌어야 산다

청소년 문제의 중요 요인 중 하나는 아버지들의 잘못된 자녀양육이다. 그러나 아버지들은 자신의 문제가 무엇인지 전혀 알지 못한 채 권위적이고 폭력적인 방법으로 문제를 해결하려고 한다. 설혹 문제를 아는 아버지라고 해도 자신을 변화시키지 못하고 자녀와의 갈등을 단지 참기 때문에 문제가 확대되는 경우가 많다. 이런 아버지들은 아이들을 더욱 고통스럽게 만드는 것은 물론이고 자신 역시 가족과 단절된 채 말할 수 없는 고통을 겪게 된다.

우리 사회의 이런 부정적인 아버지 모습을 거부하는 남성들이 늘어나고 있다. "소외된 아버지는 싫다. 아이와 함께 행복한 아버지가 되고 싶다."라는 것이 이들의 주장이다. 이들은 가부장적인 아버지의 권위를 회복하자는 것이 아니라 가사와 육아에 적극적으로 참여해 사랑받는 아버지가 되고 싶어 한다.

이들은 맞벌이를 하면서도 가사를 분담하고 육아와 자녀교육을 책임지며, 주변의 만류를 무릅쓰고 과감히 육아 휴직을 신청한다. 아예 가사와 육아를 전업으로 선택한 아버지도 있다. 아이들을 위해서, 무엇보다 자신을 위해서 기존의 인식과 관습을 과감히 버리려는 아버지들이다.

육아는 남성의 권리, 아버지는 행복할 권리가 있다

그러나 이런 아버지들 앞에 가로놓인 장애물은 결코 만만치 않다. 육아와 가사를 여자들의 몫으로 생각하고 사회적 성취를 강조하는 사회 인식, 연공과 단기 이윤에 집착하는 기업 문화, 삶의 질보다 경쟁력을 우선하는 사회정책은 이런 아버지들을 좋게 생각하지 않기 때문에 항상 불이익을 당할 처지에 있기 때문이다.

가족에게 왕따당한 불행한 아버지가 아닌, 가족 속에서 행복한 아버지들

이들의 건강한 목소리에 귀기울이자. 이 아버지들의 당당한 목소리는 지금 우리 사회가 안고 있는 청소년, 가정 파괴, 출산율 저하와 사회 고령화 문제를 풀어나가는 데 소중한 열쇠가 될 것이다.

출처: SBS 〈그것이 알고 싶다〉, 제00216회.

1. 우리나라 아버지들이 가족에게 왕따당하는 이유는 무엇인가?
2. 자녀와 친밀한 관계를 유지하며, 애정을 나누는 부모가 되기 위해 지금의 내 모습과 언어습관에서 변해야 할 것은 무엇인가?

📇 과제

상대방에게 상처를 주는 좋지 않은 언어 습관이 나에게 있다면, 그것이 무엇인지 가족들에게 용기를 내어 물어보자. 그리고 어떤 식으로 고치면 좋을지 대화를 통해 알아보자.

📖 도움이 되는 도서와 동영상 자료

Gordon, T. (2002). 부모역할 훈련(P.E.T)(이훈구 역). 양철북.

MBC 스페셜 〈내 아이를 위한 사랑의 기술 1, 2부〉(2006.8.27/9.3 방영)
SBS 〈그것이 알고 싶다〉 제00216회—아버지의 역할, 맞벌이.

Chapter 9

태아를 편안하게 해 주는 부모

생각 모으기

준비된 부모만이 건강한 태아를 기를 수 있습니다.

부모역할의 시작은 임신부터다. 신체적으로나 정신적으로 건강한 상태에서 임신을 하고 새로운 생명을 탄생시킬 준비를 하는 과정 모두가 부모가 해야 할 역할이다. 태아도 많은 것을 느끼고 생각할 수 있는 인간으로, 태내에 있는 10개월은 스승에게 배우는 10년보다 더 중요하다. 임신, 태교, 출산에 이르는 과정을 통해 이 시기 태아와, 아기에게 바람직한 부모는 어떤 사람인지에 대하여 살펴보고자 한다.

생각 만들기

좋은 부모가 되기 위한 첫 단계로 임신 준비와 증상, 임신 과정에 영향을 미치는 요인, 태아의 발달, 동양의 태교, 아버지의 태교, 출산 후 모유수유에 관해 차례대로 살펴보면 다음과 같다.

임신 준비와 증상

모든 생물은 생식이라는 방법으로 자신의 종족을 보존하며 생명을 이어가고 있다. 여기서 사람에게 일어나는 생식 과정을 임신이라고 한다. 올챙이 모양의 남성의 정자는 고환에서 만들어지고 운동성을 갖고 있다. 반면 여성의 난자는 난소 안에서 성숙하게 되며, 보통 한 달에 한 번씩 배란이라는 과정을 통해 난관으로 빠져나온다. 남녀의 성교에 의해 정자가 여성의 질에서 자궁으로, 그리고 난관을 타고 이동하게 되고, 난자와 만나 수정이 된 후 이 수정란이 분열을 일으키면서 다시 자궁으로 이동되어 자궁벽에 착상하게 된다.

임신을 하기 전에 부모는 신체적 건강과 올바른 마음가짐으로 준비해야 한다. 이를 위해 임신상담을 할 필요가 있는데, 가족계획, 피임법, 현재의 건강상태 등을 점검한다. 빈혈이나 결핵균 보균 여부, 간의 이상 여부 및 다른 질환이 있는지를 살펴보고 집안에 유전적 질환이 있는지도 알아본다. 여성의 경우 풍진에 면역이 되어 있는지 알아보고, 만약 면역이 되어 있지 않은 경우 예방접종을 한 후 6개월이 지난 뒤에 임신하는 것이 좋다.

임신을 하면 월경의 중단, 유방의 변화, 질 점막 색깔의 변화, 피부 색소 침착의 증가 및 복부선(살이 트는 현상)의 출현, 임신으로 인한 우울증 등의 증후가 있다. 이와 함께 구토를 동반하는 오심, 배뇨 곤란, 피로 및 태동의 감지 등 다양한 자각 증상이 나타난다. 임상적으로 임신의 증상은 크게 추정 증후와 확정 증후 두 증상으로 나누기도 한다. 즉, 임신의 추정 증후로는 복부의 팽만, 자궁의 모양이나 크기 또는 경도의 변화, 자궁경부의 변화, 태아 외형의 촉지, 내분비 검사 결과 등이 있다. 그리고 임신의 확정 증후로는 태아 심박동 확인, 태동 확인, 초음파나 X선에 의한 배아와 태아의 확인 등으로 이루어진다.

일단 임신이 확인되면 정기적으로 산전 관리를 해야 한다. 우선 약 7개월까지는 4주에 한 번, 8~9개월은 2주에 한 번, 마지막 한 달은 매주 한 번 산부인과에서 정기적인 진료를 받아야 한다. 특히 20세 미만이거나 30세 이상의 초임부, 35세 이상의 임신부, 전신 비만, 습관성 유산의 과거력, 조산한 경력, 심장 질환과 같은 전신 질환을 갖고 있는 임신부 등은 정기적인 관찰이 반드시 필요하다. 또한 개인 위생에 힘써야 하는 것은 물론, 임신 전보다 균형 잡힌 식단과 규칙적인 식사 습관이 더 필요한 시기이기도 하다.

🐾 건강한 태내 환경

태내 환경에 영향을 주는 요인으로는 임신부의 연령, 영양상태, 신체활동 정도, 약물 · 담배 · 음주 · 카페인 · 마약 등 섭취 성분성 질병, 정서상태 등이다.

각각의 요인이 어떻게 영향을 미치는지 구체적으로 살펴보면서 건강한 태아를 양육할 수 있는 건강한 태내 환경의 요건에 대해 알아보고자 한다.

🧑‍🍼 임신부의 연령

20세 미만의 임신부가 낳은 아이는 20대 이후의 임신부가 낳은 아이보다 사망하거나 발병할 확률이 높으며, 35세 이후에 첫 아기를 갖게 되는 임신부는 젊은 임신부보다 임신 중 병을 앓거나 출산 중 어려움을 겪는 경우가 많다. 첫아기를 낳기에 이상적인 산모의 연령은 23~28세로 알려져 있다.

올드 맘(old mom) 시대

　신(新)기대수명을 산출한 고려대학교 박유성 교수 팀이 통계청의 출생통계 11년치 (1997~2007년)를 바탕으로 분석한 결과, 한국 여성의 '출산 피크 연령'(그해 가장 많이 출산한 여성 연령)이 '1981년 26세 → 2010년 30세'로 늦춰진 것으로 나타났다. 신생아 기준으로 바꿔 말하면 1981년에 태어난 아기는 10명 중 8명이 20대 엄마 품에서 첫 울음을 터뜨렸지만, 2009년에는 아기 10명 중 4명만 20대 엄마 품에 안겼다. 30대 엄마에게서 태어난 아기는 4배 늘어났고(14.7%→56.8%), 40대 엄마 품에 안긴 아기는 2배 가까이 늘었다(0.95%→1.7%).

　출산 피크 연령은 갈수록 늦춰질 것으로 예상된다. 통계청은 20년 뒤 출산 피크 연령이 31세가 될 것으로 예상한다. 하지만 박 교수 팀은 새 분석틀을 통해 2030년에는 이 연령이 만 34세로, 통계청 예측보다 세 살 더 올라갈 것이라는 전망치를 내놓았다. 30~40대 엄마가 늘어나는 현상이 가속화된다는 것이다.

출처: 조선일보(2011. 1. 5.).

🧑‍🍼 임신부의 영양상태

수정부터 6개월 이전까지의 임신부의 영양상태는 태아의 신체 발달과 뇌 발달에 관련된 지적 발달에 결정적이다. 임신부의 영양상태가 좋지 않거나 영양실조인 경우에 출산된 유아는 기형이거나 잔병을 앓을 확률이 높다. 임신을 하게 되면 일반적으로 양질의 단백질을 포함하여 하루 300~500kcal를 더 섭취해야 한다.

임신부의 신체 활동

임신을 한 후에도 정기적인 운동은 필수적인데, 이러한 신체 활동은 임신부의 변비를 예방해 주고, 호흡, 순환, 근육량, 피부 탄력 등을 증강시켜 주며 편안한 임신기를 보낼 수 있도록 도와준다. 임신 중에 일을 하는 것은 특별히 해가 되지는 않으나, 스트레스가 많은 근무환경, 직업적 피로, 장시간 근무 등은 조산의 위험이 있다.

임신부의 약물복용

임신부의 약물복용은 태아의 기형에 엄청난 영향을 미칠 수 있다. 임신부가 감기에 걸려 약을 먹는 것은 엄마에게 필요한 일이지만 태아에게는 독이 될 수도 있다. 약물은 신진대사에 직접 연결되어 체질에 맞는 물질로 축적될 수 있기 때문이다. 따라서 임신 중, 특히 임신 초기 3개월은 어느 약물이든 가급적 복용하지 않는 것이 좋다. 태아는 처음 몇 개월 동안 급격히 발달하면서 질병과 자극에 가장 많이 노출되어 있으므로 유의할 필요가 있다. 그러나 임신부가 병에 걸려 위험할 때에는 전문의와 의논하여 약물을 복용할 수도 있다.

흡 연

담배를 많이 피우거나 술을 많이 마시는 임신부는 그렇지 않은 임신부보다 유산을 하거나 조산아를 낳을 확률이 더 높다. 흡연 임신부의 아기는 체중이 적으며 특히 심장에 손상을 받아 심장 관련 질환을 갖게 될 가능성이 크다. 태어났다 하더라도 출생 직후 사망하는 경우가 많다. 임신 중 흡연은 음주와 유사하게 자녀 학업 성취에까지 부정적인 영향을 준다. 주의집중력 결핍, 과잉행동, 흥분, 학습장애, 행동장애, 감각 운동 장애, 언어장애, 낮은 인지능력, 신경학적 문제 등이 일어날 수 있다는 것이 지금까지 연구된 결과다.

임신 중 흡연, 태아는 물론 그 후대까지 악영향

　임신 중 흡연이 태아의 건강뿐만 아니라 그다음 후손들에게까지 악영향을 미치는 것으로 나타났다.

　여성이 임신 중 담배를 피우면 니코틴이 태아의 폐 성장에 영향을 미쳐 소아 천식을 일으키는 원인이 된다고 알려진 바 있다.

　30일(현지시각) 영국 일간지 데일리메일 보도에 따르면 미국 캘리포니아주 하버-UCLA 의료센터 연구진이 흰쥐를 사용한 실험을 진행한 결과, 어미의 자궁에 있을 때 니코틴에 노출된 쥐는 어미는 물론, 이 쥐의 자식에게까지 폐의 장애가 있는 것으로 나타났다.

　또한 이 두 세대의 쥐는 정상적인 폐 발달에 관련한 유전자 기능의 감소도 확인됐다고 한다.

　연구를 이끈 비렌더 레한 박사는 "니코틴은 염색체를 구성하는 단백질의 일종인 히스톤 메틸화에 변화를 주는 것으로 알려져 있으며, 이런 후성적인 낙인(마크)이 니코틴으로 유발되는 천식을 다음 세대로 전달하는 원인"이라고 전했다.

　이어 레한 박사는 "임신 중 흡연에 의한 영향은 지금까지 생각했던 것보다 훨씬 더 꼬리가 긴 것으로 나타났다. 현재 임산부와 미래에 엄마가 될 예정인 여성은 니코틴이 나쁜 유전자의 스위치를 켜 자신의 아이뿐만 아니라 아이의 자식에게도 영향을 미친다는 것을 인식하고 금연하길 바란다."고 덧붙였다.

출처: 서울신문(2012. 11. 1.).

임신부의 음주

임신부의 습관적 음주로 발생되는 '태아 알코올 증후군(fetal alcohol syndrome: FAS)'은 조산·소두증·난청·난시·심장 이상 등 정신적·운동 기능적·발달적 기형을 발생시킨다. 임신부가 섭취한 알코올은 태아의 중앙신경계에 문제를 일으키게 하여, 영아기에는 빨기장애·수면장애 등을 유발하며, 아동기에는 정보처리 능력 저하·짧은 주의집중력·산만함·학습장애·발달지체 등의 이상행동을 유발시킨다. 특히 임신 후 첫 3개월 이내의 임신부의 알코올 섭취는 태아에게 매우 부정적인 영향을 준다.

임신 중 음주하면 자녀 지능 저하

임신 중 소량의 술을 마셔도 태아의 IQ를 감소시킬 수 있다고 영국 옥스포드대학론 그래이(Ron Gray) 교수가 PLOS One에 발표했다. 교수는 4,000여 명의 임신 여성을 상대로 알코올대사유전자를 조사하고, 그들의 자녀 4,167명을 대상으로 8세가 되었을 때 IQ를 측정했다. 이번 연구에 참여한 여성 중 일부는 임신 중에 적당량의 음주를 한 것으로 조사됐다. 분석 결과, 임신 중 술을 마신 엄마의 아이 가운데 알코올 대사가 느린 유전자 4개를 가진 경우에는 2개 가진 아이보다 IQ가 낮은 것으로 나타났다. 반면 유전자 4개를 가졌어도 임신 중 엄마가 전혀 술을 마시지 않았을 경우에는 IQ가 전혀 낮아지지 않았다.

그래이 교수는 "연구결과 유전자 1개 당 IQ 점수가 평균 2점 낮아지는 것으로 나타났다"며 "임신 중 적당한 음주라도 태아에 영향을 미치는 만큼 술을 삼가야 한다"고 강조했다.

출처: 국민일보(2012. 11. 16.).

카페인

임신부의 커피, 차, 콜라, 초콜릿 등을 통한 카페인 섭취는 저체중, 조산, 발달지체, 기형 발생의 직접적인 이유가 되지는 않지만, 하루 네 잔 이상의 커피 섭취는 영아 돌연 사망의 위험을 크게 증가시킨다. 몇몇 연구는 카페인이 자연유산과 관련이 있다고 보고하였다.

마 약

임신부가 마리화나, 헤로인, 코카인과 같은 마약류를 접했을 때, 태아에게 미치는 영향은 치명적이다. 태아가 헤로인에 노출된 경우에는 경기, 수면장애, 운동기능 장애, 주의력 결핍 등이 나타나며, 마리화나는 언어 발달과 기억 발달 장애를 유발한다. 코카인에 노출된 경우에는 자연유산, 조산, 저체중, 소두증이 나타나는데, '코카인 아기'는 일반적으로 다른 아기들처럼 민첩하지 않고, 정서적 · 인지적 반응이 느린 편이다. 반면에 더 산만하고 충동적이며, 규칙적인 수면패턴을 보이지 않는 경우도 있다.

임신부의 질병

임신 4개월 이전에 풍진에 걸리면 태아는 청각장애인이 되거나 심장장애, 백내장 또는 정신지체가 되는 경우가 많다. 그래서 결혼 전에 풍진 예방주사를 맞는 것이 중요하며 이 주사를 맞은 후에는 6개월 이후에 임신해야 한다. 매독 같은 병은 걸리는 시기에 따라 태아에게 치명적인 영향을 주는데, 3개월 전후가 결정적인 시기이다. 이때 임신부가 매독에 걸리면 태아에게 감염되어 매독균을 가지고 태어나며, 대부분의 경우는 유산되거나 사산되며 출생해도 기형아가 될 확률이 대단히 높다. 임신부가 심장병을 가졌을 때 태아의 건강이 위협받을 확률이 높다.

따라서 임신 전에 헤모글로빈 수치를 조사해 빈혈 유무를 판단하고, 임신 중에는 철분 섭취를 위해 음식에도 신경을 써야 한다. 또한 B형 간염검사, 매독 혈청반응 검사, 톡소플라스마 검사, 혈액형 검사, 풍진 검사 등을 미리 해 두어야 한다.

🔲 방사선

방사선의 영향을 받아 태어난 신생아는 중추신경계의 손상을 받아 소두증, 기형 또는 정신지체가 된다. 방사선은 유전적 돌연변이의 이유가 되기도 한다. 임신부가 너무 많은 방사선에 노출되었을 경우 유산이나 조산을 하는 경우도 있다.

🔲 임신 중 출혈

임신 중에 나타나는 모든 출혈은 일단 기형의 원인으로 간주될 수 있다. 임신 초기에 출혈이 있었던 임신부의 아이는 출혈이 없었던 임신부의 아이보다 미숙한 채로 태어날 확률이 높다.

🔲 임신부의 정서 상태

임신부의 신체 내에서 분비되는 호르몬은 태반을 통해 태아의 순환계에 영향을 주게 되므로 임신부의 정서 상태가 편하지 못하면 이는 태아 발달에 영향을 주게 된다. 임신부가 불안하거나 계속적인 흥분 상태에 놓이면 태아의 운동은 활발해지며 출생해도 과잉 행동적이고 잘 보채며 잠을 안 자고 잘 먹지도 않는 등의 문제를 보인다. 심한 경우 임신 중에 큰 충격을 받거나 좌절을 겪으면 유산되거나 조산되기도 한다. 임신부가 아기를 낳으면 산모라고 하며 아기의 출생 순간부터 양육이 시작된다. 다음은 수정된 순간부터 출생할 때까지의 발달과 양육에 관한 내용이다.

시기별 태아의 발달

태아의 자궁 내 발달은 크게 발아기(germinal stage, 수정~2주까지), 배아기 (embryonic stage, 2~8주), 태아기(fetal stage, 8주~출생)로 나누어진다.

발아기

수정 후 2주 동안 이루어지는 발아기 동안 수정란은 계속해서 세포분열을 일으키며, 자궁벽에 착상한다. 발아기 동안 세포는 점차로 원형의 모양을 형성하며 분열되고 내부기관과 외부기관으로 나누어진다. 외부기관은 자궁벽과 연결되어 모체와 태아를 구분 짓는 부분이 되고, 내부기관은 태아가 된다. 수정 후 수정란이

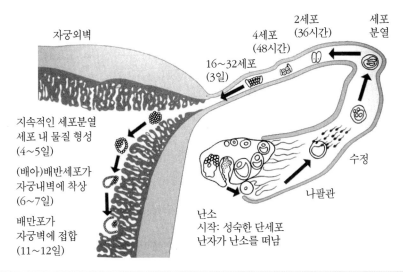

그림 9-1 발아기 동안의 변화 모습

출처: Papalia, Old, & Feldman(2002). *A Child's World*.

자궁에 도착하면 수정란은 그 모습이 미분화 배아세포라고 불리는 액체로 가득 찬 공 모양이 되고, 그때부터 하루나 이틀 정도 자유롭게 자궁 내를 떠다닌다. 이 덩어리는 2개의 층으로 분화되어 있는데, 위층은 외배엽으로 태아의 외피(피부의 바깥층), 손톱, 머리카락, 치아, 감각기관과 뇌와 척수를 포함한 신경 계통이 된다. 아래의 내배엽은 소화기 계통, 간장, 췌장, 타액선, 호흡기 계통이 된다. 후에는 중간층의 중배엽이 발달하는데 피부의 내층인 진피, 근육, 골격, 배설기, 순환기 계통으로 분화된다.

🔳 배아기

수정 후 2~8주를 말하는 배아기 동안 꼬리와 아가미 모양의 원시적 구조가 나타난다. 배아기 동안 몸의 기본 부분인 머리, 몸통, 팔, 다리 등의 모습이 나타나고, 세부적인 신체부위로 눈, 귀, 손가락, 발가락도 나타난다. 내부기관의 발달로 심장박동, 순환계, 신경계의 활동, 간과 신장의 기능 등이 시작된다. 급격한 성장과 발달이 나타나는 시기로 태내 환경의 영향을 가장 많이 받게 된다. 대부분의 신체 결함과 기형, 장애 등은 임신 첫 3개월 동안 일어나며, 결함의 정도가 심한 배아는 대개 이 시기를 넘기지 못하고 자연 유산된다.

이 시기에는 배아의 생명을 유지하는 태반이 형성되어 모체와 배아를 순환계에 연결시켜 주며 반투과막이 생겨 모체와 별개의 혈액흐름을 형성하고, 산소, 약물, 비타민, 여러 영양소 등이 통과되어 배아에게 영양분을 제공하도록 돕는다. 탯줄은 태아에서 태반벽으로 노폐물을 운반한다. 8주 동안의 배아 발달을 나누어 살펴보면 다음과 같다.

1개월

이 시기의 성장은 그 어떤 시기보다 빠르게 이루어져, 처음 수정란의 1만 배로 크기가 커진다. 첫 달의 마지막에 이르면 대략 0.6cm에서 1.3cm가량의 크기가 된다. 미세한 정맥과 동맥을 통해 혈액이 흐르고, 1분에 65회 정도의 심장박동을 한다. 이미 뇌, 신장, 간, 소화기관의 형성이 시작되고 있다. 탯줄이 작동하고 있고, 현미경을 통해 보면 머리 위에 불룩하게 눈, 귀, 코가 될 부분이 부풀어 있다.

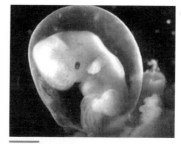

1개월 모습. Papalia et al. (2002).

2개월

배아의 모습이 균형 잡혀 작은 아기의 모습처럼 보인다. 대략 2.5cm의 크기를 보이며, 무게는 2.2g 정도다. 머리가 전체 몸 길이의 절반을 차지한다. 몸과 머리 두 부분으로 나누어지고, 팔다리가 길어지며, 꼬리가 짧아지고 손가락, 발가락이 나누어지기 시작한다. 얼굴 부위가 발달하여 보다 분명한 모습의 눈, 코, 입을 볼 수 있다. 성(sex)기관이 발달하여 남녀를 구분할 수 있고, 심장박동이 일정해지며, 위에서는 소화액이 만들어지고, 간에서는 혈액세포가 만들어진다. 양수가 생기며 탯줄이 되는 조직이 빠르게 발달한다.

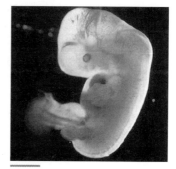

2개월 모습. Papalia et al. (2002).

태아기

임신 후 8주가 지나면 뼈세포가 처음 나타나면서 배아(embryo)는 태아(fetus)로 변화한다. 태아가 되면 활발한 움직임과 동작이 나타나며, 모든 신체기관이 세분화되어 빠르게 발달한다. 태아의 월별발달 사항을 살펴보면 다음과 같다.

3개월

약 7.6cm, 몸무게 28.4g으로, 임신 2개월부터 폭발적으로 성장한 뇌세포가 3개월 말에 거의 완성된다. 머리·몸통·팔다리의 구분이 확실해지고, 얼굴 윤곽

3개월 모습. Papalia et al. (2002).

이 드러나며, 손톱·입술·귀·돌출된 코가 생긴다. 머리가 전체의 30%를 차지할 정도로 크지만 사람다운 모양새가 나타난다. 외부에 성기가 나타나 생식기관에 초보적인 난자, 정자의 세포가 생긴다. 위·장·심장 등이 상당히 발달하여 숨을 쉬고, 폐 안팎으로 양수를 받아들이고 내뱉는다. 움직임이 활발해져 다리·

발·엄지손가락·머리를 움직일 수 있고, 입은 열었다 닫았다 할 수 있게 되고, 양수를 마시기도 한다. 눈에 자극이 가해지면 가늘게 눈을 뜰 수도 있고, 손바닥에 자극이 주어지면 주먹을 쥐며, 입술의 자극에는 빠는 행동 등의 반사행동이 이 시기부터 나타난다.

4개월

20.3~25.4cm 정도의 키와 170g의 몸무게로 성장한다. 몸의 크기가 자라면서 머리 크기는 전체의 25% 정도로 작아진다. 태반이 완성되어 매우 빠른 성장 속도를 보이며, 양수가 늘어나 웬만한 자극에 반응하지 않게 된다. 양수를 마셨다 뱉

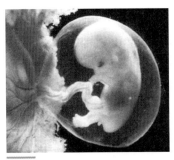

4개월 모습. Papalia et al. (2002).

었다 하며 젖빠는 연습을 한다. 태동이라 불리는 태아의 발차기 동작을 느낄 수 있으며, 여러 가지 태내 반사운동이 나타난다. 뇌에는 기억력과 관련 있는 기관이 발달하기 시작하며, 이러한 뇌의 발달과 더불어 쾌감, 불쾌감, 불안, 초조 등의 감정을 느낄 수 있게 된다. 하품을 하고 기지개를 켜며 이마를 찌푸리기도 하고, 발

달된 신장을 통해 양수로 소변을 내보내기도 한다.

5개월

    30.5cm의 신장에 340~453g 정도의 몸무게 로 성장하며, 개인적 기질이 나타나기 시작한 다. 잠자고 깨는 습관이 분명해지고, 선호하는 자세가 나타나고, 차기·뻗기·꿈틀거리기· 딸꾹질 등의 활발한 운동성이 나타난다. 임신 부의 배에 귀를 대면 태아의 심장박동 소리를 들을 수 있으며, 호흡이 점점 규칙적이 된다. 땀 선과 지방선이 발달하여 기능하기 시작하고, 눈썹과 속눈썹이 자라나며, 머리에도 가는 머

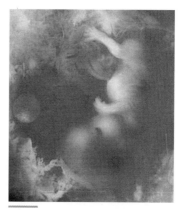

5개월 모습. Papalia et al. (2002).

리카락이 자라나고, 출생 후에 사라지는 솜털이 온몸을 덮는다. 청각이 완성되어 부모의 목소리를 듣고 기억하게 된다.

6개월

    35.6cm의 신장에 567g 정도의 몸무게로 성장하며, 성장 속도가 다른 시기에 비해 다소 늦춰지는 경향이 있다. 피부 아래 지방질이 쌓이기 시작하며, 눈동자가 모든 방향을 쳐다볼 수 있을 정도로 성숙해져 있다. 규칙적인 호흡을 유지할 수 있게 되며, 울거나 강하게 손을 쥐는 등의 행동 이 나타난다. 뼈대가 생기고, 뇌세포가 왕성히 분화되어 정보처리 능력이 상당히 높아진다. 급격한 온도 변화나 심리적 스트레스를 싫어하 고 잡기반사 행동이 나타난다. 손가락을 빨기 시작하며, 젖을 먹기 위한 준비로 빨기와 삼키 기를 연습하고, 미각이 발달하여 양수 속에 단

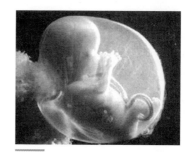

6개월 모습. Papalia et al. (2002).

맞이 들어가면 평상시보다 2배 이상 빠르게 마신다. 귓속의 균형기관이 발달하고, 양수 속에서 활발하게 움직이며 몸의 위치를 바꾼다.

7개월

40.6cm의 신장에 1.4~2.3kg의 몸무게로 성장하며, 모든 반사행동이 완전하

7개월 모습. Papalia et al. (2002).

게 나타나 울고, 숨쉬고, 마시고, 손가락을 빨수 있다. 조산할 경우에도 생존가능성이 높아 이 시기를 '생존가능연령'이라고 한다. 뇌가 발달해 몸의 기능을 조절하며, 밤과 낮을 구분할 수 있다. 이전보다 훨씬 많은 소리를 들을수 있으며, 어머니와의 대화가 가능하다. 태아에게 불러 주는 노래나 이야기를 듣고, 어머니의 목소리를 들으면 심장박동이 빨라진다. 내장의 각 기능이 발달하고 신진대사가 훨씬 활발해진다.

8개월

45.7cm의 신장, 2.3~3.2kg의 몸무게로 성장하며, 자궁 속을 꽉 채우며 일정

8개월 모습. Papalia et al. (2002).

한 위치와 자세를 잡게 된다. 일반적으로는 머리를 아래로 하고, 엉덩이와 발을 위로 한 '두위' 자세를 취한다. 공간이 부족해 동작이나 움직임은 줄어들며, 태아 온몸에 지방층이 발달하여 자궁 밖의 온도 변화에 적응할 수 있도록 준비된다. 폐로 호흡하며, 젖을 빨고, 배설하는 것을 연습한다. 어머니의 정서적 변화를 느낄수 있으며, 청각이 거의 완성되어 외부의 소리

에 민감하게 반응한다.

9개월

50.8cm의 신장에 3.2kg의 몸무게에 도달하며, 출생 1주일 전이 되면 성장이 중단된다. 일반적으로 남자아이가 여자아이보다 무거우며, 지방층이 계속 만들어지고, 기관들이 효율적으로 기능하며, 심장박동 속도가 빨라지고, 많은 노폐물을 배출한다. 붉었던 피부색이 점차 흐려지며, 공간이 좁아 잘 움직이지 않는다. 소

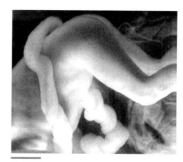

9개월 모습. Papalia et al. (2002).

리, 냄새, 빛, 촉감 등에 민감히 반응할 수 있을 정도로 감각기능과 반사 능력이 발달한다. 신경조직, 호흡기, 소화기 등의 모든 기관들이 완성된다.

🔲 동양의 태교

옛날부터 동양에서는 태교를 무척 중시했다. 건강하고 올바른 정신을 지닌 총명한 아기를 낳기 위해 음식, 옷차림, 몸가짐, 행동 등에 특별한 주의와 정성을 쏟았는데, 이 모든 것이 태교를 중시했던 까닭이다. 예로부터 우리 선조들은 건강하고 반듯한 아기를 낳으려면 임산부가 신체적인 건강은 물론 정신적인 건강도 유지해야 한다고 생각했다.

중국 경전인 『소학(小學)』에 태교에 관한 내용이 처음 등장한다. 서양에서와 달리 동양에서는 이미 3,000여 년 전부터 태교의 중요성을 강조해 왔다. 주자는 『소학』의 「내편(內篇) 입교부(立敎部)」 첫머리에 다음과 같이 기록하고 있다.

『열녀전』에 따르면, 옛부터 부인이 아기를 잉태하면 잠을 잘 때도 한쪽으로 기

울지 말고, 앉을 때도 앞으로 몸이 쏠리지 않도록 해야 하고, 서 있을 때도 한 발로 서지 말아야 한다. 음식을 먹을 때도 좋지 않은 음식은 먹지 말고, 모양이 갈라지고 온전치 못한 것은 피해야 한다. 좋지 못한 것은 눈으로 보지 말아야 하고 음탕한 소리는 귀로 듣지 말아야 한다. 밤에는 장님으로 하여금 아름다운 시를 읊게 하여 들을 것이며 항상 바른 마음을 갖도록 힘써야 한다. 그렇게 하면 용모가 단정하고 재주가 뛰어난 아기를 얻게 될 것이다.

또 주석을 붙이면서 다음과 같이 태교의 중요성을 강조했다.

아기를 가졌을 때는 반드시 마음가짐을 조심해야 한다. 착한 마음을 가지면 반드시 착한 아이를 낳게 될 것이며 악한 마음을 가지면 반드시 악한 아이를 낳게 될 것이다. 문왕(文王)의 어머니 태임(太任)은 문왕을 잉태했을 때 나쁜 것을 보지 않고, 음탕한 것을 듣지 않았으며, 말을 조심했다. 문왕은 하나를 가르치면 백을 알아 마침내 주나라를 세웠는데, 이는 오직 태임이 문왕을 잉태했을 때 태교에 힘쓴 때문이다.

또 『천금방(千金方)』은 임신부의 마음가짐이 얼마나 중요한지에 대해 언급했는데, 그 내용은 다음과 같다.

임신 3개월에는 태아의 소질이 아직 결정되지 않으며, 임신부의 하루하루의 생활태도에 따라 달라진다. 임신부는 주거를 말끔히 하고, 향을 피우고, 고금(古今)의 시서(詩書)를 읽고, 현인들의 높은 덕을 배워서 수양에 힘쓰고, 식생활을 바르게 하며 말과 행동을 조심해야 한다. 그러면 태아는 심신이 모두 잘 성장하며, 훌륭한 아기를 얻을 수 있다.

태교의 중요성을 일찍부터 강조해 온 동양에서는 부부관계부터 출산에 이르기까지를 엄격한 수칙을 정해 지키도록 했다. 그러나 과학적으로 증명된 것만을 인정했던 서양에서는 20세기 초까지만 해도 태교를 하나의 미신으로 여겼다.

그러던 것이 초음파를 비롯한 각종 첨단 장비를 통해 태아가 외부의 자극에 민감하게 반응하는 모습을 감지할 수 있게 되자 태교의 중요성을 인정하기 시작했다. 태교가 미신이 아니라 과학적인 근거가 있음을 뒤늦게 깨달은 것이다. 최근에는 탄생과학이라는 학문 분야가 생기기도 했다.

예로부터 전해지는 태교법 중 중국에는 열 가지 태교 수칙이 있고, 우리나라에는 일곱 가지 태교의 도가 전해져 내려온다. 남도 지방의 3태도와 7태도가 근대에까지 입에서 입으로 전해져 내려왔는데, 신분이 낮은 집에서는 3태도를, 신분이 높은 집에서는 7태도를 지켰다고 한다.

구전되는 태교

- 잘 때 모로 눕지 않는다.
- 앉을 때 가장자리에 앉지 않는다.
- 설 때 몸이 기울어지게 외발로 서지 않는다.
- 자극적인 음식을 먹지 않는다.
- 반듯하게 썰지 않은 고기나 과일을 먹지 않는다.
- 자리가 비뚤어지게 깔려 있으면 앉지 않는다.
- 눈으로 간사한 빛을 보지 않는다.
- 귀로 음란한 소리를 듣지 않는다.
- 밤이면 악사를 시켜 좋은 시를 읊게 한다.
- 언제나 올바른 말만 한다.
- 해산달이 되면 머리를 감지 말고, 높은 마루나 걸상에 올라가지 말고, 술을 마셔서는 안 되며, 험한 길이나 냇물을 건너지 말며, 담을 넘거나 개구멍으로 지나다니지 않는다.
- 말을 많이 하지 말고, 함부로 웃거나 놀라거나 겁을 먹거나 울어서도 안 된다. 임신 첫달에는 마루, 둘째 달은 창호, 셋째 달은 문턱, 넷째 달은 부뚜막, 다섯째 달은 평

상, 여섯째 달은 곳간, 일곱째 달은 학돌(절구 같은 큰 돌), 여덟째 달은 측간, 아홉째 달은 서재에 태아를 해치는 기운이 있다.
- 아름다운 말만 하고 성현들의 글을 읽고 아름다운 시를 읽는다.
- 가로 눕지 말고 기대어 앉지 말고 한쪽 발로 서지 않는다. 단, 아이를 잉태한 홀수 달에는 왼쪽으로 가로 누워도 되는데, 이것은 홀수와 왼쪽이 갖는 남성 주술 때문이다.
- 기품이 높은 거북이 · 봉황 · 주옥 · 명향 같은 노리개를 몸에 지니거나 얼굴에 쏘인다.
- 음욕이나 욕심, 투정이나 원한을 품어서는 안 된다. 또 잉태한 후에는 부부 생활을 금하며 특히 산월에 부부 생활을 하면 아이가 병들거나 일찍 죽는다.

－구전되는 3태도와 7태도 중

아버지의 태교

태교는 어머니만의 몫이 아니라 아버지의 자상한 배려와 아낌없는 관심으로 부부가 함께해 나가야 한다.

좋은 환경 만들기

임신기간 중 여성에게 가장 큰 스트레스는 임신에 무관심한 남편의 태도다. 남편은 아내와 달리 아기의 존재가 몸을 통해 구체적으로 느껴지지 않기 때문에 무관심해질 수 있다. 임산부는 심리적으로 매우 민감해 남편에게 사랑과 관심을 받고 있다는 기쁨과 만족을 느끼지 못하면 스트레스를 받는다. 스트레스는 몸에 나쁜 영향을 주어 유산이나 조산이 되기도 한다. 임신부는 몸과 마음이 매우 불안정한 상태로 쉽게 흥분하고 사소한 일에도 슬퍼하고 서운해하며 그만큼 작은 일에도 어린아이처럼 기뻐한다. 평소에 자주 하던 말이나 행동에도 서운해하므로 각별히 신경을 써 주어야 한다.

임신부가 정서적 안정을 갖는 데는 남편의 사랑과 관심이 매우 중요하다. 무거운 것을 들거나 높은 곳에서 물건을 내리는 것, 한 자세로 오랫동안 앉거나 서서 집안일을 하는 것은 임신한 아내에게 매우 위험한 일이므로 남편들은 힘든 집안일을 적극적으로 도와야 한다.

올바른 상식

임신 교실에 참여하거나 정기검진 시에 궁금한 점을 물어보는 등 의사와 협조하는 태도로 신뢰관계를 만들어 임신 시 결정적인 순간에 적절히 대처할 수 있는 능력을 갖추는 것이 중요하다. 임신부는 아무런 이유 없이 예민해지기도 하고 불안한 마음이 들기도 하므로 남편이 임신이나 분만에 대한 올바른 지식을 가지고 아내를 도와준다면 든든하고 안정된 기분을 가질 수 있게 된다.

금 연

담배를 피울 때는 직접 피우는 사람보다는 간접적으로 주변에 있는 사람에게 더 큰 피해를 준다. 이는 흡연자가 마시는 연기보다는 불이 붙은 부분에서 나는 연기에 2~3배가량 더 많은 유해 물질이 있기 때문이다. 따라서 임신부가 담배를 피우지 않는다고 하여도 남편이 피운다면 태아에게도 마찬가지로 매우 해롭다.

남편이 담배를 피우는 경우 저체중아가 태어날 확률이 1.2배가 높으며, 한 집에 담배를 피우는 사람이 있으면 어린이의 폐 기능이 떨어지거나 장기간 기침을 한다거나 담이 많아지고 기관지 천식에 걸리거나 발작이 일어나기 쉽다는 것이 여러 연구에서 밝혀지고 있다. 따라서 좋은 아버지가 되기 위한 중요한 의무 중 하나는 담배를 끊는 것이다.

밖에서 피운다고? 당신 아이는 '3차 간접흡연'
영아 폐렴, 기관지염 57% 증가
임산부는 유산·사산 확률 높아

담배 연기는 공기 중으로 퍼져 흡연 당사자는 물론 애꿎은 사람에게 피해를 준다.

간접적으로 담배 연기를 마시는 경우는 흡연자가 들이마신 후 내뿜는 연기에 노출되는 '주류연'과 타고 있는 담배에서 바로 나오는 '부류연'으로 나뉜다. 주로 부류연이 대부분인데 독성 화학물질의 농도가 주류연보다 높아 폐해가 크다.

간접흡연은 무엇보다 어린아이들에게도 무차별적으로 퍼지는 것이 문제다. 간접흡연에 노출되면 만 3세까지 폐렴과 기관지염에 걸릴 위험이 57% 증가한다. 중이염에 걸릴 위험도 38%, 중이에 물이 차는 삼출성 중이염은 48% 늘어난다. 천식이 있다면 20% 정도는 더 악화된다.

임산부가 간접흡연을 하면 자연유산이나 사산이 될 위험이 1.53배 높아진다. 저체중아를 낳을 위험도 20~50%까지 높아진다. 또 임신 중 산모가 흡연을 하거나 부모가 흡연을 하면 영아돌연사 증후군에 걸릴 위험이 2배 높다.

최근엔 흡연자의 담배 연기에 직접 노출되는 간접흡연에서 더 나아가 다른 공간에서 흡연을 했더라도 흡연자에 묻어 있다 재배출되는 화학물질과 미세먼지들로 인한 '제3차 간접흡연'에 대한 심각성도 제기되고 있다. 즉, 아파트 베란다에서 담배를 피우고 들어오더라도 내 자녀에게 담배의 유해 성분이 들어갈 수 있다는 뜻이다.

지난해 서울대병원 강혜련 교수 연구팀의 연구에 따르면 부모의 흡연에 직접 노출된 적이 없는 아이들(3차 간접흡연 노출군)은 비흡연자 부모를 가진 아이들에 비해 야간 기침은 20%, 3개월 이상 만성 기침은 18%, 발작적 연속 기침은 20% 정도 경험비율이 높은 것으로 나타났다.

연구팀은 직접흡연과 간접흡연에 비해 3차 간접흡연에 대한 인식이 낮은 탓에 부모가 자신도 모르는 사이 자녀들에게 유해물질을 노출시키고 있다며, 소아의 호흡기 증상 유병률을 낮추기 위해선 반드시 금연을 해야 한다고 지적했다.

출처: 헤럴드경제(2013. 1. 7.).

🚰 가사 돕기

가사의 대부분은 구부리거나 장시간 서 있기만 해서 임신부의 몸에 부담을 주는 것이 많고, 무리하면 배가 당기거나 발이 붓는 등의 여러 가지 증세에 시달릴 수 있기 때문에 이 일에 대한 부담을 덜어 주는 것이 필요하다. 임신 중인 아내의 일을 도와줄 수 있는 가장 단순한 것으로 이부자리를 내리고 올리는 일, 욕실 청소 등이 있을 수 있는데, 이는 몸의 부담을 더는 것뿐 아니라 남편에 대한 고마움으로 마음의 안정을 찾게 하는 데 도움이 된다.

🔳 출산방식

출산은 여성마다 다 다르기 때문에, 분만이 언제 시작될지를 정확히 말하기는 어렵다. 출산이란 자궁 내에 있던 태아가 세상 밖으로 나와 하나의 완전한 가족 일원을 이루기 위한 일련의 과정으로, 산모의 생리학적 변화들이 동시에 일어나 아이가 탄생하는 과정이다. 최근 다양한 분만법이 국내에 소개되어 관심을 끌고 있는데, 일반적인 자연분만과 새롭게 적용되고 있는 분만법에 대해 살펴보고자 한다.

🚰 자연분만

정상분만을 지칭하는데, 어떤 종류의 약물에도 의존하지 않고 아이를 낳는 것을 의미한다. 실제로 여성의 몸은 그 자체가 분만을 아무 도움 없이도 스스로 할 수 있도록 되어 있고, 태아도 스스로 산도를 통해 새로운 세상에 나오기 위한 노력을 하기 때문에 자연분만은 가장 건강하고 자연스러운 분만방법이다.

자연분만은 크게 3기로 나누어서 이루어지는데, 1기는 규칙적인 진통이 시작되고 자궁문이 10cm 정도로 완전히 열리는 시기까지를 말한다. 진통은 자궁이 태아를 골반 밑으로 밀어내기 위해 수축하는 과정에서 생기는 것으로, 처음에는 10분 간격이다가 점차 2, 3분 간격으로 점점 강해지고 길어진 진통을 느끼게 된다. 이때가 분만의 시작이라고 볼 수 있다. 초산의 경우, 산모에 따라 다르지만, 10~14시간 정도 또는 그 이상의 시간이 걸린다. 분만 1기 동안 의료진은 자궁문이 얼마나 열렸는지, 그리고 아이가 얼마나 내려왔는지를 틈틈이 내진한다.

분만 2기는 자궁문이 완전히 열려 양수가 터진 후, 아기가 산도로 내려오면서 시작한다. 아기가 자궁 입구를 지나 산도를 따라 질 입구까지 내려오면 분만대로 옮겨 힘 주기를 시작한다. 의료진의 도움을 받아 대변을 보듯 힘을 주면 1시간 이내에 아기가 머리부터 나온다. 아기 머리가 완전히 나왔을 때는 힘을 빼야 하는데, 호흡하면서 기다리면 아기는 어깨와 몸을 돌려 자연스럽게 나오게 된다.

아기가 나오면서 분만 3기로 들어가게 되는데, 이 시기에는 아기 입 속에 있는 이물질을 제거하고 탯줄을 자르게 된다. 출산 후 태반이 떨어지기 위해 약하게 후진통이 있다. 태반까지 다 나오게 되면 태반찌꺼기나 양막이 있지는 않은지 확인하고 회음부를 봉합한 후 자궁수축제를 맞고 안정을 취하게 되면서 분만의 과정이 끝나게 된다.

자연분만으로 아이를 낳을 경우, 제왕절개술보다 적어도 2배 이상 출혈이 적으며, 산욕기 감염이 적고 회복이 빠르다. 또한 수술을 하면 아이와 같이 있게 되는 시간이 늦어지므로 아기와의 관계를 빨리 시작할 수 없는데 반해, 자연분만은 빨리 관계를 맺을 수 있으며 무엇보다도 합병증이 훨씬 적고 마취에 따른 문제가 없다는 점을 장점으로 들 수 있다.

🔲 유도분만

인위적인 방법으로 분만을 시작하는 것인데, 자연분만을 위해 약간의 도움을 주는 것이다. 유도분만을 하는 경우는 임신 기간이 연장되는 것이 위험하다고 판단된 경우, 양수가 미리 터진 경우, 정확한 예정일에서 2주일이 지난 경우, 자궁 내에서 태아가 자라지 않거나 태아의 심박동이 없는 경우, 태반의 상태가 좋지 않거나 자궁의 환경이 양호하지 않은 경우, 산모가 고혈압 또는 간 관련 질환과 같은 만성 또는 위독한 상태의 병을 앓고 있어서 산모와 아기 모두가 위험하다고 판단되는 경우다.

제왕절개

정상분만을 시도했음에도 여의치 않을 경우 취하게 되는 수술에 의한 분만 방법이다. 제왕절개 시 자연분만보다 부작용이 크지만 태아나 산모가 긴급한 사태에 이르렀을 경우에는 가장 안전한 분만법이라고 할 수 있다. 아기의 심장박동이 불규칙할 경우, 탯줄이 아기의 목을 여러 번 휘감은 경우, 태반이 조기 박리될 경우, 자궁경부가 제대로 열리지 않거나 그 밖에 다른 이유로 아기가 산도로 이동되지 않을 경우 실시한다.

무통분만

진통과 분만을 겪는 과정에서 전혀 통증이 없도록 하는 것이 아니라 진통을 경감시키거나 진통의 어느 기간 동안 마취를 함으로써 진통을 없애 보려고 노력하는 정도의 분만을 말한다.

르봐이예 분만

르봐이예는 1937년 파리 의과대학을 졸업한 프랑스의 유명한 산부인과 의사다. 그는 1953년부터 산과학 연구를 하며 1만여 명의 신생아 탄생을 보면서 몇 가지의 의문점을 가지게 되었다. '태아가 태어날 때 행복한가?' '스트레스는 받지 않는가?' 등 태아의 입장에서 출산을 생각해 보게 되었다. 먼저 어머니의 자궁 안

은 어둡지만 양수라는 좋은 방과 방음장치가 있는 아늑한 공간이다. 그러한 좋은
방에서 나오니 강렬한 빛과 소리로 불안한 상태에서 산소를 공급받던 탯줄마저
잘리므로 아기는 공포와 불안으로 떨게 된다. 르봐이예 박사는 탄생의 첫 순간을
아기의 입장에서 생각하는 방법으로, 아기의 시각, 청각, 촉각, 감정을 존중해 주
어야 하는 수칙을 다음과 같이 제시하였다.

- 분만실의 조명을 최소화한다(신생아의 시각에 대한 배려): 어두침침한 자궁 안
  에서 나온 태아의 시력을 분만실의 강렬한 조명으로부터 보호하고 안정감을
  주기 위해 머리가 보이고 위험이 없어지면 조명을 최소화하여 아기의 형태만
  알아볼 수 있을 정도로 어둡게 해 준다.
- 분만에 임하는 의료진은 속삭이는 소리로 대화한다(신생아의 청각에 대한 배
  려): 아기들은 자궁 속에 있을 때부터 어머니의 몸에서 나는 소리를 듣는다.
  그중에도 어머니의 강렬한 심장박동 소리가 리듬을 가지고 있어 이 소리를
  마음속에 지니고 태어난다. 그리고 태어나서 처음 듣게 되는 어머니의 목소
  리는 아기에게 영원한 인상을 주게 된다. 분만을 돕기 위해 분만실 안에 있는
  의료진은 할 말이 있으면 속삭이는 소리로 대화하여 아기의 첫 순간을 흐트
  러뜨리지 않도록 해야 한다.
- 태어나는 즉시 어머니 품에 안겨 준다(신생아의 촉각에 대한 배려): 아기가 태
  어나는 즉시 어머니 품에 안겨 준다. 어머니의 따뜻하고 부드러운 살결은 아
  기에게 최고의 휴식처를 제공한다. 신생아의 피부는 우리가 상상하기 어려울
  만큼의 이해력과 민감함을 지니고 있다. 어머니가 아기를 촉각으로 발견하는
  것이 좋다. 눈으로 보기 전에 손으로 느끼는 것이다. 어머니가 침묵으로 아기
  에게 말하며 어루만짐으로써 아기를 진정시켜야 한다.
- 분만 5분 후에 탯줄을 자른다(신생아의 호흡에 대한 배려): 태아는 탯줄을 통해
  산소를 공급받았으나 자궁 밖으로 나오면서 폐호흡을 시작하게 된다. 탯줄을
  자르지 않으면 신생아는 탯줄에 의한 호흡과 폐호흡을 함으로써 이중 호흡을

통해 보다 안전한 산소 공급을 받게 되고 서서히 폐호흡에 적응하게 된다. 따라서 탯줄의 맥박이 있는 4~5분간 탯줄을 자르지 않고 기다린다. 그동안 아기는 어머니의 배 위에서 심장박동 소리를 들으며 새로운 세상 속에서의 호흡법으로 적응되어 간다.

- 신생아를 물에서 놀게 한다(신생아의 중력에 대한 배려): 아기는 자궁 속의 양수라는 따뜻함과 부드러움이 있는 곳에서 새처럼 가볍게 유영하며 지내 왔다. 탯줄을 자르고 나서 체중계나 딱딱한 아기 침대로 보내지 않고 다시 목욕 물속으로 보내 자신의 몸에 가해지는 중력의 부담에 대한 적응을 시킨다. 물속에 들어간 아기는 눈을 뜨고 손을 움직여 허공을 한 번 더듬어 보기도 한다. 물속에 놓아두는 시간은 아기가 완전히 느슨해지고 긴장이 사라지는 시점까지다. 그리고 나서 아기를 물에서 천천히 건져 올린다. 이때 아기는 자기 무게를 발견하고 울게 된다. 그러면 다시 아기를 천천히 물속에 넣는 과정을 반복해 준다. 이것이 아기가 중력에 적응할 수 있도록 도와주는 방법이다.

📖 수중분만

수중분만은 자궁 속에 있던 양수와 같은 조건의 물속에서 아기를 낳는 것을 말한다. 산모가 양수와 같은 온도의 깨끗한 물을 담은 수조에서 회음절개나 진통제, 촉진제 주사 등 의료적 처치 없이 자연 상태로 분만하는 것이다. 진통부터 분만까지의 모든 과정을 물 안에서 할 수 있고, 진통은 물 안에서 하고 분만은 물 밖으로 나와서 하거나, 진통은 물 밖에서 하고 분만 시에는 물 안에서 아이를 낳을 수도 있다. 모든 과정은 임신부가 원하는 대로 한다.

기존의 분만법과 달리 수중분만에서는 의사의 역할보다 남편이나 가족의 역할이 매우 중요하다. 임신부는 진통에서 분만까지 남편의 격려와 도움을 받으며, 남편과 함께 분만하게 된다. 수중분만은 '누운 자세'가 아닌 '앉은 자세'로 분만하는 방법 중 하나다.

임신부의 경우, 물속에서는 부력 때문에 쪼그린 자세를 취하는 것이 쉽고, 자궁 입구가 2배 정도 빨리 이완되며, 탄성이 증가해 대부분 회음부를 절개하지 않아도 된다. 그리고 분만자세는 골반이 벌어지는 정도를 결정하기 때문에 산모와 아기에게 고통을 최소화하여 분만할 수 있는 방법이다. 우리나라는 한양대학교병원 산부인과에서 1999년 9월 21일 국내 최초로 수중분만을 시도하여 성공하였다.

우리나라에서는 그 이전에 한 번도 시도된 적이 없지만, 고대 이집트의 전설에 등장할 정도로 오랜 역사를 가지고 있다. 현대의 수중분만은 1803년 프랑스에서 처음 시도되었고, 러시아, 프랑스, 영국 등 주로 유럽에서 많이 하고 있다. 특히 영국은 29개 국립병원이 수중분만 시설을 갖추고 있어 수중분만이 가장 활발하게 이루어지고 있는 나라다. 그러나 산모가 원한다고 해서 모두 수중분만이 가능한 것은 아니고, 감염의 위험이 있기 때문에 반드시 주치의와 충분한 상의를 한 후 신중하게 결정해야 한다.

🔳 출산 후 모유수유

모유는 자연이 선사한 최고의 식품이다. 모유에는 유아가 생후 첫 16주 동안 생명을 지탱할 수 있는 모든 것이 포함되어 있다. 모유에는 질병을 막아 주는 항체까지 포함되어 있어 모유를 먹고 자란 아기는 분유를 먹은 아기보다 귀와 호흡기 질환 및 발진, 알레르기 등의 질병에 덜 걸린다. 아기에게 모유를 먹인 산모는 유방암에 걸릴 확률이 낮아지며 산후 체중감소도 빨라지고 완벽하지는 않지만 피임 효과도 있다.

모유가 왜 두뇌에 좋은 식품인지를 정확히 설명할 수는 없다. 모유를 구성하는 효소·지방산·단백질의 혼합물은 너무 복잡해 지금까지 아무도 복제해 내지 못했다. 모유의 각 구성요소는 특별한 역할을 지니고 있다. 예를 들면, 모유에는 신경 발달에 꼭 필요한 간고리 지방산이 들어 있다.

지난 1991년부터 '아기에게 친근한 병원운동'을 벌이고 있는 세계보건기구 (WHO)와 유니세프, 미국소아과학회는 산모가 아기에게 모유를 먹임으로써 전세 계적으로 연간 100만 명의 영아사망을 예방할 수 있는 것으로 추산하였다. 그러나 선진국 여성들의 모유수유 기간은 출산 후 2~3개월에 불과하며, 미국 여성의 50%, 유럽 여성의 25%, 스칸디나비아 여성의 10%는 모유 수유를 하지 않는 것으 로 밝혀졌다. 우리나라의 모유수유율은 최근 들어 조금씩 상승하고 있는데 여기에 서는 모유를 왜, 어떻게 먹여야 하는지 올바른 모유수유 요령에 대해 알아본다.

　왜 모유를 먹여야 하나?

　모유는 아기에게만 좋은 것이 아니다. 어머니의 건강도 함께 좋아진다. 영국 의 학 전문지에 발표된 최근 연구보고에 따르면, 모유를 1년 먹일 때마다 유방암 위 험이 4.3%씩 줄고, 모유를 먹은 아기는 분유를 먹은 아기에 비해 비만이 될 확률 이 30%나 낮은 것으로 조사되었다. 특히 젖에 함유된 단백질은 분유의 단백질에 비해 소화흡수가 잘 되며 질도 좋다. 또 아기 성장에 적절한 양의 지방이 들어 있 고 뇌 성장에 필요한 간고리 지방산이 포함되어 있다. 풍부한 면역성분으로 감기 나 장염 등 감염성 질환을 예방할 수 있고, 알레르기 질환에 대한 면역력도 강해 지며, 두뇌발달도 증진된다. 이와 함께 모유는 아기의 정서 안정은 물론 우울증 감소에도 상당한 효과가 있다.

　또한 젖을 빠는 것은 분유를 먹는 것보다 60배 이상 힘이 소모되므로 아기 턱과 잇몸 발달에 좋다. 캐나다 맥길 대학교 마이클 크레이머(Michael Kramer) 교수가 벨라루시의 유아 1만 7,000여 명을 대상으로 연구한 결과, 모유만 먹고 자란 아 기들의 생후 첫 3개월간 몸무게와 키, 두뇌발달지수가 다른 유아들에 비해 더 빨 랐다고 의학지 『소아과학(Pediatrics)』에 발표하였다. 크레이머는 모유에 들어 있 는 성분들의 생물학적인 효과가 아기들의 초기 성장에 영향을 미치는 것으로 추 정했다.

모유의 장점

- 모유는 아기에게 필요한 귀중한 영양 공급원이다.
- 생후 6개월까지는 모유만 먹여야 한다.
- 모유를 먹임으로써 각종 질병, 감염, 알레르기로부터 아기를 보호할 수 있다.
- 모유는 항상 온도가 적당하고, 깨끗하며, 비용이 전혀 들지 않으며, 아기가 좋아한다.
- 모유는 쉽게, 완전히 소화흡수되므로 아기가 건강하게 자라게 해 준다.
- 모유수유하는 방법은 아주 단순하고 쉽다.
- 모유수유를 함으로써 아기와 어머니의 연대감이 강해진다.
- 모유수유를 하기 위해서 어머니가 늘 옆에 있으므로 아기는 안정감을 느끼고, 동시에 배고플 때 빨 수 있어 만족감을 준다.
- 시간과 돈이 절약된다.
- 모유수유에 의해 어머니의 자궁수축이 빨라져서 짧은 시간 내에 자궁이 원상 복귀된다.
- 모유수유 시 어머니는 일반 사람보다 200kcal를 더 필요로 하므로 체중감소 효과가 있다.

어떻게 먹여야 하나?

출생부터 6개월까지는 모유만 먹이고 분유나 포도당, 물 등을 먹이지 않는다. 6개월이 넘으면 이유식을 먹이면서 모유는 2년 혹은 그 이상 먹인다. 먹이는 횟수나 시간에는 얽매이지 않아도 된다. 먹일 때는 젖꼭지 주위의 검은 부분인 유륜을 되도록 많이 물린다. 젖꼭지만 들어가게 되면 아기가 제대로 빨지 못하고 젖꼭지에 상처가 생길 수도 있기 때문이다. 먹이는 자세는 아기와 어머니가 서로 편안한 자세가 가장 이상적이다. 일반적으로 어머니들은 아기를 팔로 받쳐 안고 편안히 앉아서 먹이는 자세를 선호한다. 수유 기간 동안 어머니는 영양이 풍부한 음식을 섭취하고 몸에 있는 젖을 정기적으로 완전히 비우도록 해야 젖이 잘 나온다. 직장

생활을 할 경우 젖을 미리 짜서 보관해 놓아야 한다. 직장에서도 가능하다면 3~4시간마다 한 번씩 젖을 짜 주는 것이 좋다. 짜낸 모유는 시간과 양을 잘 적어 두었다가 먼저 짠 것부터 순서대로 먹인다. 보관은 소독한 플라스틱 병이나 저장용기를 잘 밀폐시켜 냉장이나 냉동 보관하되, 실온에서는 약 4시간, 냉장은 2~3일, 냉동은 수주일 혹은 수개월 보관이 가능하다.

 여러 가지 수유 자세

• 요람식 자세

아기에게 젖을 줄 때 가장 많이 사용하는 일반적인 수유자세다. 어머니의 체력 소모를 줄이기 위해 등에는 베개, 무릎에는 수유 쿠션을 올려 놓는 것이 좋다.

• 교차 요람 자세

물리려는 유방과 반대쪽 팔로 아이를 안는 것 외에는 요람식 자세와 같다. 목을 가누지 못하는 아기, 미숙아, 젖 무는 데 어려움이 있는 아기에게 좋은 자세다.

• 옆으로 눕기

아기와 나란히 누워서 서로 바라보는 수유자세로 어머니와 아기가 옆으로 누워 바라보는 것으로 편안하게 몸을 밀착시킬 수 있다. 어머니와 아기가 수유를 하는 동안 쉬거나 잘 수 있다.

• 풋볼 자세

풋볼 자세는 마치 풋볼 선수가 공을 옆에 끼고 경기하는 듯한 자세로 아기를 옆구리 쪽에 끼듯이 안고 먹이는 자세다. 신생아나 미숙아처럼 젖을 빠는 힘이 약한 아기, 쌍둥이에게 좋으며 유두, 유륜이 짧은 어머니에게 적당하다.

출처: 한국한의원(http://cafe.daum.net/hankookomc).

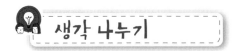

🔑 토의

1. 주변에서 들은 바람직한 태교 방법에 대해 이야기 나누어 보고, 태교의 중요성에 대해 토의해 보자.

2. 다음의 기사를 읽고, 임신부터 출산까지, 그리고 출산 이후에 신생아를 위해 아빠가 할 수 있는 것, 해야 하는 것이 무엇인지 이야기 나누어 보자. 자녀 출산과 양육에서 아버지의 역할이 왜 중요한지도 이야기 나누어 보자.

사회성 좋은 아이로 키우는 '아빠육아 5계명'

첫째, 기저귀 갈 때도 수다를 떨어라. 미국 노스캐롤라이나 주립대 린 버논 피건스 박사의 연구 결과에 따르면 "3세 미만의 아이는 엄마보다 아빠의 말을 많이 들어야 문장 구성력 등의 언어발달 능력이 빠르며, 특히 어휘 면에서는 아빠가 어떤 말을 쓰느냐에 아이가 민감하게 반응한다"고 밝혔다.

그러므로 자녀에게 바른말 고운 말을 가르치고 언어능력을 향상시키려면 영유아기 때부터 아빠가 아이와 많은 시간을 보내는 것이 좋다. 또한, 3세 이후에는 자기 전에 아빠가 아이에게 책을 읽어주는 것이 아이의 언어능력 발달에 큰 도움이 된다. 책 읽어 주기는 아빠와 아이의 유대감을 돈독하게 하고, 가정의 분위기까지 화목해지는 효과가 있다.

둘째, 온몸으로 놀아 줘라. 아빠만이 잘할 수 있는 것이 바로 '아이와 온몸으로 놀아 주기'다. 신체를 이용한 놀이를 많이 해 주는 아빠를 둔 아이는 친구들 사이에서 인기가 높다는 연구 결과가 있다. 아빠와 오랜 시간을 보낸 아이들이 활동성도 뛰어나고 사람을 대할 때 생기는 여러 갈등도 잘 이겨낸다는 것이다. 그러니 아이가 놀아 달라고 할 때 최대한 많이 놀아줘라. 놀이를 통해 배우고 놀이를 통해 자라는 것이 유아기 교육의 핵심이다. 온몸으로 실컷 놀게 하면, 자위행위를 하는 아이의 증상까지도 호전시킬 수 있다고 한다.

셋째, 아이에게 멋진 추억을 선물하라. 영국 뉴캐슬 대학의 연구결과에 따르면, 어린 시절 아빠와 독서, 여행 등의 가치 있는 시간을 많이 보낸 이들은 그렇지 않은 이들보다 지능지수가 높고 사회적인 신분 상승 능력이 뛰어난 것으로 나타났다. 또한 유아기에 아빠와 시간을 많이 보낸 아이가 그렇지 못한 아이에 비해 학교 성적이 우수했고, 성장 후에도 범죄자가 될 확률과 가능성이 눈에 띄게 적었다고 한다. 아이는 어릴 적 아빠와 함께한 시간을 평생 가슴에 담고 살아간다는 것을 기억하자.

넷째, 아이와 함께 목욕하라. 센트럴 런던 대학 심리학 연구팀에서 100쌍의 부모가 낳은 아이들의 성장 과정을 14년 동안 조사한 결과에 따르면, 아빠가 신생아를 목욕시키는 것이 아이의 사회성 발달에 큰 도움이 되는 것으로 나타났다. 본 연구결과에서 신생아 때 아빠가 목욕을 시키지 않은 아이들 중 상당수가 친한 친구가 없고, 다른 아이들이 자신을 좋아하지 않을까 불안감을 느낀다는 대답을 하였다.

…

마지막으로 권위 있는 아빠가 되어라. 권위 있는 아빠가 되라는 것은 '권위적인 아빠'가 되어 아이들 위에 군림하라는 뜻이 아니다. 아빠가 아이의 롤모델이 되어 줘야 한다는 뜻이다. 생활 속에서 바른 언어와 행동, 예의범절을 가르치는 아빠가 되어야 한다. 아이가 자라나며 힘들고 지칠 때 굳건한 버팀목이 되어줄 수 있는 존재가 바로 아빠다. 그러므로 아빠는 항상 언어를 엄선해서 사용하려는 의지를 가져야 하며 행동의 일관성을 보여줘야 한다.

출처: 조선일보(2012. 12. 18.).

생각 넓히기

📖 과제

'행복한 가족'에 대해 제안하고 있는 다양한 양육서를 읽고, 미래 부모역할에 꼭 반영하고 싶은 부모관, 부모역할, 양육 기술 등에 대해 감상문을 작성해 본다.

📖 도움이 되는 도서와 동영상 자료, 인터넷 사이트

김동극(1990). 태교와 바른 식사를 통한 장애예방. 샘터사.

김형주, 김군자(1992). 태교음악 유아음악. 샘터사.

Leboyer, F. (1990). 폭력없는 탄생(주정일 역). 샘터사.

Verny, T. (2005). 태아는 알고 있다(김수용 역). 샘터사.

BBC 다큐멘터리 〈인체 대탐험 – 임신과 출산〉.

EBS 다큐멘터리 〈생명 1~3〉.

KBS 다큐멘터리 〈태아 1~3〉.

모유수유 정보신문. http://www.breastfeeding.co.kr

Chapter 10

영아기 자녀에게 신뢰감을 주는 부모

생각 모으기

갓 태어난 아기는 신생아기를 거쳐 영아기에 들어선다. 영아기는 출생부터 만 3세 미만까지를 말한다. 이 시기는 다시 영아(infant, 0~1세)기와 걸음마(toddler, 1~2세)기로 나뉜다. 영아기의 아이들은 의사소통이 원활하지 못하고 자신의 몸을 스스로 조절하거나 움직일 수 없으므로 부모에게 전적으로 의지한다. 자신의 의지에 따라 자유롭게 움직일 수 있기 전까지 아기들은 양육자의 민감하고도 섬세한 돌봄에 따라 발달이 달라진다. 부모에게 전적으로 의존해야 하는 1년 동안 아기들은 부모로부터 일생에서 가장 중요한 신뢰감을 배우게 된다.

일관성 있는 애정과 보살핌을 받고 자란 아이는 세상과 사람들에 대해 신뢰감과 긍정적인 정서를 갖게 되지만, 그렇지 못한 아이는 불신으로 생애의 첫 단추를 끼우게 된다. 건강한 신뢰감을 형성하기 위해서는 의식주를 제공해 주는 것만으로는 부족하다. 아이의 정서적 필요를 채워 주며, 언어적, 비언어적으로 다양한 상호 작용이 이루어져야 한다. 그러나 이와 같은 양육을 할 수 없는 젊은 부모들도 있다. 자기 자신이 어렸을 때 사려 깊고 따뜻한 양육을 받지 못한 부모들은 아기가 울면 화부터 나기 때문이다. 이런 마음이 드는 부모일수록 아기의 발달 특징을 이해하고 이 시기에 '안정 애착'을 형성하도록 노력해야 한다.

안정된 애착은 영아기의 가장 중요한 발달과제다. 정서적으로 확고한 지지대가 형성되어야 학습과 자극이 의미 있게 되며, 행복하고 건강한 아이로 성장할 수 있기 때문이다. 또한 아이에게 놀이는 가장 자연스러운 생활의 중심 활동이므로 놀잇감을 잘 선택하고 함께 놀아 주는 것도 부모의 중요한 역할이다. 어린 시기에 놀이가 왜 중요한지, 좋은 놀잇감 선택 기준은 무엇인지, 어떻게 하면 함께 잘 놀아 줄 수 있는지 등에 대해 살펴봄으로써 구체적인 부모역할 준비에 도움이 되도록 한다.

생각 만들기

영아기의 발달 특징

0~35개월에 이르는 영아기는 왕성한 신체적 성장이 나타나고 감각운동적 경험을 통해 지적 발달이 이루어지는 시기다. 이 절에서는 신체 발달, 사회성 발달, 정서 발달, 언어 발달, 인지 발달로 나누어 영아기 발달의 대표적 특징을 월별로 살펴보고자 한다.

신체 발달 특징

1개월 영아

- 신체적 성장이 가장 빠른 시기이며, 운동 및 사물 조작 기능이 빠르게 발달한다.
- 4개월: 사물을 보고 잡는다.
- 5개월: 받쳐 주면 앉는다.
- 6개월: 유치가 나기 시작한다.
- 7개월: 기어다닌다.
- 8개월: 도움 없이 혼자서 앉는다. 물건을 잡고 일어선다.
- 9개월: 받쳐 주거나 붙잡아 주면 걷는다.
- 10개월: 숟가락을 가지고 혼자서 먹는다.
- 11개월: 혼자서 선다.
- 12개월: 처음으로 걷는다. 유치가 6개 정도 난다.
- 천문(숨구멍)은 9~12개월경에 닫힌다.

- 1세 이후: 신체 기술의 습득을 위해 끊임없이 움직이며 연습한다(도움받아 계단 오르기, 몸을 잡아 주면 물장구치기, 큰 공을 두 손으로 잡고 미숙하게 던지기 등). 신체를 이용하여 적극적인 탐색을 시도한다(관심 있는 물체를 질질 끌고 다니기, 봉투에 물체를 넣고 꺼내기, 복잡한 작은 물체 자세히 보기, 2~3개의 블록을 미숙하게 쌓기 등).

3개월 영아

- 손가락 조작 기술이 발달한다(숟가락 사용 시작, 세 손가락을 이용하여 물체 잡기, 조작이 간단한 뚜껑 여닫기, 두꺼운 책장을 순서없이 2~3장씩 넘기기, 크레파스나 매직을 움켜쥐고 낙서하기 등).

- 1세 말: 페달 없이 발로 밀어 움직이는 탈 것을 탈 수 있다.

6개월 영아

- 20개월 전후: 배변 훈련의 시기이지만, 개인차가 있다. 유치가 거의 난다.

- 2~3세: 신체를 다루는 기술이 발달하여 스스로 할 수 있는 것이 많아진다. 손가락 근육의 발달로 그리기, 블록 쌓기, 큰 구슬 꿰기, 가위질하기 등이 가능해진다. 눈과 손의 협응력 발달로 선을 따라 그릴 수 있다. 배변 훈련이 거의 이루어져 대소변을 가릴 수 있다.

👶 사회성 발달 특징

- 2개월: 울기, 미소 짓기, 옹알이 등으로 의사표현을 하고 다른 사람의 주의와 관심을 유도한다.

- 3개월: 친숙한 얼굴을 구별한다. 사람 목소리가 나는 방향으로 얼굴을 돌린다. 자신에게 미소 짓는 것에 반응하여 미소를 짓는다. 혼자 남겨지면 운다. 부모를 인식한다.
- 4개월: 말을 들으며 미소 짓는다.
- 5개월~1세: 낯선 사람에게 낯가림을 한다.
- 6개월: 목소리를 들으면 구분한다. 모방놀이를 시작한다. 까꿍놀이를 한다.

8개월 영아

- 7~9개월: 다른 사람의 주의를 끌려고 의도적으로 만지거나 잡아당기는 등의 행동을 한다.
- 11~12개월: 다른 유아들이 놀고 있는 곳을 쳐다보거나 기어 가며 관심을 보인다.
- 1~2세: 성인이나 손위 형제를 모방하는 놀이가 많다. 같은 또래보다는 성인이나 자기 형제들과 더 잘 지낸다. 같은 또래와

10개월 영아

의견을 나누지 못하며, 주로 혼자서 놀이를 한다. 다른 사람에게 애정을 표현하고 관심을 보인다. 간단한 술래잡기와 같이 타인과의 상호 작용이 포함된 놀이를 즐긴다. 독립심이 발달하여 무엇이든 혼자서 하려고 시도한다. 초보적인 소꿉놀이를 시작한다.

- 2~3세: 양육자와의 애정적 유대가 견고해져서 새로운 상황, 낯선 사람에게 민감하다. 자기중심적이어서 자신의 말과 행동의 의미를 모두가 다 이해한다고 생각한다. 또래와 함께 놀고 탐색하는 것을 좋아하고 놀이 친구를 중요하게 생각한다. 타인과의

12개월 영아

관계에서 점차 자기 조절력과 통제력이 발달한다. 소유 개념이 싹트기 시작하여 내 것과 남의 것을 구별한다. 나누어 공유하는 개념이 부족하여 장난감을 가지고 자주 싸우며 신체적 충돌도 많다. 가정에서 간단한 심부름을 시키면 좋아한다. 전화로 다른 사람과 이야기하는 것에 많은 관심을 보인다.

정서 발달 특징

- 처음에는 미분화된 흥분 상태로 감정 상태가 분화되어 있지 않다.
- 0~1개월: 비교적 무반응적이며, 간혹 얼굴 근육의 움직임으로 미소 짓는 것처럼 보인다
- 2개월경: 기쁨을 나타내는 미소를 보인다.
- 3개월경: 쾌와 불쾌 정서가 나타난다.
- 4~5개월: 감정을 표현하는 것이 명확해져서 잘 울거나 웃는다.
- 5~6개월: 공포, 분노, 혐오, 애정 등의 정서 반응이 분화되어 나타난다.
- 9~12개월: 어머니나 돌봐주는 사람에게 애착하고 낯선 사람에게는 불안 반응을 보인다.
- 1~2세: 같은 또래와 성인에 대한 애정 반응을 보인다. 욕구가 좌절되면 심하게 울거나 뒹굴며 우는 행동을 보인다. 안아 주기, 뽀뽀해 주기 등과 같은 애정 표현을 좋아한다. 큰 소리가 나는 것을 무서워한다.

14개월 영아

15개월 영아

18개월 영아

정서가 분화되어 여러 가지 기분을 표현한다. 사람이나 사물, 음식에 대한 선호 경향이 발달한다. 이러한 선호 경향은 긍정적 자아개념을 형성하는 데 도움이 된다.

- 2~3세: 자아개념과 동일시의 형성 시기로 자아에 대한 긍정적, 부정적 개념이 발달한다. 좋아하는 것과 싫어하는 것에 대한 의견이 뚜렷해진다. 성인과 비슷하게 감정을 느낀다. 분노행동(화내기)이 절정을 이루는 시기로 요구가 저지당하면 심하게 울거나 발을 버둥대며 우는 등의 행동을 보인다. 자아에 대한 강한 느낌이 발달하여 고집을 부리거나 도움을 거부하는 행동을 나타내고 다른 사람의 요구에 '싫어' '안 돼'라는 말을 많이 사용한다. 질투심을 많이 표현하며 관심을 끌려는 행동을 많이 보인다. 애정 표현 행동이 두드러지게 나타나고 안아 달라는 요구가 많다.

🔲 언어 발달 특징

- 출생~1개월: 목소리에 반응하기 위해 머리를 돌린다.
- 6~8주: 쿠잉(cooing)을 한다. 의사소통을 하기 위해 몸짓을 사용한다.
- 3개월: 옹알이를 한다.
- 6~12개월: 다른 사람의 소리를 모방해 낸다.

20개월 영아

- 11~12개월: 다른 사람의 언어적 요구에 간단한 행동으로 반응을 보인다. 예를 들어, 성인이 '안녕'이라고 하면 고개를 끄덕거리는 행동으로 반응을 한다.
- 12개월: 첫 단어가 나타난다.
- 12개월 이후: 첫 단어를 말하고 어휘 발달이 급속히 진전되나 개인차가 있다.

- 9~15개월: 한 단어로 말한다(엄마, 아빠, 맘마, 우유 등)
- 17~20개월: 40~60개 정도의 어휘를 사용하며, 낙서를 하듯이 쓰기를 시작한다. 낙서하듯이 그린 것에 이름을 붙이기 시작한다.
- 2세경: 사물에 관심을 갖고 '이거 뭐야?' '뭐예요?'라고 활발하게 질문한다.

24개월 영아

- 2~3세: 자기 중심적인 언어가 지배적이다. 낱말의 의미를 과잉 축소하거나 과잉 확대하여 사용한다. 2세경이 되면 어휘가 급격히 발달하여 300개의 단어를 이해하고 약 50개의 단어를 정확히 사용할 수 있다. 3세경에는 높임말, 부정문, 관계절을 사용하고 900개 정도의 낱말을 사용하기 시작한다.

인지 발달 특징

- 인지 발달은 지각 운동기능 발달과 밀접히 관련되어 있다.
- 시각 발달: 4개월이 되면 명도가 높은 색, 대비가 뚜렷한 형태를 선호한다.
- 청각 발달: 생후 3, 4일이 되면 소리에 반응하며, 3개월경에는 말소리 리듬에 따라 반응한다.

27개월 영아

- 7~10개월: 간단한 문제를 해결할 수 있다(놀잇감을 꺼내기 위해 상자 뚜껑을 연다).
- 8~12개월: 숨기는 것을 본 경우에는 그 물체를 찾아낼 정도의 대상영속성이 있다.

- 12~18개월: 돌이 지나면 주변 사물에 대한 호기심이 왕성해져 사물을 결합시키고 연관시키려고 시도한다. 보는 상태에서는 물건을 이동하여 숨겨도 찾아낼 수 있다. 다른 사람의 동작을 모방한다. 사물을 다른 것의 대치물로 사용하기 시작한다.

- 12~24개월: 완전히 성숙된 대상영속성이 형성된다. 무엇이든 모방하려 한다. 이전에 들었던 소리나 행위를 재생한다. 복합적인 음성을 모방한다. 상징놀이를 즐기기 시작한다. 간단한 블록을 구성한다. 간단한 모양 퍼즐이나 2~3조각 그림 퍼즐을 맞춘다.

- 2~3세: 언어와 상징을 사용하여 사고하고 기억하며 상상력을 발휘하기 시작한다. 반복 놀이를 좋아한다. 사물을 분해했다가 다시 조립할 수 있다. 사물의 색, 모양, 크기, 용도 등에 따라 단순하게 분류할 수 있

30개월 영아

다. 양, 수에 대한 제한적 이해를 보이기 시작하고 1의 개념이 생긴다. 위, 아래, 안의 개념이 생긴다. 색연필이나 크레용으로 긁적거리고 수평선을 그린다.

영아기의 부모역할

만 0~1세 영아기 자녀의 부모역할

양육자의 역할

양질의 충분한 상호 작용이 요구되는 시기다. 이때의 양육자는 영아의 보호자이며 요구를 만족시키는 제공자로서의 역할을 해야 한다. 영아가 초기 양육 과정에서 부모와 의사소통하고 신호를 보내는 상호 작용은 영아기 동안 형성하는 모

든 능력 발달의 기초가 된다.

기본적 신뢰감을 형성시켜 주는 역할

기본적 신뢰감이란 돌봐주는 사람이 아기의 기본적 요구를 일관성 있고 민감하게 충족시켜 줄 때 그 사람에 대해 갖는 믿음으로, 영아로 하여금 세상은 안전하고 확실하며 예언할 수 있고, 살아갈 만하다는 믿음을 갖게 해 준다. 양육자에 대한 신뢰감은 영아와의 의사소통 과정을 통해 형성되는데, 자신의 울음에 어머니가 비교적 일관성 있고 빠르게 반응해 준 경험을 한 영아는 어머니와 신호를 주고받는 것을 경험하게 되어 이후에 효과적인 의사소통 방법을 습득하는 데 도움이 된다. 양육자에 대한 신뢰뿐 아니라, 영아 자신의 능력을 믿도록 하는 신뢰감도 형성되어야 하는데, 이는 적절한 자극적 환경을 통해 형성된다. 이때의 의사소통이란 아주 사소하게 보이는 일들이다. 젖먹이며 소리 내 주기, 눈 맞추고 웃어 주기, 간질이거나 얼굴을 비비는 등 사랑 표현하기와 같은 행동들이다.

영아는 환경의 자극에만 반응하는 수동적인 존재가 아니기 때문에 초기 상호작용의 과정에서 자신의 행동이 어떠한 결과를 일으키는지 예측하게 되고, 점차 사물 및 사건을 구체적인 상황에서 해석하고 의미를 부여할 수 있는 예측 능력이 발달하게 된다.

원인과 결과를 확인할 수 있고, 예측 능력을 발달시키도록 돕는 교육적 환경 속에서 영아는 자신과 타인에 대한 신뢰감을 형성하게 된다. 따라서 이 시기 영아에게는 일관성 있으면서도 민감한 양육자가 필요하다. 안정된 애착을 형성하기 위해서는 아이를 진정으로 사랑하고 배려하는 양육자가 있어야 하고 지속적으로 돌봐야 한다. 양육자가 자주 바뀌면 아기들은 안정애착을 형성하지 못한다.

상호성 발달을 촉진하는 역할

자녀와 부모, 두 사람이 상호 작용하는 동안 긍정적·부정적 자극을 주고받는 평행의 줄다리기가 이어지며, 이를 통해 부모와 아이의 상호성이 형성된다. 이러한

아기 울음 달래는 5S

• **Swaddling, 속싸개로 싸기**

엄마 자궁 안에서와 같은 안정감을 줍니다. 상당히 꼭 싸매어야 하며 잘 풀리면 안 됩니다. 만 6, 7개월까지도 속싸개가 아기가 잠드는 데 도움을 주는 경우가 많습니다.

• **Side/Stomach position, 배와 옆구리를 압박하는 자세**

아기의 소화를 돕기 위해서 아기를 안고 있는 동안 아기의 왼쪽 옆구리 또는 아기 배에 압력이 가해지도록 안습니다. 영아돌연사의 위험으로 아기를 꼭 똑바로 눕힌 자세로 재워야 합니다만, 우는 아기를 달래는 데는 똑바로 눕힌 자세는 별로 좋지 않은 자세입니다.

• **Shushing Sounds, 쉬이잇~ 소리**

이 소리는 자궁 근처의 동맥을 통해 혈액이 통과하면서 내는 소리를 흉내 내는 것입니다. 진공청소기, 헤어드라이기, 선풍기, 라디오 주파수 안 맞는 소리 등이 이 소리에 해당됩니다. 엄마 배 속에서 듣는 소음의 크기는 진공청소기 소리보다도 훨씬 크다고 합니다.

• **Swinging, 흔들리는 움직임**

아기는 엄마 자궁 안에서 느꼈던 앞뒤로 왔다갔다 하는 움직임에 익숙합니다. 엄마가 걸을 때마다 배 속에서의 아기는 그네 타는 것 같은 느낌이라고 합니다. 그네를 타거나 흔들의자에 있을 때 아기는 편안함을 느끼게 되는데, 좌우로 흔드는 것보다 앞뒤로 흔드는 것이 더 효과적입니다.

• **Sucking, 빨기**

빨기는 신경계와 깊은 연관을 가질 뿐 아니라, 안정감을 가져다 준다고 합니다. 엄마 젖, 공갈젖꼭지, 젖병 또는 아기 손가락을 빨게 해 주세요.

출처: Karp (2004). 엄마, 나는 아직 뱃속이 그리워요.

상호성은 자신이 주변의 다른 사람과 분리된 존재임을 인식하는 데 영향을 준다.

영아에게 상호성을 주도할 기회를 전혀 주지 않거나, 양육자가 영아의 기분과 요구를 무시하고 자신이 정한 기준에만 맞추어 영아를 훈련하고 가르치고자 하면 아기는 자율성이 없고 책임도 지지 않는 사람으로 성장한다. 아기 때부터 즐겁고 행복한 마음으로 양육해야 하는 이유가 여기에 있다.

감각자극을 제공하는 역할

영아기 아이의 건강한 발달을 위해서는 운동 능력, 사회성, 인지 능력 등의 발달이 선행되어야 한다. 영아의 감각운동 능력을 촉진시킬 수 있는 자기 주도적인 기회와 독립심을 기를 수 있는 환경이 제공되어야 한다. 또한 시각, 청각, 촉각, 눈과 손의 협응력 등 다양한 감각기관을 자극할 수 있는 놀잇감과 활동들이 마련되어야 한다. 그러나 무엇보다도 중요한 것은 양육자와 영아의 직접적인 상호 작용을 통해 전달되는 자극이다. 생후 3년경까지 엄마가 아기와 함께 생활하며 양육하는 것이 좋은 이유가 여기에 있다.

만 1~2세 걸음마기 자녀에게 좋은 부모역할

보호자의 역할

만 1세에 들어서면 아이들의 손과 발이 좀 더 자유로워지며, 자신의 자율성을 시험해 보고 싶은 욕구가 증가한다. 자신의 몸을 이동시키며, 적극적 탐색의 행동이 나타나는데, 이때 영아의 호기심과 탐색의 욕구에 부합하는 교육적이면서도 안전한 환경을 마련하는 것이 가장 중요하다. 대부분의 안전사고는 아이들이 걸을 수 있게 되는 시기인 12개월 이후에 빈번하게 발생하며, 이때 장애로 이어지는 사고가 생기기도 하므로 각별한 주의가 필요하다.

좌충우돌 아이, 한시름 놓으며 키우기

부모나 보호자는 자녀가 각종 위험 요소로부터 안전하길 바란다. 하지만 24시간 내내 아이에게서 눈을 떼지 않는 것은 불가능하다. 특히 영·유아의 경우는 항상 안전사고에 노출되어 있기 때문에 특별한 주의가 요구된다. 연령별 발달 특성을 살펴 아이의 안전을 보장하는 방법을 알아봤다.

▷2~4개월의 영아는 순식간에 몸을 뒤집거나 바닥에서 구르기 등을 하면서 가만히 있지 않으며 무엇이든 입으로 가져가고, 6~12개월의 영아는 일어서거나 잡고 돌아다니는 등 움직임의 범위가 커지지만 아직 균형 감각이 부족한 발달 특성을 보이는 시기다. 이 시기의 영아는 추락, 화상, 날카로운 물건을 인한 상해, 충돌사고, 질식사고, 위험물체 흡입사고 등의 안전사고 발생 위험이 높다.

▷1~2세의 영아는 관심 대상이 확대되고 손과 팔의 협응력이 발달하는 특징이 있어, 자신의 몸이나 도구를 활용하여 여러 가지 실험과 탐색을 시도하는 등 행동 및 활동의 범위가 넓어지고 흥미가 증가하는 발달 특성이 나타난다. 이 시기의 영아는 놀이에 의한 안전사고가 가장 많이 발생하는 편이며, 화상, 교통사고, 추락, 충돌사고 등에 유의하여야 한다.

▷유아(3~5세)가 되면 양적 성장률은 감소하고 점차 신체의 균형이 잡히는 시기로 균형감과 협응력이 발달한다. 점차 모험놀이와 적극적인 대근육 중심 활동이 증대되고 행동의 범위도 성인의 감독 범위 밖으로 확장되고 다른 이의 모방을 즐기게 된다. 각종 놀이기구를 이용한 놀이의 증가와 실외 놀이의 증가로 인한 충돌사고, 자전거 등 바퀴 달린 놀이기구를 탈 때의 스포츠 안전사고 및 교통사고 발생의 위험이 있다.

이처럼 연령에 따른 영·유아의 행동특성에 따라 안전사고의 종류도 다르므로 자녀의 행동특성에 맞는 부모의 대처가 요구된다.

출처: 헬스조선(2012. 9. 26.).

자율성 발달을 돕는 역할: 자율성 대 수치심, 회의감

언어 능력과 이동 능력이 폭발적으로 발달하는 영아에게 능력에 맞게 어떤 것을 하도록 요구하는 동시에 또한 영아의 요구를 인정해 주면 영아에게 행동통제 능력이 발달한다. 이 시기 아이들에게 가장 많이 나오는 표현은 '싫어' '아니야' '내 거야' 등의 부정적 어휘인데, 이러한 거절 현상은 자신이 부모와 분리된 존재임을 확인하는 현상이다. 다른 한편으로는 영아가 내적으로 결정하고 행동하기 위한 시간을 벌려고 반응하는 지연전술의 방어기제이기도 하다. 거절하는 영아에게 부모가 강한 반응을 보이면 영아의 행동은 증가하고 반대로 반응을 보이지 않고 무시하면 부정적 행동은 감소한다. 영아에게 선택권을 주어 싫다는 대답을 유도할 가능성이 있는 말을 하는 대신, 영아에게 부모가 기대하는 점을 이야기하는 것이 바람직하다.

걸음마기에 새롭게 얻은 활동의 자유는 잠재적인 위험을 내포하고 있으므로 제한이 필요하다. 영아의 행동을 통제하는 목적은 영아가 스스로 자신의 행동을 통제해야 하는 때와 방법을 알도록 하는 것이므로, 과도한 통제로 자아존중감을 잃지 않도록 유의해야 한다.

통제를 해야 할 경우, 부모는 아이에게 기대하는 것을 단순 분명하고 일관성 있게 제시한 후 통제해야 한다. 가능하면 긍정적인 행동에 관심을 가지고 대하면 아이도 부정적인 행동보다 긍정적인 행동을 더 많이 하게 되어 통제의 횟수도 줄어든다.

학습경험을 제공하는 역할

연령이 어릴수록 식사하기, 옷 입고 벗기, 대소변 가리기 등의 자조기술(self-help skill) 훈련을 먼저 해야 한다. 너무 서두르거나 비판적인 태도를 보이면 자아존중감이 손상되고 수치심을 갖게 된다. 또한 순서 기다리기, 놀잇감과 놀이시설 공유하기, 만족 지연시키기, 협동하기 등을 또래와 상호 작용하면서 경험할 수 있어야 한다. 18개월에서 만 3세 미만의 영아는 보통 22개의 단어에서 200단어 내외를 구사할 수 있지만 개인에 따라서는 더 많은 단어를 활용하여 의사소통할 수도 있다. 이렇게 영아기는 언어가 급속히 발달하는 시기이므로 어른이 아이에게 말을 많이 걸어 주고 아이가 하는 말을 잘 듣고 다시 반복해서 분명히 이야기해 주는 것이 좋다.

영아기의 애착

애착의 개념과 종류

애착이란 존 보울비(John Bowlby)가 형성한 이론으로, 한 사람이 다른 사람에게 사랑받는다고 느끼고, 또 다른 사람을 사랑하고 싶은 느낌이 드는 마음을 말한다. 이는 정서적 유대관계라고 한다. 갓 태어난 아기는 처음에 누구에게 애착을 느껴야 할지도 모르고 사랑을 줄 어른을 선택할 능력도 없다. 그냥 그 부모에게 태어나거나 입양되는 것이기 때문에 거의 운명이라고 볼 수 있다. 부모가 자녀를 사랑하고 예뻐해 주면 아기는 시간

보울비(1907~1990)

이 지나면서 점점 애착을 형성하게 된다. 자기를 사려 깊게 돌보아 주고, 배고픔을 해결해 주며, 젖은 기저귀를 갈아 줄 뿐 아니라 계속 말을 걸어 주고, 울 때는 보듬어 주며, 시시때때로 이야기를 걸어 주는 어른에게 애착을 느끼기 시작한다.

처음에는 사랑했지만 싫증을 느낀 남편이 떠나 버렸기 때문에 어머니가 절망하여 울부짖으며 분노로 가슴을 친다면, 태아는 이 어머니의 정서적 불안을 화학작용을 통해 고스란히 받는다. 혈액 중 아드레날린 성분이 급증하여 탯줄을 통해 아기에게 전달된다. 태내에서부터 불이익을 받는 것이다. 자신의 선택이 아니었고 자신이 저지른 일도 아님에도, 이 아기는 태내에서부터 슬픔과 거부감을 느끼게

된다. 물론 아기가 태어났을 때 다행히 어머니가 마음을 추스르고 주변 어른들과 함께 이 아기를 사랑으로 키우면 아기의 애착 형성은 순조로워질 수 있다. 의식주와 관련된 신체적 필요를 해결해 줄 뿐 아니라 마음이 통하는, 즉 의사소통이 잘 되는 어른에게 아기들은 사랑을 느끼며, 이 사랑이 쌓이면 애착이 된다. 과거에는 의식주를 해결해 주는 어른에게 애착을 느끼는 것으로 생각했었지만, 최근에는 아기가 의사소통이 잘 되는 사람에게 애착을 더 느끼게 된다는 데 학자들이 동의하고 있다. 많은 연구에서 영유아기에 형성된 애착의 수준이 그 아기가 성장한 후 어른이 되었을 때까지 지속적으로 영향을 준다고 밝히고 있다. 따라서 아기 때부터 부모는 물론 주변 어른들이 아기를 사랑하고, 함께 놀아 주며, 말을 걸어 주는 등 아이를 존중하는 태도를 가져야 한다.

애착은 크게 안정 애착과 불안정 애착으로 구분된다. 안정 애착이란 사랑받고 싶은 대상, 즉 아기가 사랑받고 있다고 느껴지는 대상이 지속적으로 곁에 가까이에 있으면서 함께 놀아 주기도 하고, 자기에게 관심을 보여 주기도 하며, 마음을 편히 해 주면 아기는 지속적으로 사랑받고 있다고 느끼는 것이다. 영유아기의 자녀가 안정 애착을 느낀다면 바로 성공한 양육이다. 이와 반대의 개념은 불안정 애착이다. 부모는 자신이 아기를 위해 모든 것을 바치고 희생한다고 생각하지만 아기가 스스로 사랑받지 못한다고 느끼면 안정 애착이 형성되지 않는다. 영유아를 사랑한다면서 자녀의 능력에 넘치는 학습을 시키려고 한다거나 조기교육을 하기 위해 겨우 걸음마를 하는 영아에게 구구단이나 영어단어를 외우라고 요구한다면 자녀는 부모와 소통이 안 된다고 느낄 것이다. 관심을 받기 위해 "엄마 나 좀 봐."를 끊임없이 말하는 아이에게 무관심하고 텔레비전만 본다거나 귀찮아하고 반응을 보이지 않는다면 아이는 부모와 거리감을 느껴 불안정 애착을 형성한다.

불안정 애착은 다시 불안정—회피적 애착, 불안정—양가적 애착, 불안정—혼란된 애착으로 나눌 수 있다. 불안정—회피적 애착은 아이가 자신은 부모 또는 부모 대리인으로부터 사랑을 지속적으로 받지 못한다고 생각하는 상태다. 불안정—회피적 애착을 느끼는 영유아는 어머니나 양육자로부터 사랑을 못 받으며, 그 사람으로 인하여 불안해지기까지 하고 두려움까지 일어나기 때문에 불안한 감정을 가지고 있다. 상대방으로부터 거절당할 것이 두려워 미연에 자신의 애착 필요성을 최소화하려고 노력하기도 하고, 부모 또는 양육자와 거리를 두는 것을 말한다. 불안정–양가적 애착을 느끼는 아이들은 보호자로부터 사랑을 받을 수 있다는 확신이 없기 때문에 보호자를 회피하거나 싫어하지만, 어떤 때는 부모나 양육자에게 집착을 보이며 매달리는 것을 말한다. 불안정–혼란적 애착은 불안정–비조직적 애착이라고도 하는데, 영유아가 부모 또는 양육자에게 애착을 느끼지는 않지만 떨어질 수도 없어 감정적 혼란을 느끼는 상태를 말한다.

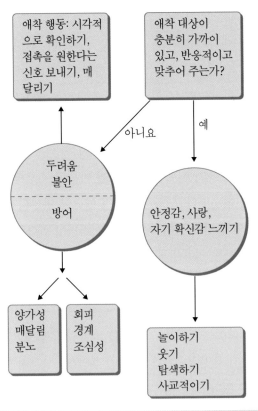

🧒 **그림 10-1** 애착행동체계

출처: Holmes (2007). 존 볼비와 애착이론, p. 129.

[그림 10-1]은 아기들이 느끼는 애착 정도가 성장하면서 어떤 행동으로 나타나는지를 정리한 것이다(Holmes, 2007). 여기에서 볼 수 있듯이, 영유아가 애착을 느끼는 대상과 함께 즐겁고 행복한 시간을 충분히 보낼 수 있으면 안정 애착을 느끼게 된다. 안정 애착을 느끼는 아이는 자기를 괜찮은 사람이라고 느껴 자기 긍정의 감정을 갖게 된다. 이와 같이 안정적인 애착을 느끼는 아이는 성장하면서 다른 친구들과 잘 놀고, 잘 웃으며, 사물이나 주변 환경에 호기심을 느껴 탐색을 많이 한다. 다른 사람들에게 친근감을 쉽게 느끼기 때문에 사교적이라는 말도 듣는다.

애착을 느끼지 못하는 영유아는 심리적 에너지가 [그림 10-1]의 왼쪽으로 흘러 불안정 애착을 형성하는 길로 들어선다. 아기는 부모나 양육자를 믿을 수 없어 불안감을 느끼거나 보호자에게 회피감정을 갖게 된다. 다른 사람으로부터 상처받지 않기 위해 자신을 방어하는 형태로도 나타난다. 그런 영유아는 다른 사람을 좋아한다고 했다가 거부하는 양가적 감정을 보이기도 하고, 상대방에게 과도하게 매달리거나 분노를 느껴 욕을 하거나 때리기도 한다. 그러나 영유아는 부모로부터 사랑을 받아야 잘 자라는 존재들이기 때문에 끊임없이 부모나 양육자에게 다가가려고 시도한다. 그 시도가 중간에 충족되면 영유아의 심리적 에너지는 다시 안정 애착을 형성할 수 있는 길로 들어서지만, 그런 행운을 갖지 못하면 아이는 아예 마음의 문을 닫아 버린다. 그 상황이 아주 나쁘고 지속적으로 계속되면 『딥스』(Axline, 2002)나 『제이디』(Hayden, 2004)에 등장하는 유사 자폐아처럼 행동하거나 함구증이 되어 다른 사람들과 상호 작용을 하지 않게 된다.

애착과 부모의 역할

이 세상에 태어나는 모든 아기들은 출생 직후, 어른이 하는 말을 알아듣지도 못하고 말로 표현도 못하지만 자신이 주변 사람들로부터 사랑받고 있는지 아닌지는 본능적으로 느낀다. 객관적 사고에 의해서가 아니라 마음으로 사랑을 느낀다. 아기들은 자신에게 관심을 가져 주고 안아 주며 깔깔대고 웃을 수 있게 해 주는 어른이 누구인지 용케도 안다. 그래서 아기는 이 어른이 자기 가까이 있는지 항상 눈으로 확인하려고 하고, 접촉을 원한다는 신호를 보내기도 하며, 곁에 있어 달라고 울거나 몸짓을 하기도 한다. 따라서 아기의 애착은 시간과 애정을 주는 어른이 있을 때 아주 조금씩 매일 형성되는, 노력이 많이 드는 인성적 특성이다. 양육자의 신체적 수고와 인격 모두를 주는 과정에 의해 형성되는 소중한 인격 특성이기도 하다.

아기가 이 세상에 태어날 때부터 조금씩 형성되는 애착은 영유아기에 중요한 정서적 발달 특성이지만, 성인이 되어서도 그 특성이 나타나 영향을 미치기 때문에 중요하다. 사람은 주변에 뚱하고 말도 없이 앉아 있는 사람보다는 명랑하고 긍정적이어서 자신을 좋아할 것이라는 느낌을 주는 사람을 더 좋아한다. 다음 쪽에 제시한 "뇌는 바보인가?"에서도 볼 수 있듯이, 교수가 강연장에서 분명히 새빨간 거짓말을 하겠다고 전제를 하고 칭찬을 했음에도 불구하고 상대방 여성은 기분이 좋아졌다고 말한 것과 그 원리가 같다. 강연장에서 우 교수가 칭찬한 그 여성을 우 교수는 전혀 몰랐을 것이므로 그 칭찬이 거짓말이라는 것이다. 따라서 그 칭찬이 사실에 근거한 것이었다면 그 효과는 더 좋을 것이다. 뇌의 쾌락 인식 부위가 상대방이 칭찬을 진심으로 하는지 거짓말로 하는지 구분을 못한다는 사실은 애착 형성을 해야 하는 영유아기 부모들에게 시사해 주는 바가 크다. 되도록 자녀에게 긍정적인 말을 해 주는 것이 좋다는 것을 과학적으로 증명해 주기 때문이다. 비록 부모가 칭찬을 잘 하지 않는 성격이라 해도 자녀에게 칭찬하는 말을 적절히 하기만 해도, 아기를 억지로라도 사랑하려고 노력하고 안아 주기만 해도 아기는 잘 자랄 수 있다. 모든 것은 내가 결정하고 실행하는 데 달려 있다. 나보다 행복하고 긍정적인 아이로 기를 것인가 아니면 나와 같은 인성 특질을 가진 사람으로 키울 것인가는 나의 결정에 달려 있다는 의미다.

애착 이론의 창시자 보울비에 따르면 애착은 유전에 의해 결정되는 것이 아니라 부모 또는 양육자에 의해 결정된다. 즉, 부모 또는 양육자가 아기와 형성하는 인간관계의 질적 수준에 의해 애착 유형이 결정된다는 것이다. 아기는 주변에 조부모 등 다른 가족이 있어도 부모, 그중에서도 어머니를 더 찾는다. 따라서 대리

뇌는 바보인가?

한 강연회장에서 연사가 청중 중의 한 여성을 일으켜 세우고 말했다. "저는 지금부터 당신에게 새빨간 거짓말을 하겠습니다. 당신은 매사에 긍정적이고 책임감이 있군요. 리더십이 있고 유머감각도 좋아서 사람들이 잘 따르고 부하들의 신뢰를 얻고 있습니다……." 연사가 여성에게 느낌을 물어보자 "기분이 좋군요."라는 대답이 나왔다. 여기서 연사가 말했다. "처음에 나는 '거짓말'을 하겠다고 했습니다. 그런데도 기분이 좋아요?"

이 이야기는 실화다. 인제대 서울백병원 정신과의 우종민 교수가 지난해 11월 KT 강연회장에서 '실험'해 보았다고 밝힌 사례다. 『우종민 교수의 뒤집는 힘』의 저자인 그는 다음과 같이 말했다. "인간의 뇌는 현실과 언어를 구분할 능력이 없습니다. 분명히 거짓말이라고 전제한 칭찬을 들었는데도 당사자의 기분이 좋아진 것이 그런 예입니다."

그뿐만이 아니다. 우리의 뇌는 현실과 생각의 차이도 잘 구분하지 못한다. 1998년 네덜란드 네이메헌 대학교의 아프 데익스터르후이스와 반 크니펜베르흐가 진행한 실험을 보자. 대학생 피실험자들을 둘로 나누어 한 그룹에는 대학교수가 되는 것과 관련한 속성을, 다른 그룹에는 축구 훌리건의 속성을 생각하고 목록을 적어보라는 지시를 내렸다. 시간은 5분이 주어졌다. 그 뒤 두 그룹 모두에게 "방글라데시의 수도는?" "1990년 월드컵을 개최한 나라는?" 등의 상식 문제 47문항을 풀게 했다.

그 결과 교수에 대해 생각했던 그룹은 평균 55.6%의 정답을 맞힌 반면 훌리건에 대해 생각했던 그룹의 정답률은 42.6%에 불과했다. 두 그룹의 지적 능력에는 차이가 없었다. 하지만 '똑똑하고 박식한' 이미지에 대해 생각하느냐와 그 반대인가에 따라 문제 해결 능력이 크게 달라진 것이다.

이 같은 이야기들의 결론은 명백하다. 우리의 뇌는 현실과 언어·단어·생각을 구분할 능력이 없다. 따라서 우리가 해야 할 일도 자명하다. 새해에는 긍정적인 말과 칭찬, 좋은 생각을 더 많이 하고 살아야 할 것이다.

출처: 중앙일보(2011. 1. 19.).

양육자가 아무리 아기를 전문적으로 잘 돌본다 해도 맞벌이하는 부모가 귀가하면 무조건 부모에게로 달려간다. 마치 해를 바라는 해바라기처럼 부모를 향한 열망과 애정이 있다. 즉, 자신을 낳아 기르는 부모에게 독특한 애착 유형을 보이는 것이다. 이런 아기에게 부모가 지속적으로 사랑을 주고 아기가 이런 부모의 사랑을 느끼게 되면 안정 애착이 형성되기 시작한다. 아기는 부모가 함께 생명을 부여한 사람임에도 불구하고 애착을 느끼는 정도가 다르다. 부모의 한쪽과는 안정 애착을 보이는 반면 다른 한쪽과는 불안정 애착을 느끼는 경우도 있다. 부모가 아기와 어떤 상호 작용을 하며 지내는지에 따라 달라지기 때문이다. 보통 아기는 어머니와 안정 애착을 더 느끼는 경우가 많은데, 이는 어머니가 10개월 동안 뱃속에서 태아를 길렀기 때문이고, 또 출생한 후에도 많은 시간을 아기와 보내며 상호 작용을 할 수 있기 때문이다. 그러나 어머니가 아기에게 사랑을 주는 방법을 모르고 놀아 주는 방법도 모를 경우 아기가 자신을 예뻐해 주고 즐겁게 해 주는 아버지를 더 좋아하여 아버지와 안정 애착을 형성하는 경우도 있다.

아기가 안정 애착을 느끼는지 아니면 불안정 애착을 느끼는지는 생후 18개월부터 뚜렷이 나타나기 시작한다. 출생부터 생후 18개월까지가 유아의 발달이 아주 중요한 이유도 여기에 있다. 연구 결과에 따르면 아기가 돌이 될 때까지는 애착 유형이 뚜렷이 작동하지 않는다. 따라서 생후 1년 6개월이 되기 전의 시기는 쉽게 안정 애착을 형성할 수 있는 절호의 기회다. 비록 아기들이 말도 못하고, 부모가 원하는 대로 움직이지도 못한다 해도 애착 형성이 중요함을 인식하고 최선으로 아기를 사랑하려고 해야 한다. 아기를 키우는 일 그 자체가 신체적, 심리적으로 힘든 일이기는 하지만 한 사람의 인성의 기초가 형성되는 중요한 시기라는 것을 인식만 한다면 부모는 최선을 다해 양육할 수 있다. 아니 해야만 한다. 다음은 어린 자녀를 키울 때 부모가 최소한 지켜야 하는 양육 원칙이다.

첫째, 무기력해 보이는 아기이지만 내 사랑과 돌봄을 필요로 하는 존재임을 확실히 인식한다. 영아기는 부모나 양육자를 힘들게 하는 시기다. 한밤중에 일어나 잠을 설치게 하기도 하고, 배고프다고 울며, 기저귀가 젖었다고 칭얼댄다. 그렇다고 아기가 불편해하고 우는 이유를 곧 알아낼 수도 없다. 아기가 말을 하지 못하기 때문이다. 그래서 젊은 부부들 중에 다시는 둘째를 낳지 않겠다고 하는 이들이 적지 않다. 아기를 때리거나 거부하는 이들도 있다. 따라서 젊은이들이 결혼 전에 영유아기 애착 형성의 중요성을 인식할 수 있도록 부모교육을 받을 필요가 있다. '영유아기의 아이는 내 도움과 사랑을 필요로 한다'는 신념을 갖고 인내하며 최선을 다하려는 다짐을 해야 한다. 그래야 아기는 안정 애착을 형성할 수 있다. 아기의 뇌는 부모가 마음으로부터 사랑했는지, 노력으로 사랑했는지 구분하지는 못하지만 사랑을 받기만 하면 되기 때문이다. 이것이 예비부모교육을 받는 이유다.

둘째, 아기의 행동에 신속하게 반응한다. 아기가 울 때 그 이유를 파악해 해결해 주고, 안정을 취하도록 애쓰며, 눈을 맞추어 주고, 웃어 주며, 말을 걸고, 아기를 사랑스러워하며 즐겁게 안아 준다. 아기가 옹알이를 하거나 소리를 낼 때 '교차 형식의 맞춤형' 반응을 한다. 아기가 '옹알이를 하거나 발로 차는 행동을 할 때 이에 걸맞는 반응을 소리나 행동으로 보임으로써 아기가 자신이 이해받고 있다는 느낌을 갖도록 한다. 이러한 부모의 반응은 아기가 성인이 되는 동안 통합된 인성을 형성하도록 해 준다.

셋째, 아기를 재미있게 해 줄 수 있는 놀이를 함께하려고 노력한다. 아기들은 별일 아닌 것으로도 잘 웃고 즐거워한다. 아기의 겨드랑이를 살짝 간질이거나 배에 공기를 불어 넣듯 뽀뽀를 해 주거나 다리를 마사지해 주는 등 생활 중에 상황에 맞추어 놀이 식으로 상대해 주면 된다.

넷째, 아기들은 스킨십을 원한다. 영유아기의 아이들은 끊임없이 몸에 부딪혀 오고 무릎에 앉으려 하며 등에 매달린다. 이럴 때 아이를 거부하지 말고 함께 뒹굴며 놀아 주는 것이 스킨십이다.

다섯째, 영유아가 잘못을 저지를 때 절대로 신체적인 체벌을 가하지 않는다. 교육이라는 미명하에 어린 자녀에게 욕을 하거나 때리는 부모는 부모 자신이 어렸을 때 부모로부터 부정적 양육을 받았기 때문이다. 어린 시절 부모로부터 받은 나쁜 감정이 뇌에 각인되어 있다가 가장 약한 자녀에게 퍼부어지는 것이다. 영유아는 몰라서 잘못을 저지르는 때가 많다. 천 번 만 번 말로 이야기해 주면 아이의 언어 능력이 자라고, 행동도 좋아지며, 논리력도 자란다.

생각 나누기

🔑 토의

다음 신문기사를 읽고, 영아의 건강한 발달을 위해 애착이 얼마나 중요한지, 왜 안아 주고 쓰다듬는 접촉이 안정 애착 형성에 중요한지 이야기 나누어 보자.

> **피부접촉은 성장의 영양분**
>
> 피부는 우리 몸에서 가장 무거운 기관이다. 추위와 위험 물질로부터 몸을 보호하는 무게 3kg의 이 기관은 감촉을 느끼는 수용체로 가득 차 있다. 누군가가 나를 쓰다듬을 때 수용체에 가해지는 물리적 자극은 전기신호로 바뀌어 뇌에서 한바탕 불꽃놀이를 일으키고 새로운 신경망을 만든다.
>
> 특히 갓 태어난 아이에게는 피부 접촉이 정상적인 뇌 발달에 필수다. 접촉에 굶주린 아이는 잘 먹지 않고 두뇌와 건강에 돌이킬 수 없는 손상을 입는다. 또 성인이 되어서도 사회, 이성 관계에 적응을 못하고 우울증과 불감증에 시달리게 될 확률이 높다.
>
> 문제는 선진국일수록 아이와의 피부 접촉이 줄어든다는 점이다. 아이는 태어나자마자 맞벌이 엄마의 품에서 떨어져 나오고, 잠도 혼자서 자고, 뒷좌석의 시트에 묶여 있게 된다.
>
> 피부 접촉이 생각했던 것보다 훨씬 중요하다는 사실이 신경학자와 심리학자의 연구를 통해 밝혀지면서 요즘 미국에서는 '터치 운동'이 일고 있다. 피부 접촉을 촉진하기 위한 단체가 생기고, 아기 마사지 가이드북, 베이비 마사지용 오일 광고가 홍수를 이루고 있다. 병원에서는 미숙아 마사지 치료가 보편화되고, 일부 아동병원은 "오늘 아이를 안아 주었습니까?" 하는 문구를 벽에 붙여 놓고 있다.

연세대 황상민 교수(발달심리학)는 한국인도 선진국형 '접촉 결핍증'에 빠져들고 있다고 우려하였다. "우리는 어머니의 등에 업혀 심장소리를 느꼈고, 볼을 비벼대는 부모와 눈을 맞추었고, 젖꼭지를 물고 잠이 들었다. 그러나 생활이 서구화되면서 요즘 아이들은 엄마와의 접촉 시간이 줄어들고 있다."

황 교수는 "특히 미숙아에 대한 마사지는 약이나 주사보다 훨씬 효과적인데도, 우리나라의 병원은 삭막한 아파트식 인큐베이터 속에 아기들을 방치해 놓고 있다"고 지적한다. 의료 수가에도 미숙아에 대한 마사지 치료가 반영돼 있지 않다. 외국에서는 미숙아에게 마사지를 하면 그냥 놔둔 미숙아보다 50%나 빨리 자란다는 연구 결과가 많이 나왔다.

신생아의 접촉 결핍증은 제2차 세계대전 당시 고아들의 이유 없는 죽음에서부터 연구가 시작됐다. 좋은 약과 음식, 깨끗한 환경에도 불구하고 죽어 가는 아이들의 사망 원인이 밝혀진 것은 '접촉 연구의 아버지'로 불리는 위스콘신대학교 해리 할로우 교수에 의해서였다.

그는 1970년대에 원숭이 실험을 통해 1세 미만의 원숭이에게는 접촉의 제거가 다른 4개의 감각보다 뇌에 훨씬 큰 손상을 준다는 것을 밝혀냈다. 접촉 없이 자란 원숭이는 판에 박은 행동을 반복하고, 어울리지 못하고, 주변에 흥미를 못 느끼며, 접촉을 두려워하고 공격성을 나타내며, 비정상적인 성행위를 하고, 어른이 되어서도 아기를 돌보지 못한다는 사실을 밝혔다. 호르몬의 불균형으로 건강이 나빠진다는 사실도 알게 됐다.

할로우의 원숭이 실험

미국국립보건원 신경심리학자 제임스 프리스콧은 세계 4백 개 문화권을 조사했다. 그 결과 어려서 아이를 잘 만져 주고, 키스나 포옹 같은 연인의 애정 표현에 개방적인 사회일수록 폭력이 적다는 것을 통계 분석을 통해 밝혀냈다. 듀크 대학교 신경학자인 소울 쉔버그 교수는 "피부 접촉의 효과는 언어나 감성적 접촉보다 10배는 강하지만 최근에야 이에 대한 생물학적 근거가 밝혀졌다."고 말한다.

『자신감 있는 아이 키우기』라는 책을 쓴 미국의 심리학자 수전 베일은 성공적인 육아법 5개 가운데서 접촉을 첫째로 꼽는다. "갓 태어난 아이는 엄마와 공생관계.

이때 아기에게는 우리만이 있을 뿐 나와 타인의 개념이 존재하지 않는다. 접촉을 통해 나와 다른 사람의 경계를 발견하면서 자아라는 개념이 싹튼다. 또 다른 사람이 만져 줄 때 내가 가치 있는 존재라는 느낌을 갖고, 사람과 접촉하면 위로를 얻을 수 있다는 것도 깨닫게 된다. 탄생 초기 접촉을 통한 부모와의 상호 작용이 나중에 커서 갖게 될 사회적 관계를 결정한다.'

하지만 우리의 유교 문화 속에는 여전히 접촉=섹스=죄악이란 고정관념이 뿌리 깊게 박혀 있다. 또 많은 부모들이 아이들을 지나치게 귀여워해 주면 버르장머리가 나빠진다고 생각한다. 그러나 접촉에 목말라하는 신생아는 아무리 안아 줘도 지나치지 않다는 것이 심리학자들의 지적이다.

황상민 교수는 "접촉은 출생 1, 2년 뒤까지가 가장 중요하지만, 학교에 적응하지 못하고 말썽을 부리는 아이들에게도 효과가 있다"며 "이런 아이에게는 나무라기보다 꼭 안아 주면서 사랑을 느끼게 하는 부모의 노력이 필요하다"고 귀띔한다.

출처: 동아일보(2000. 9. 20.).

생각 넓히기

📖 과제

주변에 영아가 있다면, 어떤 유형의 애착 행동을 보이는지 관찰해 보자. 그리고 애착의 유형을 형성하게 한 부모의 양육태도는 무엇인지 분석해 보자.

📖 도움이 되는 도서

김광호, 조미진(2012). EBS 다큐프라임 오래된 미래 전통육아의 비밀. 라이온북스.

김수연(2012). 엄마가 행복한 육아. 지식채널.

김재은(1980). 아이는 이렇게 키워라. 샘터사.

김재은(1985). 좋은 엄마 좋은 아이. 샘터사.

EBS 생방송 60분 부모 제작팀(2010). EBS 60분 부모(성장발달편). 지식채널.

📖 도움이 되는 동영상 자료

EBS 다큐프라임 〈마더쇼크〉 1-3.

EBS 다큐프라임 〈엄마도 모르는 우리 아이의 정서지능〉 1-3.

EBS 다큐프라임 〈아기성장보고서〉 1-5.

EBS 다큐프라임 〈전통육아의 비밀〉.

Chapter 11

유아기 자녀에게 행복을 주는 부모

생각 모으기

1. 이건 작지만 들어있을 건 다 있어요. — **씨앗**

2. 아빠가 출장을 가도 계속 남아 있는 거예요. — **걱정**

3. 이건 아래랑 위랑 바뀌면 안 돼요. — **인어공주**

4. 아빠가 제일 크고 그 다음이 나예요. 엄마가 제일 작아요. — **방귀**

5. 여기 있는 글자는 읽기가 힘들어요. — **도장**

6. 누가 너무 쉬 마려워서 엘리베이터에 쉬를 하면 사람들이 이걸 해요. — **반상회**

7. 엄마가 하면 동생이 안 보여요. — **어부바**

8. 어른들이 어린이가 다 갈 때까지 보고 있어요. — **시골**

9. 내 양말에 빵꾸가 났는데 친구가 자기 집에 가재요. — **콩닥콩닥**

10. 이 사람이 가고 나면 막 혼나요. — **손님**

11. 어른들은 애들이 자꾸 해달라고 하면 머리 아프니까 싫어해요. — **풍선**

12. 어린이들은 학교에서 하고 어른들은 놀면서 이걸 해요. — **탬버린**

13. 엄마 앞에 오면 엄마가 막 손을 흔들어요. — **회전목마**

14. 엄마가 아빠랑 외출할 때 만날 이걸 해요. — **변신**

15. 만날 맛있다고 하고 맛없다는 사람은 아무도 없어요. — **광고**

16. 엄마는 자기 걸 안 쓰고 내 걸 많이 써요. — **이름**

17. 차에 친구가 안 타면 안 탔다고 소리치는 거예요. — **우정**

18. 내가 주인공이 되면 창피해요. — **낙서**

19. 이 사람은 물에 들어갔다 나와도 절대 옷이 안 젖어요. — **산신령**

20. 이걸 할 땐 진짜 가까워도 차 타고 가야 돼요. — **출동**

21. 이걸 하려면 아는 사람이 있어야 돼요. — **새치기**

22. 네모 안에 사람이 있어요. — **신호등**

23. 이건 되게 작은데 여기 사는 주인은 되게 커요. — **요술램프**

24. 큰 건 엄마가 갖고 작은 건 내가 가져요. — **세뱃돈**

25. 아빠가 일어나면 엄마가 책을 봐요. — **노래방**

26. 사람들이 그 속에 많이 들어 있어요. — **추억**

27. 이건 딱 손가락만 해요. — **콧구멍**

28. 엄마랑 목욕하면 이걸 꼭 해야 돼요. — **만세**

29. 이게 있으면 물건을 못 버려요. — **정**

30. 우리 엄마가 기분 좋을 때 아빠한테 하는 거예요. 엄마가 무지 화나면 혼자서도 해요. — **팔짱**

출처: MBC 〈전파견문록〉 중.

    이 내용은 아이들이 내린 정의를 듣고 그것이 무엇인지 맞추는 형식으로 진행되었던 MBC 오락 프로그램 〈전파견문록〉에 출제되었던 문제 중 일부다. 아이들이 말해 준 정보는 너무 주관적이어서 방송에 출연한 어른들을 당황하게 만들었는데, 이 프로그램에서 보인 아이들의 반응은 이 시기 유아들을 더 잘 이해할 수 있게 도와준다. 앞서 살펴보았듯 유아들은 전조작기의 특징을 보이며 자기중심적 성향이 강하다. 때문에 다른 사람의 입장을 고려해서 생각하는 타인 조망 능력이 부족하고, 매우 주관적이며, 눈에 보이는 것에 기초해서 구체적 사고를 한다. 강한 자기중심성은 모든 문제의 원인을 자신으로 돌리는 변환추론을 하게 하며, 모든 주변의 사물이 자신처럼 살아 있다고 믿는 물활론적 사고도 하게 한다. 성인과는 질적으로 다른 양상을 보인다.

    많은 학자들은 유아기가 신체적, 인지적, 정서적, 사회적으로 중요한 발달을 이루는 인간발달의 결정적 시기라고 보았다. 따라서 이 시기의 자녀를 양육하는 부모는 유아기의 발달적 특성을 잘 파악하여, 발달에 적합한 양육을 하므로 아이의 건강한 발달과 성장을 도와야 한다. 그러므로 이 장에서는 유아기의 발달을 연령별로 나누어 살펴보고 그에 따른 바람직한 부모역할, 특히 유아기 자녀와 놀아 주는 방법, 유아기에 많이 나타나는 문제행동의 원인과 대처 방법을 살펴봄으로써 예비부모에게 필요한 적절한 양육기술을 기르고자 한다.

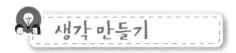

생각 만들기

유아기 발달의 특징

신체 발달 특징

- 만 3~4세: 두 발 모아 점프하기, 균형 잡기, 세발자전거 타기 등을 능숙하게 한다. 숟가락 사용을 능숙하게 하고 젓가락을 서툴게 잡기 시작한다. 기본생활을 위한 신체적 기술이 증진되어 단추 끼우기, 가위질 등이 능숙해진다.

블록 쌓기를 즐기는 유아

- 만 4~6세: 신체 부위 비율이 성인과 비슷해진다. 신체적 균형 유지가 가능해지고 대근육이 발달하여 빠르게 뛰기, 균형 유지하기, 한 발로 뛰기, 한 발로 균형 잡고 서기 등이 가능해진다. 소근육 조정 능력이 정교해져 작은 물체도 잘 다루고 가위질도 정교해진다.

몸을 움직이며 즐거워하는 유아

사회성 발달 특징

- 만 3~4세: 3세 무렵부터 혼자 놀이를 많이 하며, 점차 또래와 함께 놀이하는 빈도도 증가한다. 성 구별 없이 놀지만 점차 동성 또래에 대한 접근이 빈번해

진다. 차례 지키기 등의 규칙을 학습하기 시작한다. 성인의 칭찬과 승인에 민감하게 반응하여 행동한다. 4세 무렵이 되면 또래와의 상호 작용이 활발해지며 병행 놀이, 연합 놀이가 가능해진다.

또래와 협동하여 놀이하는 유아

- 만 4~6세: 타인을 이해하기 시작하여 규칙을 지키고 타인을 고려하고 돕는 행동이 증가한다. 같은 또래와의 놀이 수준이 발달하여 여러 명의 유아와 협동해서 놀 수 있게 된다. 5세 무렵에는 성역할이 발달하고 성역할에 대한 고정관념이 생기며, 동성의 부모를 동일시하고 모방한다. 5세쯤에는 공정, 평등, 정의로움 등에 관심을 갖기 시작

병원놀이 하는 유아

한다. 6, 7세 무렵이 되면 커서도 자신의 성이 변하지 않음을 알게 된다.

🖼 정서 발달 특징

- 만 3~4세: 애착 감정은 그 강도가 약해지며 의존심으로 발전된다. 행동을 통제하는 초자아, 양심의 발달이 이루어진다. 3세쯤에는 2세와 같은 격렬한 정서 표현이 줄고 타인을 의식하게 되며 감정 조절 능력도 생겨난다. 강력한 자율성과 주도성이 발달하게 되어 혼자 해 보려는 욕구가 높아진다. 사회적 인식이 생겨나서 자기 가치에 대한 감정을 형성하게 된다.

그림을 그리고 뿌듯해 하는 유아

• 만 4~6세: 울음으로 감정을 표현하는 행동이 점차 줄어든다. 자신의 감정 표출을 의도적으로 감추거나 피하기도 한다. 언어에 의해 자신의 감정을 표현할 수 있게 된다. 점차 다른 사람의 감정을 이해하기 시작한다. 만 5세 후반이 되면 어른에게 의존하려는 경향이 조금씩 줄어들고 혼자 해

울음으로 정서를 표현하는 유아

보려는 마음을 갖기 시작한다. 보웬이 말하는 자기분화가 일어난다.

🔲 언어 발달 특징

• 만 3~4세: 3~4세 무렵에는 900개에서 1,300개의 낱말을 구사하게 된다. 단순 문장뿐 아니라 접속사, 조사 등을 사용한 긴 문장을 말할 수 있다. 의문문과 부정문을 사용하지만 부정확한 형태가 많다. 쓰기를 시작하지만 대부분 긁적거리기 형태이며, 그리듯이 쓰기 시작한다. 글자 모양을 식별하기 시작해서 낱자를 구분하기 시작한다. 초보적인 농담이나 수수께끼를 하기도 한다. 글자의 의미에 관심을 보인다.

엄마와 책 읽는 유아

그림 그리기로 쓰기 연습 중인 유아

• 만 4~6세: 문법에 맞는 긴 문장을 사용할 수 있다. 다른 사람들과 실제 생활이나 공유한 경험에 대해서 능숙하게 대화한다. 그림과 글자, 글자와 숫자를 변별한다. 4~5세 때에는 부분적으로 글자를 읽고, 책의 그림을 보며 실제 단어를 몇 개 사용하여 꾸며 말하기 식으로 읽는다.

💻 인지 발달 특징

• 만 3~4세: 자기중심적으로 사고하는 시기
다. '왜'라는 질문을 많이 하지만 실제적인
답을 기대하는 것이 아닌 경우가 많다. 공
간 관계를 이해하며 '지금' '~하고 나서'
'~하기 전에' 등의 시간 관계도 부분적으
로 이해한다. 많고 적은 것의 차이를 이해
하기 시작한다. 사물을 초보적으로 분류하
고 추론하는 능력이 생겨 형태, 색, 모양,
소리에 따라 구분할 수 있고, 단순 배열도
가능하다. 현실과 꿈/환상을 확실히 구분
하지 못하여 연극, 인형극에 나타나는 등
장인물이나 상황을 실제라고 믿는다.

물을 탐색하는 유아

소리를 탐색하는 유아

• 만 4~6세: 점차 논리적으로 사고하며 기
억력이 증가한다. 4세 무렵에는 초보적인
인과 관계를 파악하는 것이 가능해지며 간
단하지만 이유를 설명할 수 있다. 10 이내
의 수에 대한 기본 개념이 형성되며, 일상생활에서 수를 활용한다. 일상생활
에서 활용되는 기계의 조작에 관심을 가진다. 시간의 흐름, 사건의 순서 등과
관련된 시간 개념이 발달하지만, 아직 시계를 정확하게 이해하고 읽지는 못
한다. 동그라미, 세모, 네모 등의 도형을 정확하게 구분하고 그릴 수 있으며,
위와 아래, 안과 밖 같이 위치와 관련된 공간개념도 발달한다.

유아기의 부모역할

양육자의 역할

　양육이란 신체적 접촉, 행동, 애정으로 아이에게 정서적 만족감을 주는 보호 및 교육의 과정이다. 유아기 자녀는 부모가 일일이 따라다닐 필요는 없지만 안전한 환경을 조성해 주고 사랑으로 돌봐주어야 한다. 부모는 서로 합의하여 일관성 있는 양육태도를 보이고 서로 사랑하고 존중하는 분위기로 자녀의 정체감 형성에 도움을 주어야 한다. 자율성과 주도성을 손상시키지 않는 범위 내에서 유아 스스로 행동에 책임을 지도록 가르친다. 즉, 유아가 정서적으로 의존하고 싶어 할 때 따뜻하게 품어 주는 동시에 심리적으로 독립하려 할 때에는 자기분화할 수 있는 기회를 준다.

훈육자의 역할

　훈육이란 유아가 다른 사람들에 의해 수용될 수 있도록 지도하는 양육방식을 말하며, 벌은 그 체계의 일부다. 부모의 구체적인 행동보다 가정의 정서적인 분위기가 더 영향을 끼치며 일관성 있는 훈육이 더욱 중요하다. 벌을 주기 전에 유아에게 어떤 행동을 기대하며, 기대에서 어긋났을 때는 어떤 결과가 발생한다는 것을 알게 해야 한다. 부모가 벌을 줄 때 자녀가 당연히 여기도록 하려면 자녀가 잘못을 했을 때 즉시 그 행동과 관련해서 벌을 주어야 한다. 벌은 유아가 이해할 수 있고 벌 받을 행동을 했다는 생각을 해야 효과가 있다.

학습경험 제공자의 역할

다양한 환경 제공이 사회 지위 변인보다 아동의 인지적 발달에 더 도움을 준다. 놀이재료는 다른 요인들보다 지능과 더 관계가 있다. 여자아이는 남자아이보다 더 다양한 환경을 통해 정보를 얻으며, 환경의 영향을 더 많이 받는 것으로 나타났다. 환경의 양적인 면보다는 질적인 면이 지능과 더 관계가 있었다. 놀이 재료는 학습을 자극하는 놀잇감이나 실제 조작해 볼 수 있는 것 등인데, 이는 유아기 발달을 위해 중요한 환경자극이다. 그러나 놀이는 유아의 관심과 호기심을 자극하고, 자유롭게 유아 자신의 느낌이나 생각을 표현할 수 있는 것이어야 한다. 부모와 유아가 함께 놀잇감을 갖고 상호 작용을 하면, 어느 놀잇감이나 교육적인 효과를 거둘 수 있다.

자아개념 형성 역할

자아개념은 가정 내의 초기 사회화 과정으로 학습되며, 아이의 행동을 결정하는 강한 요인이 된다. 영아기에 가족 관계에서 형성되기 시작한 자아개념은 유아기에 들어와서 자신에 대한 초기 인상으로 자리 잡아 간다. 영유아기에 충분히 받은 온정적인 사랑, 유아를 수용하고 존중하는 부모, 민주적인 양육태도는 자녀의 자아존중 정도와 밀접한 상관을 나타낸다. 자아개념이 높은 유아는 행복하고 비교적 불안을 덜 느끼며 학업성취 수준이 높은 반면, 자아개념이 낮은 유아는 적응력이 낮고 불안을 많이 겪는다.

선택 능력 향상자로서의 역할

유아가 스스로 선택해서 하는 행동을 그때마다 부모가 지지해 주고 도움을 주면 선택 능력과 결정 능력이 발달한다. 반대로 부모가 유아의 행동을 제한하고 질문을 귀찮아하면 죄의식이 발달한다. 유아는 부모나 주위 사람을 동일시하여 비슷하게 되려고 노력하면서 가치 · 태도 · 행동 기준을 배운다.

유아의 이해 수준을 수용하고, 역할 모델을 보이며, 현실을 설명해 주고, 부모와 강한 애정적인 관계를 형성하면 유아의 선택 능력이 향상되고 의사결정 능력이 생긴다.

유아기에 환경을 탐색하도록 허용받고 격려받은 아이는 그러한 탐색활동을 주도하는 데 주의력이 있고 쉽게 접근하지만, 과잉보호를 받거나 벌을 받은 아이는 주변을 탐색하는 것을 두려워하고 스스로 금지하는 경향이 있다. 부모는 자녀가 불안을 느끼지 않고 새로운 환경에 주도적으로 탐색할 수 있는 분위기를 조성해야 한다. 그러나 하고 싶은 일은 무엇이든지 하는 버릇 없는 아이로 키워서는 안 된다. 선택하고 결정하는 능력이 버릇 없는 행동으로 이어져서는 안 된다는 의미다.

유아의 발달단계에 알맞게 놀아 주는 부모

놀이의 중요성

부모가 어린 자녀와 노는 것은 생각보다 어렵다. 우선 노는 것은 무가치한 일이며, 아이는 놀이보다는 무엇인가 공부를 하게 해야 한다는 잘못된 인식 때문이다. 또한 함께 놀더라도 자녀의 발달에 대한 이해가 부족해 어떤 놀잇감을 언제 주고 어떻게 놀아야 하는지 모르기 때문이다. 그러나 놀이는 아이가 세상을 알아나가는 가장 중요한 수단이다. 놀이의 중요성에 대해 좀 더 구체적으로 살펴보자.

아이에게 놀이는 세계를 이해하는 수단이다
아이는 놀이를 하면서 어른 사회에서 일어나는 일들을 모방함으로써 사람들이 살아가는 방법을 터득한다. 예를 들어, 소꿉놀이를 하며 가족 구성원의 역할을 경험하고, 119 구급대 놀이를 하며 위급한 상황에 대처하는 방법과 어려운 상황을 헤쳐 나가는 용기와 정의감 등을 배우게 된다. 미국의 교육학자인 브루너(Bruner)는 "놀이는 아이에게 중요한 비즈니스다."라고 하였다.

놀이를 하는 동안 아이는 마음에 쌓인 좌절이나 갈등을 해소한다

병원에서 불쾌한 경험을 하고 집에 돌아온 유아는 인형의 엉덩이를 찰싹 때리고 주사를 놓으며 자신이 당한 불쾌한 감정을 해소한다. 동생을 미워하는 마음, 부모에게 가지고 있는 섭섭한 마음도 놀이를 하면서 발산하기 때문에 건강한 정신을 갖게 된다.

놀이는 사물·사건에 대한 개념 형성을 돕는다

유아는 놀면서 빨강, 노랑, 하양 등 색 이름도 배우고, 큰 것, 작은 것, 짧은 것 등 크기에 대해서도 배운다. 물이나 모래의 성질도 경험한다. 예를 들어, 색깔 찾기 놀이, 물놀이, 모래놀이 등은 자연스럽게 개념을 형성할 수 있는 공부 시간이다.

놀이는 사회성 발달을 돕는다

아이는 노는 동안 친구와 나누기, 협상하기, 협동하기, 규칙 지키기 등과 같은 중요한 사회적 기술을 배운다. 유아는 놀며 배우고 싸우며 사귄다.

놀이는 창의성을 길러 준다

미용실 놀이를 하는 유아는 손님이 입을 가운을 어떤 방법으로 마련할지, 실내는 어떻게 꾸밀 것인지를 고민하면서 스스로 문제를 해결하는 방법을 배운다. 식당 놀이를 하는 아이는 손님에게 호감을 줄 수 있는 식당을 만들기 위해 다양한 방법으로 꾸미고 맛있는 음식을 상상으로 만들어 낸다. 유아들이 놀이를 하며 생기는 문제를 해결해 나가는 동안 창의성도 발달한다.

그 밖에 놀이가 유아들에게 주는 교육적 효과는 무궁무진하다. 놀이는 유아의 삶 그 자체다.

사회성 발달 측면에서 본 놀이

놀이는 한 가지 형태로만 이루어지는 것이 아니다. 유아가 인지적, 사회적으로 발달함에 따라 놀이는 다양한 형태로 발전하게 된다. 예를 들어, 신생아 때는 딸랑이만 흔들며 혼자 놀았지만, 유아기에는 친구들과 어울려 소꿉놀이를 하기도 하고, 더 자라면 술래잡기 같은 규칙이 있는 놀이를 즐기기도 한다. 유아의 놀이는 발달과 밀접한 관련을 맺고 있다. 유아의 놀이를 관찰하면서 부모들은 발달 수준을 가늠할 수도 있고, 발달에 적합한 놀이를 어떻게 마련해야 할지도 파악할 수도 있다.

이원영(2006)은 부적응행동을 보이는 만 4세 남자아이와 여자아이를 각각 관찰하였다.

유아는 만 3세를 넘길 즈음부터 돌보아 주는 어른을 떠나 또래 친구와 놀고 싶어 한다. 만 3세부터는 적극적으로 친구 곁으로 가서 놀기 시작하는 것이 보통인데 어떤 유아는 수줍어하거나 두려워서 친구 곁에 다가가지 못한다. 다음은 또래를 적극적으로 찾지 못하고 혼자 외톨이로 지내던 만 4세 남녀 유아가 어떤 과정을 거쳐 또래와 적극적으로 놀게 되었는지에 대한 연구 결과다. 또래 사귀기 초기 단계인 이때 사회적 부적응 증상을 보이는 이 유아들이 어떤 과정을 거쳐 활발히 또래를 사귀는지 알아보는 것은 어른들이 유아의 친구 사귀기를 어떻게 도와야 하는지 알게 해 준다.

영유아기의 사회성이란 영유아들이 자신의 세계에 다른 사람을 받아들이는 정도를 말한다. 태어나서는 자신을 낳아 주고 길러 주는 어머니, 아버지를 마음에 받아들이고 그다음에는 형제자매, 가까운 친척, 그다음에는 유치원이나 어린이집의 친구와 선생님들을 받아들이는 것을 예로 들 수 있다. 만일 주변에 사랑이 많고 즐겁게 놀아 주는 사람이 많으면 유아들은 쉽게 사람을 믿고 따르는 방법을 알

표 11-1 유아의 놀이 유형 및 단계

놀이 유형 및 단계 ＼ 달	3월	4월	5월	6월	7월	8월	9월	10월
혼자 있기 －다른 유아의 놀이 구경 －혼자놀이	———	———	———	······			———→	
또래들의 놀이에 강한 관심 보이기 －다른 유아의 놀이 장소 배회하기 －관찰한 것을 모방하며 혼자 놀기		······	———	———			———→	
자발적으로 친구에게 다가가기			······	———			····→	
한두 명의 친구와 놀기 －수동적으로 친구 따라 하기 －한두 명의 친구에게 자기 생각 이야기하기				———			———	———→
또래의 일원이 되어 적극적으로 놀기 －놀이에 적극적으로 참여 －놀이 주도							···→	

(7월~8월 칸: 여름방학)

게 되고 친구도 잘 사귀게 된다. 주변의 사람들이 아이를 무시하거나 학대하면 유아들은 정서적으로 불안해지고, 다른 사람들을 불신하기 때문에 제대로 말도 못할 것이고 유치원이나 어린이집에 다니면서도 놀지 못한다. 다음은 유치원에서 부적응 행동을 보이던 유아들이 〈표 11-1〉과 같은 단계를 거쳐 또래의 일원이 되어 놀 수 있게 된 과정이다(이원영, 2007).

혼자 있기

사회적 부적응 행동을 보인 유아들은 다른 유아들의 놀이를 멀리서 구경만 하였다. 방관자적 입장에서 보기 시작했는데 차츰 다른 친구들이 놀이하는 곳으로 조금씩 가까이 가기 시작했다. 교사가 가까이 가서 놀이를 추천해도 작은 목소리로 거절하였다. 점점 시간이 지나자 이 유아들은 친구들이 놀이하는 곳 가까이로 옮겨가기 시작했다. 그러나 오랫동안 혼자서 퍼즐을 맞추거나 모래 영역에서 트럭을 가지고 혼자 놀았다. 이런 유형의 혼자놀이는 거의 한 학기 동안 계속되었다. 한 아이가 정상적으로 놀게 되려면 긴 시간 인내심을 가지고 기다려 주고 도와주는 어른이 있어야 한다.

또래들의 놀이에 강한 관심 보이기

유치원에 입학한지 한 학기가 지나도록 친구를 사귀지 않던 연구대상 유아들이 친구들의 놀이 영역으로 아주 가까이 가는 횟수가 더 많아졌다. 여자아이가 남자아이보다 더 빨리 이런 행동을 보이는 것을 보아 사회적 적응력을 기르는 데는 개인차가 있음을 알 수 있다.

이 유아들은 다른 유아들이 놀이하는 장소를 많이 배회하면서 놀이의 내용을 더 자세히 관찰하였다. 이들은 관찰한 것을 모방하며 혼자 놀았는데 학년 초의 혼자놀이와 다른 점은 친구들의 놀이에 관심을 가지고 그 놀이를 시도해 보았다는 것이다. 비록 혼자 있던 곳으로 돌아가 친구들의 놀이를 모방하였지만 아주 진지하게 놀았고 창의성을 발휘하여 자기 생각을 덧붙이기도 하였다. 교사의 제안을 받아들이기도 하였다.

여기에서 부모 및 교사들이 알아야 할 것은, 부적응 유아들이 친사회적 행동을 즉각적으로 보이지 않는다 해도, 이들이 사회적 관계 형성 능력을 갖게 되려면 또래놀이가 있는 유아교육 현장과 이들을 안내하고 도와주는 교사가 있어야 한다는 것이다. 사회적 관계 형성에 문제가 있는 유아일수록 놀이중심, 활동중심의 유아교육 현장에 다녀야 한다는 의미다.

자발적으로 친구에게 다가가기

한 학기가 훨씬 지난 후 방학을 마치고 돌아온 이 유아들은 다시 '혼자 있기' 단계로 돌아갔다. 그러다가 다시 또래들의 놀이에 강한 관심을 보이기 시작했고 자발적으로 또래들이 노는 장소에 가서 오래 머무르기 시작했다. 이 두 유아는 계속 친구들이 노는 장소에 머무르며 관찰하다가 자신이 생각하는 바를 조심스럽게 말하기 시작했다. 이 과정에서 여자아이는 자신이 가깝게 지낼 수 있는 친구를 한 명 발견해서 놀기 시작했지만 계속 다른 아이들의 놀이 장소에 머물렀다. 남자아이는 친한 친구가 없어도 상관없이 친구들의 놀이 장소에 머물렀다. 부적응 현상을 보이던 두 아이들이 다른 유아들과 말을 하고 노는 횟수가 조금씩 길어지기 시작했다. 자신이 생각하는 것을 분명히 표현하고 또 다른 친구들의 제안을 받아들이는 일이 많아졌다.

한두 명의 친구와 놀기

또래 친구들이 노는 장소에 오랫동안 머무르게 되자 부적응 행동을 보이던 유아들도 한두 명의 친한 친구를 찾게 되었다. 처음에는 이 친구들을 수동적으로 따라하다가 시간이 지나면서 자신의 의견을 말하기 시작했다. 이런 과정에서 두 유아는 다른 친구와 의사소통하는 방법을 터득하게 되었다. 의사소통 능력이 증가하자 친구의 의견에 따라 놀이 방법에 따라 수동적으로 놀던 유아들이 능동적으로 자신의 견해를 밝히기 시작했다.

또래의 일원이 되어 적극적으로 놀기

첫 학기를 거의 '혼자 있기'로 일관했던 부적응 유아들이 드디어 2학기 중반에 접어들면서 놀이에 적극적으로 참여할 뿐만 아니라 놀이를 주도하기 시작하였다. 이 단계에서 볼 수 있는 것은 유아들의 놀이 참여에 대한 강렬한 열망이다. 비록 오랫동안 사회적 부적응 행동을 보였지만 일단 또래와 어울리는 방법을 터득한 후에는 적극적으로 놀이를 주도하기까지 하였다. 놀이에서 자신이 하고 싶은 역할을 하겠다고 분명히 말할 뿐 아니라 친구들에게 이러저러한 역할을 해 달라고 부탁하기도 하였다. 나중에는 놀이 역할이 다른 친구를 따라하는 것에서 놀이의 리더가 되는 것으로 다양화되었다.

발달에 따른 적절한 놀이와 놀잇감

유아가 성장함에 따라 놀잇감도 달라져야 한다. 부모들은 비싼 돈을 주고 사 준 놀잇감을 유아들이 가지고 놀지 않아서 안타까워 하는 경우가 종종 있다. 그러다가 시간이 한참 지난 후에 그 놀잇감을 가지고 재미있게 놀기도 한다. 이런 경우는 대개 그 놀잇감이 유아의 발달 수준에 맞지 않았기 때문이다. 즉, 놀잇감과 유아의 발달은 밀접한 관계가 있어서 아이가 어떤 놀잇감을 가지고 놀려면 그 놀잇감을 가지고 놀 수 있는 능력이 발달되어야 한다. 그러므로 유아의 발달 수준에 근거해서 놀잇감을 제공해야 한다.

연령에 따른 놀잇감

대부분의 상품화된 놀잇감에는 연령 표시가 되어 있다. 이것은 대부분의 해당 연령 유아들이 그 놀잇감을 사용할 수 있다는 표시이지, 이 연령의 모든 유아들이 이 놀잇감으로 재미있게 논다는 의미는 아니다. 그러므로 연령 표시를 참고하는 동시에 유아의 현재 발달 수준도 고려해야 한다.

- 만 2세 무렵의 아이에게는 감각적 자극을 줄 수 있는 놀잇감이 좋다.
  - 대근육놀이 재료: 그네 세트, 밀고 끄는 놀잇감, 쌓거나 포갤 수 있는 가볍고 큰 종이 벽돌 블록, 고무공, 비치볼, 간이 계단, 낮은 미끄럼틀, 흔들배 등
  - 감각놀이 재료: 촉감책, 헝겊 인형, 물, 모래 등
  - 미술 재료: 무독성 크레파스와 커다란 종이, 밀가루 반죽, 핑거 페인팅 물감 등
- 만 3세 무렵의 유아는 상상놀이 소품이 필요한 시기다.
  - 인형류: 막대인형, 손인형, 손가락 인형 등 다양한 형태의 것
  - 역할놀이 재료: 소꿉놀이 용품, 병원놀이 기구 등

- 여러 가지 재질 및 여러 형태의 블록
- 자동차류
- 퍼즐(5~10 조각)
- 악기류(탬버린, 방울 등)

• 만 4세 무렵의 유아는 소근육을 정교하게 사용하기 시작한다.
- 퍼즐(10~20 조각)
- 좀 더 다양하고 정교화된 블록과 소품들
- 미술 재료: 물감과 붓, 색종이, 가위 풀, 투명 테이프, 찰흙(고무찰흙, 밀가루 반죽 등)
- 카드놀이 재료: 글자 카드, 순서짓기 카드, 비교 분류 카드 등
- 리듬악기류: 탬버린, 트라이앵글, 캐스터네츠, 마라카스 등
- 협응력을 발달시킬 수 있는 운동놀이 기구: 간이 농구대, 매트, 뜀틀, 팥주머니, 고리 던지기 등

• 만 5세 무렵이 되면 규칙이 있는 게임을 즐긴다.
- 게임 재료: 카드 게임, 빙고 게임 등
- 자르고 붙이고 꾸미고 구성할 수 있는 미술 재료
- 소근육운동과 협응력을 기를 수 있는 재료: 바느질 재료, 목공 놀이 기구, 표적 맞추기 놀잇감 등
- 측정 도구: 자, 저울, 시계 등

생활 속에서 찾을 수 있는 놀잇감

유아에게는 주위의 모든 물건이 다 놀잇감이다. 실제로 유아들은 상품화된 소꿉놀이 기구보다 부엌 싱크대에서 찾아낸 냄비나 프라이팬을 가지고 더 잘 논다. 중요한 것은 유아가 안전하게 놀 수 있는 환경과 적절한 재료들, 그리고 놀이가 유아에게 가치 있는 것임을 알고 지지해 주는 부모의 사려 깊고 친절한 태도다.

좋은 놀잇감 선택 기준

수많은 놀잇감들 중에서 어떤 놀잇감을 우리 아이에게 주어야 하는가는 많은 부모들의 고민거리다. 더구나 요즘 아이들의 주변에는 안전을 해치는 놀잇감, 불량 놀잇감, 비교육적인 놀잇감, 지나치게 비싼 놀잇감들이 범람하고 있어 아이들의 위생, 안전 및 교육에 많은 문제를 야기하고 있다. 그러므로 부모는 어떤 놀잇감이 아이들에게 바람직한 것인지를 알아서 좋은 놀잇감을 선택할 수 있어야 한다.

유아의 놀잇감을 고를 때는 기능적인 면과 교육적인 면을 모두 고려해야 한다.

- 안전하고 위험하지 않아야 한다: 놀잇감은 독성이 없는 것이어야 하며, 청결을 유지할 수 있도록 세척이 가능한 것이 좋다. 쉽게 깨지거나 변형되지 않는 재질로 만들어진 것이어야 한다. 또는 모서리가 날카롭지 않고 너무 쉽게 분리되지 않는 것이어야 하며, 만 3세 미만 영아의 놀잇감은 지나치게 작은 부품이 없어야 한다.

- 크기나 무게가 아이에게 적합해야 한다: 아이는 놀잇감을 가지고 놀다가 곧잘 입으로 가져가곤 한다. 우리나라 영유아의 안전사고는 집에서의 발생률이 가장 높다. 그중 놀잇감 등과 같은 이물질 흡입에 의한 질식사고가 많다. 따라서 나이 어린 동생이 형이나 누나의 작은 놀잇감을 가지고 놀지 않게 해야 한다. 또 아이들이 놀 때에는, 항상 관찰하고 있다가 위험한 일이 일어나지 않는지 유의해야 한다.

- 다양한 자극을 주는 놀잇감이어야 한다: 오감각을 다양하게 사용하여 놀 수 있으며, 아이의 지적 호기심을 유발하고 탐색행동을 자극할 수 있는 것이어야 한다. 또한 단순하고 한 가지 용도로만 사용되는 놀잇감과 다양한 용도로 사용되는 개방적인 놀잇감을 적절히 구입해서 창의력과 사고력 발달을 도울 수 있도록 해야 한다.

- 아이의 흥미와 개성에 적합한 것이어야 한다: 부모의 흥미, 기대, 가치관, 선

호를 기준으로 아이의 놀잇감을 선택하려는 경향이 종종 있는데, 아이 스스로 고른 놀잇감이 아니고 부모의 강력한 권유나 선택에 의해서 구입한 놀잇감은 아이가 즐겨 사용하지 않게 된다.

• 성역할 고정화를 조장하지 않는 놀잇감이어야 한다: 남자아이는 로봇, 여자아이는 인형이라는 성역할에 대한 고정관념을 가지고 선택하는 것은 피해야 한다. 남자아이들도 인형이나 소꿉놀잇감을 갖고 놀 수 있고, 여자아이들도 로봇이나 공을 가지고 놀 수 있어야 한다.

🖐 함께 노는 방법

유아기 아이의 놀이에서 부모의 역할은 매우 중요하다. 유아가 새로운 물건이나 놀잇감을 탐색하고 사람과의 관계를 맺어 가는 데 부모는 특히 중요하다. 부모와 애착관계가 안정적일수록 유아는 놀이에 몰두하는 시간이 길고 상상놀이를 더잘할 수 있다. 그러나 부모가 옆에 있는 것만으로 놀이가 활발해지는 것은 아니다. 부모가 자녀의 놀이 상황에 관심을 갖고 질문해 주고 지도해 줄 때 놀이가 활발해진다.

그러나 유아의 놀이가 끝나기도 전에 새로운 놀이 행동을 하도록 하거나 부모가 직접 놀이를 해 보이거나 놀잇감을 제시해 주는 등의 행동은 오히려 아이의 자발성을 해친다.

자녀와 놀아 주기 위해 일부러 시간을 내는 것은 매우 힘든 일이다. 그러므로아이와 효과적으로 놀아 주는 방법을 익혀두었다가 자녀와 함께 있을 때 짧은 시간이라도 열심히 놀아 준다.

영유아기 아이들은 현실과 상상의 세계를 구별하지 못하므로 안전에 특히 신경을 써야 한다. 해도 되는 일과 안 되는 행동에 대하여는 분명히 알려 주어야 한다. 현실에 빠져 있고 상상 세계를 경험하지 못하는 아이에게는 부족한 정서를 보충해 주고 대화나 놀이를 통해서 상상력을 키워 주어야 한다.

자녀와 놀 때 아이를 가르치려 하기보다 아이가 원하는 방식대로 움직여 주는 것이 좋다. 부모를 흉내 내는 놀이를 통해 더 많은 인물들을 표현할 수 있는 기회를 주고, 인물들의 특성을 알 수 있도록 해 준다. 유아와 놀 때는 놀이 파트너가되어 아이에게 신체적, 정신적으로 따뜻함을 느끼게 해 주며 다음과 같이 놀아준다.

영유아가 안정감을 느낄 수 있는 환경을 만든다

가능한 한 유아들과 이야기를 많이 나눈다. 자신감이 없어 친구들과 함께 놀지못하는 유아는 말을 시키려 해도 잘 하지 않을 수 있으나 계속 그 유아가 관심을가지고 있는 것에 대해 어른들이 관심을 가지고 이야기를 하면 어느새 말을 하게된다. 할 수 있는 한 유아를 배려해서 필요한 놀잇감을 마련해 주고, 어려움을 겪을 때는 알맞은 방법으로 도와주어 유아에게 신뢰감이 생기도록 한다. 주변 어른을 신뢰하는 이 마음은 곧이어 또래 친구들을 신뢰하는 마음으로 바뀐다. 사회적유능성을 기르기 위해 정서적 안정감을 갖게 해야 하는 이유가 여기에 있다.

유아가 친숙하게 알고 있는 것부터 시작하여 친숙하지 않은 것으로 옮겨간다

친숙한 물건을 가지고 놀다가 새로운 물건을 가지고 놀아보고, 친숙한 노래를부르다가 새로운 노래를 배워 보며, 친숙한 사람들과 자주 만나다가 낯선 사람들을 서서히 만나는 것은 사회적 유능성을 키우는 데 중요한 일이다. 모든 배움은그래서 서로 연결되어 있다. 사회성을 기르기 전에 정서적 안정감을 길러야 하고,지적 수준을 높이기 전에 정서적 사회적 유능성을 길러야 하는 이유가 여기에 있다. 친숙한 것, 친숙한 사람으로부터 시작해서 새로운 놀잇감을 다루어 보고, 새로운 친구들과 놀아 보는 것은 아이들에게 정말 힘든 일이다. 어른들에게 사업이힘든 것처럼 유아들에게 놀이는 사업만큼 힘든 일이다. 그러나 친구들과 노는 과정에서 도전 정신이나 호기심도 생기고 문제 해결 능력도 생긴다.

유아의 놀이를 관심을 가지고 관찰한다

유아들이 관심을 가지고 있는 놀이는 무엇인지, 어떤 친구를 사귀는지, 정서적 안정감은 있는지, 의사소통 능력은 있는지, 잘하는 것은 무엇이고 못하는 것은 무엇인지 세심하게 살핀다. 관찰을 하는 이유는 유아의 놀이를 활성화해 주고 도와주기 위한 것이지만 유아가 잘 놀고 있을 때에는 간섭하지 말아야 한다. 아기들은 두 돌만 넘으면 자기 생각대로 말하고 행동하고 싶어 하지만 어른들은 그들이 아직도 성숙하지 않았다고 생각하고 항상 도와주어야 한다고 생각한다. 유아들이 스스로 하고 싶어할 때 혼자 하게 하고 도움이 필요해 의존해 올 때 기대게 하는 균형의 원칙을 지켜야 유아들이 성장하면서 자신감을 획득한다. 유아의 의존 욕구와 심리적 독립 욕구의 균형을 맞추어야 하는데, 이러기 위해서는 항상 유아의 놀이를 관찰할 필요가 있다. 부모가 맞벌이를 하는 유아의 경우 돌보미 어른에 의해 보호받게 되는데 이들은 아이의 안전만 중요하게 생각한 나머지 유아 스스로 할 수 있는 기회를 주지 않고 다 해 주는 경우가 많아 탐색과 도전의 기회가 없다. 또 어린이집에 하루 종일 맡겨야 하는 경우 많은 어린이들을 돌보아야 하는 책임감 때문에 의존 욕구와 심리적 독립 욕구를 제때에 맞추어 주지 못하는 경우도 발생한다. 맞벌이 부부는 주말에 자녀들과 많은 시간을 보내며 의존의 욕구와 심리적 독립의 욕구에 균형을 맞추어 주어야 할 것이다.

적절한 순간에 적절한 방법으로 인정 · 격려 · 칭찬을 한다

유아의 놀이를 관찰하면서 어른들은 인정 · 격려 · 칭찬을 해 줄 내용을 파악해야 한다. 나무토막으로 30분 이상 몰입해서 노는 경우, 물감의 색깔을 골고루 사용해서 멋진 그림을 그린 경우, 자신이 어질러 놓은 놀잇감을 치우는 경우 등 어른이 시키지 않았는데도 무엇인가 긍정적인 행동을 보이면 그 순간 아이가 행한 정도만큼 인정 · 격려 · 칭찬을 해 주면 그 방향으로 더 많이 행동하려고 할 것이기 때문에 자녀의 버릇을 어린 시기에 잘 기를 수 있다. 유아들은 놀며 많은 것을 배운다. 유아의 놀이를 세심하게 관찰해야 하는 이유도 여기에 있다.

다른 유아와 비교하지 않는다

유아들은 한 명 한 명이 모두 다르다. 키도 다르고 몸무게도 다르지만 무엇보다도 유아들은 느끼는 방식이나 생각하는 방법이 각각 다르다. 어떤 아이는 그림 그리기를 좋아하는가 하면 어떤 유아는 셈하고 추리하는 것을 좋아한다. 그런데 엄마들이 유아 여러 명과 함께 있다 보면 자꾸 비교하려는 마음이 생긴다. 키가 큰 아이를 보면 그날 아이에게 우유를 마시게 하고 고기를 먹으라느니 치즈를 먹으라느니 성화를 한다. 놀이도 같은 놀이를 우리 집 아이가 더 잘해야 안심을 한다. 그러나 아이들은 비교당하는 것을 제일 싫어한다. 사실 엄마가 비교하여 말해 주지 않아도 자신이 다른 친구보다 잘하는 것은 무엇이고 잘 못하는 것은 무엇인지 잘 알고 속상해 한다. 그런데 그런 아픈 마음을 더 아프게 하는 것이 부모일 때가 많다. 부모가 해야 할 일은 우리 집 아이가 자신감을 갖고 잘할 수 있는 것을 잘 파악하고 있다가 인정, 격려해 주고 못하는 것은 "누구나 잘하는 것과 못하는 것이 있어. 잘 못하는 것은 노력을 더 해 보라는 뜻이지."라고 말해 주는 것이다. 살아가기 힘겨운 세상에서 서로 힘이 되어 주는 부모-자녀관계가 되도록 하겠다는 의지를 갖는 일이 현대 부모에게 꼭 필요하다.

자녀의 문제행동을 이해하여 도와주는 부모

유아는 다양한 문제행동을 보인다. 문제행동은 발달 과정상 잠깐 나타나고 사라지는 경우가 대부분이지만, 때로는 장시간 양육자와 유아 모두를 힘들게 하는 경우도 있다. 문제로 인식되는 행동이 오랫동안 지속될 때 그 원인이 무엇인지 어떻게 대처해야 하는지 몰라 난감할 때가 많다. 유아기의 대표적 문제행동은 손가락 빨기, 잘 먹지 않기, 비평에 예민하게 반응하기, 지나치게 부산하게 행동하기 등이다. 이에 대한 원인과 대처 방법을 살펴봄으로써 예비부모로서 필요한 양육 기술을 익혀 본다.

🧒 손가락을 빠는 아이

손가락을 빠는 행동은 만 두 돌이 될 때까지의 영유아에게 보편적으로 나타나며, 세 돌이 되기 전에 사라진다. 오랫동안 손가락을 빨면 치열이 고르지 않게 되고 또 손톱이 빠질 수도 있다. 만 4~5세 이전의 손가락 빨기는 발달에 큰 영향을 주지 않지만 되도록이면 재미있는 활동을 제공해 주어 유아기 손가락 빨기나 손톱 물어뜯기를 잊어버리게 하는 것이 좋다. 활동에 몰입하다 보면 자연스럽게 이런 습관이 없어진다.

무엇인가를 빨고자 하는 것은 아기의 강력한 욕구다. 손가락을 빠는 동안 아기는 즐거움, 따뜻함, 안정감을 느낀다. 성장하면 보다 폭넓은 활동에 흥미를 갖기 때문에 대부분 손가락 빠는 일을 자기도 모르는 사이에 멈추게 된다.

고치는 것보다는 예방하는 편이 훨씬 효과적이다. 갓 태어난 아기는 본능적으로 주먹을 입으로 가져간다. 연구 결과에 따르면, 태내에서 이미 주먹이나 손가락을 빨았기 때문이다. 그러므로 아기가 주먹을 입으로 가져갈 때마다 손을 살그머니 입에서 떼내면서 젖을 물리거나 공갈젖꼭지(손가락을 빨고 싶은 욕구를 '달랜다'는 뜻이 있는 젖꼭지, pacifier)나 젖병을 물려 준다. 이렇게 하다 보면 아기가 태내에서 손을 빨던 습관을 잊어버려 더 이상 손가락을 빨지 않게 된다.

공갈젖꼭지를 사용하는 것은 아기들의 '빨고자 하는 욕구'를 채워 줄 수 있어서 바람직하다. 예전 우리 할머니들은 자신의 빈 젖을 손자, 손녀에게 물려서 공갈 젖꼭지의 역할을 하였는데, 할머니의 빈 젖은 입놀림과 함께 따뜻한 감촉까지 느낄 수 있게 해 주었다.

두 돌이 지나도 계속 손가락을 빤다면 일단 너무 걱정하는 태도를 보이지 않아야 한다. 아이가 듣는 앞에서 "손가락을 빨아서 걱정이야."라고 이야기하거나 아기의 손을 톡톡 때리게 되면 아기는 더욱 불안해져서 더 오랫동안 빨 수도 있다. 영구치가 나기 전까지는 지나친 걱정을 하여 아이에게 불안감을 조성할 필요가 없다. 잔소리하기, 부끄러움 주기, 위협하기, 놀리기, 소리치기, 벌 주기 등의 행동은 하지 말아야 한다.

말을 알아들을 수 있는 연령이 되고 또 스스로 고치려는 생각이 생기면 손가락을 넣으려는 순간을 포착하여 낮고 친절한 소리로 "손가락." 하고 지적해서 얼른 손을 빼게 한다. 눈이 마주치는 순간에 고개를 살래살래 흔들며 안 했으면 좋겠다는 표시를 해도 좋다. 미처 보지 못한 사이에 손가락이 입에 들어가 있으면 "우리 가게에 가자. 옆집에 놀러 갈까?" 하면서 입에 문 손을 슬쩍 빼어 잡고 나갈 수도 있다. 간식을 주는 방법도 괜찮다.

유아기의 자녀는 부모가 바라는 대로 맞추려는 성향이 강한데, 이런 특성을 이용할 수도 있다. "넌 점점 키가 크는구나. 똑똑해지기도 하고. 이제 곧 학교에 가게 되겠네. 그땐 손가락을 빨지 않겠구나. 큰 아이니까 말이야." 이렇게 기대하는 모습을 보이면 유아는 부모의 기대 수준에 맞추어 손가락 빨기를 그칠 수도 있다.

잘 먹지 않는 아이

요즈음 우리나라에 비만아동이 증가해 부모들이 고민을 많이 한다. 더군다나 날씬한 몸매가 미의 기준이기 때문에, 어떻게 하면 아이들을 아기 때부터 날씬하게 키울까 하고 여러 가지 고민을 한다. 특히 어린 시절에 뚱뚱했던 아이들 중 60~85%가 커서도 뚱뚱해진다는 연구 결과는 부모들을 불안하게 만들곤 한다.

우리나라 부모들은 잘 먹지 않아 걱정하는 경우가 더 많다. 이렇게 우리나라 부모들이 먹는 것에 대해 과민하게 신경을 쓰는 이유는 우리의 슬픈 역사와도 연관이 있어 보인다. 외세의 침략을 자주 받아 왔기 때문에 굶주려야 할 때가 많았고, 음식이 앞에 있으면 일단 먹고 봐야 생존할 수 있었기 때문에 음식은 곧 건강이자 생존이기도 했던 것이다. 그러나 자기 주먹 만한 크기의 위에 들어갈 수 있는 음식의 양은 한정되어 있으므로 부모들이 계속 먹지 않는다고 걱정을 하고 잔소리를 늘어놓는 것은 무리다.

편식을 하거나 음식에 대해 까다로운 부모의 자녀는 그 행동을 닮아서 음식 먹는 습관이 까다로워질 수 있다. 아이들은 좋은 행동보다는 좋지 않은 행동을 쉽게 모방하곤 한다. 그리고 기질적으로 음식을 적게 먹는 아이도 있다.

외국인들이 먹는 음식이나 새로운 종류의 음식에 대해 부모나 주위 사람들이 거부 반응을 보이면 아이들도 거부 반응을 보인다. 그래서 새로운 음식을 먹어 보려는 용기나 융통성이 없어 해외 여행을 두려워하고, 심지어는 다른 집에 가서 음식을 먹는 것조차 꺼리게 된다.

아이들이 잘 먹지 않으려고 하는 중요한 원인 중 하나는 심리적인 줄다리기다. 부모는 먹으라고 야단을 치고 아이는 먹지 않겠다고 떼를 쓰는 동안 엄마와 어린 자녀 사이에 심리적 줄다리기가 일어난다. 부모는 이 게임에서 이겨야만 부모로서의 체면이 선다고 생각하고, 아이는 밥을 먹기는 하지만 부모를 위해서 어쩔 수 없이 먹는다고 생각하게 되어 더 먹지 않는 아이가 되기도 한다.

여기서 잠깐 생각을 정리해 보아야 한다. 음식을 먹는 일이 어찌 부모를 위한 일이 될 수 있는가? 그러나 부모를 위해 밥을 먹는 것이라고 생각을 굳힌 아이는 그다음부터는 음식을 먹지 않는 것을 미끼로 삼아 자신이 요구하는 일을 다 이루려고 한다. 이렇게 되면 먹는 일만 문제가 아니라 다른 문제행동도 잇따라 일어나게 될 것이다.

다양한 음식을 고르게 잘 먹는 습관을 형성하려면, 이유식을 시작할 때부터 다양한 음식을 맛보게 해야 한다. 그러나 이유식에는 밥과 시금치, 밥과 당근, 밥과 당근과 쇠고기 등 2~3종의 식품만 함께 넣는 것이 적당한데, 이는 독특한 맛을 뇌에 입력시키기 위해서다. 너무 많은 종류의 음식을 섞으면 하나하나의 독특한 맛이 뇌에 저장되지 않는다. 유전적으로 음식을 많이 먹지 않는 체질을 가지고 태어나는 아이도 있음을 기억해야 한다.

음식을 먹는 일이 유쾌하고 즐거울 수 있도록 분위기를 만든다. 스스로 음식을 집어먹을 수 있게 되면 알맞은 크기의 수저를 준비해 주고, 아이가 먹을 수 있을 양만큼만 덜어 주며, 먹는 일에 대해 "깨끗이 먹어라." "이것도 먹어라."는 등 잔소리를 하지 않는다. 빨리 먹으라고 서두르지 않는 것도 아이 스스로 즐겁게 먹게 해 주는 방법이다.

시장이나 슈퍼마켓으로 식료품을 사러 갈 때 아이를 데리고 가서, 자신이 먹고 싶어하는 것을 고르게 하는 것도 즐거움을 더해 주는 방법이다. 이때 아이가 잘 모르거나 싫어하는 식료품을 엄마가 골라 넣으면서 "음, 이건 시금치구나. 맛있게 무쳐 먹어야지." 하면 아이들은 자기도 모르게 '엄마는 저걸 좋아하는구나. 나도 맛봐야겠다.'는 생각을 하게 될 수 있다. 잔소리를 하는 것보다 몇 배나 더 효과가 있을 것이다.

음식을 준비할 때 아이가 함께 거들게 하면 만드는 음식에 대한 기대감을 키울 수 있다. 생선전, 과일 샐러드 등은 아이도 쉽게 도울 수 있다.

남자가 부엌에 들어가는 일은 창피한 일이라는 고정관념 때문에 못하게 하는 부모, 이 다음에 시집가면 지겹도록 할 텐데 뭐 하러 지금부터 고생을 시키는가 싶어 못하게 하는 부모들은 아이의 욕구를 알지 못해서 하는 소리다. 아이는 어머니와 함께 무엇을 만드는 것이 좋아서, 또 생선이나 채소 같은 재료가 모양이 변해서 맛있는 음식이 되는 것을 신기하게 생각하며 흥미를 느낀다. 자기가 만든 만두 모양을 찾느라 그릇을 뚝딱 비울 것이고, 자기가 생선전을 부친 것이 자랑스러워서 맛있게 베어 먹을 것이다.

자기 자신을 위해 먹어야 한다는 필요를 알고 음식을 먹게 되면 여러 가지 나쁜 식습관을 고치기 쉽다. 아이들이 바른 태도로 음식을 먹거나, 무엇이든 골고루 먹을 때에는 그 순간을 놓치지 않고 칭찬해 주는 일이 중요하다.

"넌 언제나 무슨 음식이든지 맛있게 먹어서 고맙구나." "음식을 남기지 않고 먹으려 하는 태도가 참 좋단다." "이것저것 골고루 먹으니 이젠 튼튼해지겠네." 이런 말을 들으며 아이들은 '응, 우리 엄마가 원하는 건 무엇이든 골고루 잘 먹는 거구나.'라는 개념이 생길 것이다.

"아유, 우리 애는 먹지 않아서 큰일이에요." "우리 아이는 편식을 한다니까요." "우리 애는 쫓아다니면서 먹여야 겨우 먹어요."

이런 이야기를 아이들이 듣는 데서는 절대 하지 말아야 한다. 이런 말들을 들으며 아이들은 '응, 우리 엄말 속상하게 하려면 음식을 먹지 않으면 되겠구나.' 하는 부정적인 생각을 하게 될 것이기 때문이다.

밥상을 차려 놓았는데 아이가 먹지 않겠다고 한다면 "지금 먹지 않겠니? 그럼 상을 치우도록 하자." 하고 조용히 밥상을 치운다. 아이가 아무것도 먹지 않아 안쓰럽다고 생각하여 아이스크림, 과자 등을 사 주는 행동은 삼간다. 혹시 "엄마, 배고파, 뭐 사 줘." 한다면 "응, 너 아까 배부르다고 먹지 않았잖아. 간식은 안 되겠다. 나중에 식구들하고 밥 먹은 후 함께 먹기로 하자."라고 조용히 타이른다. 적어도 세 끼 정도 그런 식으로 하게 되면 아이들은 '안 되겠다. 밥은 끼니 때 먹어야지 안 그러면 배고프구나.' 하고 생각하며 밥을 잘 먹을 것이다. 사흘을 꼬박 굶는다 해도 생명에는 지장이 없다. 우리나라 부모들은 아이가 한 끼만 굶어도 큰일나는 줄 알고 겁낸다. 이런 태도를 보일수록 아이는 더 고집을 부리며, 자신의 요구를 관철시키려고 할 것이다.

🔲 비평에 예민한 아이

"아유, 그 사람 앞에선 아무 소리도 못해요. 조금만 서운하게 해도 금방 눈물이 글썽글썽해지거든요." 이처럼 지나치게 예민한 사람들이 있다. "단추 좀 끼워라."라는 말만 해도 선생님이 자기를 미워한다며 마음의 상처를 입는 아이들도 많다.

다른 사람의 비판적인 말에 거의 반사적으로 예민하게 반응하는 사람일수록 쉽게 상처받는다. 이런 성향을 가진 사람은 위축되거나 지나치게 수줍음을 타기도 하며, 화를 내거나 슬픔에 젖는다. 장난으로 가볍게 던진 농담을 심각한 인격 모독으로 느끼기도 한다. 본인의 성숙에 크게 도움을 주는 충고를 듣더라도 나쁜 방향으로만 생각한다. 자신에 대한 존중심이 없을 뿐 아니라 자신을 못난 사람이라고 못박는 심리 상태를 가진 사람은 과민하다. 열등감 때문에 자신을 누가 무시하지 않게 보호해야 한다는 생각을 하는 것이다.

유아기는 과민한 반응을 보이는 시기이지만 대개는 곧 잊고 다른 일에 몰두한다. 그런데 상처받은 사건을 유독 오랫동안 기억하는 아이도 있다. 그래서 주위 사람들의 말, 표정, 행동마다 불평을 쏟아 놓는 투덜이가 되곤 한다. 그래서 칭찬도 잘못된 방향으로 생각한다. "입은 옷이 참 예쁘네요." 하면 '그럼 얼굴은 밉단 소리야?' 하고 부정적으로 생각하고, 또 "코가 참 예뻐요." 하면 '괜히 듣기 좋으라고 하는 소릴 거야. 코가 이렇게 큰데 예쁘긴 뭐가 예뻐.' 하는 식으로 받아들인다.

또래 집단과 유난히 다르다고 느낄 때 자기를 못난이라고 여기는 경향은 유아기 및 아동기의 아이에게서 보이는 특징이다. 그래서 친구들과 비슷한 옷, 가방, 신발 등을 사고 싶어 한다. 다른 아이들과 달리 코에 큰 점이 있다거나, 키가 몹시 작을 때, 또는 심한 곱슬머리일 때 아이들은 주위 사람들의 말이나 행동에 과민하게 반응한다.

아이들은 동생이 새로 태어나거나 형제자매가 자기보다 무엇인가를 잘할 경우에도 쉽게 상처받는다. 갓 태어난 동생이 너무 미운데 아기에게 친절히 대하라고 하거나, '형이 잘하니 너도 그만큼 해야 하지 않겠느냐.'라는 암묵적인 기대에 아이는 힘겨워서 움츠러들고 과민해진다.

아이들 중에는 과민 반응을 자기의 욕구를 채우려는 수단으로 이용하는 경우도 있다. 상대방(부모, 교사, 친구)이 자신에 대해 비판적인 말을 했다가도 과민 반응에 놀라 그 말을 취소하고 잘 대해 주거나 비위를 맞추어 주는 것을 느끼면 아이들의 과민 반응 행동은 더 심각해진다.

과보호, 과잉 친절을 받으며 자란 아이는 비판이나 심리적 부담감을 해결할 능력이 없다. 그러므로 기회가 될 때마다 조금씩 아이의 행동에 대해서 건설적인 비판을 해 주고 그에 대해 면역이 되도록 해 주어야 한다. 즉, 갓난아기에게 수영을 가르친다고 갑자기 수영장 물에 풍덩 빠뜨리는 식의 급진적이고 과격한 행동은 삼가야 한다는 뜻이다.

아이의 과민 반응 행동을 고쳐 주어야겠다는 의도를 마음에 두고 재미있는 농담을 섞어서 이야기해 주어, 아이가 그것을 웃으면서 받아넘길 수 있도록 도와주어야 한다. 자기가 원한다고 해서 뭐든지 얻어낼 수 있는 건 아니라는 것을 배우게 되면, 아이는 세상 모든 사람들이 자신을 부러워해야 한다는 착각에 빠져들지 않을 것이다.

도저히 이루어질 수 없는 완전성을 기대하다가 무언가 한 면이 부족한 것을 가지고 '이 세상에서 내가 제일 못나고 불행한 사람이다.'라고 느끼는 과민 반응 행동에서 탈피하려면, 무언가 소유했을 때 감사하도록 이끌어 준다. 최선을 다해 노력했는데도 일이 실패로 끝났을 땐 "다음에 또 노력해 보지, 뭐. 이번 일은 그런저런 이유 때문에 실패했어." 하며 사건을 객관적으로 판단하고 받아들이도록 이끌어 주어야 한다. '무엇이든지 하고 싶은 대로 못할 수도 있는 법이니까' 하며 관대하게 생각하는 습관이 필요하다.

사물에 대해서 논리적으로 생각해 보도록 안내하는 것도 좋다. 아이들은 좋다-나쁘다, 예쁘다-밉다, 희다-검다 등 흑백 논리에 근거하여 생각하는 경향이 있다. 그렇기 때문에 상대방이 나에 대해서 하는 이야기 중에서 좋다고 하는 말이 아닌 다른 말이나 행동은 모두 나쁘게 생각하기 쉽다. 이 시기의 아이들은 다른 사람이 나에 대해서 하는 비평은 그 사람의 의견이며, 사람은 모두 각각 다른 생각을 할 수 있고 또 그래야만 한다는 사실을 깨닫기 어렵다.

유치원에서 돌아온 아이가 "엄마, 동현이가 나더러 키가 너무 작대."라고 하며 속상해한다면, "그러니까 밥 많이 먹어야지."라고 하는 대신 "세상엔 큰 사람도 있고 작은 사람도 있어. 꽃 모양이 다르듯이 말야. 너를 작다고 생각하는 건 동현이 생각이겠지. 엄마는 키가 작든 크든 상관하지 않고 널 사랑한단다."라고 이야기해 주면 좋을 것이다. 그러면 아이는 다르게 생각하는 것이 어떤 것이며 어떻게 반응해야 하는 것인지에 대해 인식할 수 있게 될 것이다. 이렇듯 일상생활 속에서 부모가 사람들과의 사이에서 생기는 크고 작은 문제들을 해결하고 이해하는 방법을 보여 주면 아이도 보면서 저절로 배운다.

살다 보면 비난도 받고 욕도 듣는다. 이런 상황에 처할 때마다 부모가 먼저 그 비난을 세련되게 듣고 자신의 행동 중 고쳐야 할 점을 고치도록 노력하는 태도를 보여 주면 자녀에게 좋은 모범이 된다. 다른 사람에게 자기의 행동에 대해서 이야기해 달라고 부탁하고, 상대방의 의견을 경청해서 듣는 태도를 보인다면 아이도 비평을 건설적으로 듣는 방법을 깨달을 수 있게 될 것이다.

🏃 지나치게 부산한 아이

과다행동이란 지나칠 정도로 부산하게 움직이는 행동을 뜻한다. 객관적으로 관찰할 수 있는 부모라면 자녀의 행동이 정상적인 아이들보다 지나친지 그렇지 않은지 금세 알 수 있다.

그러나 모든 일에 열심이며 호기심과 탐구심이 많아서 행동의 양이 많은 활동적인 아이를 과다행동아로 규정짓는 일은 피해야 한다. 과다행동아의 행동은 방향성이나 목적성이 결여되어 있는 반면, 활동적인 아이는 무슨 일이든 하고자 하는 목적이 뚜렷하며 일을 시작하면 끝맺음을 한다.

연구 결과에 따르면 만 2~3세에 활동량이 많고, 탐구심 및 지적 능력이 높을수록 활동량이 많다. 그 밖에 정신연령이 심하게 낮은 아이, 잔소리가 심한 부모 밑에서 자라거나 문화실조가 일어난 아이도 활동량이 많은 것으로 나타났다.

원인에 대한 전문가의 의견이 분분하지만, 선천적인 요인 때문에 과다행동을 한다고 주장하는 이들이 많다. 즉, 뇌에 물리적 충격이 가해졌다든가 약물중독으로 태어날 때부터 뇌에 이상이 생기는 경우, 아이들은 특별히 무슨 일을 해야겠다는 목적도 없이 부산하게 움직인다.

음식물도 하나의 원인일 수 있다. 인스턴트 식품이나 빵, 과자, 빙과에 쓰이는 식용색소나 방부제 등 화학 성분 때문이라는 연구 결과도 있다. 과일이나 채소류에 남아 있는 농약이 언급되기도 한다. 임신 중 어머니의 신체적·정신적 상태, 복용한 약의 종류, 질병, 장기적이고 강한 심리적 압박감도 아이의 과다행동의 원인이 된다. 아이를 위한 건전한 환경 만들기는 태내에서부터 시작된다. 출산할 때 과다한 주사제를 사용하는 것도 주의해야 한다.

아기가 영양분 섭취를 적절히 하게 해 주고, 두뇌를 자극하는 놀이 활동을 해 주고, 연령에 알맞은 놀잇감을 마련해 주고, 함께 즐겁게 놀아 주고, 아이 스스로 놀게 해 주는 일은 아이로 하여금 목적을 가지고 노는 방법을 배울 수 있게 한다. 쓸데없이 잔소리를 하지 않는 일도 과다행동을 예방하는 길이다. 최근의 연구 결과에 의하면 유전적으로 과다행동 성향을 갖고 태어난 아이들이라도 부모의 양육 태도와 방법이 적절하면 호기심 많고 활동적인 학생으로 자랄 수 있다. 반면에 과다행동 성향을 갖고 태어났는데 양육환경이 나쁘면 과다행동이 공격적 행동이나 폭력적 행동이 될 가능성이 높아진다.

무엇보다도 부모는 자녀의 생득적 기질을 이해하고 이에 알맞은 양육을 하려고 노력해야 할 것이다. 또 부모 자신도 무언가 일을 이루어야겠다는 목적을 갖고 열심히 노력하는 모습을 보여 주는 것이 좋다. "엄마는 이걸 꼭 끝마쳐야겠어. 그다음에 좀 쉬어야겠다."라고 말한다면, 아이는 일을 시작하면 끝마쳐야 한다는 목적의식을 갖게 될 것이다.

아이는 놀이나 활동을 할 때 부모들이 쓰는 언어에 따라 목적 의식을 갖게 되기도 하고, 쉽게 포기하기도 한다. "일이 제대로 끝맺음되지 않았구나. 아빠가 좀 도와주마."라고 한다면 아이들은 일을 끝마쳐야 한다는 것을 배우게 된다. 또 아이가 하는 일이 제대로 되었을 때 그 순간을 포착하여 "야, 열심히 해냈구나."라고 칭찬해 주고, 오랫동안 앉아서 애를 쓸 때는 "그렇게 오래 앉아 있으면 힘들 텐데 일을 끝냈으니 용하다."라고 말해 주는 것도 아이의 목적 의식이나 주의 집중력을 길러 주는 좋은 방법이다.

때로는 인식을 바꾸어 주거나 생활습관의 변화를 주어도 개선되지 않는 중증의 문제행동이 있을 수 있다. 이때는 전문가의 도움을 받아 정확한 진단에 근거해 상담치료나 약물치료를 병행해야 한다. 도움을 줄 수 있는 주변의 문제행동 치료기관을 소개하면 〈표 11-2〉와 같다.

표 11-2 문제행동치료기관

기관 또는 학과명	주소	전화번호	홈페이지
국립서울정신병원 아동 자폐센터	143-711 서울시 광진구 능동로 398	02-2204-0114	www.snmh.go.kr
국립재활원 언어청각실	142-070 서울시 강북구 삼각산로 58	02-901-1700	www.nrc.go.kr
삼성의료원 정신과	135-710 서울시 강남구 일원동 50	02-3410-3415	www.smc.or.kr
상계백병원 정신과	139-707 서울시 노원구 동일로 1342	02-950-1114	www.paik.ac.kr/ sanggye
서울대학교 어린이병원	110-460 서울시 종로구 대학로 101	02-760-3648, 760-2791	www.snuh.org
서울장애인종합복지관	134-080 서울시 강동구 고덕로 201	02-440-5700	www.seoulrehab. or.kr
서울아산병원 정신과, 이비인후과 언어치료실	138-736 서울시 송파구 올림픽로 43길 88	02-1688-7575	psy.amc.seoul.kr ent.amc.seoul.kr
신·언어임상 연구소	138-070 서울시 서초구 서초동 1362번 지 두산위브 B101	02-3474-6777	www.speechclinic. or.kr
연세대학교 의료원 정신건강의학과, 재활의학과	120-752 서울시 서대문구 연세로 50	1599-1004	www.yuhs.or.kr
원광대학병원 정신건강의학과	570-711 전북 익산시 무왕로 895	1577-3773	www.wkuh.org
원광아동상담연구소	135-090 서울시 강남구 신사동 598-3 원방프라자 6층	02-516-2356	www.childcounsel. co.kr
이화여자대학교부설 발달장애아동센터	120-160 서울시 서대문구 대신동 85-1 하늬솔빌딩 B동 2층, 3층	02-312-9656	http://home.ewha. ac.kr/~disabled

(계속)

인간발달복지연구소	서울시 서초구 서초3동 1415-30 동서빌딩 1층	02-538-7017	www.growup.co.kr
중앙대학병원 정신건강의학과	156-755 서울시 동작구 흑석로 102	02-6299-1114	ch.caumc.or.kr
충남대학병원 정신건강의학과	301-721 대전광역시 중구 문화로 282	042-280-7114	www.cnuh.co.kr/home/depart/index.jsp?classcode=PY
한양대학교의료원	133-791 서울시 성동구 왕십리로 222	02-2290-8114	www.hyumc.com

생각 나누기

🔑 **토의**

영유아기에 나타날 수 있는 다음의 문제 상황에 어떻게 구체적으로 대처할 수 있는지에 대해 토의해 보고, 부모, 자녀의 역할을 나누어 역할극을 해 보자.

- 물건을 훔쳤을 때
- 거짓말을 할 때
- 맞고 들어올 때
- 울며 떼쓸 때

생각 넓히기

📖 과제

좋은 아빠, 좋은 엄마가 되기 위한 자신만의 십계명을 만들어 본다(예, 아이를 절대 비인격적으로 체벌하지 않는다, 비난과 빈정, 질타보다는 긍정과 감사, 인정, 칭찬의 말과 행동을 더 많이 한다 등).

📖 도움이 되는 도서와 동영상 자료

이원영(1999). 엄마 내가 가르쳐 줄께요. 양서원.

이원영(1999). 사랑에도 노하우가 있다. 양서원.

이원영(2004). 우리 아이 좋은 버릇 들이기. 샘터사.

이준덕(1997). 도서를 이용한 어린이 도덕교육. 다음세대.

전경원(1997). 나도 창의적으로 문제를 해결할 수 있어요. 창지사.

주정일, 유미숙, 신철희(2006). 현명한 부모는 아이의 마음을 먼저 읽는다. 샘터사.

Brett, D. (2000). 그래 네 맘 알아 엄마 얘기 들어볼래(박찬옥 외 역). 한올림.

Bronson, P., & Merryman, A. (2009). 양육쇼크(이주혜 역). 물푸레.

EBS 생방송 60분 부모 제작팀(2010). EBS 60분 부모(문제행동과의 한판승). 지식채널.

Kiyosaki, R. T., & Lechter, S. L. (2001). 부자 아빠 가난한 아빠 4(부자아빠의 자녀교육법)(형선호 역). 황금가지.

井深大(1990). 엄마는 인생 최고의 스승이다(유아교육연구회 역). 시간과공간사.

EBS 다큐프라임 〈아이의 사생활〉 1-5.

EBS 다큐프라임 〈아이의 사생활 II〉 1-3.

EBS 다큐프라임 〈놀이의 반란〉 1-5.

Part 4

좋은 부모되기 3단계
더불어 사는 사회에서의 부모역할

Chapter 12

아이들 가슴에 상처 주지 않는 부모

생각 모으기

아이의 삶은 부모가 계획하고 투자해야 하는 부모의 프로젝트가 아니라
능동적으로 계획하고 끌어 나가야 하는 아이의 프로젝트입니다.

수십년 전 알래스카의 자연보호지역에서 사슴과 늑대가 함께 살았다. 그런데 당국은 사슴의 안전을 위해 늑대를 모조리 없애 버렸다. 그 후 절대적인 안전 속에서 살던 사슴들은 그 수가 폭증하게 되었다. 그러나 편안하고 게으른 사슴들의 운동량은 감소하여 체질이 약화되고, 개체 수가 많아 먹을 풀이 부족하게 되어 결국 멸종 위기에 처하게 되었다. 사람들은 이 위기를 타개하려고 늑대를 투입시켰고, 사슴들은 희생되지 않기 위해 필사적으로 뛰어다니며 다시 건강해졌다.

　이 사례는 동식물의 성장은 자연환경에서 자연의 원리를 따를 때 잘 된다는 것을 보여 준다. 유아들도 마찬가지다.

　유아교육의 중요성에 대한 인식이 보편화되면서 상업적인 교육 프로그램의 범람으로 무엇이 옳은지에 대한 판단을 할 겨를도 없이 많은 부모들은 유아기부터 조기 사교육을 받게 하고 있는 실정이다. 또한 부모들은 무조건 빨리 자녀를 전문기관에 보내 가르치면 좋다는 생각으로 아이의 재능이나 관심과는 상관없이 유명한 프로그램을 좇아서 특정 연령이 되면 한두 가지, 심지어 그 이상의 조기 사교육도 받도록 하고 있다.

　유명 교육 프로그램이라는 광고에 속아 조기 사교육을 과도하게 시키면 유아들로부터 스스로 학습하고 문제를 해결할 수 있는 기회를 박탈하게 된다. 자연스럽게 놀며 배워야 하는 유아를 인위적 환경에 가두는 것과 같다. 이러한 현상은 부모들이 자신의 삶과 자녀의 삶을 동일시하여 과도한 기대와 욕구를 자녀에게 투사하기 때문이다. 따라서 부모가 마음의 여유를 가지고 자녀가 스스로 할 수 있는 기회를 제공하고 함께 성장하려는 노력을 할 필요가 있다.

　자녀의 인생과 부모인 나의 인생은 다르므로 각자 '자기분화'를 해야 한다. 자녀가 부모의 도움을 필요로 할 때 기꺼이 도와주지만 근본적으로는 자녀 스스로 문제를 해결하도록 해야 함을 인식시킨다. 부모 역시 자녀를 위해 희생한다는 생각을 버리고 자신의 삶을 독립적으로 살 수 있는 방법을 터득해야 한다. 자녀로부터 자기분화하는 것과 도움을 주는 것 사이에서 균형을 찾아야 한다는 의미다. 요즘 우리 사회의 아이들은 어렸을 때부터 모든 것을 학원에서 배웠기 때문에 대학

진학 후에도, 때로는 대학 졸업 후 유학을 간 경우에도 불안감으로 학원 과외 또는 개인 과외를 계속하는 경우가 많다. 혼자서는 학습할 수 없고 스스로 문제를 풀 수도 없는 탐구정신의 결핍은 우리나라 학생 특유의 병리현상이라는 외국 신문기자의 지적이 있기도 했다.

심각한 조기 사교육 열풍으로 부모들의 욕구에 떠밀린 많은 유아들이 스트레스로 인한 원형탈모증, 유사자폐증 등 심각한 병리현상으로 소아정신과를 찾는 유아가 매년 급증하고 있다. 많은 아이들의 마음과 정신이 잘못된 조기 사교육에 멍들어 가고 있는 것이다. 어른들의 잘못된 생각으로 아이들이 멍들어 가는 피해는 비단 조기 사교육뿐이 아니다. 신체적 학대, 방임, 정서적 학대, 성학대 등으로 몸과 마음에 큰 상처를 입은 아이들도 있고, 장애라는 이유로 사회적으로 외면당하고 있는 아이들도 있다. 학업성취도를 높이기 위해 학원에 보내는 것은 초등학생이 된 후 시작해도 늦지 않다. 영유아기는 놀며 배워야 하는 시기다.

더불어 사는 사회 속에서 '우리의 아이'라는 인식을 가지고 주변을 돌아본다면 멍들어 가고 있는 아이들이 다른 사람의 이야기가 될 수 없다. 이 장에서는 조기 사교육의 열풍, 조기 사교육의 병폐를 살펴보고 가정에서의 올바른 자녀 학습지도에 대해 생각해 보려고 한다.

생각 만들기

조기 사교육에 멍드는 아이들

얼마 전까지만 해도 유아교육은 일부 특수층의 자녀교육으로만 여겨져 왔다. 그러나 근래 들어 조기 사교육의 열풍과 함께 자연스럽게 유아교육의 필요성도 크게 대두되었으며, 심지어 너무 과열되고 있다는 지적이 쏟아져 나오고 있다.

우리나라 유치원생의 86%가 유치원이 끝난 후 각종 학원에서 한글, 영어, 수학, 피아노 등 각종 조기 특기교육을 받고 있으며, 무려 열 가지에서 열두 가지 조기 특기교육을 받고 있는 것으로 나타났다(조선일보, 2002. 1. 6.). 2001년 말 이화여자대학교 이기숙 교수가 교육인적자원부의 의뢰로 연구한 「창의적이고 전인적인 인적자원 양성을 위한 유아교육 혁신」 보고서에 포함된 실태 조사에 따르면, 만 3세 75%, 만 4세 78%, 만 5세 88%, 만 6세 89%, 만 7세 이상 94%가 조기 특기교육을 받고 있어 나이가 많을수록 조기 사교육을 받는 비율이 높았다.

조기 특기교육은 두 가지를 받는 경우가 30%로 가장 많았고, 한 가지 28.8%, 세 가지 20.6%, 네 가지 11.9%, 다섯 가지 5.4%, 여섯 가지 3.3% 등이었다. 어머니의 취업 여부에 따라 조기 특기교육을 세 가지 이상 시키는 비율은 직장에 다니는 어머니는 37%였지만 전업주부인 어머니는 43%로, 전업주부가 조기 특기교육에 더 열성을 보이는 것으로 나타났다.

유아들이 가장 많이 받고 있는 조기 특기교육은 한글/글쓰기 교육(49%)이었으며, 다음이 수학(32%), 영어(28%), 피아노(28%), 미술(22%), 종합학습지(11%), 태권도(5%) 순이었다.

조기 특기교육을 시키는 이유(복수응답)로는 지능계발(74%), 초등학교 준비(64%), 자녀의 희망과 소질(60%) 등이었고, '남이 시키니까 불안해서'(28%), '유치원이 끝난 후 봐줄 사람이 없어서'(11%), '같이 놀 친구가 없어서'(10%) 등의 답도 나왔다.

교육인적자원부는 이 보고서를 통해 "우리 부모들이 조기 특기교육의 시기가 너무 빠르고 종류나 비용이 너무 많다고 인식하고 있으면서도 남들이 시키니까 나도 시키고 있다는 조사 결과에 주목하고 있다"면서 "조기 사교육의 부작용에 대해 홍보하여 유치원의 과다한 영어, 수학, 체육 특별활동 교육도 자제토록 유도할 계획"이라고 밝혔다.

유아교육에 대한 관심은 근래 한 자녀나 두 자녀 가정이 크게 늘어나면서 자녀를 최고로 키우겠다는 의식이 젊은 부부들 사이에서 크게 확산되고 있기 때문이

영어 조기교육, 아이 말더듬이 만들 수 있다

어린 나이에 시작하는 영어교육의 효과가 크지 않을 뿐 아니라 부작용이 심각하다는 지적이 잇따르고 있지만, 과도한 영어 조기교육의 폐해는 여전히 사라지지 않아 과감한 규제가 필요하다는 의견이 제기됐다. 영유아 보육시설부터 초등학교 1, 2학년까지의 교육과정에서 영어수업을 금지시키고, 사교육 기관은 물론 공교육 기관에서 행해지는 조기영어교육 프로그램에 대한 감독도 더 강화해야 한다는 주장이다.

이처럼 과도한 영어 열풍이 이는 까닭은 우리 사회에서 영어가 '권력'으로 작용하기 때문이다. 카이스트 자살 사태의 배경에도 영어가 자리 잡았다. 영어를 잘 해야 출세한다는 믿음이 영어에 과도한 돈을 투자하고, 과도한 시간을 쏟아 붓는 현상을 낳았고, 이러한 몰두가 영어 조기교육으로 이어지고 있다.

이윤진 육아정책연구소 부연구위원은 "일부 산모가 1,000만 원짜리 산후조리원에 들어가 '아이의 인맥이 형성될 것'이라는 믿음을 갖는 것처럼, 부모들은 아이가 '영어'로 대표되는 특수계층에 포함되길 바란다"고 말했다.

이윤진 부연구위원이 지난해 발표한 '유아 외국어 교육실태 연구'에 따르면 지난 2010년 현재 서울과 경기도 초등학교 1, 2학년 학생 1,200명이 영어교육을 처음 시작한 연령은 3~4세가 65.7%로 가장 많았다. 1.3%는 태교부터 영어교육을 시작했다. 이날 토론회에도 참석한 이 부연구위원은 "'영어 놀이학교-영유아 영어전문학원(영어유치원)-사립초등학교-국제중, 고-명문대'로 이어지는 엘리트코스가 자리 잡았다"며 "어릴 때부터 영어교육에 돈을 쏟아야 아이가 상층부로 진입한다는 믿음이 과도한 사교육 열풍을 낳았다"고 지적했다.

이러한 사교육 경쟁은 결국 아이들 수준에 전혀 맞지 않는 조기교육이 이뤄지는 배경이 됐다. 학원마다, 학교마다 '더 수준 높은' 영어교육을 마케팅 수단으로 삼게 됐기 때문이다.

김승현 사교육 걱정 없는 세상 정책실장은 "2010년 현재 서울(76곳)과 경기도(70곳) 등 수도권을 중심으로 전국적으로 273곳의 영유아 영어전문학원이 운영 중이며, 학원비는 월 최고 170만 원에 이른다"며 "영어학원에서 편성되는 영어시수는 6~7세 아동이 감당하기에는 터무니없을 정도로 많고, 수준도 초등학교에서 접하게 되는 내용을 미리 배우는 선행학습 형태로 진행된다"고 지적했다.

김승헌 실장은 "조기영어교육은 학습효과 측면에서 전형적인 '고비용, 저효율'의 학습"이라며 "조기영어교육의 근거가 되는, '언어를 배우는 데 있어서 이른바 결정적 시기가 있다'는 주장도 모국어 습득이나 영어를 쓰는 나라에 이민을 간 상황에서는 적용될 수 있을지 모르지만, 우리나라와 같이 외국어로서 영어를 배우는 경우에는 해당되지 않는다"고 비판했다.

이와 관련, 영유아 영어전문학원에서 10년 간 강사로 활동했던 김나경 교사는 지난해 사교육 걱정 없는 세상이 발간한 〈아깝다, 영어 헛고생〉 소책자에서 "다섯 살인 아이가 2년에 걸쳐 습득한 영어 수준을 초등학교 1학년 아이는 6개월 정도면 다 터득한다"고 지적했다.

김 실장은 특히 과도한 영어 조기교육이 아이의 인지, 정서 발달에 심각한 타격을 입힌다고 강조했다. 실제 상당수 전문가들은 부작용이 심각한 경우 아이의 모국어 습득 능력이 크게 떨어지고, 우울증과 불안, 애착장애, 스트레스와 같은 정신병리학적 문제까지 일으킬 수 있다고 강조했다.

토론회에 참석한 노성임 푸른 미래 언어치료센터 원장은 "조기영어교육으로 인해 생기는 언어발달 문제의 가장 흔한 사례가 언어발달 지체다. 모국어가 완성되지도 않은 상황에 영어가 개입해 아이가 사용하는 언어가 뒤섞이고, 발음이 이상해진다"며 "특히 아이들이 커서 사춘기가 올 경우, 심각한 말더듬이가 되는 경우도 있다. 이런 현상이 2000년대 들어 특히 늘어났다"고 말했다.

실제 동덕여대 우남희 교수 연구팀이 공동육아 시설 어린이와 영유아 영어전문학원을 다니는 아이의 언어 창의력과 도형 창의력을 비교한 결과, 영어학원을 다니는 아이의 창의력 점수가 크게 떨어진 것으로 나타났다.

공동육아 시설 어린이의 언어창의력과 도형창의력은 각각 92점, 106점이었으나, 영어전문학원에 다니는 아이의 점수는 각각 68점, 85점에 머물렀다.

출처: 프레시안(2012. 6. 11.).

👩👨 **잘못된 조기 사교육의 특징**

- 유아를 있는 그대로 받아들여 주지 않아 부모에 대한 불만을 가질 수 있다.
- 지식습득을 최우선 학습으로 강조하기 때문에 인성교육이 제대로 되지 않는다.
- 자율성을 가져야 할 때와 의존해야 할 때 적절한 도움을 주지 못한다.
- 유아의 입장에서 생각하며 돕는 어른이 부족하여 해야 할 일과 하지 말아야 할 행동을 배우지 못한다.
- 능동적 학습이 이루어지지 않고 있다.
- 유아의 개인적 특성, 요구, 흥미를 먼저 고려하고 이를 지식으로 연결하는 발달에 적합한 교수 방법이 적용되지 않는다.
- 아이의 마음을 읽고 이에 민감하게 반응하는 어른이 적거나 없어 정서적 문제를 가질 수 있다.
- 신체적 · 정서적 · 사회적 · 인지적 · 창의적 발달 영역 중 오직 지적 영역에 치우친 교육이 보편화되어 있다.

라는 분석이 많다. 이에 따라 유아 대상 영어 학원, 선교원 등 조기 사교육기관이 다양화되고 학부모의 사교육비 부담이 높아지고 있다.

🖼 조기 사교육 열풍의 원인

언론 보도자료에 따르면, 우리나라 부모들은 "생활이 어려워져도 교육비는 더 늘리겠다"는 생각을 많이 하고 있다. 조사에 의하면 상당수 이상의 부모들이 수입의 절반 이상을 자녀교육비로 쓰고 있는 것으로 나타났다. 이러한 교육열이 올바른 방향으로 가지 않을 때 우리의 자녀는 강제 학습노동에 시달리게 된다. 부모가 조기 사교육에 열을 올리는 이유는 무엇인가?

"내 아이만 뒤처지면 어떻게 해요."

대다수의 부모들이 가장 고민하는 문제는 '내 아이가 뒤처지면 어떻게 하나?'다. '옆집 아이보다 성적이 떨어졌다.' '동네 다른 아이한테 맞고 들어와서 속상하다.' '옆집 아이보다 뚱뚱하다.' 등 다른 아이와 끊임없이 비교하면서 불안해한다. 다른 사람과 비교하는 일은 다른 집의 아이와 비교하는 일에서 그치지 않는다. 옆집 아이가 조기 영어 교육, 특기교육, 수영, 태권도, 바이올린, 학습지를 하니까 내 아이도 시켜야 한다는 논리로 비약하기 때문에 정규 유아교육보다는 학원 사교육에 엄청난 돈을 지불하여 가계가 쪼들리기도 한다.

또한 한 가정에서 자녀들을 서로 비교하며 질투를 조장하거나 이기심을 부추기는 일도 많다. 부모는 경쟁심을 일으켜 자녀가 공부를 더 잘하게 하려고 그런다며 자녀들을 비교한다.

이렇듯 부모들이 아이를 다른 사람과 비교하기 때문에 부모를 불안하게 만드는 요소는 항상 발생한다. 옆집 아이보다 성적을 더 올리고 나면 학급 1등을 못할까봐, 전교 1등을 못할까 봐 불안해져서 아이를 다그치게 될 수밖에 없다. 생활이 어려워져도 교육비는 더 늘리겠다는 부모의 응답에는 전쟁터에 나가 목숨 바쳐 조국을 지키겠다는 군인의 태도만큼이나 결연한 의지가 담겨 있다. 이러한 부모의 태도를 단순히 '교육열이 높다'고만 해석해도 될 것인가?

'내 아이만 떨어지면 어떻게 해.'라는 부모의 심리 뒷면에는 우리 아이를 남보다 더 교육시켜 일류 대학교에 입학시키고 싶다는 소망 이상의 것이 있다. 왜 내 아이가 떨어지면 안 될까? 다른 사람보다 좋은 학교를 나와야 좋은 직장을 다닐 수 있을 것이고, 좋은 직장을 다녀야 돈을 많이 벌거나 다른 사람보다 힘이 있는 자리에 있을 수 있다고 막연히 생각하기 때문이다. 이런 심리 뒤에는 다른 사람보다 우위에 있어야 자녀가 편히 살 수 있을 거라는 생각이 담겨 있다. 지금의 나는 형편이 없으니 자식이라도 잘되어야 한풀이가 되겠다는 심리일 수도 있고, 지금 내가 누리고 있는 부와 권력을 아이가 그대로 누리거나 더 잘되어야 한다는 생각일 수도 있다. 두 경우 모두 아이의 생각, 느낌, 능력을 고려하기보다는 부모 자신의 소망이 더 강하게 작용하는 것을 알 수 있다.

자식이 잘되기를 소망하는 것을 탓할 수는 없다. 이러한 소망이 올바른 방향으로 향한다면 유아 개개인의 행복한 삶을 보장해 줄 수 있을 뿐만 아니라 우리나라의 밝은 미래도 가능할 것이기 때문이다. 아이들은 자신의 능력을 시험해 보거나, 시행착오를 겪으며 자신의 삶의 방향을 점진적으로 결정해 나가며 살아 보아야 한다. 예비부모교육을 수강하는 학생들 중 "부모님이 몰라서 그랬겠지만 공부만 잘하라며 윽박질렀기 때문에 부모님과 마음의 벽을 쌓고 살았는데 앞으로 내 자식들에게는 그렇게 하지 말아야겠다는 것을 느꼈다"고 하는 학생이 꽤 있는 것을 보면 어린 시절 부모로부터 받는 압박감이 대학생이 되어서도 그대로 있음을 알 수 있다.

"각종 학원이나 특별 프로그램에 다니지 않으면 친구가 없어요."

학원을 여러 군데에 보내고 학습지를 시키는 어머니들은 아이들이 학원 다니는 것을 좋아하기 때문이라고 말한다. 또 학원에 다니지 않거나 학습지를 하지 않으면 동네에서 따돌림을 당하기 때문에 아이의 인격 형성에 나쁘다는 것을 알면서도 보낸다고도 한다. 악순환이 연속적으로 일어나고 있는 것이다. 학습지를 하거나 학원에 다니는 아이들이 많아서 동네에 놀 친구가 없으며, 동네에서 놀며 싸우는 동안 배우는 기본생활 습관, 친사회적 행동, 도덕성의 기초 등을 배울 기회가 없어서 성격이 이상해지고, 이 때문에 학교에서 따돌림을 당하게 된다. 동네에서 친구들과 노는 과정에서 싸움도 하고 화해도 하며 친구 사귀는 방법이나 문제 해결 방법을 터득하게 되는데, 학습을 주로 하는 기관에 다니면 이런 기회가 없거나 있다고 해도 매우 적다. 따돌림을 당하거나 따돌림 하는 것 모두 의사소통 능력이 부족하여 그런 것이니 부모들이 키운 대로 거둔 것이라고 볼 수 있다.

어려서부터 스스로 계획하고 그 계획을 실천에 옮겨 본 후 이에 대해 평가를 해 볼 기회가 없는 유아는 성장한 후에도 자신의 삶을 계획·수행·평가하지 못하는데, 어려서부터 해야 할 일을 어른들이 다 해 주었다면 대단히 타율적이고 미성숙한 사람으로 성장할 것이다. 이는 부모가 안내가 아닌 과다한 개입을 한 결과다.

조기 사교육의 병폐

　만 6세 미만 유아 대상 조기 사교육은 인격 형성에 부정적 영향을 미칠 뿐 아니라 몇 자 더 가르치려다 아이 인생을 망칠 수 있다는 신문기사는 요즘의 조기 사교육 열풍에 대한 우려를 표명하고 있다. 연세대학교 소아정신과 신의진 교수는 과열되고 있는 사교육 열풍을 '빈대 잡으려다 초가삼간 태우는 격'이라고 비유했다. 아이의 장래를 위해 시키는 공부가 오히려 아이의 인생을 망칠 수 있다는 주장이다. 특히 만 5세 미만의 조기 사교육은 아이에게 치명적인 영향을 미칠 수 있다. 인간은 초등학교 입학 전에 인격의 70%가 형성되므로, 유아기는 세상을 살아가는 데 가장 기본적인 능력, 즉 감정 및 충동 조절 능력, 타인의 감정을 이해하는 능력, 인내심 등을 배워야 하는 시기다. 하지만 과도한 조기 사교육을 받는 아이들은 이런 것을 배울 기회가 없고, 욕구를 발산하지 못한 채 경쟁만 하다 보면 결국 공격적이거나 소심한 아이로 변할 가능성이 있다. 공부의 중압감으로 병원을 찾는 아이들의 연령대가 빠른 속도로 낮아지는 것은 더 큰 문제다. 신의진 교수는 한 인터뷰에서 예전에는 외래 환자의 10%에 불과하던 만 5세 미만의 아이들이 요즘에는 30%에 이른다고 밝히면서 조기 사교육이 아이들의 자아상(self image)에 부정적인 영향을 준다고 설명했다. 아이들은 남과 비교하면서 '나는 남보다 못한 아이'로 결론 내린다는 것이다. 아이들은 분야에 따라 뇌의 발달 속도가 다를 수 있다. 다른 아이들보다 뒤처진 것처럼 보이지만 실제로는 창의적인 아이들이 적지 않다. 하지만 부모들은 뒤처지지 않으려면 어려서부터 모든 것을 잘해야 한다고 생각하는데, 경쟁적인 조기 사교육은 아이의 가능성을 죽일 뿐 아니라 국가적으로도 손해다. 학생 개개인의 능력을 살리지 못하면 천편일률적이고 체제에 순응할 줄만 아는 기계적인 인간을 만들어 낼 수밖에 없기 때문이다.

　최근 교육의 상업화에 따라 무분별한 조기 사교육용 교재가 판매되고 여러 교육자들의 이름을 딴 프로그램이 도입되면서, 부모들의 잘못된 인식과 맞물린 조기 사교육의 열풍은 우리 사회에 여러 가지 병폐를 만들어 내기 시작하였고, 특히 유아들에게 큰 피해를 입히고 있다.

서울대학교 의과대학 서유헌(2010) 교수는 부모에 의한 타율적 교육에 의해 지능적 뇌는 과도히 혹사당하고 있으나 감정과 본능의 뇌는 억눌려 메말라 있기 때문에 우리의 아이들은 비정상 통로를 통해 감정적 충족감을 얻으려고 해서 많은 청소년 비행이 발생하고 있다고 지적하였다. 우리가 생각하고 행동하고 느끼는 모든 일상 활동은 전적으로 우리의 뇌에 의해서 이루어지며, 뇌가 사람마다 다르

조기 사교육을 시키는 부모의 문제점

- 부모들이 유아교육 목적에 대한 확고한 신념을 가지고 있지 못하다.
- 다른 집 아이가 무엇을 하고 있는지에 대해 관심이 많은 반면, 자신의 아이가 갖고 있는 장점을 관찰하여 적절히 반응하고 상호 작용할 능력이 없다.
- 유아를 다른 형제와 비교하고 옆집 친구와 끊임없이 비교하며 유아의 자아존중감을 손상시킨다.
- 자녀교육에 대한 자신감이 없어 가정 밖의 전문가만이 자녀를 제대로 교육할 수 있다고 생각한다.
- 외형적인 가치기준, 예를 들면 좋은 학벌이나 돈이 많은 것을 성공의 기준으로 보고 유아를 그 기준에 맞추려고 한다.
- 유아를 끊임없이 타인과 비교함으로써 자기 이외의 사람은 모두 경쟁의 상대로 여기게 만든다.
- 아이가 스스로의 삶이 아닌 부모가 원하는 삶을 살게 하려고 노력한다.
- 인격 및 도덕성의 기초 형성, 친구 사귀기, 자신감 등 유아의 내면생활을 안내하는 것에 관심을 두기보다는 외형적인 것에 더 많은 관심을 갖는다.
- 자율적이기보다는 타율적인 아이로 키운다.
- 정서적 · 사회적 발달보다 지적 발달을 중요시한다.
- 너무 조급하다. 보다 빨리 아이를 똑똑하고 성숙하게 키우려고 한다.

기 때문에 공부하는 능력(지능)과 성격이 다르다. 즉, '뇌가 공부하는 주체'이며 '나는 뇌 그 자체다(I am the brain.).' 따라서 뇌를 알고 교육을 시키는 일이 매우 중요하다. 자라나는 아이들의 뇌는 성인 뇌 무게의 25%에 불과하다. 또 되는 한 꺼번에 동시에 발달하는 것이 아니라 나이에 따라서 부위별로 발달하며 아직 각 부위가 성숙되어 있지 않아 회로가 엉성하게 연결되어 있다. 그런데도 불구하고 완전히 모든 뇌 부위가 다 성숙되어 회로가 치밀하게 잘 만들어진 어른의 뇌처럼 가르쳐 주기만 하면서, 아무 내용이나 무차별적으로 조기 사교육을 시키고 있다. 전선이 엉성하거나 가늘게 연결되어 있는 경우 과도한 전류를 흘려 보내면 과부하 때문에 불이 나게 되는 것과 마찬가지로 신경세포 사이의 회로가 아직 성숙되지 않았는데 과도한 조기 사교육을 시키면 뇌에 불이 나 과잉학습장애 증후군이나 각종 스트레스 증세가 나타나면서 궁극적으로는 아이의 뇌 발달에 큰 지장을 초래하게 된다.

　과중한 학습 부담은 유아기 아이들에게 심한 스트레스를 준다. 아이를 가르치다 보면 자꾸 더 욕심을 내는 것이 부모의 마음이다. 그래서 아이의 관심이나 능력 이상의 수준을 해내도록 강요를 하게 되는데, 이것이 아이에게 스트레스가 된다. 억지로 시키는 공부만큼 아이들을 괴롭히는 일도 없고, 학습 효과 또한 제대로 나타나지 않으며, 재촉을 받을수록 아이들은 스트레스를 과다하게 받게 된다.

　배우는 일에 스트레스를 받지 않도록 도와주려면 무엇보다 아이가 관심을 갖도록 안내하는 게 중요하다. 공부하고 싶은 마음이 생기도록 만들면 배움을 스트레스가 아닌 즐거움으로 느끼게 된다. 이를 위해 부모는 자녀의 개성과 능력을 인정·격려·칭찬해 주어야 한다. 자녀가 할 수 있는 만큼의 과제를 주고, 성공했을 때 칭찬해 주는 것이 필요하다. 부모의 이런 양육태도가 아이 스스로 자신감을 갖게 한다. 강압적이고 일방적인 주입보다는 아이에게 새로운 놀이로 받아들여지게 시작해야 한다. 이것이 아이의 마음을 다독여 주고 자신감과 능력을 북돋아 준다.

3세 이전에 한글을 읽기 시작하는 어린이는 과잉언어증을 의심해 보세요

최근 아이들의 시각을 반복적으로 자극하여 언어를 습득케 하는 각종 교재가 쏟아지면서 과잉언어증 어린이가 늘어나자 소아정신과 의사가 이를 경고하고 나섰다.

인제대학교 일산백병원 정신과 남민 교수는 "유아기에는 오감에 의한 다양한 접촉을 통해 두뇌를 발달시켜야 하는데 학습 비디오나 학습지 등 문자·숫자에 과도하게 반복된 자극을 강요함으로써 두뇌성장에 심각한 불균형을 초래하고 있다"고 경고했다.

과잉언어증(Hyperlexia)이란 읽는 능력은 매우 발달해 있지만 언어를 이해하거나 대인관계를 위한 의사소통 능력은 떨어지는 것을 말한다. 귀로 듣는 것보다 인쇄된 글자나 화면에 더 잘 반응해 일명 초독증으로 불리기도 한다.

남 교수의 조사에 따르면, 과잉언어증 아이들은 보통 2세 이전, 심지어 출생 직후부터 부모에 의해 한글이나 영어학습용 비디오 등에 하루 3시간 이상 노출됐다. 방에 있는 놀잇감도 대부분 글을 배우는 학습용 교재들이었고, 어머니는 계속적으로 책이나 한글 카드를 보여 주며 아동의 문자학습을 유도한 것으로 드러났다.

부모들의 조기 사교육 열풍과 상술이 빚어낸 이러한 신종 정신질환은 미국이라고 예외가 아니다. 미국소아과학회는 최근 '2세 미만 어린이는 TV를 절대 봐서는 안 된다.'라는 권고안을 채택했고, 〈텔레토비〉와 같이 내용이 반복되어 나오는 프로그램을 유해한 것으로 분류했을 정도다.

과잉언어증의 발병 시기는 2세에서 5세까지이며, 증상은 언어에 대한 의미를 이해하지 않고 강박적으로 읽거나 말하는 것이다. 일반적으로 구어체 표현은 빈약하고 어려워하지만 문어체 어휘력은 뛰어나고 글자와 숫자에 집착하는 경향도 보인다. 또 말을 매우 빠르고 기계적으로 중얼거리거나, 타인에 대해 무관심한 태도 때문에 자폐증으로 오해받기도 한다.

치료는 지속적이고 다양한 체험학습을 제공하는 것이다. 남 교수는 "그동안 사용하던 학습용 교재를 폐기하고, 친구와 어울리는 대인활동이나 음악, 미술 등 다양한 학습경험을 제공해야 할 것"이라고 말했다.

출처: 중앙일보(2002. 2. 23.).

조기 사교육이 아니라 적기교육(滴期教育)

교육이란 어원인 라틴어 educare에서 볼 수 있듯이 유아에게 지식을 무어 넣는 것이 아니라 유아의 마음에 '알고 싶다'는 마음이 피어나게 하는 것이다. 부모가 자녀에게 많은 책을 사주고 가정교사를 붙여 많이 가르치려고 공을 들인다 해도 아이에게 학습동기가 결여되어 있다면 헛수고다. 기본 지능과 기회가 동등한 두 학생이 학업 성적에서 큰 차이를 드러내는 경우는 많다. 따라서 유아기에는 조기 사교육이 아니라 적기교육을 해야 한다. 유아기의 적기교육은 바로 '나는 할 수 있다'는 생각을 키워 주고 '나는 하고 싶다'라는 호기심과 도전 정신을 키워 주는 것이다.

부모가 자녀의 학구열에 불을 지펴줄 수 있는 방법은 무엇인가? 대다수 전문가들은 부모 자신의 판단을 자녀에게 주입하기보다는 대략적인 방향을 제시해 주고, 그들의 장점을 높이 사며, 좌절감을 느낄 때 인내할 수 있는 힘을 길러 주는 것이 최선의 방법이라고 말한다.

자녀의 학습 태도를 결정하는 것은 바로 부모다. 자녀가 학습을 어떻게 생각하느냐에 따라 학구열을 가질 수도 있고 아예 학습에 무관심하게 될 수도 있다. 『자녀의 학습 동기 유발법(How to Talk So Kids Willl Listen & Listen So Kids Will Talk』(1980)에서 저자들은 "자녀와 교감을 가지려면 그들의 감정부터 헤아려야 한다"고 말한다.

자녀가 축구에 흥미를 느끼는 것처럼 글에 재미를 붙이도록 만드는 것은 쉬운 일은 아니다. 동기 유발의 보편적인 원칙은 학생들이 고통을 싫어하고 즐거움을 추구한다는 사실이다. 다시 말해, 부모는 자녀의 학습 호기심을 계속 자극할 필요가 있다는 뜻이다. 조금만 도와주면 아이들은 자신의 연령과 능력에 맞춰 좌절을 극복하는 인내심을 기를 수 있다. 『100년 후에도 변하지 않는 소중한 육아 지혜』(2006)에서 나는 예를 들어, 다섯 살짜리가 그림을 못 그리겠다며 답답해 할 때 그냥 포기하도록 내버려두지 말고 그 아이에게 "네가 그리고 싶은 고양이를 보자.

제일 그리기 쉬운 데가 어디야?" "맞아, 배구나." "한번 그려 봐."라고 도와주면 효과가 크다고 말했다. 아이가 벽에 부딪친 듯이 보일 때에는 과거에 성공했던 경우를 상기시켜 주거나 함께 경험해 보며 스스로 생각해 내도록 돕는 것이 도움이 된다. 이원영(2006)은 유아가 한글을 재미있게 느끼며 깨우치는 것은 중요하다고 하면서 아이가 궁금해하는 글자를 써 주는 것으로 시작할 것을 권했다.

때로는 자녀들이 문제를 스스로 해결하도록 안내하는 것이 동기 유발의 지름길이 된다. 자녀에게 학습의 기본틀과 인내심을 키워 주기 위해서는 부모가 적극 나서야 한다. 그러나 글자를 가르치기 전에 부모들은 자녀가 '긍정적인 마음 상태'를 갖도록 도와야 한다. 예를 들어, 자녀가 수학에 흥미를 붙이지 못해 수학 숙제마저 싫어한다면 부모는 이렇게 말할 수 있다. "수학이 재미없다는 것을 나도 알지만 어차피 무시할 수 없는 과목이야. 내가 도와줄 수 있어. 4시 30분부터 네 수학 숙제를 하는 것이 어떻겠니." 그렇게 함으로써 아이들은 '장기적으로 즐거움을 갖기 위해서는 단기적으로 싫은 일도 해야 한다'는 점을 깨닫게 된다.

부모들이 흔히 저지르는 실수는 학업에 대한 자녀의 부정적인 생각을 외면해 버리는 것이다. 수학 숙제를 하다가 아이가 갑자기 책을 집어 던진 경우를 예로 들어 보자. 그 행동을 본 부모는 "무슨 짓이야. 냉큼 책을 집어 들고 숙제를 마쳐."라고 말하는 부모가 될 수도 있고 "문제가 풀리지 않으면 짜증이 나는 것은 당연하지. 그럴 땐 '아빠, 정말 짜증나요. 도와주세요.'라고 말하렴. 도와줄게." 하며 함께 문제를 푸는 부모가 될 수도 있다. 어느 부모가 자녀의 마음에 '하고 싶은 마음'을 일으킬까? 물론 후자의 부모다.

듀이(Dewey)에 따르면 교육은 출생부터 시작되는 무의식적인 계발 과정으로서 한 개인의 잠재력을 형성해 주고, 인식을 발달시키며, 기본생활 습관을 형성해 주는 것이다. 또한 교육은 정서적으로 느끼고 표현하는 능력, 문제 해결 능력, 생각하는 능력도 함께 길러 주는 것이다. 교육적 과정은 심리적·사회적 측면을 모두 고려함으로써 이루어진다. 심리적 측면이란 유아 개개인이 가지고 있는 잠재적 능력과 충동, 흥미를 말하며, 사회적 측면이란 인류가 오랜 역사를 지내오는 동안 문화적 유산과 지식을 의미한다. 아이를 도와주는 어른들은 먼저 유아들이 보이는 흥미와 관심을 사회적 측면인 문화유산이나 지식과 연관 짓는 일을 해야만 한다. 만일 부모나 교사가 유아의 심리적 측면에 대한 교육은 생각하지 않고 지식획득을 먼저 생각하고 가르치려고 한다면 아동중심 교육철학이 아니라 지식중심 또는 성인중심의 교육이 되고, 유아는 강제 학습을 당한다고 느낄 것이다. 유아는 자신의 삶을 설계하며 실행하고, 가끔 실수도 하면서 배울 수 있는 기회를 갖지 못하게 된다.

미국유아교육협회(National Association of Education for Young Children: NAEYC)가 발달에 적합한 교육(Developmentally Appropriate Practice)을 발표한 이래 전 세계 유아교육계는 유아교육기관에서 발달에 적합한 교육을 해야 한다고 하고 있다. 발달에 적합한 교육이란 열린 교수 방법으로, 출생부터 5~8세에 이르는 유아가 자발적으로 즐겁게 학습하도록 돕는 교수 방법을 뜻한다.

대부분의 어른들 역시 직접 해 볼 수 있을 때 잘 배울 수 있음을 안다. 복사기 사용법에 대해 설명을 들어야 하는 경우를 예로 들어 보자. 오랫동안 복사기 옆에 서서 사용법을 듣기만 하던 사람은 결국 "내가 직접 해 볼게요." 하며 기계 앞에 서게 될 것이다. 한두 번 해 본 후에야 "아, 이렇게 하면 되는구나!" 하며 안심을 하게 된다. 오늘을 살고 있는 유아들이 유아교육기관이나 가정에서 오랜 시간 앉아서 듣기만 하고 연필과 종이를 다루는 기술만 배울 때 어떻게 느낄지 생각해 보자. 또 탐색하기, 발견하기, 조직하기, 토의하기, 쌓기, 창의적으로 만들기, 질문하기, 생각하기, 읽고 쓰기, 게임하기, 측정하고 세어 보기 등의 다양한 활동을 할 때 어떻게 느낄지도 생각해 보자. 답은 명백하다.

참여는 능동적 학습 환경의 가장 중요한 부분이다. 열심히 참여하는 유아들이 제일 먼저 보이는 반응은 무엇일까? 눈을 반짝이고, 배우고자 하는 의욕이 불붙을 것이다. 어린이들이 관심이 없어 참여하지 않을 때에는 그 반짝이던 눈이 허공을 쳐다보거나, 멍해진다. 아이를 행복하게 해 주는 것은 학습의 과정과 기회를 아이에게 되돌려주는 작은 일에서 시작한다.

자녀 학업 지도, 이렇게 도와 주세요

- **자신감이 부족하다. 해낼 수 없을 것 같다는 말을 자주 한다.**

  학업의 성공은 지능보다는 자신감과 결부되어 있다는 사실을 명심하라. 일부 전문가들은 부모가 자녀에게 부정적인 말을 한 번 할 때마다 긍정적인 말을 네 번 해 주어야 한다고 말했다.

- **실수나 새로운 일, 힘든 활동을 두려워한다.**

  그럴 때는 완벽한 사람은 없으며 실수를 배우는 기회로 보라고 타이른다. 자신도 실패한 적이 있다는 사실을 자녀들에게 납득시킨다.

- **성적이 나쁜데도 태연하다.**

  성적이 형편없이 나왔는데도 자녀가 무심한 태도를 취한다면 조심해야 한다. 이는 전형적인 동기결핍 징후다. 즉각 문제 해결에 나서야 한다.

- **자랑스럽다는 표현을 하라.**

  잘한 일을 칭찬함으로써 자녀의 자신감을 북돋울 수 있다. 자녀가 학교에서 한 작문, 그림, 성적표를 냉장고에 붙여 놓는 것도 좋다.

- **진심으로 칭찬하라.**

  부모가 거짓말을 하면 자녀는 금세 알아챈다. 그러나 자녀가 미흡하더라도 부모는 긍정적인 태도를 보일 수 있다. 그럴 때는 "열심히 했구나."라는 표현이 바람직하다.

- **용돈, 선물로 회유하고 싶은 유혹을 버린다.**

  성적이 향상되면 자전거를 새로 사 주기보다는 자존심이 강해지고 배우는 즐거움을 느끼게 된다는 점을 강조하는 것이 바람직하다.

- **비교하지 마라.**

  손위 형제나 학급 친구들과 비교하는 것은 자녀를 더욱 위축시킬 뿐이다. 동기가 결핍된 아이는 그런 부정적인 면을 구실로 삼으려 한다. 그들의 용기를 더 꺾는 빌미를 제공해서는 안 된다.

- **자녀의 좌절을 이해한다.**

  자녀가 공부로 고전할 때는 "그렇게 쉬운 것도 못해?"라고 말하지 말고 "상당히 어

> 려운 숙제로구나.”라고 말하며 고비를 넘길 수 있을 만큼만 도와준다.
>
> • **독립심을 북돋아 준다.**
> 자녀의 숙제를 대신 해 주면 아이에게 독자적인 해결 능력이 없다는 암시를 주게
> 된다. 자녀가 자신감을 얻을 수 있는 기회를 뺏는 것이다.

학대로 멍드는 아이들

아동학대란 아동이 부모 혹은 부모를 대신하는 보호자로부터 받는 학대 행위
로, 소아학대라고도 한다. 우리나라 「아동복지법」 제2조 용어의 정의에서는 “아
동학대라 함은 보호자를 포함한 성인에 의하여 아동의 건강·복지를 해치거나 정
상적 발달을 저해할 수 있는 신체적·정신적·성적 폭력, 가혹행위 및 아동의 보
호자에 의하여 이루어지는 유기와 방임을 말한다.”라고 규정하여 적극적인 가해
행위뿐만 아니라 소극적 의미의 방임행위까지 아동학대의 정의에 명확히 포함하
고 있다.

최근 아동학대에 대한 관심이 증대하면서 아동학대가 광범위하게 자행되고 있
음이 밝혀지고 있다. 또한 학대받은 아이는 정신적, 신체적으로 특이한 증상을 겪
게 된다는 사실도 밝혀졌다. 소아과나 정신과 의사들은 이 증상을 피학대아증후
군(被虐待兒症候群, battered child syndrome)이라는 정신병으로 분류했다. 학대받
는 아동은 공격적인 성격이 되거나, 역으로 계속해 공격을 받기만 한 결과 위축되
고 우울증 증상을 지닌 성격이 된다. 학대받는 아동의 행동 특징을 나타낸 표현
중에 ‘얼어붙은 응시’라는 말이 있는데, 이 말은 아이가 통증에 대하여 무표정, 무
감동한 상태를 보이는 것을 뜻한다. 학대의 대상이 되는 아이는 1세 이하의 아기
를 비롯해 3세 이하의 영아가 많다. 학대를 가하는 부모나 다른 보호자는 대개 정
서적으로 발달이 미숙한 사람이 많은데, 이 중에는 알코올중독자나 정신분열증과

같은 정신질환을 앓는 사람도 다수 있다.

언론보도 내용(메디컬투데이, 2013. 1. 16.)에 따르면, 2011년에 발표된 아동학대 실태조사에 따르면 우리나라의 연간 아동학대 발생률이 25.3%로 나타났으며, 아동보호전문기관의 전문적 판정에 기초해 아동학대 사례로 판정된 사례는 2011년도 기준 6,058건이었다.

아동학대 유형을 보면, 중복학대와 방임의 비율이 각각 43.3%, 29.4%로 가장 높게 나타났고, 이어 정서학대 15%, 신체학대 7.7%, 성학대 3.7%, 유기 0.9%의 순이었다.

이들 학대 사례는 대부분 가정 내에서 발생했으며(전체 사례의 86.6%), 이어 어린이집 159건(2.6%), 집근처 또는 길가 150건(2.5%), 복지시설 111건(1.8%) 등으로 보고됐다. 특히 학대행위자 중 부모(친부모, 계부모, 양부모)가 전체의 83.1%로 가장 큰 비중을 차지했다.

학대행위자들은 양육태도ㆍ방법 부족 31.8%, 사회ㆍ경제적 스트레스ㆍ고립 22.9%, 부부ㆍ가족갈등 10.3%, 성격ㆍ기질 문제 9.1%, 중독 8%, 질환 5.6%, 폭력성 4.2%, 어릴 때 학대경험 1.9% 등의 특성을 보였다. 한편, 2011년 아동학대 사례 6,058건 중 고소ㆍ고발은 389건(6.4%)에 그치며, 그 중에서 법원판결로 처분을 받은 사례는 62건으로 약 2.8% 정도에 불과했다.

부모가 자녀를 학대하는 이유에는 크게 가정의 구조적인 요인과 부모 개인의 요인이 있다. 가정의 구조적 요인은 가족 간의 미미한 상호 작용, 부모의 실직과 이에 따른 경제적 어려움, 가정의 사회적 고립과 소외 등이고, 개인적 요인은 어린 시절에 받은 학대 경험, 자녀 권리에 대한 인식 부족, 잘못된 자녀관ㆍ양육관ㆍ훈육관, 부모의 알코올중독ㆍ약물중독, 부모역할 수행에서의 미숙 등이 있다.

아동학대의 주요한 원인은 자녀를 독립된 인격체로 대하기보다는 부모의 마음대로 다룰 수 있는 소유물로 바라보는 관점과 아동학대의 문제를 가족 내부의 문제로만 여기는 사회적 인식이라 할 수 있다.

젊은 엄마 젖먹이 학대 늘었다

3세 미만의 젖먹이를 제대로 보호하지 않고 방임하거나 신체·감정적으로 괴롭히는 젊은 엄마들이 늘고 있다. 보건복지부는 지난해 전국 45곳의 아동보호전문기관에 접수된 아동학대 판정 사례를 분석한 결과 3세 미만 영아를 학대하는 행위가 708건으로 조사돼 전년 530건 대비 33% 가량 증가했다고 3일 밝혔다. 학대자의 86.5%는 부모로 나타났고, 성별로는 여성(66.7%)이 남성(32.3%)보다 많았다. 연령별로는 20~30대 젊은층이 69.7%를 차지했다. 전문가들은 20~30대 젊은 엄마들이 육아 스트레스로 인해 어린 자녀를 학대하는 일이 벌어지고 있는 것으로 추정하고 있다.

학대 유형으로는 아이를 제대로 돌보지 않는 방임이 454건(48.1%)으로 가장 많았다. 아이를 괴롭히거나 꼬집고 때리는 등의 정서학대, 신체학대도 각각 263건(27.9%), 162건(17.2%)으로 나타나 높은 비중을 차지했다.

어린이집과 복지시설 등 아동관련 시설에서 발생한 아동학대 사례도 2010년 대비 19% 증가했다. 특히 어린이집 아동학대의 경우 2009년 67건에 불과했던 신고 건수가 지난해 159건으로 2배 이상 늘어났다. 어린이집 시설종사자에 의한 아동학대 유형은 아이를 때리는 등의 신체학대가 28.3%로 가장 많았다. 아이가 우는데도 달래 주지 않거나 제대로 식사·간식 등을 챙겨주지 않는 정서학대와 방임학대도 다수 있었다.

아동학대의 사례를 전체적으로 살펴볼 땐 여전히 가정 내 부모에 의해 발생하는 경우가 대부분을 차지했다.

2011년 발생한 아동학대 중 가정 내 발생 사례는 5,246건으로 전체의 86.6%를 차지했으며 부모에 의한 사례가 5,039건(83.1%)으로 가장 많았다. 특히 한부모 가정에 해당하는 부자가정, 모자가정, 미혼부·모가정에서 발생한 학대 사례가 2,666건으로 가정 내 학대의 44%를 차지했다.

장화정 중앙아동보호전문기관 관장은 "전체 가족 유형 중 한부모 가족이 8.7%에 불과하다는 점을 감안하면 매우 높은 수준"이라며 "혼자 아동을 양육하는 경우 양육의 부담이 아무래도 크기 때문인 것으로 보인다"고 분석했다.

보건복지부는 이런 가정 내 아동학대를 방지하기 위해 임신·출산 및 보육료 지원 시 부모교육 이수를 권장·지원하는 한편 예비부모 및 영유아 부모를 대상으로 '권역

별 양육·교육법 순회교육'을 강화할 방침이다. 아울러 아동학대자의 취업제한 강화, 피해아동에 대한 조치·보호처분 등의 내용을 담은 아동 관련법 제·개정을 추진할 계획이다.

출처: 서울경제(2012. 6. 3.).

아동학대의 유형

아동학대의 유형은 크게 신체적 학대, 정서적 학대, 성학대, 방임으로 나눌 수 있는데, 각 학대 유형의 정의, 신체적·정신적 징후, 그리고 학대가 아동에게 미치는 영향 등에 대해 살펴보면 다음과 같다.

신체적 학대

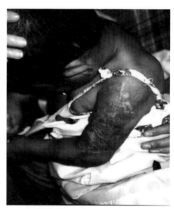

보호자를 포함한 성인이 아동에게 우발적인 사고가 아닌 상황에서 신체적 손상을 입히거나 또는 신체손상을 입도록 한 모든 행위를 말한다. 생후 12개월 이하의 영아에게 가해진 체벌은 어떠한 상황에서도 심각한 신체적 학대다. 구체적인 신체적 학대 행위는 다음과 같다.

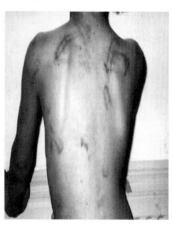

- 떠밀고 움켜잡는 행위
- 뺨을 때리는 행위
- 벨트 등 도구를 사용하여 때리는 행위
- 발로 차거나 물어뜯고 주먹으로 치는 행위
- 팔, 다리 등을 심하게 비틀어 쥐어짜는 행위
- 뜨거운 물이나 물체, 담뱃불 등으로 화상을 입히는 행위

• 음식을 주지 않는 행위

신체적 학대에 의한 외상은 두개골 골절 및 복부, 흉부, 고막파열, 열창, 화상, 시력상실, 담뱃불로 지진 상처, 할퀴거나 깨문 상처 등이 있다. 신체적 학대를 받은 아이는 심리적으로는 집에 들어가기 싫어하고, 살기 싫다고 하며, 화가 나서 물건을 부수거나 누군가를 때려주고 싶다고 한다. 등교 거부, 학습부진 등의 행동장애를 보이기도 하고, 두통, 식욕부진, 호흡곤란, 말더듬, 빈뇨, 복통 등을 보이기도 한다. 우울증, 자살행동, 공포증상도 나타난다.

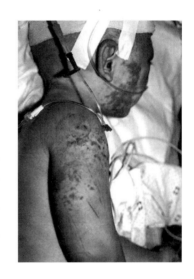

표 12-1　신체적 학대의 징후

신체적 징후	행동적 징후
• 설명하기 어려운 상처 　-발생 및 회복에 시간 차가 있는 상처 　-사용된 도구의 모양이 그대로 나타나는 상처 • 설명하기 어려운 화상 　-담뱃불 자국, 뜨거운 물에 잠겨 생긴 화상 자국 • 설명하기 어려운 골절 　-시간 차가 있는 골절, 복합 및 나선형 골절 • 설명하기 어려운 절상 　-입·입술·잇몸·눈·외음부 상처 • 머리카락이 없어진 부분, 스트레스로 인한 원형탈모 • 두뇌손상 • 사망 등	• 어른과의 접촉회피 • 다른 아동이 울 때 공포를 나타냄 • 공격적이거나 위축된 극단적 행동 • 부모에 대한 두려움 • 집에 가는 것을 두려워함 • 옷 갈아입는 것을 싫어하거나 더운 날씨에도 옷 벗는 것을 싫어함 • 위험에 대한 지속적인 경계

아빠가 미워요

초등학생인 두 형제는 편부 밑에서 상습적인 구타에 시달렸다. 편부는 형제의 소년시절부터 행패가 심하였고 부모형제를 못살게 굴어 가족과도 의절하였다. 이 형제(12, 10세, 남)가 또다시 술 취한 아빠에게 맞아 두개골이 파열되었고 포크에 찔려 중태에 빠졌다.

현장에서 아버지는 검거되었고, 형제는 인근병원에서 40여 일간 치료를 받고 회복되었으나, 할머니, 고모 모두 인수 거부하여 구청에서 아동상담소에 보호 의뢰하였다.

알코올중독과 포악성으로 아버지는 습관적으로 무섭게 형제를 때려, 형제는 매 맞는데 너무 익숙해져 있고, 더 큰 문제는 오히려 맞아야 직성이 풀릴 정도로 난폭화되어 가고 있는 점이다. 생모와는 이혼했고, 재혼모도 도망갔다. 거의 매일을 술 먹고 당연히 때리고 맞는 생활을 해왔는데도, 의외로 아버지를 미워하지 않고, 형제간에는 수시로 죽일 듯이 싸우면서도 떨어지려 하지 않았다.

출처: 서울시 아동복지센터 아동학대 사례집(2012).

정서적 학대

보호자나 양육자가 아동에게 언어적 · 정서적 위협, 감금이나 억제, 기타 가학적인 행위를 하는 것을 말한다. 언어적 · 정신적 · 심리적 학대라고도 한다. 정서적 학대는 눈에 두드러지게 보이는 것도 아니고 당장 그 결과가 심각하게 나타나지 않기 때문에 그냥 지나칠 수도 있다는 점에 더욱 유의하여야 한다. 구체적인 정서적 학대 행위는 다음과 같다.

- 아동에게 욕설을 퍼붓는 행위
- 음식을 주지 않거나 잠을 재우지 않는 행위
- 감금 행위
- 집 밖으로 내쫓겠다고 하거나 원망적 · 거부적 언어를 사용하는 행위
- 혼자 의식주를 해결할 수 없는 아이를 집에 혼자 두는 행위
- 아동발달 수준에 적절하지 않은 비현실적인 기대로 아동을 괴롭히는 행위

표 12-2   정서적 학대의 징후

신체적 징후	행동적 징후
• 성장장애 • 신체 발달 저하 • 언어장애	• 특정 물건을 계속 빨고 있거나 물어뜯음 • 행동장애(반사회적, 파괴적 행동장애) • 신경성 기질 장애(수면장애, 놀이장애) • 정신신경성 반응(히스테리, 강박, 공포) • 극단행동, 과잉행동, 발달지연, 자살 시도

- 삭발시키는 행위
- 아동이 보는 앞에서 부부싸움을 하거나 다른 아동과 부정적으로 비교하는 행위

정서적 학대를 받는 경우, 아이는 낮은 자존감, 발달지체, 자살행동 등을 보이기도 한다. 도덕성 발달에 결함을 보이기도 하고, 수동적이면서도 공격적이며 도전적이고 충동적인 행동을 보인다. 거의 웃지 않고 놀지 않으며, 깊이 잠들지도 못한다. 다른 성인과의 관계에서 관심을 끌려고 하며, 항상 뭔가 부족하다는 느낌을 자주 보인다. 자살 성향을 보인다.

> **정서학대 사례**
>
>   생후 백일 된 남아(가명 정현철)로 앵벌이 부부 사이에서 태어났다. 생부는 앵벌이 하던 엄마 밑에서 앵벌이로 자랐고, 지체장애인 여자를 만나 동거 중에 현철이를 출생하였다. 혼인신고를 하고 출생신고를 하였으나 처가에서 두 사람의 동거를 반대하여 생모를 본가인 청주로 데려가 이혼시켰다.
>
>   그러나 생모는 미련을 못 버리고 가출, 상경하여 지하도 안에서 현철이를 행인에게 앵벌이의 도구로 악용하며 생계를 유지하였다. 부부싸움 중 생부가 현철이가 운다고 때려 돌봐주던 아주머니가 병원에 진료 의뢰 후 병원의사가 신고하였다. 이들 부부는 어린아이를 생계 수단으로 악용하여 지나는 행인에게 동정심을 유발시켜 거의 매일 지하도에서 몇 시간씩 구걸 행위를 해 왔다.

출처: 서울시 아동복지센터 아동학대 사례집(2012).

성학대

성학대란 성인의 성적 만족을 위해 미성년 아동을 위협 또는 강제로 성행위를 하는 것으로 성인이 아동에게 일방적으로 행하는 부적절한 성적 행동 모두를 포함한다. 가족 내 성학대는 가족 및 친인척이 아이에게 성추행 및 성폭력을 가하는 것을 말한다. 가족 외부의 성학대는 아동과 안면이 있는 사람 혹은 낯선 사람에게서 발생되는 형태를 말한다.

일반적으로 강간은 두려움이나 강압적인 힘으로 하는 성적 행위를 의미한다. 아동 성학대 역시 두려움이나 힘을 이용하지만 다른 방법도 사용한다. 먹을 것을 사주겠다거나 놀이를 하자고 하여 유혹하거나, 아동을 사랑하는 사람들로부터 심리적으로 고립시켜 자신과 가까워지도록 한 후 움직일 수 없도록 물리적인 억압을 가하고 위협하며 공포를 조성한다. 구체적인 성학대의 행위는 다음과 같다.

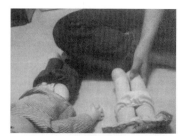
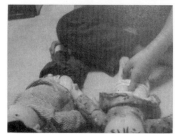

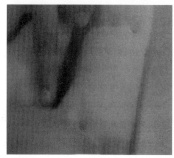

성학대를 받은 아이가 인형을 통해 학대 상황을 설명하고 있다.

- 성인이 아동에게 자신의 성기나 신체를 접촉하게 하거나 아동의 성기를 만지는 행위
- 아동 앞에서 옷을 벗으며 자신의 성기를 만지는 행위
- 아동의 옷을 강제로 벗기거나 키스를 하는 행위
- 아동에게 포르노물을 보여 주거나 포르노

표 12-3 성학대의 징후

신체적 징후	행동적 징후
• 신체적 지표 　− 학령 전 유아의 성병 감염 　− 초경 시작 아동의 임신 　− 걷거나 앉는 데 어려움 　− 비활동성 • 신체적 지표 　− 입천장의 손상 　− 인두(咽頭)임질(pharyngeal gonorrhea) • 생식기의 증거 　− 아동의 질에 있는 정액 　− 찢기거나 손실된 처녀막 　− 질에 생긴 상처나 긁힌 자국 　− 질의 홍진(紅疹) • 항문 증후 　− 항문 괄약근의 손상 　− 항문 주변의 멍이나 찰과상 　− 항문 내장이 짧아지거나 뒤집힘 　− 항문 입구에 생긴 열창 　− 항문이 좁아짐 　− 회음부의 동통과 가려움	• 성적(性的) 지표 　− 나이에 맞지 않는 성적 행동 　− 해박하고 조숙한 성 지식 　− 명백하게 성적인 묘사를 한 그림들 　− 타인과의 성적인 상호관계 　− 동물이나 장난감을 대상으로 하는 성적인 상호관계 • 비(非)성적인 행동지표 　− 수면장애 　− 유뇨증/유분증 　− 위축, 환상, 유아적 행동(퇴행행동) 　− 자기 파괴적 또는 위험을 무릅쓴 모험적인 행동 　− 충동성, 산만함 및 주의집중장애 　− 혼자 남아 있기를 거부 　− 특정 유형의 사람들 또는 성에 대한 두려움 　− 방화/동물에게 잔혹함(주로 남아의 특징) 　− 섭식장애(폭식증/거식증) 　− 비행, 가출 　− 자기 파괴적 행동(자살 시도) 　− 범죄 행위 　− 우울, 사회관계의 단절 　− 늘 외톨이로 친한 친구가 없음

　　물을 판매하는 행위
• 아동에게 강제로 성행위를 하는 행위
• 아동 매춘이나 매매를 하는 행위

　　성학대를 받은 경우, 복부통증, 구토, 요도관 감염, 외음부의 출혈 및 상처, 인두감염, 성병 등이 나타난다. 갑작스러운 체중 감소 또는 증가를 보이고, 수면장애, 강박적인 자위행위, 조숙한 성적 놀이 등을 한다. 퇴행, 배변훈련의 실패, 잦은 목욕, 그리고 원인 없이 울거나 집안에만 있으려고 한다. 우울증을 보이고 무단결석이나 가출을 하고 자기 파괴적 행동과 약물남용에 쉽게 빠진다. 성도착증을 보이고 남자에게 공포반응을 나타내기도 한다.

성학대 사례

중학교 1학년(가명 김유미, 14세)인 유미는 노동으로 생계를 유지하고 술을 절제하지 못하는 아버지와 간질 증세가 심한 엄마 사이에서 태어났다. 지병으로 1년 전 엄마가 사망하자 아버지는 더욱 방탕하고 무절제한 생활을 계속하던 중 유미를 성폭행하였다. 게다가 이웃주민 2명과 함께 상습적으로 성폭행한 것이 주민에게 알려져 주민이 신고하게 되었다. 경찰은 3명을 구속하였고 유미는 학교 측에서 관련기관을 통하여 아동상담소로 보호 의뢰하였다. 아동은 연령에 비해 신체 발달이 부진하고, 왜소한 체격에 경미한 지적 결함이 있으며, 정서 불안 증세 등을 보여 정신과 치료를 받았다. 친척이 있으나 유미와 사이가 안 좋아 서로 경원시한다.

현재 유미는 아동복지시설에서 보호를 받으며 비교적 안정된 생활 태도를 보이고 있으나, 그 상처가 얼마나 깊은지는 가늠하기 어려우며 언제쯤 상처 회복이 되는지는 예측할 수조차 없다.

출처: 서울시 아동복지센터 아동학대 사례집(2012).

방임

방임이란 고의적, 반복적으로 아동양육과 보호를 소홀히 함으로써 정상적인 발달을 저해하는 모든 행위를 말한다. 방임은 아동을 위험한 환경에 처하게 하거나 충분한 영양을 공급받지 못해 발육부진이 되게 하는 경우가 많다. 나이 어린 아동에게 방임은 치명적인 결과(장애)를 가져오거나 사망에까지 이르게 한다. 또한 발달 상황에 놓여 있는 아동에게 다양한 측면에서 잠재되어 있는 파생적인 문제들이 발견될 수 있다. 예를 들면, 청결하지 않은 외모에서 오는 집단따돌림, 사회문제행동의 피해자 혹은 가해자가 되기도 한다. 구체적 방임의 유형에는 다음과 같은 것이 있다.

- 물리적 방임: 아동에게 의식주를 제공하지 않거나 아동을 장시간 위험하고 불결한 주거환경에 그대로 방치하는 것
- 교육적 방임: 학교에 무단결석하여도 고의적으로 방치하거나 취학 연령이 되었음에도 불구하고 학교에 보내지 않는 행위, 숙제 및 준비물을 챙겨 주지 않는 행위
- 의료적 방임: 예방접종을 제때에 하지 않거나 필요한 의료적 처치를 소홀히 하는 것
- 정서적 방임: 아동과 대화를 하지 않거나 안아 주는 등 아동이 필요로 하는 애정표현과 적절한 정서적 지지를 제공하지 않는 것, 신체적 접촉을 피하는 것, 아동과의 약속에 무관심한 것 등 정서적 결핍을 주는 행위

불결한 가정환경에 방치된 아이들

표 12-4 방임의 징후

신체적 징후	행동적 징후
• 지속적인 배고픔, 열악한 위생 상태 • 계절에 맞지 않는 부적절한 옷차림 • 의학적 치료와 치과 치료의 불이행 • 더러운 몸과 옷 • 지속적인 피로, 불안정감	• 수업 중 조는 태도 • 음식을 구걸하거나 훔침 • 비행 또는 도둑질 • 학교에 일찍 등교하고 집에 늦게 귀가함

방임을 경험한 아동은 영양불량으로 신체가 허약하다. 몸이나 옷이 더럽고 머리 모양이 단정하지 못하며 계절이나 날씨에 맞지 않는 옷을 입고 다닌다. 배고프다고 말하면서 간식이나 점심을 더 달라고 하며, 상처를 치료하지 않은 채 등교한다.

방임 사례

초등학교 2학년(가명 김영빈, 9세)인 아동으로 생모는 영빈이가 출생한 지 한 달 만에 가출하고 영빈이가 3세 되는 해에 이혼하였다. 조부모 슬하에서 양육된 영빈이는 5세부터 가출을 시작하여, 앵벌이, 도벽 습관이 생기고 본드흡입까지 하여 경찰에 단속되어, 유관 기관원과 함께 귀가한 사실이 수도 없다.

생부는 자식 때문에 피해를 본다고 생각하여 아들을 싫어하고 처지를 비관하여, 영빈이가 가출과 귀가가 반복될 때마다 인수를 거부하게 되었다. 유관기관원들이 아들을 학대하고 때린다고 신고하였다.

이로 인해 직장도 그만두고 안정을 잃게 되어 음주, 손찌검, 방탕한 생활을 지속하였고, 영빈이의 양육을 소홀히 하여 학교 출석일수도 1/3 수준에 불과하다. 자포자기 상태인 생부는 영빈이가 가출하고 나가도 그대로 방치하며 오히려 귀가를 거부하여 영빈이의 문제행동지도가 불가능하고, 아들과 함께 살기를 거부하며 아동복지시설에 수용해 주기를 희망하고 있다. 부모의 무관심과 방임으로 일관된 환경 속에서의 영빈이 문제행동은 당연해 보인다.

출처: 서울시 아동복지센터 아동학대 사례집(2012).

영혼 죽이는 아동학대 원인은 '무관심'
교사 · 의사 · 시설종사자 등 신고의무자 신고 비율 절반 그쳐… 아동보호 뒷짐

'영혼살인'이라 불리는 아동학대가 경기 지역에서만 한해 1천여 건이 넘게 발생하는 데다 증가추세에 있어 대책 마련이 시급하다. 더욱이 신고의무자들의 신고비율이 현격히 떨어져 적극적인 신고 노력은 물론이고 이에 대한 홍보 강화가 요구되고 있다.

15일 경기도아동보호전문기관에 따르면 아동학대 신고는 지난 2008년 1,350건,

2009년 1,048건, 2010년 1,225건, 2011년 1,424건에서 지난해 1,496건으로 지속적인 증가세를 보이고 있으며, 미신고된 건수가 상당수 존재하고 있는 것을 고려하면 그 수치는 더욱 늘어날 것으로 분석되고 있다.

도내 모 시의 A양(8)은 술에 취한 엄마가 누구보다 무서웠다. 술만 먹으면 이유 없이 이어지는 엄마의 구타와 욕설을 8살 어린 소녀는 누구의 도움도 받지 못한 채 묵묵히 버텨내야 했다. 그러다 항상 얼굴에 멍이 든 A양을 걱정한 이웃주민의 신고로 지난해 10월 엄마로부터 벗어나 현재 시설보호소에서 생활하고 있다.

이에 앞선 8월에는 인터넷 중독에 빠진 주부가 3살 된 유아를 방치해 방임판정을 받은 후 아이로부터 격리당했다. 현장조사 당시 집안은 유아의 배설물과 먹다 남은 음식 등으로 위생상태가 엉망이었고 유아의 건강점검 결과, 피부트러블은 물론이고 결막염 증상까지 발견됐다. 가혹한 학대에 꽃도 피워보지도 못한 채 세상을 등진 아동들도 있다.

지난해 12월 고양시에서는 대소변을 가리지 못한다는 이유로 3살 된 아들을 때리고 바닥에 던져 숨지게 한 인면수심의 부모들이 경찰에 붙잡혔다. 조사결과 이들은 1년 전 보호시설에 맡겨졌던 아들을 데려온 뒤 이 같은 범행을 저지른 것으로 드러났다.

이처럼 무자비한 아동 학대에도 불구하고 정작 신고의무자(아동 관련 22개 직군)들의 신고비율은 높지 않은 것으로 나타났다. 지난해 도내 발생한 아동학대 건수 1,469건 중 신고의무자에 의해 신고된 건수는 761건으로 절반가량에 그치고 있으며 나머지는 비신고의무자인 주민들이었다. 아동보호기관 관계자는 "아동복지법에 따라 지정된 교사, 의사 등 신고의무자들의 신고비율이 낮다"며 "이를 개선하기 위해 지난해 11월 미신고시 종전의 3배 과태료를 부과하도록 관련법이 강화되고 신고홍보도 강화하고 있다"고 말했다.

출처: 경기일보(2013. 1. 16.).

🖐 아동학대 예방법

아동학대는 아동에게 상처를 주고, 심할 때는 생명까지 위협한다. 또한 학대받은 아동은 제대로 치료를 받는다 해도 깨진 신뢰감과 자존감을 회복하기 어려워

일생을 불행에 빠뜨린다. 또 다음 세대로 전수하는 악순환까지 낳게 된다. 따라서 아동학대가 발생한 이후 치료받게 하는 것 보다 예방이 중요하다.

특히 물질문명의 급속한 발달과 향락우선주의의 팽배에 의한 성학대나 성폭력은 아이에게 미치는 부정적 영향력이 매우 크므로 더 많은 주의가 필요하다. 성폭력은 아이가 믿고 의지하는 친부모에 의해서도 일어난다. 또한 아이가 친숙하게 알고 있는 사람에 의해서도 일어나므로 성폭력의 위험으로부터 아이들을 보호하기 위하여 부모들이 항상 관심을 기울여야 한다. 또 아이 스스로 자신을 지킬 수 있는 교육도 해야 한다. 아동 성폭력이란 만 13세 미만의 어린이에 대한 강간, 윤간, 근친상간, 외설적이거나 음란한 행동 및 지분거리는 행위를 의미한다. 이미 서구 여러 나라에서는 아동 성폭력이 큰 사회적 문제로 제기되어 왔으며, 최근 우리나라에서도 어린이 성폭력이 많이 일어나고 있다(서울특별시아동학대예방센터, 2005). 이 중 만 8세 미만 어린이를 유아라고 한다.

유아 성폭력에 대한 잘못된 인식

- 성폭력은 특별한 아이들에게만 일어나는 일이고, 우리 아이에게는 절대 일어나지 않을 것이다: 우리 주변의 많은 아이들이 성폭력의 대상이 되고 있다. 실제로 한국형사정책연구소의 조사에 따르면, 성폭력 피해 건수의 12%가 유아 성폭력이며, 한국성폭력상담소의 상담 사례 중 전체 상담의 약 25.5%가 유아 성폭력에 관한 내용이다.
- 유아 성폭력은 주로 낯선 사람이나 정신이상자들에 의해서 발생한다: 유아 성폭력은 주로 아이의 생활 반경 내에서 친숙한 사람에 의해서 다른 사람에게 쉽게 발견되지 않는 장소에서 일어나고 있다. 또한 가해자 중에는 정신이상자도 있으나 대다수의 가해자들은 사회적으로 정상적인 생활을 하고 있는 사람들이다.
- 유아가 성폭력을 당하면 상처가 금방 눈에 띌 것이다: 아이들은 몸에 상처를 입지 않고 성폭력을 당하는 경우가 많고, 두려움이나 죄책감 때문에 또는 가

해자의 협박으로 인해 성폭력 사실을 숨기려고 한다. 아이를 주의 깊게 관찰해야 알 수 있다.

- 어렸을 때의 성폭력 경험은 성장하면 별 문제가 없을 것이다: 어렸을 때의 성폭력 경험은 성장하면서 큰 상처로 남는다는 것이 학자들의 연구 결과이다 (Perry & Szalavitz, 2011). 특히 아이가 부모나 주위 사람들로부터 적절한 도움을 받지 못할 경우에는 더욱 그렇다.

유아 성폭력 예방법

- 아이에게 자신과 다른 사람의 몸은 소중한 것이라고 이야기해 준다: 아이에게 자기 몸은 자신만의 것이므로 다른 사람이 함부로 보거나 만지지 않게 해야 한다는 것을 알려 주고, 다른 사람이 이런 행동을 하려고 하면 부모에게 알려야 한다고 이야기해 준다.

- 아이가 좋은 접촉과 나쁜 접촉을 구별할 수 있도록 가르친다: 누군가가 원하지 않거나 기분 나쁘게 느껴지는 접촉을 할 때, 자신이 원하지 않는 행동을 요구할 때는 단호하게 "안 돼요! 싫어요!"라고 소리치며 피하도록 가르친다.

- 말해야 하는 비밀과 나쁜 비밀의 차이를 알려 준다: 아이들은 자신이 당한 폭력을 다른 사람에게 이야기하면 자신이 벌을 받게 될 것이라고 생각한다. 또 자신이 원하지 않고 강압적으로 당했다고 하더라도 결국은 자신이 나쁜 행동을 저지른 것이라고 생각하여 부모에게 이야기하기를 꺼린다. 그러므로 부모는 "어떤 것은 엄마에게 비밀로 하고 싶은 것이 있지? 그런데 나쁜 사람이 너를 괴롭힌 다음에 '우리끼리 아는 비밀이다. 아무에게도 말하면 안 돼. 알았지? 말하면 죽여버리겠다'고 말하더라도 걱정하지 말고 엄마에게 말해야 한단다. 그건 말해야 하는 비밀이야."라고 이야기한다.

- 어른이 요구할 때도 경우에 따라서는 자기주장을 하거나 거절할 수도 있음을 알려 준다.

- 일상생활에서 남자는 힘이 세고 여자는 그 힘에 순응해야 한다는 왜곡된 성

역할을 가지지 않도록 한다.
- 평소 아이가 성에 대하여 호기심을 보일 때 회피하지 않는다: 아이가 보이는 성에 대한 호기심을 자연스럽게 받아들이고 바르게 대답해 주며 성폭력에 관한 이야기도 이러한 맥락에서 비디오나 동화를 통해서 아이들이 지나친 공포심을 갖지 않도록 자연스럽게 접근한다.
- 공중화장실에 가거나 엘리베이터를 탈 때에는 친구나 어른과 함께 간다.
- 친구에게 불쾌감을 주는 행동에 대하여 이야기 나눈다: 성폭력의 피해자뿐만 아니라 가해자가 되지 않도록 하기 위하여 친구의 몸에 대하여 놀리거나 여자 친구의 치마를 들추는 행동, 여자 친구의 화장실을 훔쳐 보는 행동, 남자 친구의 음경을 차는 행동 등은 친구를 불쾌하게 만든다는 것을 이야기해 준다.

표 12-5 아동보호전문기관 현황   2011년 01월 10일 현재

	기관명	설치기관	주소	전화번호
중앙	중앙아동보호전문기관	굿네이버스	서울특별시 강남구 역삼2동 781-46 (135-515)	02-558-1391
서울	서울특별시아동보호전문기관	서울시아동복지센터	서울특별시 강남구 수서동 산 4-1 (135-220)	02-2040-4200
	서울특별시동부 아동보호전문기관	서울특별시립 아동상담치료센터	서울특별시 동대문구 장안2동 329-1 (130-102)	02-2247-1391
	서울강서아동보호 전문기관	굿네이버스	서울특별시 강서구 등촌3동 667-4번지 세진빌딩 4층 (157-033)	02-3665-5183~5
	서울은평아동보호 전문기관	굿네이버스	서울특별시 은평구 불광동 484-142번지 B01호 (122-860)	02-3157-1391
	서울영등포아동보호 전문기관	굿네이버스	서울특별시 영등포구 대림3동 779-13 유현빌딩 2층 (150-816)	02-842-0094

(계속)

서울	서울성북아동보호 전문기관	굿네이버스	서울특별시 성북구 안암동 4 가 15-6번지 서진빌딩 2층 (136-074)	02-923-5440
	서울마포아동보호 전문기관	세이브더칠드런	서울특별시 마포구 창전동 389-5번지 2층 (121-882)	02-422-1391
부산	부산광역시아동보호 전문기관	부산광역시아동보호 종합센터	부산광역시 서구 아미동2가 125번지 (602-827)	051-242-1391
	부산동부아동보호 전문기관	어린이재단	부산광역시 연제구 거제1동 223-6 5층 (611-803)	051-507-1391
대구	대구광역시아동보호 전문기관	어린이재단	대구광역시 중구 동인동 3가 371-2 (700-423)	053-422- 1391~2
인천	인천광역시아동보호 전문기관	세이브더칠드런	인천광역시 남구 주안6동 969-2 (402-848)	032-434-1391
	인천북부아동보호 전문기관	굿네이버스	인천광역시 부평구 부평5동 132-21번지 3층 (403-817)	032-515-1391
광주	광주광역시아동보호 전문기관	어린이재단	광주광역시 서구 쌍촌동 1355-1 (502-860)	062-385- 1391~3
대전	대전광역시아동보호 전문기관	굿네이버스	대전광역시 중구 중촌동 23-9 (301-840)	042-254- 6790~4
울산	울산광역시아동보호 전문기관	세이브더칠드런	울산광역시 중구 성안동 2지 구 24B-10L (681-300)	052-245-1391
경기	경기도아동보호 전문기관	굿네이버스	경기도 수원시 장안구 영화 동 437-11 (440-822)	031-245-2448
	경기북부아동보호 전문기관	굿네이버스	경기도 의정부시 의정부동 598-2 금구빌딩 3, 4층 (480-849)	031-877-8004
	경기성남아동보호 전문기관	굿네이버스	경기도 성남시 중원구 성남 동 2179 인성빌딩 3층 (462-824)	031-758-1385
	경기고양아동보호 전문기관	굿네이버스	경기도 고양시 덕양구 행신 동 996번지 삼정프라자 7층 (412-835)	031-966-1391
	경기부천아동보호 전문기관	세이브더칠드런	경기도 부천시 소사구 송내 동 331-14 3층 (420-040)	032-662-2580

(계속)

경기	경기화성아동보호 전문기관	굿네이버스	경기도 화성시 봉담읍 동화리 416-4 오승빌딩 4층 (445-893)	031-297-6587
	경기남양주아동보호 전문기관	대한불교조계종 사회복지재단	경기도 남양주시 금곡동 651-10번지 다남빌딩 204호 (472-809)	031-592-9818
	안산시아동보호 전문기관	세이브더칠드런	경기도 안산시 단원구 고잔동 703-2 트윈타워 제A동 203호 (425-020)	031-402-0442
강원	강원도아동보호 전문기관	어린이재단	강원도 춘천시 후평1동 685-5번지 (200-933)	033-244(3)-1391
	강원동부아동보호 전문기관	어린이재단	강원도 동해시 천곡동 1078-14 삼성빌딩 4층 (240-810)	033-535-6350~3
	원주시아동보호 전문기관	굿네이버스	강원도 원주시 판부면 서곡리 773-1 (220-912)	033-766-1391
충북	충청북도아동보호 전문기관	굿네이버스	충북 청주시 상당구 율량동 1009번지 (360-819)	043-217(6)-1391
	충청북도북부아동보호 전문기관	화이트아동복지회	충북 제천시 청전동 110번지 종합보건복지센터 2층	043-645-9078
	충청북도남부아동보호 전문기관	사회복지법인 명지원	충청북도 옥천군 옥천읍 문정리 445번지 (300-809)	043-731-3685~7
충남	충청남도아동보호 전문기관	굿네이버스	충남 천안시 성정동 1007-1 (330-170)	041-578-2655
	충청남도남부아동보호 전문기관	굿네이버스	충청남도 보령시 동대동 1250 성일빌딩 5층 (355-936)	041-931-6941
전북	전라북도아동보호 전문기관	굿네이버스	전북 전주시 완산구 서서학동 202-2 (560-815)	063-283-1391~2
	전라북도서부아동보호 전문기관	굿네이버스	전라북도 익산시 신동 767-6 (570-976)	063-852-1391
	전라북도동부아동보호 전문기관	굿네이버스	전라북도 남원시 하정동 8-2번지 (590-050)	063-635-1391~4

(계속)

전남	전라남도아동보호 전문기관	어린이재단	전남 순천시 용당동 561 (540-958)	061-753- 5125~8
	전남목포아동보호 전문기관	굿네이버스	전라남도 목포시 상동 928 2층 (530-826)	061-285-1391
경북	경상북도아동보호 전문기관	우봉복지재단	경북 경주시 성건동 692-3 (780-945)	054-745-1391
	경북안동아동보호 전문기관	그리스도의교육 수녀회	경상북도 안동시 율세동 419-2번지 (760-070)	054-853-1391
	경북포항아동보호 전문기관	굿네이버스	경상북도 포항시 남구 상도 동 18-254 2층 (790-827)	054-284-1391
	경북구미아동보호 전문기관	대한불교조계종 사회복지재단	경상북도 구미시 도량1동 666번지 (730-909)	054-455-1391
경남	경남아동보호 전문기관	인애복지재단	경남 창원시 마산회원구 회 원2동 652-6 (630-823)	055-244-1391
	경남서부아동보호 전문기관	어린이재단	경상남도 진주시 봉곡동 21-5 2층 (660-040)	055-747- 8174~6
제주	제주특별자치도아동 보호전문기관	어린이재단	제주도 제주시 노형동 944- 7 (690-802)	064-712- 1391~4
	서귀포시아동보호 전문기관	사회복지법인 제남	제주도 서귀포시 서귀동 332-98 (697-812)	064-732- 1391~2

🐾 장애를 가진 아이들

📖 장애아동 가족

　대부분의 부모들은 자신의 자녀가 장애를 갖게 될 가능성에 대해 전혀 생각하지 않지만 태어날 때부터 장애를 갖고 태어나는 아기가 있다. 장애를 가진 아기가 태어나면 대부분의 부모들은 이를 부정하고 갈등하며 죄의식을 갖고 우울증에 시달리며 분노하는 과정을 겪은 후에 현실을 인정하게 된다. 장애자녀를 둔 가족은 그 아이를 양육하기 위해 보통 아이들보다 훨씬 더 많은 시간과 경제적인 부담을 지게 된다. 장애아동의 가족은 평범한 가족이라고 느끼고 싶은 욕구, 장애아동의 상 태에 관한 정보의 부족, 자녀의 장래에 대한 염려, 경제적 부담의 증가, 충분한 지 원체계의 부족, 한부모가정이 될 가능성 등의 이유로 많은 스트레스를 겪게 된다.

따라서 장애아동을 둔 가족들은 배우자나 다른 친척들로부터 따뜻한 지원을 받 고 싶어 한다. 장애자녀가 있는 가족을 지원하기 위한 프로그램을 개발할 때는 장 애를 가진 아이에 대하여 이해하고 상호 작용할 수 있도록 부모는 물론 형제자매 들도 지원하는 내용을 다루어야 한다. 자녀의 학문적 성취와 사회적 성취를 어느 정도까지 기대해야 하는지에 대해서도 생각해 두어야 한다.

장애는 선천적인 것과 후천적인 것으로 나눌 수 있는데, 후천적인 경우는 부모 의 잘못된 양육에 기인하는 경우가 많다. 특히 정신건강과 관련된 장애는 과도한 조기 사교육, 학대 등에 의한 경우가 대부분이다. 18세 이전에 발병하는 소아장애 는 크게 발달장애, 행동장애, 정서장애, 신체장애로 나눌 수 있는데, 각각의 내용 과 부모의 역할에 대해 살펴보면 다음과 같다.

발달장애

정상적인 발달 과정이 이루어지지 않는 것을 발달장애라고 한다. 인지발달장애 는 지능 자체가 IQ 70 이하로서 정신지체라고도 한다. 정신지체는 그 정도에 따 라 장기적인 계획을 세워 적절한 교육과 훈련을 시킴으로써 행동장애나 정서장애 가 함께 일어나지 않도록 하여야 한다. 전반적 발달장애 또는 자폐증이라고 하는 선천적 질환은 독특하고 기이한 행동을 나타낸다. 다른 영역에 비해 유독 언어 발 달이 뒤떨어지고 이상한 언어 습관들이 드러나는 것이 그 예다. 어려서부터 눈 맞 추기, 함께 놀기, 애정표시 등의 대인관계 형성이 불가능하고, 새로운 자극에 적 응이 힘들어 학습을 할 수 없다. 지능이 매우 높고 자폐가 경미한 경우에는 정상 아들과 함께 교육을 받아 정상 생활이 가능한 경우도 있으나, 대부분은 조기에 특 수교육을 시작하더라도 평생 보호자의 도움이 필요하다. 특수발달장애는 특정 영역의 발달만 지연되는 경우인데, 그러한 상태로 오랜 시간이 경과되면 다른 영역의 발달에도 영향을 미쳐 정신지체와 같은 상태로 변하게 된다.

언어발달장애는 조기에 발견되는 경우가 많으나 "크면 다 말하게 된다"는 주위 어른들의 충고 때문에 적절한 치료 시기를 놓치는 경우가 많다. 운동발달장애나 학습장애는 부모가 발견하기 매우 어렵고 아직 사회적 인식이 부족하여 제대로 평가받아 치료되지 못하는 경우가 대부분이다. 또래에 비해 행동이 우둔하고 협응이 잘 되지 않으면 대근육운동 및 미세 운동에 관한 자세한 검사를 받아 보는 것이 바람직하다. 기초적인 학습 능력에 결함이 있는 것을 간과한 채 초등학교 3학년 이상이 된 후에 이를 고치려 하면 해결하기가 거의 불가능해지므로 읽기, 쓰기, 셈하기 등의 기초 능력에 문제가 있을 경우 가능한 한 빨리 치료받도록 하여야 한다.

애착관계장애는 태어날 때에는 정상적으로 태어났으나 어머니가 적극적인 관계 형성을 시도하지 않거나 사랑을 충분히 주지 못해 후천적으로 자폐증과 같은 상태가 된 것을 의미한다. 조기에 발견하여 아이와 어머니가 함께 치료받으면 정상 회복이 가능한 병이다.

🖼 행동장애

선천적으로 뇌 기질상의 미세한 이상으로 과잉행동, 집중력 결핍, 충동성이 함께 나타나는 주의력 결핍 및 과잉행동장애가 있는데 약물치료로 어느 정도 효과를 볼 수 있다. 그러나 아이들에게 약물을 사용하려면 이에 관한 상세하고 적합한 평가를 먼저 해야 한다. 이는 적절하게 사용하지 않으면 모든 약은 독이기 때문이고, 우리 아이들은 실험동물이 아니기 때문이다. 행동장애 중 환경적 요인에 의해 생겨나는 적대장애는 부모와 자녀의 관계가 원만치 않아 발생되며, 차츰 부모 외에 다른 사람들에게까지 적대적 행동이 나타나 사회적 적응이 어렵다. 아이는 행동 수정이나 정신치료를 통해 잘못 길들여진 적대행동을 감소시켜 나갈 수 있으나 그 원인이 된 부모가 반드시 함께 치료받아야 효과가 있다. 행동장애의 원인은 유전적 요인도 있으나 영유아기에 버릇이 잘못 들어, 친구를 잘못 만나 거짓말, 도벽, 무단결석, 가출, 약물사용, 패싸움, 혼숙 등의 비행을 하게 된다. 커서는 가정에서 고치기 힘들어 전문가로부터 적극적인 치료를 받아야 한다. 행동장애자는 범죄자가 될 가능성이 높다.

🗒 정서장애

정서장애는 불안장애와 우울장애로 크게 양분할 수 있으나 자아정체감장애나 적응장애도 이에 속한다. 겉으로 드러나는 주된 정서상태가 안정되지 못하고 걱정이 많고 두려워하면 불안장애이고, 의욕이 없고 공부나 창조적인 일은 귀찮아하며 말초적인 놀이에만 관심을 가지고 기분이 늘 가라앉아 있으면 우울장애이다. 그러나 나타나는 양상이나 상황은 여러 가지로 나타난다. 어머니와 헤어져야 할 때에만 심한 불안이 나타나 유치원이나 학교에 가지 않으려는 이별불안장애가 있고, 또래에게 관심은 있으면서도 사회성 기능이 결여되어 친구들을 기피하는 회피장애, 늘 좌불안석이고 작은 소리에도 화들짝 놀라며 악몽도 자주 꾸는 과잉불안장애도 있다. 이런 정서적 불안장애는 영유아기에 더 많이 나타나고 우울장애는 어른에게 많이 나타난다. 그러나 핵가족화와 부모의 맞벌이 증가로 영유아에게도 많이 일어나고 있다. 우울증이 심해져도 겉으로 뚜렷한 문제를 보이지 않기 때문에 발견이 늦다. 행동이 굼뜨고 제 할 일을 제대로 못 해내기 때문에 도움 대신 꾸중을 듣게 되어 우울증이 더욱 심화되어 자살로까지 이어지는 경우가 있다.

성장해서 학교에 다닐 때, 즉 자아형성 시기에, 심한 혼란이 나타나 학업이나 대인관계에 심각한 영향을 받게 되면 자아정체감장애를 겪는다. 새로운 환경에 접하거나 주변에서 받는 스트레스가 심해졌을 때 나타나는 것은 적응장애이다. 이 두 종류의 장애는 조기에 발견하여 적절한 도움을 주면 해결 가능성이 높아진다. 그렇지 못하면 다른 정서장애나 행동장애로 확대된다. 집에서는 말을 잘하면서도 밖에 나가면 입을 다물어 버리는 선택적 함구증은 정서적인 어려움과 언어 및 사회성이 발달하지 않아서이므로 최대한 많은 사랑과 관심을 주며 도움을 주어야 한다. 함구증이 오래 되면 치료기간도 장기화되기 때문이다.

🔲 신체장애

　신체적인 증상을 나타내는 병이지만 심리적인 문제가 그 유발 요인 및 악화 요인이다. 또한 신체적 증상과 수반되어 여러 정신과적인 장애가 나타난다. 신체의 일부분을 덜덜 떠는 틱장애는 유전적인 소인을 가지고 있으나 후천적인 정서장애로 생기기도 한다. 틱장애는 수개월 내에 없어지는 일시적인 틱장애, 1년 이상 눈 깜빡이기, 코 찡그리기 등의 운동 틱을 나타내는 만성운동 틱장애, 1년 이상 헛기침, 쿵쿵거리는 소리, 코 훌쩍임 등의 음성 틱을 나타내는 만성 음성 틱장애, 그리고 운동 틱과 음성 틱이 함께 나타나는 뚜렛증후군으로 세분된다. 약물치료가 매우 효과적이나, 일시적 틱장애는 무관심한 척 내버려 두는 것이 오히려 도움이 된다.

　수면장애에는 수면 초기 3시간 내에 잘 나타나는 야경증과 야행증이 있지만 부모가 병을 알고 나면 크게 두려워할 장애는 아니다. 뇌가 성숙하면 저절로 좋아질 수 있다. 단지 증세가 심해지거나 빈번히 나타날 때는 환경적인 악화 요인이 없는지 살펴보는 것이 바람직하다.

　식사장애는 자신의 연령 기준보다 체중이 25% 낮은 상태에서도 살이 쪘다며 식사를 거부하는 거식증과 계속 음식을 먹어 대는 과식증도 있으며, 먹어선 안 될 흙이나 종이를 먹는 이식증이라는 병도 여기에 속한다.

　배설장애는 소변을 제대로 가리지 못하는 유뇨증과 대변을 못 가리는 유분증이 있으며, 낮·밤에 따라 분류되고 한 번도 가리지 못했던 경우와 1년 이상 완전히 가렸다가 다시 실수하는 경우로 세분하여 원인을 찾는다. 어른에게도 많은 신체화(psychosomatic) 장애는 여자에게 더 흔하나 아동의 경우 남자아이에게서도 자주 나타난다. 심리적 갈등이 신체의 마비 현상이나 무감각 상태로 전환되는 전환 장애나 무서운 병에 걸렸다는 불안이 심한 건강 염려증, '머리 아프다' '배 아프다' 등의 통증을 호소하는 신체화 통증 장애 등은 소아뿐 아니라 청소년에서 더 흔하며, 정서적인 문제와 직결되어 있어 원인을 밝히고 근본적인 치료를 받아야 한다.

🔑 토의

1. 어릴 적 학대받은 경험이 왜 부모가 되었을 때 자신의 자녀를 학대하는 원인이 되는지 이야기 나누어 보자. 이러한 악순환의 고리를 끊기 위해 오늘 결심할 수 있는 것이 있다면 무엇인지 이야기해 보자.

2. 유아기 아이들에게 과도한 조기 사교육을 하는 이유는 무엇인가? 과도한 조기 사교육에 목매는 부모들의 심리적 상태는 무엇인가?

3. 유아기 아이들에게 이루어지는 과도한 조기 사교육의 문제점은 무엇인가?

4. 유아기 아이들에게 이루어지고 있는 조기 영어 교육에 대해 어떻게 생각하는지를 찬성 또는 반대로 나누어 이야기해 보고, 예측되는 문제점은 무엇인지 이야기 나누어 보자.

5. 조기(早期)교육과 적기(適期)교육의 차이점은 무엇인가? 그 의미를 생각해 보자.

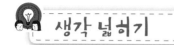

📖 과제

아동학대는 단순한 가정 내의 문제가 아니다. 인간의 생명과 권리가 연관되어 있는 사회적 문제다. 더불어 사는 사회 속에서 이웃의 자녀를 내 자녀로 생각하고, 함께 돌보는 마음가짐이 매우 중요하다. 주변에서 학대를 당하거나 어려움에 처한 아이를 만난다면, 어떻게 적극적으로 그 아이를 도울 수 있는지, 아동학대 신고 방법과 절차에 대해 알아보자.

📖 도움이 되는 도서와 동영상 자료

사교육 걱정없는 세상(2010). 아깝다 학원비. 사교육 걱정없는 세상.

신의진(2000). 현명한 부모들은 아이를 느리게 키운다. 중앙M&B.

신철희(2000). 클릭 자녀상담. 동서문화원.

이범 외(2010). 굿바이 사교육. 참언론시사인북.

이병민 외(2013). 굿바이 영어 사교육. 시사IN북.

주정일, 김승희(1990). 한 아이. 샘터사.

주정일(1995). 놀이치료로 좋아졌어요. 샘터사.

Axline, V. M. (2002). 딥스(주정일, 이원영 역). 샘터사.

Elkind, D. (2001). 쫓기며 자라는 아이들(김용미 역). 학지사.

Hayden, T. L. (2004). 제이디(이원영 역). 샘터사.

EBS 다큐프라임 〈언어발달의 비밀〉 1–3

MBC 스페셜 심리다큐 〈행복 2부작〉

SBS 〈그것이 알고 싶다〉 제00225회–조기 사교육으로 인한 기러기 아빠의 실태.

SBS 〈그것이 알고 싶다〉 제00252회–아동학대의 실태.

Chapter 13

다양한 형태의 가정에
사는 아이들이 원하는 부모

생각 모으기

"가족은 퍼즐과 아주 많이 닮았단다, 코코. 우리 가족 한 사람 한 사람이 이 퍼즐 조각과 같아. 아빠와 엄마가 결혼을 했을 때는 참 잘 어울렸지. 우리는 서로 사랑했고, 네가 태어났을 때엔 무척 행복했단다. 그런데 여러 가지 일들 때문에 지금은 아빠와 엄마가 서로 맞지 않게 된 거야." 엄마 곰이 이야기했습니다.

"퍼즐 조각이 딱 맞지 않으면 아무리 끼워 맞추려고 해도 소용 없잖아. 너무 세게 밀어 넣으려고 하면 퍼즐 조각이 구겨지기도 하고. 그런데 코코, 한 가지 다행스러운 게 있단다. 부모와 아이는 언제나 딱 맞아떨어진다는 거야. 부모끼리는 맞지 않을 때에도 말이야."

−〈코코, 네 잘못이 아니야〉(Lansky, 2003)

〈코코, 네 잘못이 아니야〉는 이혼한 가정과 그 자녀에 대한 그림책이다. 코코의 엄마와 아빠가 이혼하기로 결정하고 아빠가 짐을 꾸려 이사한다. 엄마와 아빠는 코코를 사랑하는 것에는 변함이 없다고 몇 번이고 말해 주지만 처음에는 코코의 슬프고 우울한 마음을 달랠 수 없었다. 하지만 코코가 엄마의 집에도 아빠의 집에도 원할 때 언제나 갈 수 있고, 이혼한 후에도 여전히 엄마와 아빠가 자기를 사랑한다는 것을 깨달으면서 다시 기운을 내게 된다는 내용이다.

우리나라에서도 이혼이 흔해졌다. 이혼의 가장 큰 피해자는 그 자녀들이다. 어린 시기에 부모가 이혼하게 되면 그 아이는 원인이 자신에게 있다고 생각하여 우울증이나 죄책감에 빠질 수 있다. 또한 부모의 별거, 또는 두 부모 중 누구 한 명을 선택해야 하는 상황도 큰 스트레스가 될 수 있다. 어느 한 명의 부모와 살 경우, 그(녀)가 표현하는 상대편 배우자에 대한 걸러지지 않은 미움과 증오는 아이를 혼란에 빠뜨리기도 한다.

어쩔 수 없이 이혼하는 경우가 대부분이지만, 이혼이 어린 자녀에게 주는 부정적 영향을 고려하여 이혼을 피해 갈 수 있는 방법을 보다 깊이 모색해 보는 것이 바람직하다. 혹 이혼이 결정되더라도 힘들어하는 자녀를 위한 섬세한 배려가 필요하다.

그 어느 때보다 빠르게 변하고 있는 사회 현상에 따라 오늘날의 가족은 복잡한 사회문제의 영향을 받아 심각한 가족 위기와 문제에 직면하고 있다. 부부, 영유아, 아동 모두 사회적 변화와 위기에 민감하게 적응하고 현명하게 대처하는 방법을 알아야 하는 때이다. 특히 이혼가족, 재혼가족, 한부모가족, 십대 부모, 조부모가족, 맞벌이 가정 등은 현대 사회의 다양한 가족 형태로, 이러한 현상에 대한 올바른 이해와 인식이 요구된다. 다양한 형태의 가정에서 자라나는 아이들이 다른 아이들에 비해 발달이 뒤쳐지지 않으면서 양질의 돌봄과 교육을 받도록 돕기 위해서는 가족 모두의 관심과 사회적 지원이 필요하다.

이 장에서는 다양한 가족 형태를 살펴보고, 이들을 사회의 주요 구성원으로 수용하며, 지원하기 위한 방법에 대해 살펴보고자 한다.

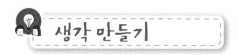

현대 사회에서의 결혼은 전통사회와는 달리 인간 삶의 필수적인 부분이라기보다는 선택적 행위로 인식되는 경향이 있다. 독신, 별거, 이혼과 같은 가족의 해체도 좀 더 융통성 있게 수용되어 가고 있다. 형식적인 가족 형태를 유지하기보다는 가족관계의 질을 중요시하고 부부간의 문제를 해결하기 위한 노력의 과정으로 이혼을 받아들이기 시작했다는 의미다. 이혼은 부부 두 사람의 관계를 해소하는 것이지만 이혼으로 비롯되는 문제는 부부에게만으로 그치는 것이 아니라 가족 전체의 문제로 파급되고, 나아가 사회적 문제가 된다. 이에 현명하게 대처하는 지혜가 요구된다.

🎴 이혼가족의 아이들

1955년부터 현재까지 우리나라 이혼율은 전체적으로 증가 추세다. 특히 1970년대에 이르러 이혼 비율이 급증하였다. 1995년의 혼인 수에 대한 이혼 수의 비율은 16.23%에 달하였으며, IMF 외환위기에 따른 실직 등 경제적인 위기를 겪으면서 이혼율이 큰 폭으로 증가하였다.

이혼이 증가하게 된 배경을 살펴보면, 결혼관 및 가족관의 변화와 개인의식의 변화가 있다. 가족에 대한 인식이 자손을 갖기 위한 필수적 제도라는 관점에서 점차 부부간의 애정이나 상호 성장이 가능한 곳이어야 한다는 관점으로 바뀌었기 때문이다. 또한 산업화 이후 여성의 사회진출로 인해 여성의 경제적·심리적 독립이 가능해졌고, 남성도 안식처로서의 가정에 대해 회의를 느끼기 시작했으며, 가사노동 및 양육에 대한 부담감이 증가했기 때문에 이혼율이 급증하게 되었다.

현행 「민법」상 법률적 이혼의 사유는 배우자의 부정한 행위, 배우자의 악의의 유기, 배우자 또는 그 직계존속에 의한 심히 부당한 대우, 배우자의 3년 이상의 생사불명, 기타 혼인을 계속하기 어려운 중대한 사유 등이다. 이혼신고서 양식에 신고된 이혼사유로는 부부불화, 가족 구성원 간의 불화, 건강상 문제, 경제문제 등이 주로 기록되고 있는데, 그중 부부불화가 80% 이상으로 가장 높은 비율을 차지하고 있다. 김정옥 등(1993)의 연구에서 이혼한 남녀의 응답을 통해 밝혀진 이혼의 사유를 보면, 남녀 모두 첫 번째가 성격적 문제이고, 두 번째가 배우자의 부정 행위인 이성관계이며, 그 외에 부부 상호 간의 불일치, 경제적 문제 등이 원인으로 나타났다.

행복한 결혼을 위한 일곱 가지 제언

- 차이를 인정하고 배우자의 아픔을 이해하라.
- 자신의 욕구만을 즉각적으로 만족시키려 하지 마라.
- 경제적인 책임을 함께 지라.
- 문제 해결을 위한 대화의 기술을 갖추어라.
- 상대방을 성적으로 존중하고, 부부관계에 성실하라.
- 아이와 놀아 줄 능력을 갖추어라.
- 가족과 좋은 관계를 유지하는 것을 인생의 진정한 가치로 생각하라.

📖 부모 이혼에 대한 자녀의 반응 단계

대부분의 사람들에게 이혼은 인생에서 가장 고통스러운 사건이다. 이혼 후, 남녀 모두 자존감이 저하되고 극심한 분노감, 상실감, 무력감, 우울증, 사기 저하 등의 심리적·정서적 문제를 겪게 된다. 자녀 역시 부모의 이혼으로 영향을 받게 되는데, 학업성적 수준의 하락, 분노·공격성·후회·억압·죄의식의 감정유발, 동료나 대인관계에서의 문제, 부정적 자아개념, 인지능력 저하, 비사회적 행동 등의 문제를 수반하게 된다. 부모 이혼의 충격은 자기중심적 사고를 하는 유아에게 특히 심하게 나타난다. 이는 부모의 이혼이 자신 때문이라고 왜곡하여 해석하기 때문이다. 자녀의 경우, 이혼의 충격에서 벗어나 자신과 새로운 생활을 긍정적으로 느낄 수 있으려면 1년 이상의 시간이 소요된다. 아이에 따라서는 더 오래 걸린다.

이혼 후 나타나는 반응은 크게 세 단계―격렬한 단계, 전이단계, 안정단계―로 설명될 수 있는데 각 단계에서 보이는 이혼자녀의 행동적 특징을 살펴보면 다음과 같다.

격렬한 단계

부부의 이혼 과정은 공식적인 절차를 밟은 후, 한쪽 부모가 집을 떠나는 것으로 시작된다. 수개월이 될 수도 있고 길게는 1년이 넘도록 지속되기도 한다. 아이는 부모가 이혼한다는 말을 들었던 일, 한쪽 부모가 집을 떠나던 날을 일평생 생생하게 기억하며 아파한다. 부부간에 주고받는 언어적 비난, 폭행, 분노, 우울증 등 갈등 상황을 자녀가 볼 수밖에 없기 때문이다. 어떤 부모는 자녀가 집에 없을 때만 싸우려고 노력하지만 자녀들은 부모가 서로 냉랭하고 헤어지리라는 사실을 느낌으로 안다.

이 단계의 부모들은 대개 죄책감을 갖거나 다른 데 정신이 팔려서 자녀를 제대로 훈육하기가 어렵다. 아이는 기본적으로 돌보고 챙겨야 할 것을 수행하는 것이 좀처럼 쉽지 않아 부모에게 쉽게 화를 내거나 공격적인 태도를 갖게 되며, 우울증과 불안 등의 증세로 외부세계와 스스로를 격리시키기도 한다.

전이단계

새로운 가족구조에 익숙하지 않은 어른과 아이가 서로 역할과 관계를 재정립해 나가는 몇 년간 지속되는 단계다. 대개 생활 수준은 더욱 어려워지고, 생활양식도 바뀌고, 가정 내에는 새로운 책임들이 생겨나고, 이사를 하기도 한다. 아이는 이 새로운 양식에 적응하는 과정에서 정서적 불안과 스트레스를 겪는다.

어머니와 함께 살고 있는 아이는 가능하면 아버지 이야기를 어머니 앞에서 하지 않으려 한다. 주말에 아버지에게 다녀와서도 가능하면 이야기를 하지 않거나 어머니의 눈치를 본다. 때로는 어머니가 물어도 대답하지 않으려 한다. 이렇게 힘든 상황에서 이야기라도 나누면서 자신들의 감정을 해소해 나가고 그 상처를 통해 더 성장해야 하지만 그런 것까지 돌봐주기에는 부모 자신도 너무 힘들고, 마음은 있어도 방법을 몰라 자녀들의 마음에 상처를 주기도 한다.

안정단계

가족이 이혼이라는 가족 형태에 적응하여 가족의 역할이 재조직되고 기능이 다시 원만하게 이루어지는 과정이다. 양육권을 가지고 자녀를 돌보는 사람은 이혼 당시의 어려움과 혼란에서 벗어나 이혼하여 홀로 아이들과 지내는 것에 만족하게 된다. 재혼을 하는 가정도 있어, 또다시 새로운 가족의 구성원을 받아들이는 일에 아이들이 적응을 해야 하는 과제가 시작되기도 한다.

이혼이 자녀에게 미치는 영향

가정불화와 이혼의 영향은 여자아이보다 남자아이에게 훨씬 더 크며 그 영향이 지속된다는 연구 결과도 있지만, 성별 차이가 없다는 연구 결과도 있다. 이혼 전에 자녀가 부모 각각과 어떤 관계를 유지해 왔는가 하는 것은 이혼 후의 부모-자녀관계를 예측하게 한다. 이혼 전에 엄마 또는 아빠와 긍정적인 관계를 가졌던 아이들은 부모가 이혼한 후에도 각각의 부모와 긍정적인 태도로 교류하지만 관계가 나빴다면 부모의 이혼 후에 더 많은 어려움을 겪는다.

많은 부모들은 자녀의 행복을 위해 갈라서지 않으려고 생각하기도 하지만 이혼후 1년 뒤 부모 중 어느 한쪽하고만 사는 아동이 부부의 갈등으로 늘 고통받는 핵가족에 사는 아동보다 더 잘 적응하는 경향도 있다. 이러한 상황에서의 이혼은 갈등으로부터 근본적으로 분리될 수 있다는 점에서 아동에게 긍정적인 영향을 주기도 한다.

자녀가 이혼에 얼마나 잘 적응하는가는 헤어진 부모로부터 얼마나 많이 지원받을 수 있는가에 달려 있다. 부모가 헤어진 후에도 가정의 재정과 경제적 상황이 심하게 악화되지 않은 가정의 자녀들이 이혼상황에 더 잘 적응하며, 이혼 후 부모가 따뜻하고 우호적인 관계를 유지할 때 자녀가 더 잘 적응하는 것으로 나타났다.

이혼에 대한 아이들의 반응은 개인적으로 다르지만, 대체로 발달 수준과 관련이 있다. 어느 시기에 부모의 이혼을 겪게 되느냐에 따라 그 영향과 반응이 달라지게 되는데, 크게 유아기, 아동기로 나누어 각 시기의 이혼에 대한 반응을 살펴보고자 한다.

유아기(6세 이전)

유아기의 자녀들은 부모의 이혼으로 무기력해지고 비탄에 잠기며, 부모의 설명을 이해하지 못하기 때문에 자아존중감과 기본적 신뢰감에 손상을 받아 정서적 위기를 경험하게 된다. 정서적으로 나타나는 반응으로는 우울증 · 심한 슬픔 · 불안 · 침착하지 못한 행동 등이 있다(이선애, 1997).

부모의 이혼으로 고정적인 일상생활에서 벗어나는 것을 두려워하며 이러한 이탈에 대한 불안감은 퇴행 현상이나 주변에 있는 것들에 대한 소유권 주장으로 나타나기도 한다. 또한 부모로부터 버림받았다는 느낌, 자기 때문에 부모가 이혼했다는 죄책감, 초조감, 버림받았다는 두려움 등으로 또래와 잘 어울리지 않아 적응을 못하게 된다.

아동기(7~12세)

이 시기에 부모의 이혼을 경험한 아동은 매우 슬퍼하며 이러한 슬픔을 직접 표현하고 같이 살지 않는 부모에 대한 그리움을 나타낸다. 때로는 박탈감으로 잘 먹지 않기도 한다. 아동후기(9~12세)의 아동은 보다 침착하게 대처하며, 나름대로 갈등 감정에 익숙해지기 위해 노력도 하며, 다른 사람에게 도움을 요청하기도 한다. 때로는 갈등감정을 숨기기 위해 격렬한 행동, 허세, 용기 등을 보이기도 한다. 이에 비해 아동전기의 자녀는 아직 인지발달 수준이 자기중심적이어서 부모의 이혼을 자신의 행동과 결부시켜 잘못 이해하기도 한다. 이로 인해 부모의 이혼에 대해 틱장애를 보이거나 죄책감을 갖거나, 자신을 비난하는 마음을 갖게 되어 심리적으로 큰 상처를 입기도 한다.

자녀가 부모의 이혼에 적응하도록 돕는 방법

　이혼율의 증가가 결코 바람직한 현상은 아니지만, 더 이상 방관하거나 비난할 일만은 아니다. 이혼율 증가에 따라 이혼한 한부모 밑에서 자라는 자녀의 수도 급격하게 늘어나고 있으며, 이들의 필요를 채워 줄 수 있는 도움도 시급해졌기 때문이다.

　이혼하지 않고 모든 가족이 화목하게 사는 것이 아이에게는 최상이다. 그러나 오랫동안 빈번히 부부의 갈등이 지속되어 장기적으로 아이에게 부정적인 영향을 주면서 함께 사는 것이 이혼하는 것보다 더 해롭고 힘들 수 있다.

　부모가 어떤 이유에서든 이혼을 결정했을 때, 어머니나 아버지와 함께 살 수 없다는 사실은 아이들에게는 천재지변과 같은 것이다. 주체할 수 없는 변화에 적응하지 못하는 대개의 아이들은 불안과 우울증으로 부적응 증세를 보인다. 이혼 당시에는 아무런 문제를 나타내지 않았던 아이들이 몇 년이 지나, 또는 사춘기에 이르러 더 심각한 문제를 드러내기도 한다. 부모는 자녀의 정서적인 어려움에 관심을 갖고 적절한 도움을 주려고 최선의 노력을 해야 한다.

　부모의 이혼이 자녀에게 미치는 부정적 영향을 최대한 줄일 수 있는 방법에 대해 살펴보면 다음과 같다.

자녀에게 가장 좋은 것을 주기 위해 서로 협력한다

　서로 적대적인 부모는 자주 아이 앞에서 논쟁을 벌이고 서로의 능력에 대해 불평하고 도전하며, 상대방과 자녀와의 관계가 좋아지는 것을 방해하기까지 한다. 또 어떤 부모들은 아예 이혼한 배우자와 아이가 만나는 것을 금하기도 한다. 그러나 아이를 위해 협조하는 부모는 자주 이야기를 나누되, 논쟁은 피한다. 그들은 상대의 권위를 깎아내리지 않도록 노력한다. 이렇게 이혼 후에도 좋은 관계를 유지하는 부모의 자녀는 이혼으로 인해 생기는 여러 문제들에 자신을 잘 적응시킨다.

상대방에 대한 비난 없이 있는 그대로 이혼한 사실을 알린다

전문가들은 부모가 이혼한 사실을 아이에게 절대 숨기지 말라고 한다. '아버지가 외국으로 일하러 가서 오래 계시다가 온다.' '엄마는 이 세상을 떠났다.' 등의 거짓말은 오래지 않아 탄로나고, 문제를 더 어렵게 만들고 그렇게 말한 부모에 대한 신뢰를 잃게 된다. 가족의 문제를 자녀와 토의하되, 자녀의 수준에 맞게 간단하고 정직하게 설명하는 것이 좋다. 이혼의 사유도 정직하게 자녀가 이해할 수 있도록 말하는 것이 필요하다.

자녀양육에 필요한 심리적 · 경제적 지원을 기꺼이 해 준다

일반적으로 헤어진 배우자로부터 심리적 · 경제적 지원을 받을 수 있을 때, 자녀를 맡아 기르는 이혼한 부모의 스트레스는 훨씬 감소된다. 혼자 부모 노릇을 잘해야 한다는 부담감은 자녀의 심리적 건강에도 영향을 미치기 때문이다. 특히 경제적으로 어려워진 상황을 자녀에게 이해시키는 것은 어려운 일이다. 갑자기 변화한 환경과 상황에 적응하기도 어려운데, 형편이 넉넉하지 않으면 아이들은 어른들이 생각하는 것보다 걱정을 훨씬 더 많이 한다.

자녀가 유치원이나 학교에 다니면서 잘 적응하는지 관심을 갖고 관찰한다

급작스러운 변화로 아이에게는 여러 가지의 일이 생길 수 있다. 따라서 자녀의 유치원 및 학교 생활에 관심을 가져야 한다. 집에서 겪는 긴장과 근심은 유치원에서 부적응 행동으로 나타날 수 있다. 남자아이는 주로 공격적인 행동을 하고, 여자아이는 대개 소극적으로 위축되어 기분이 침체되는 경향이 많다. 학습에 관심을 보이지 않고 집중력이 부족해지고 예전과는 다른 행동을 보여 교사도 당황한다. 솔직하게 이혼상태를 교사에게 알리는 것이 현명하다. 부모와 교사가 협력하여 자녀가 잘 극복해 갈 수 있도록 가정과 학교에서 도울 수 있기 때문이다.

부모 모두 아이를 사랑하고 앞으로도 계속 사랑할 것이라는 확신을 준다

부모가 이혼을 해도 아주 잘 적응하는 소수의 아이들이 있다. 이들은 부모가 자녀 앞에서 이전 배우자에 대해 비난하거나 적대감을 표출하지 않도록 조심하는 가정, 지속적으로 이전 배우자와 자녀의 관계를 지지해 주는 가정의 자녀들이 그렇다. 이혼을 하더라도 부모 모두 아이를 계속 사랑할 것이라는 확신을 갖게 하는 것은 아이가 미래에 대해 긍정적으로 느끼도록 믿음을 준다.

어떤 부모와 살 것인지 결정하라고 자녀에게 묻지 않는다

아이들은 이런 질문을 받으면 매우 난처하고 가슴이 아파 혼란스럽다. 대개 이혼 가정의 아이들은 부모가 재결합하기를 간절히 원하고 다양한 방법을 시도한다. 그러므로 어느 쪽 부모와 살게 될 것인지를 결정할 때 자녀의 일상적 리듬을 깨뜨리지 않는 사람으로 정한다. 귀찮다는 태도로 어머니에게 얼마 있다가 다시 아버지에게, 이리저리 옮겨 다니는 것은 아이에게 자신이 버려질지도 모른다는 상상을 일으키고 두려움을 갖게 만든다. 또한 자녀가 자기를 더 따르도록 하기 위해 자녀를 가운데 놓고 힘겨루기를 하는 것은 자녀를 더 불안하게 만든다. 이렇게 되면 아이들은 불안감으로 독립된 존재로 성장하지 못한다. 자신이 선택한 행동에 대한 책임을 질 수 있는 아이, 자신이 자신의 삶의 주인공으로 살 수 있도록 기르려면 자녀를 세력다툼의 수단으로 사용하거나 자녀에게 사랑을 구걸해서는 안 된다.

 이혼한 가정의 유아기 자녀를 위한 도서

• Babette Cole(2008). 따로따로 행복하게(고정아 역). 보림출판사.
　두 아이의 아빠와 엄마는 눈곱만큼도 마음이 맞지 않는다. 그래서 서로를 점점 미워하게 되고 서로를 괴롭히게 되며 얼굴도 점점 미워지게 된다. 드미트리어스와 폴라는 엄마와 아빠 때문에 골치 아픈 아이들을 모아 엄마와 아빠의 끝혼식을 하기로 정하고 목사님께 끝혼식의 주례를 부탁한다. 엄마와 아빠는 끝혼 여행을 떠나고, 그

> 사이 두 아이는 함께 살던 집을 모두 밀어버리고 그 자리에 두 채의 집을 짓는다. 그래서 엄마와 아빠는 따로따로 행복하게 살게 된다.
>
> • Nele Maar, Verena Ballhaus(2001). 아빠는 지금 하인리히 거리에 산다(이지연 역). 아이세움.
> 아빠를 만나고 온 날 베른트는 엄마에게 화풀이를 하고 말썽을 피운다. 베른트는 아빠를 집이 아닌 다른 곳에서 만나야 한다는 사실이 너무나도 싫었고 화가 난다. 베른트가 그렇다는 걸 아시는지 모르시는지 그래도 엄마 아빠는 달라지지 않는다. 아빠와 엄마의 집을 오가면서 지내다가 결국 베른트는 아끼던 곰인형 2개를 엄마 아빠 집에 한 개씩 갖다 놓으면서 아빠와 엄마의 집, 두 곳의 집에서 지내는 것을 더 이상 싫어하지 않게 된다.

재혼가족의 아이들

한쪽이나 양쪽 부모 모두가 이전의 결혼에서 낳은 아이를 데리고 옴으로써 형성된 가족을 혼합 가족, 재결합 가족, 재혼가족이라고 한다. 최근 몇 년간의 재혼 추이를 보면 재혼 남성과 재혼 여성의 결혼이 늘고 평균 재혼 연령이 높아지고 있다. 통계청 자료에 따르면, 2005년 전체 결혼에서 재혼 남성과 재혼 여성이 결혼한 비율은 14.7%로 10명 가운데 1~2명은 양쪽 모두 재혼인 결혼이다. 또 2005년 평균 재혼 연령은 남성이 44.1세, 여성이 39.6세다. 평균 재혼 연령이 높아지는 이유는 초혼 연령 상승과 황혼 재혼의 증가도 있지만, 자녀가 있는 30대 중반에서 40대 중반 연령대의 이혼율이 높은 데 있다.

연구에 따르면 재혼가족의 아이들이 적응하는 데는 2년에서 12년까지 걸린다고 한다. 재혼 후 초기에는 대개의 아이들이 외현적 행동, 즉 반항과 공격성을 나타낸다. 그러나 때로는 아이에 따라 갑작스러운 변화로 위축되어 있기도 하고 의기소침하여 우울한 기분이 지속되는 경우도 있다. 재혼가족의 자녀들은 무엇보다도 가족의 규모가 갑자기 커지는 데 대해 혼란스러워한다. 새어머니나 새아버지의 자녀가 2명 이상일 경우에는 더욱 그렇다. 또 이혼한 부모가 각각 재혼해 가정을 꾸릴 경우에는 함께 사는 새로운 형제자매도 있지만, 함께 살지는 않지만 한쪽 부모를 통해 연결되는 또 다른 형제자매도 생기게 된다. 가족의 크기가 변하면서 가족 내 서열 문제도 생긴다. 형제자매가 늘어나면서 첫째나 막내 자리 등 순서가 달라진다. 형제자매들이 보통 서열에 따라 가족 내 자신의 위치와 역할을 만들어가기 때문에 서열이 뒤바뀌면 가족 내에서 자기가 어디에 서야 하는지 혼란스러워한다. 외동으로 자라던 아이는 느닷없이 형제 혹은 자매, 남매라는 이질적인 존재가 끼어든다는 생각을 하게 되고 자신이 받던 사랑이 줄어들지 모른다는 불안감에 휩싸인다.

따라서 재혼한 순간부터 가족 내에 사랑과 이해가 싹틀 수 있을 것이라는 비현실적인 기대를 버리고, 함께 생활하며 가족으로서의 역사를 쌓으면서 서서히 하나의 가족이 되기 위한 노력을 기울여야 한다. 재혼 후 아이들이 혼란을 겪는 것을 자연스러운 적응 과정으로 생각하며 인내심 있게 기다리고, 대화를 나누며 일상을 나누다 보면 가족으로서의 애착이 형성된다.

3~5년 내에 이혼 가정의 자녀들 중 약 75%가 새어머니나 새아버지를 맞게 된다. 이혼가정의 자녀는 양친부모가 모두 있는 가정을 원하지만 부모의 재혼으로 인해 새어머니 또는 새아버지와 살아야 하는 생활에 적응하는 것은 어려워한다. 새아버지에게 아들이 딸보다 다소 더 잘 적응하는 경향이 있으며, 새어머니를 맞은 가정에서도 딸보다 아들이 더 잘 적응하는 경향을 보인다. 친어머니가 딸과 자주 만나는 경우에 딸은 새어머니를 더 싫어한다. 친어머니와 새어머니가 자녀양육에서 맡을 상대적 비중이나 역할을 잘 타협하면, 새어머니에 의해 증대된 지지체계가 자녀에게 더 유익할 수도 있다.

🧑 자녀가 부모의 재혼에 적응하도록 돕는 방법

재혼가족의 아이들이 잘 적응하도록 하기 위해 부모가 알아야 하는 몇 가지 사항을 살펴보면 다음과 같다.

재혼 전에 자녀와 신뢰관계를 먼저 회복한다

재혼을 위해 이성교제를 시작하기 전에 자녀와의 신뢰관계를 회복해야 한다. 자녀들에게도 이전 부모와 이별한 상처의 회복이 필요하다. 그러기 위해서는 부모의 관심과 사랑이 절대적으로 필요하므로 자녀에게 자신이 항상 부모의 사랑을 받고 있다는 확신을 갖도록 해야 한다. 부모와 자녀의 신뢰감이 있을 때 마음과 생활에 안정감을 갖고 부모의 재혼을 긍정적으로 여기게 된다.

친부모를 만나는 것에 대해 진지하게 생각한다

과거에는 친부모를 보고 싶어 하는 아이의 욕구를 우선 배려하지 않고, 만나지 못하도록 하는 가정이 많았으나, 요즘은 친부모를 만날 수 있는 면접권이 보장되고 있다. 그러나 아이는 어쩌다 만난 친어머니가 예쁜 새 옷, 맛있는 음식을 사주며, 뭐든 해 달라는 대로 해 준다면, 혼란을 느낄 가능성이 있다. 아이는 일상의 어려움을 함께하는 새어머니를 콩쥐의 계모처럼 생각하게 되기 때문이다. 또 자주 만나지 못하는 헤어진 부모에 대한 그리움은 더 커질 것이다. 아이가 어리면 어릴수록 더 혼란스러워진다. 친부모를 만나고 안 만나고의 문제보다 더 중요한 일은 지금 함께 살고 있는 부모와 가까워지는 것이다. 전문가들은 아이의 나이가 어릴수록, 친부모를 자주 만나 아이를 혼란스럽게 만들기보다 아이 마음속에 새 부모가 자리잡을 수 있도록 진정으로 노력하는 자세가 필요하다고 말한다. 새부모가 친부모를 그리워하는 아이의 마음을 이해해 주고 이를 말로 표현하면 아이와 친밀한 관계를 맺는 데 도움이 된다.

확대된 친척과의 관계를 재정립한다

새부모로 인해서, 할아버지, 할머니, 고모와 이모 등 이전에 없던 친척들이 많아지게 된다. 새부모에게 적응하는 것도 어렵지만, 확대된 친척들과의 관계 형성도 그리 쉬운 것만은 아니다. 게다가 재혼가족의 자녀문제에 대해 민감한 주변 어른들의 관심도 아이들에게는 부담이 된다. 친척들 역시 새롭게 생긴 가족과 아이들을 자기 가족으로 받아들이는 데 적응이 필요하다. 서로 적응해 가는 과정에서 생기는 불협화음을 이해하고, 인정해 주어야 한다. 이렇게 서로 노력한다면 친척관계로서 자주 만나고, 허물없이 친해지는 것이 보다 쉬워진다.

새부모와 애정적인 유대관계를 맺도록 노력한다

재혼가족의 아이들은 특히 새아버지보다 새어머니를 받아들이는 것을 더 어려워하는데, 이는 아이들이 아버지보다 어머니와 더 밀접한 애착관계를 형성하기 때문이다. 이전의 부모에게서 받은 훈육 체계, 그들과 맺었던 관계와 달리 새로 만난 부모의 훈육과 양육관계에 다시 적응해야 하기 때문에 적응 속도가 더딘 아이들은 어렵게 느낀다. 따라서 자녀에 대한 양육관, 훈육의 방법, 기대하는 바를 일치시키는 과정이 필요하다. 자녀에게 부모의 진실한 마음을 보여 주고, 가족을 위해서 할 수 있는 일에 대해 자녀의 도움을 구한다. 자녀와 함께하는 시간, 대화, 추억 만들기 등이 하나둘씩 쌓여가야 서로에 대한 사랑이 커질 것이다.

의붓 형제와 특권, 의무, 물건을 똑같이 나눈다

상대방 배우자의 자녀를 내 자녀와 똑같이 사랑하는 일은 그리 쉽지 않다. 자녀가 거리감을 표시하고 거부한다면 더욱 어렵다. 이런 경우 원칙을 지키는 것이 중요하다. 자기 자녀와 상대방의 자녀 모두에게 공평하게 대할 것을 약속하고, 자녀 양육의 장면에서 이를 잘 지켜, 자녀들끼리도 서로 존중할 수 있도록 해야 한다. 혼자서 독차지했던 것들을 새로 생긴 형제들과 나누어야 한다는 사실을 유아기의 아이가 인식하는 것은 쉬운 일이 아니다. 자기 자녀보다 상대방 배우자의 자녀에게 더 잘해 주어도 안 되고, 상대방 자녀보다 자기 자녀를 위하는 것도 새로운 형제관계형성에 해롭다.

부정적인 정서를 표현하는 적절한 방법을 찾는다

친부모 중 하나를 잃는 것도 자녀에게 부정적인 정서를 갖게 하지만, 더 아이를 혼란스럽게 하는 것은 새로운 부모를 얻게 되는 것이다. 사실 많은 아이들이 처음에는 새어머니, 새아버지가 필요하지 않다고 거부하고 분노마저 느낀다. 이런 아이들의 부정적인 정서를 적절하게 표출할 수 있도록 배려해 주어야 한다. 에너지를 발산하는 것은 스트레스 완화에 효과적이다. 운동이나 산책을 자녀와 함께하면서 자녀의 마음을 위로해 주고, 자녀가 혼자서 이 어려움을 겪는 것이 아님을 느낄 수 있도록 곁에 있어 주어야 한다. 부모-자녀관계가 신뢰할 만하고, 재혼한 부부관계의 만족도가 높을수록, 자녀가 재혼가족에 쉽게 적응할 수 있다.

변화하는 환경 속에서 자기의 영역을 찾는다

재혼가족의 대부분이 새로운 가족을 맞기 위해 이사를 하고, 아이는 학교를 옮기게 된다. 가족구조의 변화, 학교 생활의 변화, 또래관계의 변화는 아이를 더욱 불안하게 하고, 긴장과 부적응의 문제를 겪게 한다. 따라서 부모는 자녀가 안정감을 가질 수 있는 자기의 영역을 찾도록 도와주어야 한다. 마음 편히 쉴 수 있는 물리적 공간도 좋고, 낯익은 소파나 가구가 될 수도 있다. 맘 터놓고 지낼 수 있는 또래나 아이가 좋아하는 어른을 가끔 만나게 해도 좋다. 아이가 스스로의 존재감을 확인하며, 자기 스스로 적응의 문제를 해결할 수 있도록 돕는 방법을 찾아야 한다.

 재혼가족의 새로운 형제자매 만들기 1Ｏ계명

1. 넓은 의미의 가족 개념에 대해 의견을 나눈다. 혈연관계의 형제자매뿐 아니라 함께 생활하는 형제자매도 가족이라는 점을 분명히 한다.

2. 서로에 대해 알게 되는 기회를 자주 만든다. 가족회의나 가족노트 등을 통해 경험과 기억, 생각을 공유하면서 새로운 형제자매의 역사를 만들어 간다. 단, 서두르지 않는다.

3. 제3의 집에서 시작한다. 이미 쓰고 있는 방에 들어가 살게 되면 형제자매 간의 갈등과 문화적 충돌이 더 커진다.

4. 부부가 서로 합의하고 자녀들을 일관성 있게 양육한다. 새로운 규칙은 형제자매 간의 갈등이나 충돌을 줄이고 빨리 적응할 수 있도록 돕는다.

5. 좋은 일이든, 싫은 일이든 표현하도록 한다. 형제자매 간의 갈등이나 문제에 대해 가족이 관심을 갖고 함께 얘기하는 시간을 가지면 어떤 갈등이든 해결 방법이 보인다.

6. 자녀들 간의 비교는 금물이다. 다른 환경에서 자라온 자녀들을 성격이나 성적 등으로 비교하는 것은 상대적 열등감이나 불필요한 경쟁심만 자극한다.

7. 재혼가족의 긍정적인 면을 일깨워 준다. "언니가 있었으면 좋겠다고 했는데 언니가 생겼으니 얼마나 좋니.""가족이 더 많아져서 사랑을 더 많이 받을 수 있으니 얼마나 좋니." 등.

8. 친척 모임에 적극적으로 데려가 소속감을 느끼게 한다. 친척을 알아가고 익히면서 새로운 가족의 관계망을 확장해 나갈 수 있다.

9. 재혼 뒤 자녀를 출산하는 문제는 신중히 결정한다. 새 자녀는 가족원들을 가깝게 하는 견인차가 될 수도 있지만 스트레스의 원인도 될 수 있다.

10. 재혼 생활은 모든 가족원들의 노력으로 성공한다는 점을 명심한다.

출처: 한겨레신문(2006. 10. 18.).

십대 부모의 아이들

십대 부모란 십대에 부모가 된 사람들을 지칭하는 것으로, 최근 리틀 맘, 리틀 파파라는 말로 불리기도 한다. 이들은 불가피하게 아이를 가진 상태에서 낙태하거나 입양시키는 대신 부모의 길을 선택한 사람들이다. 미성숙한 나이에 준비 없이 부모가 되는 것이 바람직한 것은 아니나, 소중한 생명을 포기하지 않고 스스로 키우기로 결심한 이들이 좋은 부모가 될 수 있도록 격려해 주고 지원해 주는 것은 매우 중요하다.

최근 들어 십대 청소년의 출산이 급증하고 있어 사회적 문제가 되고 있다. 또한 여성가족부가 파악한 미혼모 시설 운영현황에 따르면, 십대 미혼모가 2006년 439명, 전체의 40.0%가 입소해 있는 것으로 나타났다. 여성가족부는 늘어 가고 있는 미혼모 수에 대비하여, 미혼모 시설을 미혼모자시설로 개편해 미혼모의 자녀양육을 지원할 계획을 가지고 있으며, 양육모의 학업·직업교육 및 자녀양육 지원을 위한 미혼모자 공동생활가정의 법적 근거를 마련해 전국적으로 이 같은 시설을 9개소에서 16개소로 늘려 간다는 방침을 가지고 있다(메디컬투데이, 2006.11.15.).

십대 엄마, 또는 미혼모라는 말은 있어도, 십대 아빠 또는 미혼부라는 말은 찾기 힘들다. 십대에 아이를 가지게 되면 경제적 능력이 없는 미혼부는 문제를 회피하거나 떠나는 경우가 대부분이다. 아이를 맡은 미혼모는 나이가 어려 취직도 어렵고, 직장을 구하더라도 아이가 있어 직장생활을 제대로 하기가 어렵기 때문에 경제적 어려움을 겪는다. 이들에게 주어지는 일자리는 시간제 급여를 받는 아르바이트 정도여서 자녀양육은 고사하고 최소한의 의식주 해결도 곤란한 실정이다. 출산과 자녀양육으로 학업을 중단하게 되어 학력도 고등학교 중퇴에 머물러 있는 경우가 대부분이어서 빈곤의 고리를 쉽게 끊을 수 없게 된다.

무엇보다도 십대 부모가 겪는 가장 큰 어려움은 부모로서 준비되지 않은 상태에서 자녀를 양육함으로써 올바른 자녀양육 기술이 부족한 것과 그들을 바라보는 사회의 부정적인 시선이다. 십대 부모를 돕기 위해서는 그들이 부모로서의 역할과 학생으로서의 역할을 동시에 수행할 수 있도록 직업·학업의 양립이 가능한 학교를 다니도록 배려하고, 검정고시 준비를 지원하는 프로그램 등을 마련하는 일이 필요하다.

또한 성폭행으로 원치 않는 임신을 하여 미혼모가 발생하던 과거와는 달리 대부분 성에 대한 정확한 지식 없이 또는 너무 가볍게 성관계를 함에 따라 미혼모가 발생하는 지금의 현실과 점차 미혼모의 연령이 어려지고 있는 추세를 살펴, 성(性)과 생명을 소중히 여기는 실질적인 예방교육이 어린 시절부터 이루어져야 한다.

미혼모를 위한 대안학교

　　2010년 7월 서울 서대문구 대신동에 국내에서 처음으로 미혼모들을 위한 대안학교인 '나래중고등학교'가 문을 열었다. 중·고교에 다니다 임신을 하는 여학생들이 학업을 중단하지 않고 마칠 수 있도록 설립된 이 배움터는 미혼모 복지시설인 '애란원' 안에 만들어졌다.

　　미혼모 여학생들의 학습권이 화제가 된 것은 국가인권위원회가 "임신을 이유로 자퇴를 강요하는 것은 명백한 인권침해이며 청소년 미혼모에게도 교육받을 권리를 보장해야 한다"고 밝히면서다. 임신을 해 다니던 여고에서 자퇴를 강요받았던 김수현(당시 18세) 양이 인권위에 진정서를 낸 결과였다. 이후 인권위 권고에 따라 김 양은 재입학했고 같은 해 12월 딸을 출산한 뒤 고등학교를 졸업하고 대학에 진학했다.

　　2007년 통계를 보면, 미혼모 시설 입소자 중 십대 청소년은 약 30%를 차지한다. 출산하는 19세 이하 청소년은 한 해 3,000여 명에 이른다. 출산을 앞두고 시설을 찾아오는 십대 미혼모들은 대부분 임신 사실이 알려짐과 동시에 학교에서 자퇴를 요구당하거나 아예 스스로 무단결석을 하다 자퇴 처리되는 경우가 많다.

　　학교에서는 미혼모를 학생으로 원하지 않고 사회복지 시스템도 이들이 자립할 수 있도록 충분한 지원을 하지 않기에 어쩔 수 없이 학교를 떠나는 어린 미혼모들이 얻을 수 있는 직장은 저임금 비정규직일 수밖에 없다. 이러한 현실을 잘 알고 있기에 대부분의 청소년 미혼모들은 학교 졸업을 원하고 있다. 서울여자대학교 교육복지연구센터가 2007년 청소년 미혼모들을 조사한 결과를 보면 87.6%가 학업을 지속하고 싶다고 응답했다.

　　나래고등학교의 강 사무국장은 "십대 미혼모를 도와주는 것은 이들의 무책임함, 방종을 인정하고 조장하는 것이 아니라 빈곤의 악순환으로 빠지지 않고 책임 있는 시민으로 자립할 수 있도록 지원하는 것"이라며 "미래에 대한 희망을 잃고 자립 계획을 세울 여건이 안 될 때 미혼모의 재임신율이 높은 것으로 나타나고 있다."고 말했다. 미혼모들에게 공부할 기회를 주고 자립하도록 돕는 것이 장기적으로 볼 때 빈곤층을 위한 사회적 비용을 줄이는 결과를 가져온다는 것이다.

"영국에서는 18주까지 출산휴가를 주고 수업 일수를 인정하며 대만에서는 2년의 육아휴가를 보장하는 등 청소년 미혼모들을 교육 시스템 안에 포용하고 사회에서 스스로 설 수 있도록 지원하는 것이 해외 여러 나라의 추세입니다."

최근에는 미혼모들 중 아이를 입양 보내기보다 양육을 선택하는 사례가 많아졌다. 애란원의 경우 1년에 80여 명이 입소하는데, 이 중 80%가 양육을 택한다고 한다. 그러나 나래중고에 재학 중인 학생들처럼 나이가 어린 미혼모들은 출산할 때까지 입양과 양육 사이에서 마음을 정하지 못하는 경우가 많다. 아이를 직접 기르는 학생 엄마들이 어떻게 학업과 양육을 병행할지 등 아직 풀어가야 할 문제가 많은 게 현실이다.

나래중고에서 수업을 받는 미혼모들은 애란원에 머물면서 수업시간의 40%는 국어, 영어, 수학, 사회, 과학 등 5개 과목을 배우고, 나머지 60%는 예비부모교육, 자격증 수업, 진로직업교육, 영아기 육아 및 교육 등 다양한 특성화교육을 받는다. 모성건강과 안전한 성 관리, 피임에 대한 건강교육도 포함되어 있다.

출처: 위클리 공감, 84호.

👩👦 준비된 성관계란

- 서로 충분한 친밀감이 형성되어 있다.
- 서로 성관계에 대한 동의와 협의를 한다.
- 아이를 낳아도 키울 준비가 되어 있다.
- 피임법에 대해서 정확하게 알고 있다.
- 성병에 걸릴 위험성이 없다.
- 부모님, 주변 친구들, 이후에 사귀게 될 사람에게도 떳떳하다.
- 상대방의 요구에 의해 어쩔 수 없이 선택하는 관계가 아니다.
- 두려움과 불만이 없을 만큼 자신이 있다.

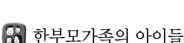

한부모가족의 아이들

  이혼이나 사별 등의 이유로 자녀를 혼자서 키우는 사람을 보통 한부모라고 한다. 이혼율 증가와 결혼율 감소는 한부모가족의 증가를 초래하였다. 1992년 미국 인구통계조사에 따르면, 1970년부터 1991년 사이에 한부모가족 비율이 11%에서 22%로 상승하였다. 우리나라의 경우도 2005년 한부모가족 수가 전체 가구의 6.7%를 차지하고 있다. 최근 들어 급증된 이혼율을 고려한다면 그 수는 더욱 증가하였을 것이다. 한부모가족에서는 한부모가 자녀에게 부모 모두의 역할을 해주어야 한다는 역할 부담, 특히 편모 한부모가족에서 나타나기 쉬운 경제적인 어려움, 가족에 대한 자녀의 책임감 등의 정신적인 갈등을 극복해야 하는 문제가 있으며, 미래에 대한 불안, 재혼에 대한 의사결정 등에서도 해결해야 하는 문제가 있다.

  대개 한부모들은 부부가 함께 자녀를 기르는 이들보다 부모로서 긴장과 불안을 더 느낀다. 한부모 스스로 자녀를 부모 모두가 있는 가정에서 자라지 못하게 한 것에 대한 자책감과 미안한 마음을 갖기 때문이다. 그래서 더욱 '완벽한 부모'가 되려는 경향이 있다. 스스로 완벽한 부모가 되려고 한다거나 자녀를 지나치게 불쌍히 여기며 바라보는 것은 바람직하지 않다.

한부모가족이 아이를 돕는 방법

  아이 스스로 한부모가족의 어려움을 잘 견뎌 내도록 도와준다. 이혼이나 사별 등의 특별한 사유로 아이들이 겪게 되는 혼란스러움과 불안, 두려움은 있기 마련이다. 그러나 성급하게 조바심을 내며 이런 것들이 없어져야 한다고 기대하거나, 민감하게 반응하는 것은 좋지 않다. 오히려 부모로서 자녀를 위한 태도는 자녀가 그런 단계를 잘 대처해 극복하며 성장할 수 있도록 도와주는 것이다. 그러기 위해서는 부모 스스로 불안해하거나 두려움을 느끼지 않아야 한다. 부모의 불안한 마음은 자녀를 지나치게 통제하거나, 아이가 원하는 대로 내버려두게 만들기 때문이다. 어려움을 적극적으로 대처하는 자세로 자녀와 건강한 관계를 갖는 것이 필요하다.

자녀와 더불어 살기

어머니든 아버지든 혼자 자녀를 키우게 될 이는 모든 것을 혼자 책임지려 하지 말고, 아이와 함께 문제를 풀어가려고 하는 '아이와 더불어 살기'로 생각해야 한다. 많은 한부모들이 '아이들은 나의 모든 것이다.' '혼자서 아이를 기르니 아이에게 부족한 점이 없지 않나?' 하면서 전전긍긍 완벽한 부모가 되려고 애쓴다. 자신이 한부모이기 때문에 자녀가 잘못될지도 모른다고 생각할 필요가 없다. 자신감을 갖고 당당한 모습으로 민주적인 부모-자녀관계를 맺는 것이 바람직하다.

'자녀와 더불어 살기'란 자녀가 상처 없이 자라는 것을 기대하기보다는 부모가 어떤 어려움을 가지고 있으며, 자녀가 당면한 문제는 무엇인지, 도움을 원하는 부분은 어떤 것이 있는지 솔직하고 진솔하게 의사소통하는 것이다. 밥하기, 청소하기, 빨래하기 등 가정살림에 자녀를 참여시켜도 좋다.

🗒️ 한부모가 자녀를 위해 지켜야 할 것들

문제해결에 도움이 되지 않는 생각과 말은 삼가야 한다

특히 한부모일 경우, 양부모가족에서도 흔히 있는 갈등을 한부모가족이라서 생기는 갈등이라고 생각하는 것 때문에 더 힘들어진다. '아빠 없는 자식' '엄마 사랑 못 받은 아이' '본보기 없는 자식'으로 키우고 싶지 않은 마음, 보란 듯이 잘 키워서 자신의 고생을 보상받고 싶은 기대가 자녀와의 관계를 더 어렵게 할지도 모른다. 그러니 이제부터는 자녀와의 관계에서 힘들 때, '우리 아이가 문제다' '내가 문제다' '아빠가 없어서다' '혼자 아이를 키워서다' 등의 생각을 절대로 하지 말아야 한다.

자녀에게 자신감을 길러 주어야 한다

모든 아이들에게 자신감을 길러 주는 것은 부모로서 중요한 역할이다. 특히 한부모가족의 아이는 다른 가정의 아이들과 자신의 형편을 은연중에 비교하면서 자신감을 잃게 되기 쉽다. 부모에게 충분한 사랑을 받는다고 느끼고, 스스로 사랑스러운 아이라고 여기는 아이는 자신감을 갖는다. 어떤 환경에 놓이게 되더라도 스스로가 가치 있는 아이라는 존재감을 갖는 것은 중요하다.

한부모 스스로 긍정적인 자아개념을 가져야 한다

부모가 삶을 밝고 힘차게 살아가는 모습을 보여 주어야 한다. 자녀를 혼자 기르는 것은 힘들고, 많이 어렵지만, 한부모 스스로 생활의 만족도를 높여야 한다. 실패감과 후회감으로 삶을 그늘지게 살아가는 모습보다 긍정적이고, 활기차게 대처하는 태도는 자녀에게 어려움을 극복하는 지혜로움을 가르친다.

조부모가정의 아이들

조부모가정이란 손자, 손녀가 부모 없이 (외)할아버지, (외)할머니와 함께 사는 가정을 말하고, 조손가족이라고도 한다. 부모가 모두 사망하여 남은 그 자녀들을 조부모가 대신 키워 주는 대리 부모로서의 조부모 양육이 있을 수도 있고, 부모의 이혼으로 그 자녀들이 오갈 데가 없을 때 조부모들이 대신 양육해 주는 경우도 있다. 그 밖에 맞벌이 부부의 증가로 부모들이 직접 자녀들을 양육할 수 없을 때 조부모가 대신 양육해 주는 경우도 있다. 이렇게 여러 가지 원인에 의해 부모에게 직접 양육되어야 하는 자녀들이 조부모들에게 양육되고 있다.

여성가족부가 2010년 조부모가정을 대상으로 실시한 대규모 조사에 따르면,

조부모가정은 1995년 3만 5,194가구에서 2010년 6만 9,175가구로 배 가까이 증가했다. 또한 조손가정 1만 2,750가구를 조사한 결과, 국내 조부모가정의 월평균 수입이 59만 7,000원에 불과한 것으로 나타났다. 이들의 20%가 월 소득 40만 원 미만, 44%가 40~80만 원으로 전체의 2/3가 최저생계비 이하의 가정이다.

조부모가정이 생기는 이유는 부모의 이혼이나 재혼(53.2%)이 가장 많았다. 아

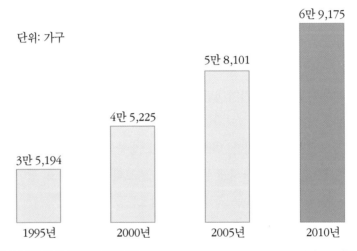

그림 13-1 늘어나는 조부모가정 추이

출처: 여성가족부(2010).

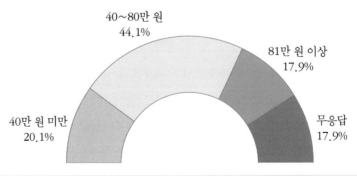

그림 13-2 조부모가정 월소득

출처: 여성가족부(2010).

> **조부모가정 급증…… 가난도 대물림**
>
> 창호(14, 가명)는 한 살 때 부모가 이혼하면서 할아버지(69), 할머니(63)와 살고 있다. 아버지는 연락이 두절된 지 오래고 어머니는 재혼했다. 어머니는 창호가 초등학교 1학년일 때까지 생활비를 보탰지만 그 이후로 끊겼다. 창호네의 주 수입원은 할머니의 공공근로(월 평균 50만 원)다. 기초수급자 생계비, 후원금(4만 원) 등이 들어오지만 할아버지 건강이 좋지 않아 약값과 병원비로 많이 나간다.
>
> 지금 사는 전셋집은 지은 지 오래돼 벽에 군데군데 금이 가 있다. 창호는 몇 달 전까지 학원을 다녔으나 학원비를 못 대 그만뒀다. 학교생활에는 별로 관심이 없고 거의 매일 집에서 게임만 한다. 말수가 적고 매사에 소극적이다.

출처: 중앙일보(2010. 12. 15.).

이의 양육비를 주는 부모는 4명 중 1명에 불과했다. 조부모의 66%는 양육비 등 생계비 마련을 가장 큰 애로사항으로 꼽았다. 조부모의 70%가 건강에 이상이 있고, 83%는 혼자 손자, 손녀를 키우는 것으로 조사됐다.

조부모의 평균 연령은 72.6세로, 초등학교 졸업 이하의 저학력(82%)이 많아 손자·손녀 교육에도 문제를 드러냈다. 조부모가정 초등학생의 31.9%가 학교생활을 위한 요구사항으로 학습 도우미를 꼽았다. 또 조부모가정 중학생의 53.7%만 고교 진학을 생각하고 있었다. 일반가정 중학생의 상급학교 진학률(99.6%)에 비하면 매우 낮다.

단지 학습 부진이나 진학만의 문제가 아니다. 갈수록 성적 격차가 벌어지고, 가난에 의한 상대적 박탈감까지 쌓이면서 아이들은 '해냈다'는 성취감보다 절망을 먼저 경험한다. 자신감은 없어지고(79.1%), 정서는 불안정해진다(68.6%). 대물림되는 가난을 극복할 돌파구가 점차 막혀 가고 있는 것이다. 부모의 맞벌이에 따른 지원 차원에서의 조부모 양육은 크게 문제가 되지 않으나, 부모의 부재와 빈곤이 겹쳐진 경우에는 아동발달에 심각한 장애를 초래할 수 있어 더불어 사는 사회 구성원 모두의 따뜻한 관심과 지원이 필요하다.

조부모 양육이 증가하고 있는 이유는 여성의 취업과 가정해체 등 여러 가지가 있다. 일반적으로 조부모의 양육이 증가하는 원인을 살펴보면 다음과 같다

이혼 · 재혼 가정의 증가

이혼가정의 증가와 이혼 이후 자녀양육을 외면하는 세태에 의해 조부모가 그 역할을 대신하는 경우가 많아졌다. 재혼가족에서 또한 새로운 부모에게 적응하지 못하는 아이의 양육을 조부모가 대신 맡아서 양육하는 경우도 늘어나고 있다.

여성의 고학력화와 인식 변화

조부모 세대만 하더라도 결혼한 여자는 대부분 집안에서 가정살림과 자녀양육에 집중하는 것이 최고의 미덕이라고 생각하였고, 직장을 가지고 있어도 결혼을 하면 직장을 그만두는 것이 일반적이었다. 그러나 여성의 학력이 높아지고 자기 일에 대한 열망이 강해지면서 자녀양육을 조부모들에게 맡기려는 경향이 많아지고 있다.

여성의 고학력화에 따라 여성들 대부분이 직장을 가지고 있고, 자기 자신의 자아발전에 더 큰 비중을 두고 있다. 여성의 사회진출을 권장하는 사회적 인식과 맞물려 맞벌이 부부가 증가하고, 이에 따른 양육의 빈자리를 채우기 위해 조부모의 양육이 증가하고 있다.

늘어나는 사교육비와 양육비

최근 들어 확산되는 조기 사교육의 열풍으로 가정의 사교육비가 늘어나고 있다. 그리고 사교육뿐 아니라, 보육료와 같은 양육을 위한 기초 비용도 늘어나고 있다. 조부모가 자기 자녀들의 사회적 성공과 경제적 안정을 위해, 어린 손자들을

키워 주면서 양육에 중요한 부분을 차지하게 되었다.

📖 인구 고령화 현상

　현대 의학의 놀라운 발달로 노인 인구의 기대 수명이 점점 증가하면서 인구의 고령화 현상이 나타나고 있다. 우리나라 노인의 평균 기대 수명은 2010년 조사 결과, 여성이 83.8세, 남성이 77세로 나타났다. 65세 이상 노인이 차지하는 비율은 인구의 10.7% 정도로, 매년 증가하고 있다. 따라서 손자, 손녀를 둔 할아버지, 할머니의 수도 많이 증가하면서 조부모의 양육 또한 늘어나고 있다.

　대부분의 조부모는 손자, 손녀를 키우는 것을 즐거워한다. 그들은 종종 손자, 손녀를 즐기듯이 자기 자녀들을 즐기면서 키우지 못한 것에 대하여 반성을 하기도 한다.

조부모 양육 성공하려면 정서적 교류 활발해야

　조손 가정은 지난 15년 사이에 두 배가량 급증했다. 1995년 3만5,000여 가구였던 조손가정은 지난 2010년에는 6만 가구가 넘었다. 이 중 절반은 '부모의 이혼 및 재혼' 때문에 조손 가정이 됐다. 부모의 가출이나 질병·사망·실직 등도 원인이다. 친부모의 대다수(65%)가 양육비를 지원하지 않았고, 조손 가정의 월평균 소득이 59만7,000원으로 최저생계비(4인 가족 기준 149만 원가량)에도 못 미친다.

　최승은 사회복지사는 "할머니 밑에서 잘 자라는 애들이 드물다"며 "학교 밖에서 방황하는 아이들에게 지원의 손길이 다 미치지 못하는 것이 안타깝다"고 했다. 직접 현장에서 이들을 만나는 최승은 경남가정위탁지원센터 사회복지사는 "조부모가 어려운 상황에서도 아이를 잘 키워보겠다고 나서는 데도, 아이들이 빗나가는 것을 볼 때 가장 안타까움을 느낀다"고 했다. 조손세대 아동이 일반 가정에 비해 탈선이 많은 이유는 의사소통이 쉽지 않고, 양육기술이 부족하기 때문이다. 최승은 사회복지사는 "아이를 양육하는 할머니, 할아버지들을 모아 정기적으로 부모교육을 실시하는데, 자퇴한 아이, 집을 나간 아이 등에 대한 고민을 나누면서 힘들어하시는 분들이 많다"고 한다.

경남 지역 전체 총 1,245세대의 가정위탁세대를 사회복지사 3명이 담당하다 보니, 이들에 대한 구체적인 지원이나 관리도 어렵다. "아무도 본인에게 관심이 없다고 생각하고 비행에 빠지는 학생들이 많은데, 지방의 경우 워낙 거리가 멀리 떨어져 있어 아이들에 대한 관리가 쉽지 않다"는 것이다.

조부모의 나이가 너무 고령이거나 질병들을 앓고 있는 경우, 상대적으로 아이가 너무 어린 경우 어려움은 더 커진다. 최 복지사는 "조부모가 일할 수 있는 능력이 없어 아이의 수급비가 소득의 전부인 가정도 있는데, 이때는 아이가 실질적인 가장 역할을 할 수밖에 없다"며 "소년·소녀 가장과 다를 바 없이 제대로 된 성장을 기대하기 힘들다"고 한다.

반면 조부모와 손자가 성공적인 가정을 꾸려가고 있는 경우도 있다. 최승은 사회복지사는 "정서적, 경제적 지원을 받는 아이들은 잘 크는 경우가 많다"고 한다. 조부모와 잦은 교류를 갖거나, 잘 지내고 있는 친인척이 있는 경우가 그렇다. 조부모가 일하고 싶다는 의지와 능력이 있을 때도 조부모 양육의 성공률은 커진다.

출처: 조선일보(2012. 10. 23.).

최근의 젊은 어머니들은 양육에 도움이 필요한 경우 조부모보다는 의사를 먼저 찾는 경향이 있다. 젊은 부모들은 빠르게 발전하는 양육지식을 조부모들이 못따라간다고 생각하기 때문에 양육에 대해 질문을 하지 않는다.

그럼에도 불구하고 조부모가 키우는 아기들은 급속히 늘어가고 있다. 맞벌이 부부가 많아지고 있는 우리나라의 경우 아기돌보미에 의존하는 서구의 어머니와는 달리 조부모에 의하여 양육되는 아기들의 수가 상대적으로 많기 때문이다.

조부모는 손자, 손녀에게 많은 이야기를 해 주고 그들이 어떻게 살 것인가에 대한 지침을 주기 때문에 좋은 점이 있다. 젊은 부모는 아기를 다루는 기술이 서툰 반면, 조부모는 경험이 많아 그들을 어떻게 키울지를 알며, 보다 익애적이고 여유 있는 양육태도로 손자, 손녀의 요구를 들어주고 정서적으로 안정되게 키울 수 있다.

　그러나 조부모들은 젊은 부모와 달리 어린이의 교육에 의욕적이지 못하고 손자, 손녀와 단순히 놀아 주는 데 시간을 보내는 경우도 많다. 또한 신세대의 예절, 음악, 생활방식, 오락, 스포츠에 대한 이해가 부족하기 때문에 교육적인 측면에서는 많은 문제점을 안고 있는 것도 사실이다. 그러나 조부모는 나이가 더 많기 때문에 더 참을성이 많고, 더 유연하며 용서를 잘하고 이해를 잘하기도 한다. 따라서 젊은 부모들은 조부모의 양육으로 자녀들이 버릇없이 자랄까봐 걱정을 하기보다는 함께 협력하고 의논하며 한 팀으로 자녀를 양육해야 한다.

　조부모의 입장에서도 손자, 손녀를 키우는 데 경제적인 어려움은 물론이고 건강 문제 등이 있어 아기를 키우는 것이 힘들지만 자신의 양육 경험을 젊은 아들 내외 또는 딸 내외와 나누며 양육을 거들어야 한다.

　조부모 양육이 절대적으로 필요한 가정의 경우, 손자, 손녀가 태어나기 전에 부모와 조부모 간의 관계를 돈독하게 가져야 할 뿐 아니라 손자, 손녀가 태어날 때 조부모가 분만실이나 기타 장소에서 부모를 도와주어 손자, 손녀와 조부모 사이에 애착이 잘 생기도록 여건을 만들어야 한다. 조부모와 손자, 손녀의 애착은 부모와 자식 간의 애착형성에 비한다면 이차적이라는 것을 알아야 한다. 따라서 부모는 자식을 책임지고 자식의 미래를 열어 준다는 인식을 가지고 조부모와의 관계를 설정하여야 한다.

　조부모도 영유아양육에 대한 최근의 정보에 관심을 갖고 많이 알아보아야 한다. 또 부모도 조부모에게 아기를 키우는 데 필요한 교육적인 측면에 대한 정보나 지식을 알려 드려야 한다. 지혜와 경험 그리고 모든 사람에게 도움이 될 수 있는 긴 안목이 있는 조부모와 새로운 양육지식과 책임감으로 무장한 부모가 한 팀이 되어 자녀양육을 하는 것이 가장 이상적이다.

　그러나 맞벌이 부모와 함께 팀으로 자녀를 키우는 경우가 아니라, 빈곤과 가정해체 등의 이유로 인해 조부모가 전적으로 자녀양육을 해야 할 때는 지역사회와 학교가 분담하여 부모역할 수행을 도와야 한다. 조부모가정이 발생하는 원인은 부모의 이혼(43%), 아이 부모의 경제난(16.8%), 실직(6%) 때문이다. 조부모가정 가운데 정부의 가정위탁 지원금을 받는 가구는 2006년 말 기준으로 전체 조부모 가정의 9% 정도인 5,200여 가구에 불과한 것으로 보아 대부분의 조손가족들은 극심한 가난에 시달리고 있을 것으로 보인다. 보육원과 같은 시설에서 양육되는 아동에게 시설 운영비, 인건비 등을 합쳐 1인당 100만 원 정도가 지원되는 것을 생각한다면, 정부가 할 일을 조부모가 대신하고 있는데 지원은 너무 부족한 실정 이다.

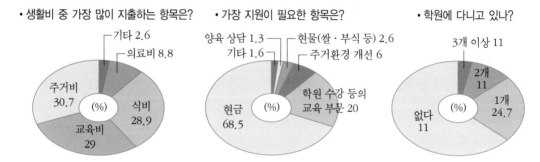

조부모가정 교육비 부담 크다   ※한국복지재단이 2006년 말 조부모가정 1,100가구를 설문조사한 것이다.

• 생활비 중 가장 많이 지출하는 항목은?

기타 2.6
의료비 8.8
주거비 30.7
(%)
식비 28.9
교육비 29

• 가장 지원이 필요한 항목은?

양육 상담 1.3
기타 1.6
현물(쌀·부식 등) 2.6
주거환경 개선 6
현금 68.5
(%)
학원 수강 등의 교육 부문 20

• 학원에 다니고 있나?

3개 이상 11
2개 11
1개 24.7
없다 11
(%)

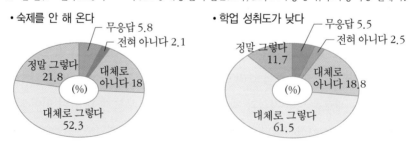

조부모가정 등 취약 가정 아동의 학습 실태

※2006년 4월 전남·전북 초등학교 교사 358명 대상 본지 설문조사, 조부모가정 등 취약 가정 아동 실태다.

• 숙제를 안 해 온다

무응답 5.8
전혀 아니다 2.1
정말 그렇다 21.8
대체로 아니다 18
(%)
대체로 그렇다 52.3

• 학업 성취도가 낮다

무응답 5.5
전혀 아니다 2.5
정말 그렇다 11.7
대체로 아니다 18.8
(%)
대체로 그렇다 61.5

 그림 13-3 조부모가정의 실태

출처: 중앙일보(2007. 1. 7.).

[그림 13-3]과 같이, 조부모가정의 심각한 경제적 문제와 조부모가정 아동의 취약한 점을 살펴서 함께 돌보는 사회적 지원체제를 갖추는 것이 조부모 양육 가정을 위해 매우 시급하다. 이와 더불어 주변에 있는 이들을 따뜻한 시선으로 바라보고 나의 아이들, 나의 가정으로 생각하며 돕는 자세도 매우 중요하다.

맞벌이 가정의 아이들

여성교육 수준의 향상, 남편의 수입만으로는 가정 경제를 담당할 수 없는 최근 상황, 평균수명의 연장, 출산율 저하에 따른 여성의 여유로운 활동시간 등의 이유로 여성의 경제활동참여가 늘어나고, 맞벌이 가정도 증가하고 있다.

기혼 여성의 취업률이 증가함에 따라 전통적으로 여성이 담당하던 가사노동과 자녀양육을 남편과 분담해야 하는 문제가 대두되었다. 이 중 맞벌이 부부에게 심각한 문제는 자녀양육과 교육문제. 자녀양육의 경우, 중산층 취업모의 경우에는 조부모에게 자녀양육을 맡기거나, 대리 양육인을 고용하는 반면, 저소득층이나 농촌에서는 경제적 부담으로 인해 자녀를 방치하는 경우가 많다. 이에 따라 조부모 양육이라는 사회적 현상이 나타났으며, 방치된 아이들의 각종 안전사고가 사회적 문제로 나타나게 되었다.

맞벌이 가정의 아버지들이 자녀양육을 분담하지 않는다면, 기혼 여성의 취업은 양육환경의 결손을 의미하게 된다. 결손된 양육환경은 유아의 성장과 발달에 영향을 주며 이 영향은 성장한 후에까지 영향을 주기 때문에 아동 개인은 물론 가정과 국가 모두에 손실이 될 수 있다. 취업으로 어머니가 자녀양육에 할당하는 시간이 절대적으로 부족하여 모성실조의 위험이 따를 수 있으며, 직장에서 축적된 피로감으로 자녀양육에 충실할 수 있는 여분의 에너지가 부족하게 된다. 직장과 가사라는 이중 부담과 더불어 양육은 취업모 자신의 정체감 상실을 가져오기도 한다.

한 포털사이트에서 구직자 1,234명을 대상으로 '맞벌이는 언제까지 가능한 가?'라는 설문조사를 한 결과, 전체 여성 72%, 남성 65.8%가 '능력이 되는 한 일을 계속해야 한다'라고 응답하였다. 이는 결혼 이후에도 출산이나 육아와 상관없이 자신의 능력에 따라 지속적으로 직장생활을 하겠다는 지금의 세태를 보여 주고 있다. 그러나 여성의 취업과 맞벌이에 대한 높은 욕구가 있음에도 응답자의 17%는 '자녀를 갖기 전까지가 바람직하다'라고 응답하여, 출산과 육아가 맞벌이의 가장 큰 걸림돌이 될 수도 있음을 시사한다. 자녀양육ㆍ방과 후 학업지도에 대한 사회적 지원체제가 제대로 마련되어 있지 않고, 과도한 헌신을 요구하는 우리나라 직장문화는 맞벌이 부부의 자녀양육에 큰 스트레스로 작용하고 있다(대한성결신문, 2003.3.29. 재인용).

그러나 맞벌이 가정이라 할지라도 어머니 직장의 특성이나 어머니의 생활 만족도, 아버지를 포함한 주변의 지원 정도에 따라 그 영향력은 달라질 수 있다. 근무시간 중 유아와 어머니가 분리되어 있는 것 자체보다는 어머니의 취업에 대한 태도, 짧은 시간이지만 아이와 함께 보내는 시간의 질, 대리모의 성품이 더 큰 영향을 미치는 변인이 된다. 따라서 맞벌이라 할지라도 부부간에 합리적으로 가정 내역할분담이 이루어지고 주변에 지원하는 체제가 잘 마련되어 있다면 행복한 가족이 될 수 있다.

취업모는 자녀양육에 소홀해짐으로써 취업 자체에 대한 가책이나 죄의식을 느끼거나, 어머니로서 부족한 사람이라고 생각하기 쉽다. 직장 업무에 지쳐서 집에 돌아오기 때문에 지시하고 명령함으로써 유아의 행동을 규제하려는 지배적인 양육태도를 보이기도 한다. 때로는 함께하지 못한 시간에 대한 보상으로 자녀의 무리한 요구를 쉽게 받아준다거나, 물질적 보상을 과하게 할 수 있는 가능성도 있다. 따라서 이러한 부정적 양육의 가능성을 인식하면서 양으로 채워 주지 못하는 애정을 질적으로나마 채워 주려고 노력할 필요가 있다.

많은 연구들은 퇴근 후 어머니가 잘 보살피고 반응해 주면, 걸음마기 영아는 일하는 어머니에게도 안전 애착을 보인다고 보고하였다. 어머니의 취업이 자녀의 정서적 발달, 성(性) 정체감 형성에 별다른 영향을 미치지 않는다는 것이다. 반면 어머니 취업이 자녀의 정서적 안정성, 사회성, 활동성을 위축시키고 낮은 의욕 수준을 보이게 한다는 연구들도 있다. 취업모 자녀가 어른에게 덜 의존하고 또래관계에서 더 사교적이며, 교육과 직업에 대한 포부 수준을 높여 주고, 남녀에 대한 평등한 성역할 개념을 갖도록 도와준다는 연구 결과도 있다.

전업주부의 경우, 아이와 많은 시간을 함께 보낸다 해도 자신의 입장을 취업한 여성과 비교하여 실패감이나 우울증을 느낀다면 또 성가신 유아로부터 자유로워지려는 거부적 양육태도를 갖게 된다면 자녀의 성장과 발달에 부정적인 영향을 미친다.

따라서 맞벌이를 하느냐 안 하느냐도 중요하지만, 부모의 삶에 대한 태도, 직장에 대한 만족도, 자녀양육을 최우선 순위에 두고 책임감 있게 길러 보겠다는 인식을 하는 것이 더욱 중요하다. 맞벌이를 하더라도 부부 모두가 자녀양육에 대해 책임감을 느끼고, 양질의 상호 작용을 유지하며, 자신의 삶을 행복하게 영위한다면 자녀에게 미치는 영향은 긍정적이 된다.

맞벌이 가정에서 아버지의 자녀양육 비율은 가사참여 비율보다 다소 높다고 한다. 맞벌이 가정의 아버지들은 주로 나들이 가기, 자녀의 생활습관 들이기, 자녀와의 대화 및 놀이 등에서는 어머니와 거의 동등한 수준의 역할 수행을 하고 있으나, 신체적 돌보기, 학부모회의 참석하기, 자녀의 학교 행사 참여하기 등에 대한 참여율은 매우 낮아 자녀를 돌볼 때 힘들고 시간이 많이 드는 과제는 여전히 맞벌이 어머니의 몫임을 알 수 있다.

많은 연구들은 아버지가 자녀양육에 참여할 때 긍정적인 효과가 있음을 보여주고 있다. 아버지의 자녀양육 참여시간이 증가할수록 자녀의 인지 능력이 향상되고, 공감 능력이 증가하며, 양성평등적 태도를 갖게 된다는 것이다. 정현희와 최경순(1995)도 아버지의 양육참여는 자녀의 성역할 태도 및 친사회적 행동에 긍정적인 영향을 미치는 것으로 보고하였다. 자녀를 유능한 사회 구성원으로 기르기 위해서는 가정에서부터 전통적인 성역할보다는 양성평등적인 역할을 습득하도록 도와야 하며, 이를 위해서는 아버지의 자녀양육 참여가 절대적으로 필요하다.

일하는 어머니가 자녀와 함께 있는 시간의 양도 중요하지만 자녀와 질적인 시간을 보내는가 하는 것도 중요하다. 질적인 시간이란 어린 자녀가 엄마 또는 아빠로부터 사랑과 관심을 받고 있다고 느끼는 시간이다. 그러므로 맞벌이 부부는 되도록 자녀와 함께 있는 시간을 많이 갖도록 노력해야 하며, 함께 있는 시간에는 부모의 마음을 잘 전달하고 구체적으로 애정을 표현할 수 있는 다양한 방법을 써야 한다. 맞벌이 부모의 효율적인 양육 원칙 몇 가지를 소개하면 다음과 같다.

- 즐거운 아침을 만들자: 아침부터 어머니가 바빠서 허둥대면 아이들의 아침도 즐겁지 않다. 조금 더 일찍 일어나서 아이들을 직접 깨워 준다. 재미있는 동요나 상쾌한 음악을 틀어놓고, 볼에 입을 맞춘다든지 안아 주는 등 스킨십을 하여 잠을 깨우는 방법도 좋다. 출근 전 아이를 안아 주는 일도 잊지 말아야 한다.
- 출근 전 가능하면 아이를 야단치거나 짜증을 내지 않도록 한다. 어머니와 떨어져야 하는 아이에게는 큰 상처가 될 수 있고, 어머니 자신에게도 결코 유쾌한 일이 아니기 때문이다. 대신에 오늘은 무엇을 할 것인지 등에 대해 가볍게 대화를 나누다 보면 아이의 마음이 훨씬 안정된다.
- 출근하려고 할 때 아이가 심하게 울 때, 달라붙을 때 의연하게 "속상하지? 엄마 다녀올게. 우리 저녁에 만나자." 하며 돌보는 이에게 맡기고 나온다. 대개는 엄마의 모습이 안 보일 때 울음을 그치고 잘 논다.
- 전화나 편지, 녹음기를 이용해 애정을 전한다: 자주는 할 수 없다 해도 하루에 한 번 정도는 아이와 전화 통화를 하면서 아이에게 어머니가 자신을 기억하고 있다는 것을 알려 주는 것이 좋다. 작은 화이트 보드를 현관 쪽에 걸어 놓고 그날그날 짧은 애정 표현의 말을 적어 주거나 아이에게 전할 말을 적어 두는 것도 좋은 방법이다.
- 어머니의 빈자리를 물질적 보상으로 해결하려 해서는 안 된다: 일하는 어머

니들은 전업주부에 비해 아이와 많은 시간을 같이 있지 못하는 죄책감을 물질적으로 보상하려는 경향이 있다. 그러나 이런 일이 거듭되다 보면 아이는 무슨 일이든 돈을 요구하는 아이로 자라기 쉽다.

• 주말이나 휴일은 반드시 아이와 함께 보낸다: 주말이면 밀린 집안 일이나 쌓인 피곤함 때문에 실제로 아이와 함께 할 시간이 적다. 그러나 가능한 한 주말에는 가족과 함께하는 시간이 되도록 한다. 이런 시간의 의미가 아이의 가슴에 쌓여 부모의 사랑을 신뢰하게 만들기 때문이다.

• 당당한 어머니가 되자: 어머니가 쩔쩔매면서 미안해하는 모습을 자주 보이면 아이도 불안해하고 초초해하며 어머니가 없는 상황에 대하여 화를 내게 된다. 오히려 어머니의 일은 우리 가족과 다른 사람들에게 도움이 되는 일이며, 어머니는 무척 힘들고 바쁘지만 너희들과도 많은 시간을 가지려고 노력하고 있다는 것을 아이들에게 당당하게 알려 줄 필요가 있다. 어머니의 취업 자체보다는 취업에 대한 어머니의 태도가 아이에게 더 큰 영향을 끼치기 때문이다. 그러므로 어머니가 사회의 일원으로 중요하고, 꼭 필요한 일을 하고 있다는 자부심을 가진다면 아이도 어머니의 일을 받아들이고 안정감을 가지며 자부심도 느끼게 된다. 어머니가 행복해야 아이도 행복할 수 있다.

🧑 맞벌이 가정의 가사분담

현대 사회가 고도로 산업화·도시화되어 여성의 사회진출 기회가 증대되면서 가정 내 부부의 역할분담과 역할 변화에 대한 요구도 증가하고 있다. 전통적으로 어머니가 해 오던 가사노동을 아버지도 분담하거나 공유해야 하는 시대가 되었음에도 불구하고, 우리나라 맞벌이 가정의 아버지들은 간단한 집안 수리와 화분 가꾸기, 정원손질을 제외한 가사노동에는 거의 참여하지 않는 것으로 보인다.

가사노동이란 '가족 구성원의 욕구 충족을 위해 자원을 효율적으로 사용하는 노동, 개별 가정에서 그 가정과 가족을 위해 의식주 생활을 일상적으로 수행하는 것'(이미숙, 1994)으로 정의내릴 수 있다. 보수 없이 일상적으로 해야 하는 노동이라 잘 수행하여도 인정받기 어려운 반면, 조금만 소홀해도 생활에 지장을 초래할 수 있다. 따라서 아버지가 집 밖에서 가족을 위한 도구적 역할을 담당하고, 어머니가 자녀양육과 더불어 표현적 역할을 담당하는 전통적 가족과는 달리 부부가 모두 도구적 역할을 담당하고 있는 맞벌이 가정의 경우에는 가사노동에 대한 합리적이고 적절한 분담이 필요하다.

우리나라 맞벌이 가정에서 남편의 가사노동 참여 유형을 살펴보면, 자녀 숙제 봐 주기, 자녀 식사 차려 주기 등과 같은 가족 구성원 돌보기와 문단속, 주택손질과 수리, 청소 등의 주생활 관리 등을 주로 하고 있다. 음식 만들기·설거지와 같은 식생활, 세탁·다림질과 같은 의생활에서는 참여가 낮은 것으로 나타났다. 또한 전반적으로 남편의 가사노동 참여 수준은 아내의 기대에 못 미치는 것으로 나타났다. 그러나 남편의 가사참여가 높을수록 아내의 생활만족도가 높은 것으로 나타나 가족 구성원 모두가 행복한 맞벌이 가족이 되기 위해서는 남편의 가사참여는 필수적인 것으로 보인다(송혜림, 2000). 그러나 우리나라 맞벌이 가정에서 남성의 가사 참여 비율은 10%에도 미치지 않는다. 맞벌이 가정에서 편중된 가사노동은 부부관계를 증오 관계로 변질시킨다(대한성결신문, 2003.3.29.).

최혜숙과 이은해(1998)의 연구에 따르면 남편의 가사참여 정도를 결정하는 요인은 근무시간의 차이, 성역할 태도, 관계망에 속한 사람들의 가사에 대한 인식 등인 것으로 나타났다. 즉, 부부간의 근무시간 차이가 적을수록, 부부가 평등한 성역할 태도를 가질수록, 주변에 남편의 가사참여를 긍정적으로 생각하는 사람이 많을수록 남편의 가사참여 빈도가 높아진다. 특히 남편의 성역할 태도는 가사참여를 결정하는 가장 주요한 변인인 것으로 나타났다. 이는 외적인 환경이나 자원보다는 자신의 내면화된 가치관이나 태도가 가사참여에 영향을 미친다는 것을 보여 준다.

민주적인 가정을 구성하고 합리적인 역할분담으로 행복한 가족 간의 관계를 형성하기 위해서 무엇보다도 남편은 평등한 성역할 개념과 태도를 가질 필요가 있다. 남학생들은 예비 남편 및 아버지로서 자신이 가지고 있는 성역할에 대한 편견은 무엇인지 생각하고 변화하고자 노력해야 한다. 그렇다면 가사노동을 분담하기 위한 효과적인 방법은 무엇인지 살펴보자.

자신이 좋아하는 가사노동 영역을 찾는다

고정된 성역할 관념을 뛰어넘어 가사 중에 자신이 재미있어하고 즐거워하는 일이 무엇인지 찾는다. 남편이라도 요리를 좋아할 수 있고, 정리정돈을 큰 즐거움으로 여길 수 있다. 자기가 좋아하는 영역을 적극적으로 개발하여 가사가 취미 혹은 여가활동이 될 수 있도록 한다면, 맞벌이 부부의 가사노동은 훨씬 능률적이고 자율적으로 분담된다. 예를 들어, 감정이 풍부하고 꼼꼼한 성격의 남편은 가족이나 친지의 생일, 기념일을 세심하게 챙기는 등 정서적 문제에 개입하는 일을 맡고, 이성적이며 관리 능력이 뛰어난 아내는 차나 주택 관리, 관공서 관련 일을 전담할 수 있다.

가사노동의 수행 기준을 낮춘다

아무리 애를 써서 집안일을 해 나간다 하더라도 하루 종일 집안에 머물면서 집안일을 하는 전업주부가 있는 가정에 비해 맞벌이 가정은 집안일을 하는 시간이 부족하다. 부부가 함께 분담하기 위해 노력하되, 한편으로는 집안일의 규모를 줄이는 것이 좋다. 이 정도는 되어야 한다는 심리적 기준 자체를 낮추는 것도 집안일을 능률적으로 해결하기 위한 방법이 된다.

함께 일하고 함께 쉰다

현대인은 급변하는 사회에 살기 때문에 계획을 세워 집안일을 할 수 없을 때가 많다. 또 예감하지 못했던 일이 일어나 조직적으로 집안일을 못할 때가 많다. 가사일을 함께 하겠다는 의지를 갖고 같이 일하고 같이 쉬는 것이 가사분담에 효과적이다. 아내가 밥을 하면 남편이 청소하면서 상을 차리고, 남편이 설거지를 하면 아내는 세탁물을 정리하는 식으로 상대방이 일을 마칠 때까지는 자기도 함께 무슨 일이든 가정일을 하는 방식이다. 이렇게 하면 부부 중 아내가 "흥. 나만 일해? 어떻게 TV를 볼 수 있어?" 하는 불평을 그칠 것이고, 아내가 일할 때 TV를 보는 남편이 심리적 불편감을 느끼지 않을 수 있다.

🔲 좋은 유아교육기관의 선택

맞벌이 부부가 다하지 못하는 양육과 교육의 기능을 지원하기 위해 다양한 유아교육기관이 있는데, 어떤 기관이 유아의 전인적 발달에 보다 적합한지 판단하기 위한 정보를 제공하고자 한다.

우리나라에서 처음으로 시작된 형식적 유아교육기관은 1897년 일본인들이 그들의 자녀를 위해 설립한 부산유치원이다. 그 이후에 1913년 친일파 자녀를 위해 설립된 경성 유치원, 1914년 미국인 선교사 브라운리(Brownlee)에 의해 설립된 이화학당 이화유치원(현재 이화여자대학교 사범대학 부속유치원), 1916년 독립을 위한 인재양성을 목적으로 박희도에 의해 설립된 중앙유치원(현재 중앙대학교 사범대학 부속유치원) 등이 유아를 위한 교육기관으로 세워졌다.

일부 상류층의 자녀들을 위한 교육 정도로 인식되어 오던 유치원 교육이 일반 가정의 유아들에게까지 확대된 것은 1969년 유치원 교육과정이 국가수준에서 제정되면서부터다. 1970년 중반에 이르면서 유치원 교육의 중요성에 대한 정부와 국민의 관심이 점차 높아지다가 1980년대 제5공화국은 유아교육을 정부의 주요 시책 중의 하나로 채택하였다. 이를 계기로 만들어진 1982년의 「유아교육진흥법」과 확충된 공립·사립 유치원은 유아교육의 급격한 양적 팽창을 이루어냈다. 1990년대로 들어서면서 양적 팽창 못지 않게 중요한 질적 향상을 꾀하기 위해 다양한 프로그램을 시행하며, 각 시·도 실정에 따라 읍·면의 만 5세 유아에게 무상교육을 실시하고 있으며, 2004년 1월 8일 「유아교육법」이 제정되어 공교육의 기반을 조성하였다.

보육시설은 1961년 제정된 「아동복리법」에 의해 탁아시설에서 빈곤가정의 아동을 보호하기 시작한 것을 시초로 볼 수 있다. 1970년대 탁아시설을 어린이집으로 고쳐 부르고 시설을 확대하던 중 1982년 「유아교육진흥법」에 의해 기존의 탁아시설을 새마을 유아원에 통합시키게 되었다. 관할 부서가 내무부, 노동부, 보건사회부로 분리되어 복잡한 양상을 띠다가 1991년 「영유아보육법」을 제정하면서 새마을 유아원은 다시 어린이집으로 명칭이 바뀌고 여성부와 여성가족부를 거쳐 보건복지부로 관할부서가 변경되었다. 어린이집은 0~6세까지의 아동을 대상으로 보육을 담당하고 있다.

현재 우리나라에서 초등학교 입학하기 전에 유아를 보호하고 교육하는 기관은 크게 유치원과 어린이집이 있다. 이 둘은 유아들의 체계적인 교육과 보호를 위해 국가에서 법적으로나 제도적으로 공인한 학교와 보육시설이다.

우선 유치원은 만 3세부터 초등학교 입학 전 시기까지 유아의 심신 발달을 조장하기 위해 「유아교육법」「교육기본법」「초·중등교육법」에 근거하여 설치, 운영되는 교육부 관할의 교육기관이다. 유치원은 설립 유형에 따라 국·공립 유치원과 사립유치원으로 구분되고 있다. 국립유치원은 국립대학교의 부설 유치원을 말하며, 공립유치원은 지방교육자치단체에서 운영하는 유치원으로 초등학교 병설유치원, 단설유치원을 말한다.

보육시설은 보호자가 근로 또는 질병 기타 사정으로 영유아를 보호하기 어려운 경우에 위탁을 받아 영유아를 보호하는 시설로 「영유아보육법」에 근거하여 보건복지부 관할로 설치 운영되고 있다. 보육시설은 크게 어린이집과 놀이방으로 구분되는데, 국·공립 보육시설, 민간보육시설, 직장보육시설과 같이 규모가 큰 보육시설은 어린이집(center-based child care)으로, 소규모로 가정에서 이루어지는 보육시설은 가정어린이집(home-based child care)이라고 부른다.

2011년 5월 2일 정부는 의무교육에 준하는 무상교육을 2013년부터 만 3~5세아 전원에게 실시하고 유치원과 어린이집에서 '누리과정'을 가르치게 하겠다고 발표하였다. 그 결과 2012년에는 만 5세 유아에게 유치원 교육과정과 어린이집

표준보육과정을 통합한 누리과정을 실시하게 되었고 2013년부터는 만 3, 4, 5세 모두에게 누리과정을 교육하고 정부로부터 교육비를 지원받게 되었다.

따라서 좋은 유아교육기관과 프로그램을 선택하는 것은 부모의 몫이 되었으며, 현명한 부모가 되기 위해서는 유아교육기관이 자녀에게 주는 영향력을 잘 고려하여 최상의 선택을 할 수 있어야 한다. 좋은 유아교육기관이란 집에서 가까우며, 아이를 사랑하며 아동발달과 교육에 대한 전문지식과 자격을 갖춘 교사가 아동발달을 돕는 프로그램으로 안전하고 교육적인 환경에서 아이들을 교육하고 보호하는 곳을 말한다. 자녀를 위한 유아교육기관을 선택할 때는 물리적 환경도 중요하지만, 무엇보다도 기관장과 교사의 교육철학과 교육적 전문성이 중요한 준거가 되어야 한다.

유아는 끊임없는 흥미와 호기심, 왕성한 활동력을 가지고 주변 환경을 적극적으로 탐색하는 발달적 특징이 있으므로, 유아기 경험에서 환경의 영향력은 거의 절대적이다. 좋은 유아교육기관 선택 시 고려해야 할 환경은 다음과 같다.

첫째, 물리적 환경으로서 실내외 시설이 유아 발달에 부합된 시설이어야 하며,

미국유아교육협회(NAEYC)의 유아교육기관 인증 기준

- 교사와 유아와의 상호 작용이 어떻게 이루어지고 있는가?
- 교육과정은 유아의 연령과 발달에 맞도록 구성하여 적절한 경험을 제공하는가?
- 교사와 부모가 협력적인 관계를 유지할 수 있는 환경인가?
- 원장과 교사는 유아 교육 전공자이며 자격을 인정받은 사람인가?
- 기관을 운영 · 관리하는 데 확고한 소신과 원칙이 있는가?
- 물리적 환경이 안전하고 쾌적하며 교육적인가?
- 교사 대 유아의 비율이 적절한가?
- 유아의 건강과 안전에 철저한 주의를 기울이는가?
- 간식과 급식은 위생과 영양이 충실한가?
- 유아와 교사, 교육과정에 대한 평가가 잘 이루어지는가?

실내 놀이 환경은 실외에 비해 공간이 제한적이지만 다양한 영역으로 구성되어 있는지, 블록·퍼즐·미술 자료 등과 같은 놀잇감과 교구들이 한 교실에 28명(만 5세 기준) 유아들이 여러 가지 활동에 참여하여 즐길 수 있도록 충분한지, 교실 채광이 밝은지 등을 고려해 볼 필요가 있다. 실외시설은 유원장(바깥 놀이터)이 유치원 시설 설비 기준령에 의거하여 설치되어 있는지, 유아가 마음대로 공놀이·술래잡기·뛰놀기 등과 같은 자유로운 활동을 할 수 있는 개방적인 공간이 마련되었는지, 유아발달에 맞는 복합놀이기구가 설치되어 있는지, 동·식물 기르기와 같은 자연생태학습을 할 수 있는 공간이 확보되었는지를 살펴야 한다.

둘째, 유아교육의 질적 수준을 결정짓는 인적 환경을 살펴보아야 한다. 무엇보다 원장, 원감, 교사 등이 소신 있는 교육철학을 가지고 있어야 하고, 원만한 인격에 진취적이고 의욕적이며 감각 있는 사람이어야 한다. 또한 신체적으로나 정신적으로 건강하고 유아를 충분히 사랑해 줄 수 있는 마음을 가진 사람이어야 한다.

셋째, 교육 프로그램이 유아의 발달에 적합한 프로그램으로 놀이 중심 교육과정으로 전개되는지를 꼼꼼히 살핀다. 유아는 성인과는 달리 놀이를 통하여 학습하므로 놀이를 하면서 자신을 표현하고 주변의 구체적인 사물을 탐색하고, 개념을 습득하게 된다. 만일 과열된 조기 사교육 열풍에 휩쓸려 영어, 미술, 체육, 학습지 등 부적합한 기능 위주의 교육을 제공한다면 유아들은 많은 스트레스를 받아 학습의욕이 점점 저하되고 정상적으로 발달하지 못한다.

넷째, 종일반을 선택할 경우, 아이가 하루 종일 유아교육기관에 머물게 되므로 위생적으로 쾌적한 환경인지, 균형 잡힌 영양섭취를 할 수 있도록 잘 짜여진 급식과 간식인지, 영양사에 의해 급식과 간식이 제공되고 있는지, 낮잠과 휴식을 위한 공간과 환경이 제대로 마련되어 있는지 등을 신경 써서 점검해야 한다.

좋은 유아교육기관 선택 절차

- 유아교육기관의 위치를 확인한다. 점심만 먹고 집으로 돌아오는 반일제의 경우, 집과 거리가 가까운 곳을 선택하고, 퇴근하여 돌아오면서 아이를 데려와야 하는 종일제반의 경우는 부모의 직장과 가까운 곳으로 선택한다.
- 주변 사람들에게 소개받거나 인터넷을 이용하여 부근에 위치한 유치원이나 어린이집을 선택해 본다.
- 선택한 유아교육기관에 전화를 해서 교육 정보를 얻을 수 있는 홈페이지 주소를 알아보고 안내 책자를 받는다. 방문이 가능한 시간도 알아본다.
- 수집한 정보(교육 이념과 목표, 지향하는 교육, 교육 내용 및 방법, 물리적 환경, 교사의 학력과 경력, 학급당 유아의 수 등)를 꼼꼼히 분석해 보고, 자녀에게 최적이고 부모 자신의 교육관과 일치되는 유아교육기관을 직접 방문한다.
- 유아교육기관을 방문하여 건물의 위치, 구조, 실내외 환경 등을 세심하게 관찰한다. 그 외에도 현관, 복도, 교실 및 활동실의 크기, 환경 구성, 영역 구성, 놀잇감, 청결 정도 등 물리적 환경을 꼼꼼히 살핀다. 유아교육기관이 허락한다면 수업을 참관하여 교사가 아이들을 대하는 태도, 상호 작용 방식, 아이들의 활동 모습 등을 직접 보며 인적 환경도 점검한다. 교사가 유치원 정교사 자격증 소지자 인지 확인하고 경력 교사와 초임 교사가 상호 균형적인 비율로 구성되었는지, 보조교사의 교육 정도도 파악해야 한다.
- 원장과 만나 대화를 나눈 후, 부모가 관찰한 것과 종합하여 결정을 내린다. 대화를 나누면서 궁금한 점을 질문하고, 원장이 확고한 교육 철학과 소신 그리고 사명감을 갖고 유치원을 운영하는지를 파악한다.

생각 나누기

🔑 **토의**

1. 이혼 후 겪게 되는 아이들의 고통에 대해 생각해 보고, 이혼을 결정하는 과정에서 고려해야 할 점, 혹 이혼하더라도 자녀의 건강한 성장을 위해 신경써야 할 점이 무엇인지 이야기 나누어 보자.

2. 아이들이 부모가 이혼하는 상황에 적응하는 데 도움이 되는 동화책을 읽어 보고, 자녀들이 이 동화를 읽었을 때 이혼에 대해 어떤 생각을 하게 될지, 이 책이 자녀들에게 구체적으로 어떤 도움을 주게 될지 이야기 나누어 보자.

3. 훗날 결혼하여 부모가 되었을 때, 부부 모두가 맞벌이를 하게 될 때 겪을 자녀 양육 문제를 어떻게 해결할 것인지, 그 해결책에 문제는 없는지 토의해 보자.

4. 준비된 부모가 되기 위해 지금 청년기에 성과 관련해서 지켜야 할 원칙은 무엇인지 이야기해 보자. 혼전 순결을 지키는 것의 의미가 무엇인지, 이를 위해 어떠한 노력과 다짐이 필요한지 생각해 보자.

생각 넓히기

📖 **과제**

맞벌이 부부를 대비하여 예비아버지로서 또는 예비어머니로서 아직 자신이 갖추고 있지 못한 가사노동 기술과 자녀양육 기술은 무엇인지 생각해 보자. 그리고 오늘부터 하루에 하나씩 지금의 가족을 위해 자신이 할 수 있는 일을 찾아 실천해 보고, 가사 중 일부를 담당해 보자. 가사와 양육에 대한 책임의식은 실천이 밑받침되었을 때 확고해진다. 자신의 가정에서 가사가 어머니에게 너무 편중되어 있지는 않은지 생각해 보고 지금부터 가사분담을 위한 노력을 실천해야 한다.

📖 도움이 되는 도서와 동영상 자료 및 사이트

〈이혼 및 재혼 가족을 위한 자료〉

김혜련(1995). 남자의 결혼, 여자의 이혼. 또하나의문화.

사잇소리(1993). 이혼, 또 하나의 선택. 여성사.

유계숙, 임춘희, 전춘애, 천혜정(1998). 또 하나의 우리, 재혼가족. 한국가족상담교육
　　연구소 5주년 학술세미나 연구보고서.

조재구(1996). 마지못해 한 이혼, 뜻밖의 행복. 석필.

Burrett, J. (2006). 이혼 후에 잘 길러야 아이 인생이 달라진다: 이혼한 부모를 위한 희
　　망 육아법(이지선 역). 북하우스.

Long, N., & Forehand, B. (2003). 이혼한 부모를 위한 50가지 자녀양육법(이재연
　　역). 한나.

Teyber, E. (2006). 이혼가정 자녀 어떻게 돌볼 것인가?(성정현, 김희수, 박한샘 역).
　　청목출판사.

Visher, E. B. (2003). 재혼가족 치료(박건호, 조아랑 역). 빈센트.

Warshak, R. A. (2005). 이혼, 부, 모, 아이들: 당당한 관계를 위한 아이들(황임란 역).
　　아침이슬.

SBS 〈그것이 알고 싶다〉 제00266회-이혼과 재혼의 실태.

SBS 〈그것이 알고 싶다〉 제00209회-이혼 이후 자식을 외면하는 부모.

MBC 스페셜 가정의 달 특집 〈행복한 부부, 이혼하는 부부〉(2006. 5. 9 방영)

believe in believe. http://cafe.daum.net/ejamo 이혼한 자녀들의 건강한 모임.

나우미. http://www.nowme.co.kr 부부갈등과 위기, 이혼, 재혼가족의 상담과 프로
　　그램을 통해 문제 해결 방안을 함께 모색.

뉴라이프. http://www.divorce-info.co.kr 이혼하기 전후 알아야 할 사항, 이혼 관

런 법률세무, 직업정보, 자녀교육, 문화 건강 등 제공.

디볼스키드. http://divorcekids.hihome.com 이혼가정의 아이들을 위한 프로그램을 실시, 프로그램의 목적, 내용, 실시방법 등에 대한 정보 제공.

디볼스넷. http://www.divorcenet.co.kr 이혼 전문 커뮤니티, 이혼 관련 법률정보, 이혼판례, 자녀양육, 사회복지 문제 안내 및 온라인상담.

서울지역 여성인력 개발센터. http://www.vocation.or.kr 이혼, 사별 등으로 홀로 남은 여성들이 실업자 훈련과정을 거쳐 창업이나 취업전선에 나설 수 있도록 도움 제공.

슬픈이혼. http://www.ehon.wo.to 이혼문화, 부부싸움, 고민상담, 재혼, 별거 등 결혼, 이혼에 관한 사례, 상담, 경험담 제공.

이혼을 생각하는 사람들을 위하여. http://my.dreamwiz.com/woomoon 혼인, 협의이혼, 재판상이혼, 사실혼 관계 해소 정보, 이혼 관련 뉴스, 무료 상담.

〈십대 부모를 위한 서비스 관련 사이트〉

낙태 예방 사이트. www.sangsaeng.org

여성관련법률안. http://www.feminet.or.kr/list.html

한국성폭력상담소. http://www.sisters.or.kr

한국 여성단체 연합. http://www.women21.or.kr

〈맞벌이 가정을 위한 자료〉

김영의(1995). 맞벌이 엄마, 아빠의 자녀교육. 샘터사.

SBS 〈그것이 알고 싶다〉 제00216회-아버지의 역할, 맞벌이.

여성민우회 '2006 평등한 일, 출산 양육 프로젝트-참여하는 남성이 아름답다!'
http://www.womenlink.or.kr

내가 다시 아이를 키운다면

만일 내가 다시 아이를 키운다면

먼저 아이의 자존심을 세워 주고 집은 나중에 세우리라.

아이와 함께 손가락 그림을 더 많이 그리고

손가락으로 명령하는 일을 덜 하리라.

아이를 바로 잡으려고 덜 노력하고

아이와 하나가 되려고 더 많이 노력하리라.

시계에서 눈을 떼고 아이를 더 많이 바라보리라.

만일 내가 다시 아이를 키운다면

더 많이 아는 데 관심을 갖지 않고 더 많이 관심 갖는 법을 배우리라.

자전거도 더 많이 타고 연도 더 많이 날리리라.

들판을 더 많이 뛰어다니고 별들을 더 오래 바라보리라.

더 많이 껴안고 더 적게 다투리라.

도토리 속의 떡갈나무를 더 자주 보리라.

덜 단호하고 더 많이 긍정하리라.

힘을 사랑하는 사람으로 보이지 않고

사랑의 힘을 가진 사람으로 보이리라.

Diana Loomans

Chapter 14

I'm OK, You're OK 관계 맺기

생각 모으기

　　유아기 동안 머릿속에 각인되는 정서적 경험이 부정적이면 그것들이 쌓여 주변 사람들에게 온갖 부정적인 말과 행동을 하는 성인이 된다. 그런 사람 곁에 있으면 불편하고 불행을 느끼게 되어 결국에는 그 사람을 멀리하게 된다. 영유아기 동안 주변의 어른들이 아이와 긍정적이고 행복한 교류를 많이 하게 되면 그런 아이는 어른이 되어서 자신이 가지고 있는 긍정적 에너지를 창의적인 일을 하는 데 사용할 수 있게 된다.

　　이 세상에는 불행한 어른들이 너무나 많다. 자신의 삶을 불행하게 느끼는 어른들이 자신의 자녀를 행복하게 키울 수 없는 것은 당연한 귀결이다. 불행감을 느끼는 부모에게서 자란 아이 역시 부정적인 경험으로 주변 사람들을 여러 가지로 괴롭히게 된다.

　　부모가 되기 이전에 자신의 삶의 태도를 점검하고, '나는 행복한가?'를 생각해 보는 것은 좋은 부모됨에 가장 중요하고도 핵심적인 일이라 할 수 있다. 자신의 마음을 다스릴 수 있고, 자기가 느끼고 생각하는 것을 솔직하게 표현할 수 있고, 자신의 판단이 잘못되었을 때, "미안해."라고 말할 수 있으며, 주변 사람들과 친밀한 관계를 맺을 수 있는 사람들이 많아져야 긍정적인 부모들이 많아지기 때문이다.

　　사람은 누구나 성공을 지향한다. 학생으로서 성공하고, 사회인으로서 성공하고, 부모로서 성공하기를 바란다. 그러나 이때의 성공이란 좋은 대학에 다니고, 다른 사람들이 부러워하는 대기업에 들어가 부, 권력을 소유하는 것이 아니다. 이 모든 것을 갖고도 불행한 사람이 있는가 하면, 가난해도 행복을 느끼는 사람들이 있다. 자신을 사랑하고 다른 사람을 배려하며, 자신의 삶도 행복하고 옆에 있는 사람도 행복하게 하는 사람이 성공한 사람이다.

성공한 사람의 특징

• 성공한 사람은 잠재력을 지니고 있다

성취가 가장 중요한 것은 아니다. 진솔함이 중요하다. 진솔한 사람은 상식이 있고, 존재를 느끼며, 신용이 있고, 감응을 잘 하기 때문에 자아실체감을 경험한다. 진솔한 사람은 계속 자신을 개선하려 하고 다른 사람의 개성을 인정한다. 진솔한 사람은 자신의 이상에 인생을 바치기보다는 자기 자신이 되고자 하므로 성취나 지위를 유지하는 체하거나 다른 사람들을 조종하는 데 정열을 쏟지 않는다. 승자는 다른 사람들을 유혹하거나 매료시키려 하지 않고 자신을 드러낸다. 그들은 사랑하는 것과 사랑하는 체하는 것, 우둔한 것과 우둔한 체하는 것, 아는 것과 아는 체하는 것에 차이가 있음을 안다. 승자는 가면 뒤로 숨을 필요가 없다. 그들은 열등이나 우월이라는 비현실적인 자아 의식을 벗어 버린다. 승자는 놀라울 만큼 자율적이다.

• 성공한 사람은 스스로 사고하고 자신의 지식을 활용하는 것을 두려워하지 않는다

견해와 사실을 분별할 수 있으며, 모든 해답을 갖고 있는 체하지 않는다. 다른 사람의 말을 경청하고 평가하지만 결론은 스스로 내린다. 결국 승자는 다른 사람들을 존경하고 고무하지만, 타인의 결정에 전적으로 의존하거나 타인에 의해 파괴되지 않으며 두려움도 느끼지 않는다.

• 성공한 사람은 무력한 체하거나 비난받을 짓을 하지 않는다

승자는 자신의 인생에 대해 책임을 확실히 진다. 다른 사람들에게 잘못된 권리를 행사하려 하지 않는다. 승자는 자신의 책임자이며, 또 그 사실을 알고 있다.

• 성공한 사람은 시의적절하게 행동한다

승자는 상황에 적절하게 반응한다. 승자는 모든 사물에는 때가 있으며 모든 활동에는 적기가 있다는 사실을 안다. 승자는 적극적이어야 할 때와 소극적이어야 할 때, 함께 해야 할 때와 홀로 있어야 할 때, 싸워야 할 때와 사랑해야 할 때, 일해야 할 때와 쉬어야 할 때, 울어야 할 때와 웃어야 할 때, 맞서야 할 때와 물러서야 할 때, 이야기해야 할 때와 침묵해야 할 때, 서둘러야 할 때와 기다려야 할 때를 안다.

• 성공한 사람은 시간을 아껴 쓴다

승자는 시간을 낭비하지 않고 다방면으로 활용한다. 승자에게 현재의 삶은 중요하다. 그러나 자신을 있게 한 과거를 어리석게 무시하거나 현재의 삶을 산다는 이유로 미래를 준비하는 일에 소홀하지 않는다. 오히려 승자는 자신의 과거를 알고, 현재를 인식하며, 미래를 내다본다.

• 성공한 사람은 두려움 없이 자신의 느낌과 한계를 아는 방법을 배운다

승자는 자신에 대한 좌절과 갈등으로 움츠러들지 않는다. 진솔하게 행동함으로써 자신이 화났을 때를 알고 타인이 자신에게 화를 낼 때 들을 줄 안다. 그는 애정을 주고받는다. 승자는 사랑하고 사랑받을 줄 안다.

• 성공한 사람은 자율적이다

승자는 미리 처방된 방법을 융통성 없이 사용하지 않는다. 필요하다면 자신의 계획을 변경할 줄 안다. 승자는 삶에 대한 열정을 지니고, 즐겁게 일하고, 쉬고, 음식을 먹고, 다른 사람을 만나고, 자연을 즐긴다. 죄의식을 느끼지 않으면서 자신이 달성한 바를 즐길 줄 안다. 부러워 시샘하지 않으면서 타인의 업적을 함께 즐거워한다.

• 성공한 사람은 자유롭게 즐길 줄 아는 동시에 즐거움을 연기할 줄 알고, 미래에 더 많은 즐거움을 갖기 위해 현재의 어려움을 감내할 줄도 안다

승자는 자신이 원하는 것을 두려움 없이 적절한 방법으로 추구한다. 승자는 타인을 지배함으로써 자신의 안정을 구하지 않는다. 승자는 실패할 것을 알면서 무기력하게 가만히 있지 않는다.

• 성공한 사람은 세계에 주의를 기울이고 세상 사람들에게 관심을 갖는다

승자는 사회에서 일어나는 문제에 관심을 가질 뿐 아니라, 온정적이며, 삶의 질을 높이기 위해 소임을 다한다. 국내외 상황이 어려워졌을 때에도 승자의 자아상은 힘없이 무너지지 않는다. 승자는 이 세상을 보다 나은 곳으로 만들려고 노력한다.

출처: Muriel & Jongeward (2005). 아이는 성공하기 위해 태어난다.

좋은 부모가 되기 위해서는 무엇보다도 자신에 대해 알고 자신이 타인과 맺는 관계를 분석하여 문제를 인식하고 보다 나은 자아상태, 즉, 성공한 사람이 갖는 특징을 갖기 위해 노력해야 한다. 승자 각본을 가진 부모가 삶을 긍정적으로 사는 자녀를 기를 수 있기 때문이다.

교류분석이론(Transactional Analysis: TA 이론)은 1957년 미국의 정신과 의사 에릭 번(Eric Berne)이 개발한 성격 이론이다. 이는 자신의 인성을 분석하고 주변 사람들과 나누는 말과 행동에 대해 분석해 봄으로써 자기 삶의 태도를 점검하고 변화시킬 수 있도록 도와주는 도구로 심리치료에도 활용되고 있다. 현재 우리나라에서도 교류분석이론 학회가 활발히 활동하고 있다.

이 장에서는 개인 인성의 구조 분석과 타인의 상호 교류에 대한 분석을 살펴봄으로써 성공한 부모가 되기 위한 준비를 마무리해 보고자 한다.

생각 만들기

'나는 누구인가?' '나는 왜 늘 이 방식으로만 행동하는가?' '이런 행동방식을 가지게 된 이유는 무엇인가?'와 같은 질문에 대해 구조분석과 교류분석이론은 나름대로의 해답을 제시해 준다.

내 마음의 구조

자아상태(ego state)란 '상대방의 행동에 일정한 패턴으로 대응하는 방식'으로, 모든 사람은 세 가지 자아상태 즉, 부모 자아상태, 성인 자아상태, 아동 자아상태를 가지고 있다.

📖 부모 자아상태

외적 환경, 주로 부모로부터 배운 태도와 행동으로 구성되어 있다. 자신의 부모 또는 기타 양육자로부터 들은 법칙, 규율, 예절 등을 포함하여 '해야만 하는 것, 해서는 안 되는 것' 등을 포함한 정보들이 들어 있다. 어린 시절 부모로부터 무조건 받아들여 내면화한 생활개념이다. 종종 다른 사람들을 편견으로 대하거나 비판하고 명령하며 금지하는 행동으로 표현되기도 하고, 양육적이고 우호적인 행동으로 표현되기도 한다. 자신의 부모 자아상태가 부정적이어서 다른 사람을 비판하거나 명령한다고 판단되면 이를 바꾸어 긍정적이 되도록 노력해야 한다.

📖 성인 자아상태

사람의 자아상태는 사람의 나이와 관련된 것이 아니다. 나이가 많다고 해서 성인 자아상태가 활성화되는 것은 아니다. 성인 자아는 아동 자아의 감정적 개념과 부모 자아의 학습된 생활 개념에서 정보를 수집해서 다른 사람과 자신이 다르다는 사실을 발견하게 해 준다. 이를 위해 성인 자아는 현재의 사실과 정보를 객관적으로 수집하고 처리하며, 이성적 판단·조직·적용하는 지적인 기능을 담당한다. 즉, 현실을 테스트하고, 가능성을 탐색하며, 냉정하게 계산하는 기능을 한다.

📖 아동 자아상태

아동 자아상태는 영아기에 자연적으로 나타났던 모든 충동을 포함한다. 아동의 초기 경험, 반응, 그리고 자신과 다른 사람에 대해 자신이 취한 태도 등에 대한 생각과 느낌이 뇌에 기록된 것이다. 아동 자아는 유아기에 획득했던 옛 행동으로 나타난다. 욕구, 고통, 창조성 등의 정서상태는 모두 아동 자아상태에서 나온다. "하기 싫어." "좋아." "내 거야." 등의 감정에 근거해 나타나는 말, 울기·소리치

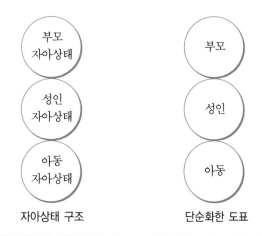

자아상태 구조   단순화한 도표

그림 14-1 교류분석이론에서의 자아상태

기·떼쓰기 등의 본능과 욕구에 근거해 나타나는 행동, 내적 언어 등이 아동 자아에 포함된다. '나는 괜찮은 사람이야(I'm O.K.).'와 '나는 중요하지 않은 사람이야(I'm not O.K.).'라는 심리적 자세도 아동 자아상태에 있다.

부모의 행동을 관찰했던 것을 그대로 따르고 생각하고 느낀다면 부모 자아상태에 있는 것이고, 현실을 조종하고 사실을 수집하고 객관적으로 판단한다면 성인 자아상태에 있는 것이다. 만일 유아기에 했던 것처럼 느끼고 행동한다면 아동 자아상태에 있는 것이다. 구조분석에 따르면 모든 사람은 특정한 자극에 대해 각 자아상태로부터 나오는 각기 다른 방식으로 반응한다. 이들 자아상태는 때로는 조화를 이루고, 때로는 갈등을 일으킨다.

자아상태를 좀 더 쉽게 이해하기 위해서는 텔레비전에서 시끄러운 음악이 나오고 있는 것에 대한 반응을 실례로 살펴볼 수 있다. 다음과 같이 주된 자아상태에 따라 같은 상황에서도 다른 반응이 나타날 수 있다.

부모 자아: 요즘 애들이 듣는 저런 음악은 너무 시끄러워, 끔찍한 것들!

성인 자아: 난 음악이 저렇게 시끄러우면 생각이나 이야기를 할 수가 없어.

아동 자아: 난 저런 음악을 들으면 춤추고 싶어져.

처음 태어났을 때 아이의 인식은 스스로의 요구와 만족에 집중된다. 아기는 고통스러운 경험을 피하려 하고, 감정 수준에서 반응한다. 거의 즉각적으로 아이의 독특한 아동 자아상태가 나타난다. 점차 아이가 성장하면서 부모역할놀이를 하거나, 부모의 행동을 모방하면서 부모 자아상태가 나타나기 시작한다. 성인 자아상태는 아이가 세상에 대한 감각을 키우고, 합리적으로 생각할 수 있을 때 발달한다.

부모 자아상태, 성인 자아상태, 아동 자아상태를 좀 더 세분화하면 부모 자아는 비판적 부모 자아, 양육적 부모 자아로 나누어지고, 아동 자아도 자율적 아동 자아, 순응적 아동 자아로 구분된다.

표 14-1 자아상태에 따른 특징적 행동과 태도

자아상태		특징적인 행동	언어적 표현	목소리의 어조	자 세
부모 자아상태	비판적 부모 자아 상태(CP)	비판, 지시, 명령, 교육, 훈육, 기준이나 지침, 방침	• 아니야 • 안 되겠군 • 바보로군 • 당연히 ~해야 해 • ~하지 않으면 안 돼 • 결코 ~해서는 안 돼 • 내가 말하는 대로 하면돼 • 잘라 버려 • 격언, 속담을 인용하여 깎아내리기	• 설교적 • 비판적 • 단정적 • 위압적 • 권위적 • 강압적 • ~일세 • 자네 ~	• 싸울 듯한 태세 • 자신만만한 태도 • 주먹으로 책상 두드리기 • 거만하고 상대를 바보 취급하기 • 멸시 • 실수를 지적 • 손가락으로 가리키기 • 답답함을 노골적으로 나타내기
	양육적 부모 자아 상태(NP)	보호하기, 돕기, 가르치기, 지지하기, 격려하기	• ~해 주지 • 예쁘군, 귀여워 • 가엾게도 ~ • 나한테 맡겨 두게 • ~이 마음에 걸려 • 잘됐군, 잘됐어	• 동정적 • 상냥 • 애정적 • 부드러움 • 안심시키기 • ~할 수 있어요	• 안아 주기 • 어깨를 두드리기 • 손 잡기 • 안아 주기 • 스킨십

(계속)

성인 자아상태 (A)	정보 수집, 원인 분석, 문제 해결, 의사 결정, 심사숙고	• 무엇이~, 어디서~, 누가~, 언제~, 왜~, 얼마나~ • 어떻게 하지? • ~라고 생각한다 • 구체적으로 말하면 • ~라는 겁니다	• 침착한 낮은 목소리 • 냉정한(기계적) 말을 골라 한다. • 일정한 음조	• 여유 • 반듯한 자세 • 상대과 눈 마주치기 • 주의깊게 듣기 • 필요한 경우 침묵
아동 자아상태 — 자율적 아동 자아상태(FC)	웃기, 놀기, 농담하기, 공격적, 개방적, 충동적	• 와~, 캬~ • 좋아해, 싫어요, 멋있는데 • 아아, 유쾌하다 • ~을 갖고 싶어 • ~을 하고 싶어 • 감탄사	• 유희적 • 감정적 • 밝다, 명랑하다 • 개방적, 자유 • 큰 소리	• 자유로운 감정표현 • 자발적, 활발 • 잘 웃기 • 뒤끝이 없음 • 거침이 없고 자유분방
아동 자아상태 — 순응적 아동 자아상태(AC)	순종적, 상대의 눈치보기, 타인에게 무조건 협조, 자기 주장못함	• ~해도 괜찮을까요? • ~할 수 없습니다 • 어차피 저 따위는 ~ • ~할 생각입니다. • 슬프다, 외롭다 • 이제 됐습니다 (칭찬을 받아들이지 못한다)	• 중얼중얼하는 목소리 • 자신이 없음 • 우물쭈물, 사양함 • 금방 울 듯한 목소리 • 격한 어조로 반항 • 물고 늘어짐	• 안색 살피기 • 착한 아이처럼 행동하기 • 한숨, 음산한 분위기 • 머뭇거리기 • 불안, 공포, 증오 • 틀어박힘, 의지함 • 요구하는 듯한 태도 • 끈덕짐

출처: Muriel & Jongeward (2005). 아이는 성공하기 위해 태어난다.

표 14-2 각 자아상태의 장점과 단점

자아상태	장점	단점
비판적 부모 자아상태(CP)	의사결정의 신속성, 칭찬이나 비판 판단 기준 설정, 지휘감독, 위기 대처	무시, 남의 말을 듣지 않음, 경직되어 있음, 자기 과시
양육적 부모 자아상태(NP)	상대방 보호, 지지적인 태도, 상대방 의사 존중, 경청	상대방의 의존성 조장, 어려움 극복 기회 박탈
성인 자아상태(A)	목표 지향적, 언제나 공평 무사, 합리적, 객관적, 의사 결정 능력 있음,	비인간적이라는 비판을 받을 수 있음, 냉정해 보임

(계속)

자율적 아동 자아상태(FC)	창조적, 재미있음, 솔직함, 의욕적, 적극적	유치함, 주변에 불안감을 줌, 제멋대로임, 규정·질서를 무시
순응적 아동 자아상태(AC)	시간절약, 중요한 일을 할 때, 권위자의 지지나 인정을 받음, 남의 모범이 됨	자기가 없음, 양보가 너무 많음, 우물쭈물 함

출처: Muriel & Jongeward (2005). 아이는 성공하기 위해 태어난다.

기능에 문제가 있는 자아

각각의 자아상태는 경계선을 가지고 있다. 이 세 자아상태의 경계선은 반침투막으로 되어 있어 이를 통해 심리적 에너지가 한쪽 자아상태에서 다른쪽 자아상태로 흘러들어갈 수 있다. 에너지의 흐름은 사람에 따라 그 모습이 다르다. 어떤 사람은 사소한 문제에도 쉽게 폭발하거나 감정을 조절하지 못하기도 하고, 어떤 사람의 사고는 편견과 혼돈으로 왜곡되어 있기도 하다. 이러한 무질서는 자아상태 영역이 매우 이완되어 있거나 경직되어 있는 경우, 자아상태의 영역이 손상되어 있거나 중복되어 있는 경우 등에 의해 자아가 기능상 장애를 일으킨 것이다.

이완된 자아경계

자아경계가 이완된 사람은 자아상태 간에 문을 닫지 않기 때문에 정체감이 결여되고 부주의한 행동을 많이 하는 경향이 있다. 심리적인 에너지는 매우 작은 자극에도 반응하면서 계속 하나의 자아상태에서 다른 자아상태로 빠져들어간다. 이에 따라 예측하기 어렵고 비이성적인 행동을 많이 보인다. 이러한 사람은 현실 세계에 적응하기가 매우 어려우며, 전문적인 도움이 요구되는 사람이다. 이완된 경계를 가진 사람은 성인 자아상태로 조절을 잘 하지 못해 합리적이지 못하다.

부모

성인

아동

그림 14-2 이완된 자아상태의 모습

🖼 성인 자아상태의 오염

　성인 자아상태의 오염은 성인 자아 경계 안으로 근거 없는 부모 자아상태의 신념이나 아동 자아상태의 왜곡된 사실이 침입하는 것이다. 경미한 정도의 부모 자아상태 오염은 편견으로 나타난다. 편견이란 객관적인 자료에 기초하여 검증해 보지 않은 견해에 집착하는 것이다. '흑인은 믿을 수 없다' '남자는 여자보다 똑똑하다' '아이들이 하는 말은 거짓말투성이다' 등 부모나 사회로부터 받아들인 가치관이나 규범을 현실적으로 검토하지 않고 무조건 받아들이는 상태다. 이때에는 편견, 맹신, 현실성 없는 자의식(예, 지나친 과신, 자기 비하) 등을 보인다. 부모 자아상태로부터의 오염이 심할 경우에는 실제가 아닌 것을 감각적으로 지각하는 환각을 경험한다.

　아동 자아상태에 의한 오염은 어떤 망상 때문에 일어난다. 이런 유형의 극단적인 사례는 절대자이고 싶다는 착각으로 자신을 세상의 구원자나 세계의 지배자로 믿는 것이다. 다른 유형의 착각은 박해당한다는 느낌인데, 누가 독약을 넣었다거나 감시당한다거나 음모를 당한다고 느끼는 것이다. '저 사람들이 뒤에서 나를 비웃고 있는 것이 분명해.'라고 생각하거나, '내가 갑자기 죽는다면 어머니가 나를

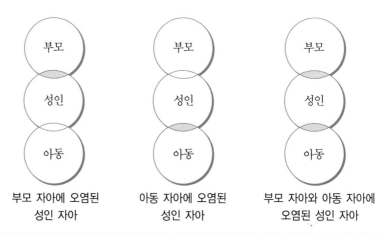

그림 14-3 오염된 자아상태의 유형

사랑해 줄 거야.'라고 생각하는 경우다.

이중오염은 부모 자아상태의 편견과 아동 자아상태의 망상이 성인 자아상태를 겹겹이 싸고 있을 때 나타난다. 이에 따라 성인 자아상태가 거의 기능을 하지 못하게 되어 명확한 언행 불일치, 사고나 태도의 역전, 엉뚱한 감정의 억제 또는 폭발 등이 나타난다. 예를 들어, 밖에서는 여성 존중을 외치는 사람이 집안에서는 아내를 학대하거나, 우울하게 있다가 갑자기 사소한 일에 격분하는 경우 등이 있다.

경직된 자아경계

경직된 자아경계는 심리적 에너지가 자유롭게 이동하지 못하게 막는다. 마치 튼튼한 벽이 나머지 2개의 자아상태를 배제한 채, 하나의 자아상태 속에 심리적 에너지를 가둔 것과 같다. 세 자아상태 중 하나의 자아상태로만 대부분의 자극에 반응하는 경향이 있기 때문에 이러한 문제를 가진 사람의 행동은 경직되어 있다. 항상 부모 자아상태에서 행동하는 사람이 있는가 하면, 항상 성인 자아상태에서 행동하는 사람이 있고, 또 어떤 사람은 항상 아동 자아상태에서 행동하기도 한다.

부모 자아상태와 아동 자아상태만을 사용하고 성인 자아상태를 사용하지 않는 사람은 지금 발생한 것이 무엇인지 알지 못하며 현실 검토를 할 수 없기 때문에 혼란스러운 모습을 보인다. 부모 자아상태와 아동 자아상태를 배제하고 단지 성인 자아상태만을 사용하는 사람은 열정이나 동정이 없는 지루한 사람이거나 로봇과 같이 차가운 사람일 수 있다. 이들에게는 건강한 아동 자아가 갖고 있는 자발성과 쾌활함이 결여되어 있으며, 건강한 부모 자아가 가지고 있는 확신이나 배려의 태도가 부족하다. 성인 자아상태와 아동 자아상태가 분리된 채, 일관되게 부모 자아상태만을 사용하는 사람은 열심히 일하며 의무감이 강할 수 있다. 다른 사람을 판단하거나 비판하고, 매우 도덕적이다. 아동 자아상태의 웃음과 울음도 보이지 않고, 성인 자아상태의 객관적인 합리성도 없다. '모든 대답을 다 안다'는 태도로 지배자적 입장에서 다른 사람을 조작하고 압도하는 권위적 모습을 보인다. 부모 자아상태만을 사용하는 또 다른 유형으로는 양육자, 구제자, 도움을 주는 자의 모습이다. 변함없는 양육자의 역할을 하는 사람으로, '봉사'와 관련된 직업을 선택할 때 매우 효과적일 수 있으나, 때때로 다른 사람들을 불필요할 정도로 의존적으로

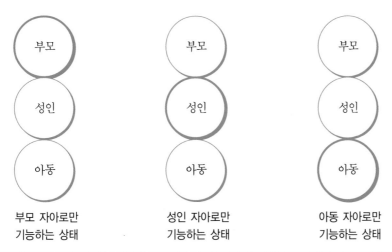

부모 자아로만
기능하는 상태

성인 자아로만
기능하는 상태

아동 자아로만
기능하는 상태

그림 14-4 경직된 자아상태의 유형

만드는 경향이 있다. 부모 자아상태나 성인 자아상태 없이 일관되게 아동 자아상
태만을 사용하는 사람은 영원히 어린아이처럼 산다. 이러한 사람들은 스스로 생
각하거나 결정하지 않으며, 자신의 행동에 대해 책임을 지지 않는다. 다른 사람들
을 위하는 것에는 거의 관심이 없으며, 대신 자기를 돌보아줄 것 같은 누군가에게
애착을 보인다.

다른 사람과 맺는 관계 분석

미소를 나누고 고개를 끄덕이며 대화를 나누는 과정에서 한 사람이 다른 사람
을 인식할 때 쓰는 인정방식을 쓰다듬기(stroke) 또는 교류라고 한다. 두 사람 혹
은 그 이상의 사람들이 관계할 때 나타나는 상호교류에는 보완적 교류, 교차적 교
류 및 이면적 교류가 있다.

교류가 이루어지고 있을 때, 각자의 어떤 자아상태가 관여하고 작용하고 있는
지 분석하여, 교류 과정에서 발생하는 대인 간의 의사소통의 문제점을 찾아내고
해결하도록 돕는 것이 교류패턴을 분석하는 목적이다.

보완적 교류

보완적 교류는 특정한 자아상태에서 나온 메시지가 다른 사람의 특정한 자아
상태로부터 예견된 반응을 얻게 될 때 발생한다. 번은 "보완적 교류란 적절하고
기대되는 것이며, 건전한 인간관계의 자연스러운 질서에 따르는 것"이라고 하였
다. 예를 들어, 실연을 당해 낙심한 사람에게 동정심 많은 친구가 위로를 해 줄
때, 그 순간 실연한 사람의 의존적 욕구는 적절하게 해소된다. 교류하고 있는 두
사람의 자아상태가 서로 기대한 바 대로 적절히 충족될 때를 말하는 것이다. 자녀
가 집을 떠나는 것을 슬퍼할 때는 부모-부모 자아상태로 교류하며 서로 위로하

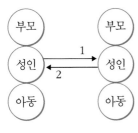

성인-성인 교류에서의 자료 교환
1. 이 일을 하면 연봉은 얼마나 받게 됩니까?
2. 2천만 원부터 시작합니다.

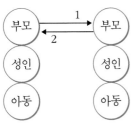

동정적인 부모-부모 교류
1. 그 아이들은 정말 아버지를 그리워하는군요.
2. 그래요. 공원에 데려가 잠시라도 즐겁게 놀게 합시다.

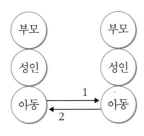

쾌활한 아동-아동 교류
1. 난 정말 너를 좋아해.
2. 나도 너를 좋아해.

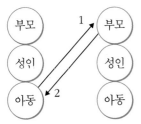

아동-양육적인 부모 교류
1. 아들이 걱정되어 보고서에 집중할 수 없어요.
2. 일을 좀 빨리 끝내고 병원에 가서 아이들을 돌보면 되잖아요.

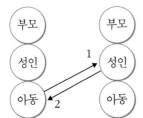

화난 아동-들어 주는 성인 피드백 교류
1. 이 몹쓸 타자기를 창문 밖으로 던져 버리고 싶어 미칠 지경이야.
2. 뭔가가 그렇게 너를 화나게 하면, 주변의 물건을 던지고 싶어질
   거다. 그런 거니?

그림 14-5 보완적 교류의 사례

고, 문제를 해결할 때는 성인-성인 자아상태로 합리적으로 해결하고, 함께 놀 때는 아동-아동 자아상태로 서로 즐거워한다. 상호 보완적 교류가 일어나고 있는 것이다.

교차적 교류

두 사람이 서로 노려보고 외면하는 상황, 교류를 계속 하고 싶지 않을 정도로 당황스럽고 기분 나쁜 상황 등으로 자신이 보낸 자극에 대해 예상치 못했던 반응이 돌아올 때 교차적 교류가 일어났다고 한다. 상황에 맞지 않는 부적절한 자아상태가 작동할 때 교차적 교류가 된다. 교차적 교류는 종종 부모와 자녀, 부부간, 고용주와 고용인, 교사와 학생 간의 관계를 소원케 하는 원인이 되고 심리적 고통의 근원이 된다. 따뜻하고 사려 깊은 반응을 기대하면서 교류를 시도한 사람이 원하는 반응을 얻지 못하면 의사소통이 교차되어 무시당한다든가 이해받지 못한다고 느끼게 되기 때문이다.

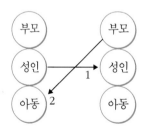

1. 사장: 몇 시지요?
2. 비서: 왜 그렇게 항상 서두르세요!

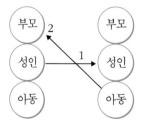

1. 남편: 당신 오늘 오후에 차 좀 손볼 수 있어?
2. 부인: 난 오늘 할 일이 많아요. 다림질해야지, 조니 생일케이크 만들어 주어야지, 고양이를 동물병원에 데리고 가야지. 그런데 당신은 나더러 차를 손보라고요!

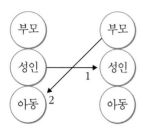

1. 사장: 오늘 오후 전체회의를 위해 이 보고서 복사본 25부가 필요한데, 준비해 줄 수 있겠어요?
2. 비서: 옆에서 당신을 돌봐줄 나 같은 사람이 있다는 게 당신에게 정말 행운 아니에요?

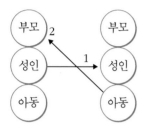

1. 과학자 A: 우리가 이 실험에서 고려하지 못한 변인들이 있는 것 같아요.
2. 과학자 B: 그래서요, 관리자가 누구지요?

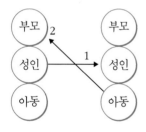

1. 부인: 수요일 저녁에 차를 좀 썼으면 하는데요, 동생을 만나서 이야기해야겠어요.
2. 남편: 이럴 수가, 당신은 정말 나하고는 대화할 생각이 없구려.

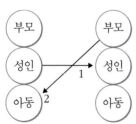

1. 관리자: 스미스 양, 혹시 거래처 계약서 봤어요?
2. 문서 정리원: 당신이 이 사무실을 제대로 운영한다면 나에게 거래처 계약서가 어디 있는지 물을 필요가 없을 거예요.

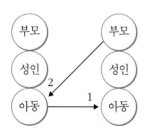

1. 존: 재미있게 놉시다.
2. 마샤: 존, 좀 진지할 수 없어요?

그림 14-6 교차적 교류의 사례

이면적 교류

이면적 교류는 겉과 속이 다른 자아상태로 상호 작용하는 것이다. 겉으로는 사회적으로 수용할 수 있는 메세지를 보내기 때문에 상대방은 안심한다. 자동차 판매원이 손님을 주시하면서, "이게 우리가 갖고 있는 가장 세련된 스포츠카인데, 당신 직업에는 좀 어울리지 않을 수 있겠군요."라고 말하는 것과 같다. 판매원은 손님의 성인 상태에는 정보를 주지만 이면적으로는 손님의 아동 자아상태를 자극하고 있다. 만일 손님의 성인 자아상태가 듣는다면 "그래요, 내 직업 특성을 고려해 볼 때 당신 말이 맞는 것 같군요."라고 할 것이고, 아동 자아상태가 반응하는 경우라면, "이것으로 하겠어요. 이게 바로 제가 찾던 거예요."라고 반응할 것이다.

또 다른 예로 알코올중독자가 만취된 상태로 직장에 나와서, 눈에는 웃음을 띠고 동료에게 "여보게, 나 지난밤에 실컷 마셔댔어. 그러곤 취해서 탁자 밑으로 고꾸라졌지. 그런데도 오늘 머리가 온전하게 붙어 있는 것을 좀 보게!"라고 말할 때도 이면적 교류가 일어나고 있다. 표면적으로는 사실적인 정보를 전하고 있는 것으로 보이지만, 이면적 수준에서는 알코올중독자의 아동 자아상태가 다른 사람의 부모 자아상태를 향해 자신의 음주에 대해 관대하게 웃어 주고 너그럽게 봐 줄 것을 기대하기 때문이다. 만일 동료들이 부모 또는 아동 자아상태에서 부적절한 웃

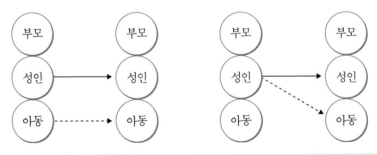

그림 14-7 이면적 교류의 유형

음이나 조소를 보낸다면, 잔인한 교류를 주고받는 것이 된다. 교사가 학생의 어리석은 행동을 비웃을 때, 어머니가 실수를 잘 하는 세 살 난 딸을 보고 비웃을 때, 아버지가 아들이 처한 위험을 보고 회심의 미소를 지을 때 잔인한 교류가 이루어지는 것이다. 남의 불행에 대해 은근히 미소 짓는 일은 패자들 사이에서 일상적으로 일어난다. 패자들은 자신들의 심리적 게임을 촉진시키기 위해 이러한 이면적 교류를 사용한다.

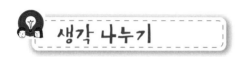

🔑 **토의**

1. 나의 자아 구조는 어떤 모습인가? 느슨하거나 경직된 경계는 없는가? 비대해지거나 폐쇄된 자아상태는 무엇인가? 내 자아의 모습을 그려 보고, 이러한 자아의 모습을 가지게 된 이유는 무엇인지 자신의 성장 과정과 관계를 중심으로 기록해 보자.

2. 다음의 예시를 보고 어떤 종류의 교류 패턴이 이루어지고 있는지를 왼쪽 그림에 화살표로 나타내 보자.

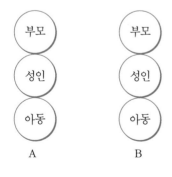

A: 오늘은 무슨 요일입니까?
B: 월요일입니다.

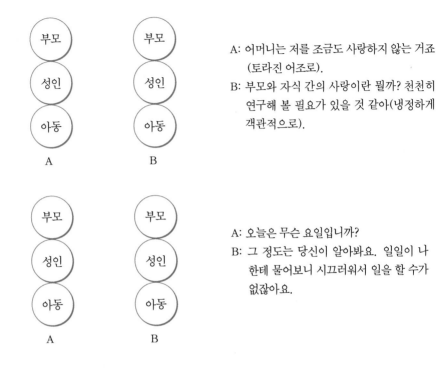

A: 어머니는 저를 조금도 사랑하지 않는 거죠
    (토라진 어조로).
B: 부모와 자식 간의 사랑이란 뭘까? 천천히
    연구해 볼 필요가 있을 것 같아(냉정하게
    객관적으로).

A: 오늘은 무슨 요일입니까?
B: 그 정도는 당신이 알아봐요. 일일이 나
    한테 물어보니 시끄러워서 일을 할 수가
    없잖아요.

📖 **과제**

1. 지난 한 주 동안 가정이나 학교에서 나누었던 대화를 생각하면서, 가장 자연
   스럽게 진행되었던 대화와 관계상 갈등을 일으켰다고 생각되는 대화를 하나
   씩 택해서 구체적으로 기록하고 분석해 보자.

자연스럽게 진행되었던 대화

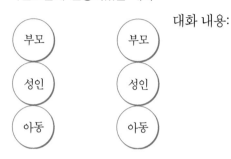

대화 내용:

갈등을 일으켰던 대화

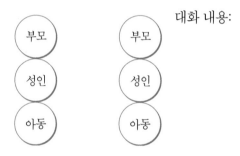

대화 내용:

2. 지난주에 갈등을 느낀 대화에서의 문제점이 무엇이었는지, 어떻게 하면 보완적 대화로 변화시킬 수 있을지 생각해 보자. 이번 주에는 문제점을 개선하여 그 상대자와 성공적인 대화를 나누어 보고, 다음 수업시간에 그 경험을 이야기해 보자.

🧑 도움이 되는 도서

Muriel, J., & Jongeward, D. (2005). 아이는 성공하기 위해 태어난다(이원영 역). 샘터사.

Chapter 15

긍정적인 심리적 자세 갖기

생각 모으기

> 만일 당신이 나를 부드럽고 따뜻하게 어루만져 준다면
> 만일 당신이 나를 바라보고 미소를 건네준다면
> 만일 당신이 나의 말에 먼저 귀 기울여 준다면
> 나는 자랄 거예요, 정말로 잘 자랄 거예요
>
> ―Bradley(9세)

출처: Muriel & Jongeward (2005). 아이는 성공하기 위해 태어난다.

모든 사람에게 주어진 시간은 동일하지만, 시간을 보내는 방식은 동일하지 않다. 많은 사람들은 군중 속에 있어도 외롭고, 말은 하지만 마음 따뜻한 대화는 나누지 못한다. 같은 공간에 함께 있다는 것만으로는 삶을 의미 있게 만들지 못한다. 함께 있으면서 건강한 삶의 태도로 서로의 마음을 쓰다듬으며, 친밀감을 느낄 때 인간의 존재 의미를 느끼게 되는 것이다. 의미 있는 부모, 존재감 있는 가족 구성원이 되기 위해서는 공존하는 시간을 잘 보낼 수 있는 기술이 필요하다. 이러한 기술을 습득하기 위해서는 삶에 대한 심리적 자세가 변해야 한다. 삶에 대한 심리적 자세 역시 태어난 이후 성장하면서 주변 사람들과 맺은 상호 교류방식에 의해 영향받아 결정된다. 어떤 형태로 굳어지기 전인 유아기에 부모와 자녀의 상호교류가 긍정적으로 일어나는 것이 가장 바람직하지만, 어른이 되어서도 자신의 삶의 태도를 항상 점검하여 '나도 옳고 너도 옳다'는 긍정적인 심리적 자세를 갖기 위해 노력해야 한다.

에릭슨의 발달단계에 따르면 대학생은 자아정체성이 형성되는 시기의 젊은이다. 젊은 시절에 형성한 자아정체성 속에는 인간을 바라보는 관점, 사회를 바라보

는 시각, 결혼과 가족에 대한 가치관 등이 들어 있다. 이 시기에 어떠한 틀과 관점을 형성했느냐가 이후의 삶에 지대한 영향을 미친다. 예비 부모로서 지금의 대학생이 할 수 있는 가장 중요한 부모됨의 준비는 자신의 인성을 돌아보고 밝고 건강하게 자신을 세우는 일이다. 건강한 심리적 자세를 가지고 주변인들과 행복감을 나눌 수 있는 사람이야말로 미래에 사랑받고 사랑하는 따뜻한 부모가 될 수 있기 때문이다.

이 장은 이 책의 마지막 장으로, 사람들이 일상적으로 시간을 보내는 방식에 대해 살펴보고, 내 일상의 시간표를 점검하여 나는 주로 어떤 방식으로 시간을 보내는지, 친밀감을 위해 얼마나 많은 시간을 할애하고 있는지 등을 생각해 보고자 한다. 시간을 보내는 방식과 더불어, 좋은 부모됨에 필수적인 긍정적인 쓰다듬기를 주고받는 방법과, 심리적 자세에 대해 생각해 보고, 더욱 긍정적이고 건강한 심리적 자세를 갖기 위해 어떤 노력을 기울여야 할지 다짐해 보자.

생각 만들기

모든 인간은 누구나 태어나면서 죽을 때까지 누군가 만져 주기를 바란다. 또 타인으로부터 인정받고 싶어 하는 접촉과 인정에 대한 욕구를 지니고 있다. 이러한 심리적 욕구를 충족시키는 행위를 쓰다듬기(stroke)라고 한다. 이는 일종의 인정 자극으로 언어적·비언어적 의사소통 수단에 의하여 주어지는 존재 인정의 한 단위를 말하는 것이다. 유아기에는 부모 또는 기타의 양육자로부터 받는 접촉인 신체적 쓰다듬기의 욕구가 강하지만, 성장하면서 칭찬이나 승인 등의 정신적 쓰다듬기에 대한 욕구가 강해진다. 신체적 접촉이나 언어적 인정은 아이의 두뇌를 자극하고 자신이 지금 여기에 살고 있다는 존재 의식을 확인시켜 준다. 쓰다듬기에 대한 욕구는 모두가 자기의 존재를 인정받고자 하는 욕구이며, 하루 세 끼의 식사가 필요한 것처럼 인간에게 필요 불가결한 것이다.

🎲 쓰다듬기에 대한 허기

긍정적인 쓰다듬기를 충분히 받지 못하면 인간에게 해로운 결과가 나타난다. 쓰다듬기에는 크게 긍정적 쓰다듬기와 부정적 쓰다듬기가 있는데, 건강한 인간이 되려면 긍정적 쓰다듬기를 많이 받아야 한다.

🖐 긍정적 쓰다듬기

쓰다듬기가 긍정적으로 일어나면 상호 보완적 교류가 된다. "우리 다영이는 참 멋지구나."와 같은 언어적 표현, 따뜻한 신체적 접촉, 수용적 어휘, 친근한 자세, 칭찬과 승인의 마음을 주고받는 사랑의 표현이 긍정적 쓰다듬기이다. 긍정적 쓰다듬기를 받은 사람은 유쾌하고 활기차며, 자신이 중요하다는 느낌을 갖는다. 또한 안정감이 증진되고, 활동이 촉진되며, 기뻐할 때가 많다. 내면의 느낌은 선의의 감정이고, '나도 옳고, 당신도 옳다.'라는 느낌을 전달한다. 긍정적 쓰다듬기가 진술하고 정직하며 사실에 근거해서 이루어진다면, 또 지나치지 않는다면 한 개인에게 긍정적인 영향을 주어 인생에서 성공할 가능성을 높여 준다. 부모가 아기를 번쩍 안아 올리며 "아이고, 사랑스러워라."하고 스스럼없이 말한다거나, 상사가 부하직원의 물음에 솔직히 대답한다거나, "그 보고서 끝내느라 며칠 고생했지?"와 같이 애정적이고 고마운 마음을 표현하는 것이다. "수영 선수처럼 수영 잘 하네요." "기안서가 명료하고 간결해서 읽기가 좋습니다."라고 말하며 상대방의 능력을 인정하고 칭찬해 주는 것이다. 때로는 아무 말 하지 않더라도 상대방의 감정, 느낌, 견해를 진지하게 경청하는 것 자체도 긍정적 쓰다듬기가 될 수 있다.

인간은 누구나 긍정적 쓰다듬기를 원한다. 유아기에 긍정적 쓰다듬기를 충분히 받은 사람은 다른 사람을 인정하고 사랑할 수 있지만, 그렇지 못하면 부정적 쓰다듬기를 하는 사람이 된다. 그래서 어떤 아이들은 불손하고 반항적으로 행동하여 부모가 때리고 야단치고 비난하도록 만든다. 인간은 무관심보다는 부정적인 쓰다듬기라도 받기를 원하기 때문이다.

📱 부정적 쓰다듬기

　부정적 쓰다듬기는 무시하고, 조롱하며, 차별하거나, 상대방을 웃음거리로 만들고, 비난하며 신체적으로 못살게 군다거나, 별명을 부르며 놀리는 등의 행동을 하는 것이다. 상대방을 중요하지 않게 취급하며, 실제의 가치보다 깎아내리는 것을 말한다. 아기가 우는데 TV 시청만 하고 있는 어머니, 심각한 일이라고 여기고 말하는 친구에게 "별일도 아닌데 왜 그래."라고 반응하는 친구, 문제를 해결하기 위해 도움을 청할 때 "나는 원래 그런 사람이야. 난 그거 못해."라며 거부하는 남편 등은 부정적 쓰다듬기를 하고 있는 것이다.

　상대방에게 무관심하고 쓰다듬기를 제대로 못하는 이유는 다양하지만, 가장 큰 이유는 자신의 어린 시절에 부모나 주변 사람들로부터 애정적 접촉을 충분히 받지 못했고 거리를 두는 것을 배웠기 때문이다. 사람을 심리적으로 고립시키고 도외시하는 것은 일종의 벌로, 최소한의 쓰다듬기도 해 주지 않으므로 지적·정서적·신체적 장애를 일으키기도 한다. 깎아내리기나 부정적 쓰다듬기가 반복적으로 이루어지면 '나는 옳지 않다'는 자기 부정의 심리적 자세를 갖게 된다. 예를 들어, 어린 여자아이가 "이 새 옷 입어도 돼요?"라고 했을 때 "넌 칠칠치 못하니까 입고 나가는 첫날 더럽힐 거야."라고 직접적으로 깎아내리거나, "네가 부주의하지 않을 거라고 어떻게 믿니?"라고 암시적으로 깎아내리면, '나는 신뢰받지 못하는구나.' 하고 자신에 대한 부정적 개념을 갖게 된다. 깎아내리는 것은 부정적 쓰다듬기의 대표적인 방법이다. 예를 들어, 아내가 "이 옷 어때요?"라고 물었을 때, "글쎄, 별로 어울리지 않는데."라고 반응하는 남편이나, 또는 영업사원이 자신이 한 성과에 뿌듯해하면서 "이만큼 계약해 왔습니다."라고 말했는데 "흥! 겨우 이 정도를 가지고."라고 반응하는 상사는 상대의 기대를 무시하거나 과소평가하는 것이다. 부정적 깎아내리기를 당하며 성장한 아이는 '나는 별 볼 일 없는 사람이야.'라고 느끼게 될 뿐 아니라 다른 사람도 별 볼 일 없는 사람으로 받아들이게 된다.

쓰다듬기의 주요 요소

쓰다듬기를 하면서도 무언가 부족하다고 느낄 때가 있는데 이는 주고받는 방법이 서툴러서, 또는 바람직한 방법을 몰라서 그런 경우다. 쓰다듬기의 양과 질, 타이밍, 경청 등이 쓰다듬기를 결정하는 중요한 요소다.

모처럼 만난 동료에게 "반갑습니다. 요즘 어떻게 지내세요?"라고 말을 걸었는데 그 사람이 "안녕하세요!"라고 한마디만 하고 지나치면, '뭐 저런 친구가 있어!' 하면서 가볍게 흥분하게 된다. "반갑습니다. 요즘 어떻게 지내세요?"라는 말은 두 단위로 성립되어 있는 반면 "안녕하세요!"는 한 단위로 구성되어 있으므로 쓰다듬기의 양이 부족하기 때문이다. 또한 되돌아온 반응이 정중하지 못해 만족스럽지 않았기 때문이다. 상대방이 주는 쓰다듬기의 양과 질이 모두 낮다는 것을 느끼는 순간, 이 사람의 정신 에너지가 이동하여 '뭐 저런 녀석이 있어.'라고 반응한 것이다. 즉, 질과 양이 모두 과소평가 된 것에 대해 자아상태가 부정적으로 반응하게 된 것이다.

쓰다듬기를 되돌려줄 때는 똑같은 양과 질의 것을 그것도 타이밍을 잘 맞추어 반환해야 한다. 스승과 학생 관계, 직장의 상하관계, 동료관계, 부부관계, 부자관계, 고부관계 등도 이러한 것을 소홀히 하여 쓰다듬기가 부족하다거나 교환이 서툴러서 이것이 반복되는 사이에 문제가 야기되는 경우가 많다. 긍정적 쓰다듬기를 하는데 돈이 드는 것도 아닌데 사람들은 이를 실천하지 못한다. 부모로부터 받아 보지 못해서, 배우지 못해서 못하는 것이다. 긍정적 쓰다듬기가 부족하면 사람들은 대체로 말을 많이 하게 된다. 하루 종일 집을 지키며 남편이 돌아오기만 기다리는 아내는 남편이 집에 오자마자 기다렸다는 듯 말을 쏟아내기 시작한다. 하지만 남편은 일에 지쳐서 귀가하므로 아내의 말에 맞장구를 치지 않고 말없이 식사를 하거나 신문을 보면서 건성으로 흘려 버린다. 긍정적 반응이 되돌아오지 않으면 아내는 그것을 부정적인 쓰다듬기로 여겨, "왜 내 말을 무시하는 거예요." 하며 목소리가 거칠어진다. 이때 남편이 "또 시작이군, 그래 어떻게 하란 말이야." 하게 되면 가정에서 흔히 일어나는 심리적 게임이 시작된다. 쓰다듬기가 부족한 상태라고 느끼면서 말하고 싶어 하는 사람에게는 그의 말을 잘 들어 주는 것도 긍정적 쓰다듬기를 보내는 것이다. 상대가 들어 준다는 것을 알면 안심하고 마음을 열어 진실한 말을 하게 된다. 한편 쓰다듬기를 필요로 하는 쪽에서는 쓰다듬기가 주어지지 않을 때, "어때요. 이 원피스 멋있지요?"라든가 "이 일을 깨끗하게 해냈지요?"라고 솔직하게 상대에게 쓰다듬기를 요구하는 것이 상대방이 알아서 해 주기를 은근히 기대하는 것보다 더 바람직하다.

시간 보내기에 대한 허기

　인간은 쓰다듬기를 경험하기 위해 다양한 방법으로 사람들에게 신호를 보낸다. 긍정적 쓰다듬기를 받기 위해 심리적 게임을 하는 때도 있다. 긍정적 쓰다듬기 대신 상대방이 부정적인 쓰다듬기를 하면 이를 피하기 위해 일생을 회피하며 보내기도 한다. 긴 시간을 무료하게 지내면 부적합한 쓰다듬기를 받는 것과 마찬가지로 신체적·정신적 손상을 입게 되므로 사람들을 만나면서 생활해야 한다.

　모든 사람에게는 하루 24시간이 공평하게 주어진다. 그러나 사람에 따라 이 시간을 보내는 방법은 다양하다. 시간의 구조화란 부족한 쓰다듬기를 충족시키기 위해 자신의 시간을 짜맞추는 것을 말한다. 인간은 긍정적이든 부정적이든 부족한 쓰다듬기를 채우기 위해 시간을 보낼 방법을 생각한다. 예를 들어, "우리 이번 주말에 뭐 할까?" "이번 명절에 손님을 어떻게 접대할까?" 등이 시간을 구조화하는 예다. 시간을 잘 보내면 욕구불만이 해소되지만, 그렇지 못하면 쓰다듬기 결핍에 이르게 된다.

회피하기

사람들은 스스로 타인으로부터 신체적, 심리적으로 멀어져 도피함으로써 환상에 빠진다. 회피하기(withdrawal)에는 자신을 타인으로부터 멀리함으로써 자기에게만 쓰다듬기를 하려는 자기애적 성향이 있다. 잠도 일종의 회피하기에 해당된다. 사람은 우울해지면 후회하는 생각에 사로잡힌다든지 과거의 일에 얽매여서 많은 시간을 회피하는 방식으로 허비한다. 또 병명이 분명치 않은데도 심신의 다양한 증상을 호소하는 건강염려증도 회피하기라 할 수 있다. 인간관계가 복잡하거나 번민이 많을 때, 문제를 직면해서 해결하지 않고 회피함으로써 다른 사람이 쓰다듬기를 해 줄 기회까지 거절한다. 주로 정신분열적 성격을 가진 사람이 회피하기를 많이 사용한다.

때로는 부모를 모방해서 회피하기도 한다. 아내와 갈등이 있어 힘든 남편은 어머니가 화났을 때 아버지가 했던 것처럼 도피하는 방법을 모방할 수 있다. 그래서 아내와 갈등이 있으면 직장 일이나 공부에 몰두해 버리는 식으로 가족으로부터 자신을 차단한다. 아니면 집을 나가버리거나 방을 따로 사용하거나 아내의 말에 귀를 기울이지 않고 딴청을 부리는 등의 행동을 하게 된다. 혼자 조용히 쉬고 생각하며 재충전하는 시간을 갖기 위해 회피하기를 하는 경우도 있다. 아동 자아상태에서의 회피하기는 대부분 어린 시절의 적응 방식이 재현되는 것인데, 고통이나 분쟁으로부터 자기를 보호하기 위해 회피한다.

어떤 사람은 심리적으로 도피할 때 종종 상상의 세계로 빠져든다. 예를 들어, 회의, 모임, 강연회 등에 참석하기는 해도 마음은 그 장면에서 이탈되어 다른 생각에 잠겨 있다거나, '내가 ~였다면' 하는 식으로 멋진 일을 상상해 보기도 한다.

의식적 행위하기

의식적 행위란 "안녕하세요." "안녕히 가세요."라고 인사를 하는 것과 같이 단순하고 정형화된 보완적 교류의 행동이다. 대인관계에서 최소한의 쓰다듬기가 이루어지는 시간으로 문화, 전통, 습관과 같은 정해진 절차에 따라 쓰다듬기가 교환된다. 의식적 행위가 일어날 때 진정으로 상대방의 건강과 기분을 묻는 경우는 드물다. 대신 상대로부터 "저는 잘 지내고 있어요. 잘 지내시죠?"라는 의식적 반응을 기대할 뿐이다. 이런 종류의 의식적 행위는 사회생활에서 서로 원만하게 보낼수 있는 가장 안전한 교류 방법이다. 타인과 나누는 일상의 대화는 보통 의례적인 것에서 시작하여, 잡담으로 화제가 발전하고, 다시 의례적인 것으로 끝맺음을 하게 된다. 어떠한 문화, 교회, 정당, 비밀 집회, 사교적 모임이든 대부분 의식적 행위로 시간을 보내며, 이러한 방식은 대인 간의 최소한의 교류의 장으로서 중요한 역할을 담당한다. 의식적 행위로 시간을 구조화하면 타인과 깊은 관계를 맺지 않고도 안전하게 시간을 보낼 수 있다. 미리 정해져 있는 결과를 향하여 예정대로 나아가기 때문에 별로 힘들지 않다. 의식적 행위는 대인관계에서 윤활유 역할을 할 수 있어서 이 방법에 의존하여 살아가는 사람도 많다. 그러나 이 편리한 의식적 행위도 굳어져 버리면 강박적인 행위가 되며, 여기에 너무 구애받아 이러지도 저러지도 못하는 상태가 되는 경우도 있다.

🛋 잡담하며 여가 보내기

소일거리로 잡담을 하며 교류하는 것은 의식적 행위보다는 좀 더 복잡한 긍정적 쓰다듬기의 교환이다. 공원 벤치에서 할아버지들이 '정부는 ~해야만 한다.'라고 이야기를 나눈다든지, 직원 식당에서 함께 밥을 먹으며 날씨와 같이 일상적인 주제에 대해 서로 이야기하는 것이다. 이런 경우 사람들은 어떤 사실에 대한 고려는 전혀 하지 않고 순간순간 말을 주고받으며 즐긴다. 잡담하며 여가를 보내는 시간 구조화 방법은 비교적 안전하다. 그래서 잘 모르는 사람들끼리도 이런 식의 피상적 교류가 일어날 수 있다. 예를 들어, 모임에서 남자들끼리 자동차, 스포츠, 증권 등을 주제로 이야기를 나누는 것, 그리고 여자들끼리 육아, 요리, 실내장식 등에 대해 얘기하는 것이다. 의식적 행위와 마찬가지로 잡담하기도 사람들 간의 깊은 친밀감 없이 서로 예의 바르게 어울리며 시간을 보내는 한 방식이다. 잡담하기는 사람들로 하여금 더 깊은 교류에 참여할 가능성을 높여 주어 서로 마음의 준비를 하게 한다. 우리나라 사람들은 드라마 내용에 대해 잡담하며 교류하는 경우가 많다.

게임하기

게임은 일종의 필요악과 같은 교류이지만, 일생 동안 어쩔 수 없이 하는 경우가 많다. 인간관계에서 잡담 이상의 접촉이 필요할 때 게임이라는 방식을 이용하기도 한다. 여기서 말하는 게임이란 일종의 심리적 게임으로 쓰다듬기를 얻기 위해 이루어지는 왜곡된 교류다. 이 경우에는 부정적 쓰다듬기나 조건적-긍정적 쓰다듬기를 주로 사용하게 된다. 그 결과로 게임을 하는 사람은 나름대로 만족할 수도 있겠지만, 게임을 당한 사람은 마지막에 가서 불쾌한 심리상태가 된다.

게임은 어릴 때 부모-자녀 간의 교류에서 자신이 원하는 쓰다듬기를 순순히 얻을 수 없었던 사람들이 많이 한다. 그러나 게임으로는 긍정적 쓰다듬기를 충분히 얻을 수 없고, 그저 시간을 때우는 것밖에 되지 않는다. 아동 자아상태에서 게임을 하는 방식은 다른 사람 비난하기(너만 아니었다면), 다른 사람 구원하기(내가 없으면 너 어떻게 할래?), 다른 사람 실수 발견하기(궁지로 몰아넣기), 끌어내리기(이제 너 나한테 들켰다 이 나쁜 놈), 자기를 멸시·조롱하도록 다른 사람을 유인하기(나를 발로 차), 불행을 즐기기(난 불쌍해) 등이 있다.

심리적 게임은 게임을 하는 사람들이 정직하고, 친밀하며, 개방적인 관계를 맺는 것을 방해한다. 심리적 게임을 하는 사람들은 시간을 때우고, 주의를 끌며, 자신과 다른 사람에 대한 편견을 강화하고, 운명적인 느낌을 충족시키기 위해 게임을 한다. 모든 게임에는 시도 행동이 있다. 어깨를 차갑게 돌리기, 비아냥거리는 눈빛 보내기, 손가락을 부정적으로 흔들기, 문을 쾅 하고 닫기, 비애에 잠기기, 말하지 않기 등이다. 예를 들어, 어떤 부부는 게임을 시작하기 위해 뾰로통하거나, 줄담배를 피우거나, 움츠러들거나, 성가신 행동과 같은 비언어적 행동으로 상대방을 유인한다. 상대방이 게임에 말려들면 게임이 진행된다. 둘 중 하나가 의욕을 잃거나 비굴한 마음을 갖게 될 때까지 게임은 지속된다. 격한 표현들이 오고가며 결국 서로로부터 멀어진다. 게임은 시간구조화가 매우 쉽기 때문에 시간이 경과하여 만성화될 수 있다. 단지 시간과 장소만 바뀔 뿐 사람들은 동일한 방식으로 동일한 말을 하는 자신을 발견한다.

🖼️ 활동하기

활동하기는 작업을 한다든지 무언가 외부로 드러나는 일을 하며 시간을 구조화하는 것이다. 활동하기는 위원회에 참석하기, 악단에서 연주하기, 프로젝트 준비하기, 전화받기, 저녁식사 차리기, 집 짓기, 옷 만들기, 다리 건설하기 등 흔히 사람들이 혼자서 혹은 함께하고 싶은 일, 필요한 일, 해야 할 일을 하는 것이다. 다른 사람과 인간관계 맺기를 회피하던 사람이 학교에 다니거나 교회에 다니는 등 의식적 행위에 참여할 수 있게 되면, 쓰다듬기를 얻기 위한 시간 사용 방법이 조금씩 사회적인 경향을 띠게 된다. 활동에는 긍정적/부정적 쓰다듬기가 뒤섞여 있어서 매우 복잡하지만 처음에는 주로 성인 자아 대 성인 자아를 중심으로 교류한다. 스포츠 즐기기, 낚시, 여행 등 아동 자아상태를 만족시키는 것도 활동하기에 속한다. 노력과 시간이 많이 소요되는 활동이 끝나면 공허함과 무기력함을 느끼는 사람들이 있다. 특히 아기 키우기, 학교 다니기, 직장 다니기와 같은 활동이 부정적으로 끝나면 그런 감정은 더욱 커진다. 가사와 육아에만 전념한 주부들은 자녀가 성장하여 독립하고 나면 대부분 권태와 열등감에 빠진다. 마찬가지로 '돈버는 기계'처럼 살아 온 가장도 은퇴 직후 비슷한 감정을 겪게 된다.

🔲 친밀감 나누기

의식적 행위, 여가 보내기, 게임보다 깊은 수준의 만남으로 친밀감 나누기가 있다. 친밀감을 나누는 시간 동안 두 사람은 서로 신뢰하여 상대방을 순수히 배려하며 진솔한 교류를 한다. 서로 친밀함을 느끼는 사람들은 게임을 하지 않고 상대를 이용하지도 않는다. 친밀함은 배려·친절함·공감·애정을 느끼게 하는 귀한 만남에서 생겨난다.

사람들은 오랫동안 타인과 함께 생활하고 일할 수는 있지만, 서로를 진짜로 '보고' '듣지'는 못한다. 그러다가 처음으로 타인의 개성·표현·여러 가지 모습·행동·차이점을 보게 되는 순간, 타인의 언어적·비언어적 혹은 감정적이고 사실적인 모든 메시지를 듣게 된다. 친밀함은 군중 속에서나 지속적인 친구 관계에서 또는 직장이나 결혼생활에서 일어날 수 있다. 친밀감은 세 가지 자아상태를 자유롭게 사용하며 보완적 교류를 나눌 수 있는 자율적인 사람들 사이에서만 이루어진다. 이 관계가 성립되는 사람들은 '나도 옳고, 너도 옳다'는 자기긍정, 타인긍정의 심리적 자세를 가지고 있다.

- 음악회에서 한 사람이 어떤 한 사람과 짧게 시선이 부딪힌다. 순간 두 사람은 둘 다 즐거움의 끈으로 연결되어 있음을 느끼고 바로 그 친밀함의 순간에 서로 활짝 웃는다.
- 부부가 정원을 손질하다가 서로 '가까움'을 느끼고 자연스럽게 서로의 애정을 두텁게 하는 신체적 접촉을 한다.

현대 사회에서 친밀함은 매우 드물다. 현대인은 군중 속에서 살아가며 다양한 방법으로 자신만의 심리적 공간을 확보한다. 그들은 적당히 회피하거나, 아니면 의식적 삶으로 도피하거나, 안전거리를 유지하는 방식을 사용한다. 심지어 복잡한 엘리베이터나 지하철 안에서도 타인을 못 본 체하며 거리를 둔다. 친밀함은 때로 위험을 수반하기 때문에 두려운 것이기도 하다. 친밀한 관계를 맺고 있는 사람들은 상처받기 쉬워서 애정이냐 거부냐 하는 모험을 하기보다 차라리 잡담을 하거나 게임을 하는 것이 더 쉽다고 느낄 때가 많다. 특히 어린 시절에 부정적인 쓰다듬기를 많이 받아 상처가 많은 사람은 친밀감을 나누는 것을 매우 두려워한다. 그러나 성인 자아상태를 강화하고 활성화함으로써 어린 시절의 경험을 극복하고 변화를 일으켜야 한다. 친밀감을 느끼는 능력을 찾는 것은 인생의 중요한 목적이다. 인생의 진정한 승자는 친밀함을 갖기 위해 위험을 감수한다. 헤어지거나 배신당하는 것이 두려워 친구와 친해지는 것을 두려워하지 않는 것을 예로 들 수 있다. 친하게 지내다가 문제가 생기면 문제를 해결하려고 노력하고, 그래도 안 되면 담담하게 받아들이되 친했던 것을 후회하지 않는다.

　모든 자녀는 성장하기 위해 접촉을 필요로 한다. 긍정적인 쓰다듬기는 자녀로 하여금 인생의 승리자가 되도록 돕지만, 무시하거나 부정하는 쓰다듬기는 자녀를 패자로 만든다. 활동하기와 친밀함 나누기는 자녀를 승자로 이끄는 긍정적인 쓰다듬기다.

🎛 기본적인 인생태도

　지금까지 살아온 자신의 인생을 만족스럽게 생각하는 사람들이 있는가 하면, 자신의 인생에 만족하지 못하는 사람도 있다. 자신의 인생에 대해서 어떤 태도를 가지고 있느냐에 따라서 그 인생이 행복하기도 하고 불행하기도 하다. 기본적인 인생태도의 대부분은 부모로부터 어떤 쓰다듬기를 어느 정도 받았는가에 따라 정해진다. 인간의 심리적 자세는 만 8세가 되기 전에 발달한다. 또한 다른 사람의 가치에 대한 심리적 자세도 이때 형성된다. 다음의 예는 어린 나이에 받은 쓰다듬기가 한 사람의 심리적 자세를 결정짓는 데 얼마나 영향력이 있는지를 보여 준다.

나의 아버지는 잔인한 알코올중독자였다. 아버지는 술에 취해 들어와서 나를 때리고, 내게 소리를 질렀다. 나는 숨으려고 했다. 하루는 아버지가 집에 왔는데, 문이 갑자기 열렸고, 평상시보다 더 취해 있었다. 아버지는 식칼을 집어들고 집 안을 온통 휘저으며 뛰어다니기 시작했다. 나는 옷장 속에 숨었다. 나는 네 살이었다. 그곳은 어둡고 유령이 나올 것만 같았다. 무엇이 계속 내 얼굴을 쳤다. 그날 나는 남자들은 모두 짐승이고, 단지 나를 괴롭히는 사람들이라고 결론지었다. 나는 덩치가 큰 아이였는데, '내가 좀 더 예뻤더라면 아버지가 나를 사랑해 주었을 텐데.'라고 생각했던 것을 기억한다. 나는 항상 내가 아무런 쓸모가 없다고 생각했다.

이 여성은 4세 때 겪은 아버지와의 부정적 교류를 통해 '나는 가치가 없다(나는 옳지 않다.).' '남자들은 나를 해치려는 짐승들이다(남자는 옳지 않다.).'라는 심리적 자세를 갖게 되었다. 아이들은 양육 과정에서 부모로부터 적절한 훈육을 받고, 충분한 사랑을 받으며, 긍정적 쓰다듬기를 많이 받을수록 '나는 할 수 있고, 나에게는 무한한 능력이 있으며, 나는 중요한 존재다.'라는 자신에 대한 긍정적 신뢰감을 형성하게 된다.

사람들은 대체로 네 가지 유형의 심리적 자세 중 하나를 가지고 있는데, 이를 이해하기 위해서는 '옳다(OK)'와 '옳지 않다(Not OK)'의 개념을 알아야 한다.

'OK'는 호감을 받고 있다, 사랑받고 있다, 영리하다, 좋은 사람이다, 하면 잘해낸다, 뛰어나다, 강하다, 유능하다, 아름답다, 노력한다, 성공한다, 자유롭게 행동한다, 도움이 된다, 바르다, 풍부하다, 즐겁다 등의 방식으로 매사를 좋게 생각하는 것을 의미한다.

'Not OK'는 무가치하다, 부적절하다, 사랑받지 못한다, 바보 같다, 잘할 수 없다, 약하다, 심술궂다, 추하다, 실패한다, 재주가 없다, 어리석다, 뒤떨어진다, 가난하다, 옳지 못하다, 자유롭게 행동하지 못한다 등으로 나쁘게 생각하는 것을 의미한다.

예를 들어, 수업시간에 장난친 아이에 대한 교사의 반응을 보면서 OK 교사는 "무척 지루했던 모양이구나. 하지만 네가 장난을 치니까 내가 수업하는 데 무척 방해가 된단다."라고 반응한다. 반대로 Not OK 교사는 "야, 넌 왜 그 모양이니, 앞으로 커서 뭐가 되려고 그러니?"라고 반응한다. '옳다(OK)'와 '옳지 않다(Not OK)'에 따라 나누어지는 네 가지 심리적 자세 유형을 살펴보면 다음과 같다.

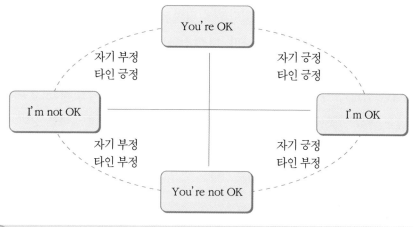

그림 15-1 심리적 자세의 네 가지 유형

출처: Muriel & Jongeward (2005). 아이는 성공하기 위해 태어난다.

자기 부정과 타인 긍정(I'm not OK, You're OK)

자신을 믿지 않고 인정하지 않으며, 상대방만 믿고 의지하려는 자세를 말한다. 다른 사람과 비교할 때 자신을 무기력하다고 느끼는 사람들의 일반적인 자세다. 예를 들면, "나는 어떤 일도 할 수 없는 놈이야." "은지는 항상 당당하고 활기찬데 난 왜 이렇게 소심하고 내성적일까?" 등이 이러한 심리적 자세에 속한다.

자기 부정·타인 긍정 자세는 나는 작고 무력해서 부모보다 뒤떨어진다고 생각하는 유아기의 왜곡된 생각 때문에 생기는 경우가 많다. 이런 사람은 자신의 운명은 어쩔 수 없다는 생각에 사로잡혀 항상 자기비하나 열등감을 갖고 있다. 그래서 자신을 OK라고 생각하는 사람과 함께 있는 것을 고통스러워 하기 때문에 좀처럼 친밀한 관계를 맺을 수 없다. 이들은 남과 친하게 지내는 것을 회피하여, 우울증이 된다든가 후회하는 일이 많이 생긴다. 심한 경우에는 자살을 기도하기도 하며, 나는 OK가 아니라는 것을 상대방에게 확인시키는 일도 있다. 또한 안정감을 구하려는 수단으로 권위적이고 지배적인 사람을 찾으며, 기댈 수 있는 언덕을 찾으면 그 사람의 지시대로 움직여 시종일관 순종하는 태도로 충성을 다한다. 자신은 가치가 없고, 다른 사람은 가치 있다는 심리적 자세는 유아에게 열등감, 부적절감, 우울증, 죄의식 등을 느끼게 하며, 더 발전하면 타인에 대한 불신감을 갖게 만든다.

이러한 심리적 자세를 가진 사람들은 경쟁을 피하고 도피처를 찾는 경향이 있다. 마음속 깊은 곳에 타인으로부터 긍정적인 쓰다듬기를 받고 싶다는 강한 욕구를 가지고 있다. 타인으로부터 긍정적인 쓰다듬기를 받을 수 없다고 생각되는 경우에는 타인으로부터 부정적 쓰다듬기라도 얻으려 해서 문제를 일으킨다.

🔋 자기 긍정과 타인 부정(I'm OK, You're not OK)

자신은 괜찮은데 다른 사람이 문제라고 느끼는 자세이다. 이런 사람들은 다른 사람들을 희생시키고 박해한다. 그들은 자신이 불행한 이유를 다른 사람에게 돌리고 비난한다. 자신에 대해서는 과신하고 있지만 타인의 존재나 능력을 인정하지 못하는 자세다. 예를 들어, "자네는 왜 항상 그 모양인가? 자네 때문에 회사 일에 차질이 많아."라고 하면서 모든 일을 부하직원 탓으로 돌려버리는 상사, 또는 "너는 누구를 닮아서 그 모양이니."라고 말하는 부모의 심리적 자세가 여기에 속한다.

자기 긍정 · 타인 부정의 심리적 자세는 어린 시기에 양육자로부터 애정을 받지 못해 커다란 고통을 받다가, 그 상황을 혼자 견디어 내려고 생겨난 경우가 많다. 부모에게 심한 학대를 받은 아이나 적절한 훈육을 받지 못한 사람들은 성장하면서 자신에게 향했던 부정적 감정을 긍정적 감정으로 변화시켜 자신이 무얼 하든 옳다는 생각을 하게 된다. 부모에 대한 원망을 타인에게 돌리게 된 것이다. 타인은 모두 잘못되었다는 심리적 자세로 변화시키는 것이다. 자신을 지키려는 의도에서 다른 사람으로부터 자립하려고 하지만, 방법을 몰라 공격적인 태도와 반항적 태도를 취한다. 편집증적인 태도, 극단적인 불신, 비난, 증오, 자기애적 행동 등을 보인다.

이것은 타인에게 강한 의혹이나 반감을 품고 있는 아동 자아상태가 취하는 자세다. 따라서 이 심리적 자세는 의심이 많으며, 자기 성격에 맞지 않는 것을 배제하려는 경향이 있다. 따라서 오랫동안 지내온 친구나 충성스러운 부하라 하더라도 자신의 이익과 맞지 않으면 예사로 차버리는 냉정한 면이 있다. 이런 사람들의 자녀, 친구, 부하직원은 모두 자기의 생각대로 움직일 수 있으며, 그러한 능력이 자신에게 있다고 착각한다.

일상생활에서 자녀나 아내(또는 남편)를 무지하다고 놀리거나, 친한 동료의 결점을 심하게 끄집어내는 사람, 자기 내면 보기를 거부하며 좋지 않은 일이 생기면 자기를 희생자 또는 피해자로 생각하고 모두 남의 탓으로 책임을 전가하는 사람들의 경향이 'I'm OK, You're not OK' 심리적 자세에 속한다. 이것은 열등감의 보상이나 투사에 의한 것이라고 볼 수 있다.

🖼 자기 부정과 타인 부정(I'm not OK, You're not OK)

인생을 살 가치가 없는 것이라고 절망하거나 또는 타인이 주고자 하는 긍정적 쓰다듬기를 부정하고 자기 자신에게도 긍정적 쓰다듬기를 주지 못하는 사람의 심리적 자세다. 예를 들면, "썩어 빠진 세상에서 나만 열심히 노력하면 뭘 해. 대충대충 살 거야." 혹은 "직장에 가면 멍청한 동료들, 타성에 젖은 직장상사, 부정부패로 일그러진 세상, 초라한 내 모습…… 차라리 한국을 떠나 멀리 이민이나 가 버렸으면 좋겠다." 하는 식의 심리적 자세다.

이것은 인생 초기에 부모–자녀 간에 있었던 불신을 기른 때문이다. 거부, 방치, 체벌 등으로 긍정적인 쓰다듬기가 부족하여 심신에 커다란 고통을 받은 결과 형성된 심리적 자세다. 특히 영아기를 지나 유아기에 나타날 수 있는 심리적 자세로 유아가 마음대로 자신의 자율성을 시험하려고 하지만, 부모의 통제와 잦은 실패로 무능력감을 경험하면서 자기에 대해 부정적 심리가 생긴 것이다. 이것이 계속 나쁜 방향으로 바뀌어 자신과 타인에 대해 부정적인 심리적 자세를 갖게 되면 자포자기의 생을 살게 된다. 타인이 주려고 하는 애정이나 관심을 거부하며 자기의 껍질 속에 들어가 타인과의 교류를 하지 않는다. 이런 심리적 자세 소유자는 공허감에 사로잡혀 삶의 흥미를 잃고, 정신분열증 행동을 보이며, 심한 경우에는 자살 또는 살인을 한다. 다른 사람의 긍정적 쓰다듬기 · 격려 · 엄격한 지도와 감독이 필요하다.

🖼 자기 긍정과 타인 긍정(I'm OK, You're OK)

자기 긍정과 타인 긍정의 심리적 자세는 궁극적으로 건강한 삶의 자세다. 이러한 심리적 자세는 아동 자아상태나 부모 자아상태 속에 기록된 개인적인 경험과 성인 자아상태가 수집한 사실이나 현실에 관한 풍부한 정보, 철학 및 종교로부터 배운 내용이나 신념에 근거를 둔다. 문제가 발생하면 무조건 "내 잘못이야." "네 탓이야."라고 말하지 않고 문제의 원인을 냉철하게 분석 파악한 해결책을 생각하여 최선을 다해 해결한다. 예를 들어, 회사에서 자기가 잘못한 일이 있으면 "아, 내가 실수했구나. 빨리 내 잘못을 말씀드리고 더 큰 손실이 있기 전에 대책을 수립해야겠다." 또는 "오늘도 교사로서 맡은 일에 사명감을 가지고 최선을 다해서 아이들을 가르쳐야겠다." 등과 같은 것이 이러한 심리적 자세에 속한다.

이러한 자타긍정의 자세를 가진 사람은 자신의 가치와 타인의 가치를 함께 인정한다. 이들은 성인 자아상태를 활용하여 정보를 수집하고 이를 검토한 후 최선의 결정을 내린다. 잘못을 발견하거나 잘못이 있을 것 같다는 느낌이 들면 주저

없이 검토하고 정정한다. 성인 자아상태는 이해타산만 따지지 않고 부모 자아상태와 아동 자아상태를 조정해서 자연스러운 감정으로 기뻐하고, 웃고, 슬퍼한다. 자기 긍정·타인 긍정의 심리적 자세를 지닌 사람은 희망이 있고, 바람직한 생활 태도를 갖는다. 주변 사람들에게도 편안하게 대한다.

🎲 성인 자아상태 활성화하기

자기 긍정·타인 긍정의 심리적 자세를 가진 사람은 개방적으로 자신의 것을 밖으로 내놓는다. 자율적으로 자신의 자아상태를 조절하며, 다른 사람들과 친밀감을 나눈다. 자신의 능력을 펼치며 다른 사람들도 그들의 능력을 펼치도록 격려한다. 그들은 자신이 가지고 있는 가치 체계에 따라, 더 큰 가치를 위해 작은 가치들을 희생시켜야 할 때만 희생한다. 그들은 물질을 더 많이 갖는 것보다 존재를 더 높이는 데 관심을 둔다.

자율성을 획득하고자 노력하는 사람은 인식, 자발성, 친밀함에 대한 개인의 능력을 키운다. 그러한 과정 속에서 그들은 통합된 성인 자아상태를 발달시킨다. 그리고 통합된 성인 자아상태를 통해 부모 자아상태와 아동 자아상태의 많은 정보들을 거르고, 새로운 행동 패턴을 배운다.

통합의 과정 속에 있는 사람은 자신이 느끼고, 생각하고, 믿는 모든 것들에 대해 책임을 지며, 삶에 대한 윤리적 체계를 갖거나 또는 발달시킨다. 그러한 사람은 정보를 모으며, 객관적으로 처리한다. 다른 사람들과 친하게 지내려고 노력하고, 정열·부드러움·연민의 정으로 인해 고통을 경험한다. 통합된 성인 자아상태를 가진 사람은 좋은 부모들처럼 다른 사람들에게 헌신적이며 진정한 관심을 보인다. 또한 좋은 성인 자아상태를 가진 사람처럼 판단력과 분석력을 가지고 문제를 해결한다. 그리고 천성적 아동상태를 가진 사람처럼 순수하고 호기심이 있으며 창의적이다.

통합된 성인 자아상태는 다른 자아상태를 조절하여 부모 자아상태나 아동 자아상태의 부정적이고 비이성적인 판단을 걸러 준다. 인성의 집행자가 되어 내면에서 일어나는 부모 자아와 아동 자아의 생각을 중재하고 타협하도록 도와준다. 예를 들어, 몸 상태가 좋지 않아 학교에 가고 싶지 않은 마음이 들 때, 아동 자아상태가 '이번 강의 시간에는 몸이 아프다고 하고 가지 말아야지.'라고 말하고 부모 자아가 '몸이 불편하면 집에 있어야 해.'라고 말할 때, 통합된 성인 자아는 '나는 가지 않을 수 있지만, 결석으로 인해 배우지 못한 내용을 보충하려면 더 힘들 것 같아. 집에 있을 이유가 없어.'라고 판단하도록 해 준다.

통합된 성인 자아상태를 가지기 위해서는 부모 자아상태로부터 오는 허락이나 금지, 명령에 대항할 때 받는 스트레스와 불편함을 가라앉히고 내면의 아동 자아상태를 기쁘게 할 수 있는 특별한 방법들을 찾아야 한다.

교육, 계약, 올바른 의문 갖기, 투사하기는 성인 자아상태를 활성화하고 강화할 수 있는 방법이다.

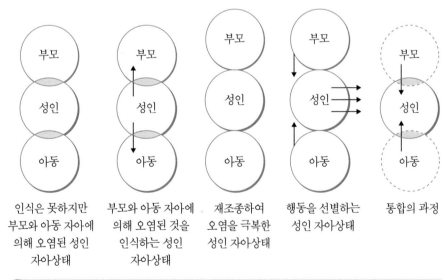

| 인식은 못하지만 부모와 아동 자아에 의해 오염된 성인 자아상태 | 부모와 아동 자아에 의해 오염된 것을 인식하는 성인 자아상태 | 재조종하여 오염을 극복한 성인 자아상태 | 행동을 선별하는 성인 자아상태 | 통합의 과정 |

 **그림 15-2** 통합된 성인 자아상태로 가는 과정

교 육

정보를 모으고, 조직하고, 평가하는 능력을 강화시키는 교육은 보다 성숙한 성인 자아상태를 갖게 한다. 인성의 집행자인 성인 자아상태를 활성화시키고 싶은 사람은 끊임없이 자신의 내면을 성찰하고, 인성, 이성(理性), 양육, 정신분석이론에 관한 책을 읽거나 교육을 받는다.

계 약

계약이란 성인 자아상태가 자신의 자아를 변화시키고자 자신과 약속하는 것이다. 계약은 감정, 행동, 심신의 문제들을 바꾸기 위해 한다. 계약은 명료하고, 정확하며, 직접적이어야 한다. 구체적인 문제에 대해 무엇을 할지를 결정하고, 아동 자아상태가 이해하기 쉽도록 단순한 말로 목표를 명료하게 진술하고, 목표 이행 가능성을 파악하는 것이다. 무엇보다도 계약은 성인 자아상태에 의해 이루어지는 것이 중요하다. 예를 들어, 아동 자아상태가 지속시킬 진정한 의지 없이 작심삼일이 될 '새해의 결심'을 하게 만들어서는 안 된다. 자기 동정에 빠지지 않기, 희생자처럼 행동하지 않기, 다른 사람을 깎아내리지 않기, 자신의 몸을 함부로 다루지 않기, 다른 사람의 말을 경청하기, 즐거운 일 찾아서 실행하기 등에 대해 자기 자신, 배우자, 상사, 동료, 친구 등과 계약을 할 수 있다. 계약하는 것을 배우고, 계약을 실행해 보고 적절할 때 바꾼다. 다음에는 다른 문제를 고치기 위해 자신과 계약을 맺고 또 실천한다. 그러면 언젠가 자율적인 승자가 된다.

올바른 의문 갖기

문제에 대한 정의를 내리고 계약을 맺은 사람은 그런 특별한 문제에 알맞은 의문을 던지면서 성인 자아상태를 사용한다. 그리고 심리적 자세를 바꾸기로 결심한 순간마다 질문을 던진다. 그 질문은 성인 자아상태를 활성화시킨다. 비난을 받을 때 방어적이고 쉽게 상처받거나 의기소침해지는 사람은 '나는 나에게 비평하는 내용을 평가하는 것을 배울 것이다.'라는 계약을 맺을 수 있다. 또 자신에 대해 비평이 주어질 때, '이 비평이 진실일까?' 또는 '혹시 그 비평이 잘못된 것은 아닐까?'라는 질문을 제기할 수 있다. 쉽게 위축되는 사람은 '거리낌 없이 터놓고 이야기할 것이다.'라는 계약을 맺을 수 있다. 어떤 문제에 직면하여 예전의 행동 유형이 다시 나오려고 할 때, '내가 회피하고 있는 책임은 무엇인가?' '이 문제를 회피한다고 해서 해결될 수 있는 것은 무엇인가?'와 같은 질문을 제기할 수 있다. 성인 자아상태를 좀 더 활성화시키기 위해서는 좀 더 합리적으로 상황을 평가할 수 있도록, 자기 방식대로 질문을 고안해야 한다.

🖼 투사하기

투사란 인간 행동의 공통적인 현상으로 문제의 원인 또는 잘못이 자기가 아닌 주변의 환경, 사물, 사람에 있다고 생각하는 것이다. 원래는 자신의 인성에 속해 있는 것인데, 그렇지 않은 것처럼 경험되어 자기 밖에 있다고 생각되는 행동, 특징, 태도, 감정을 말한다. 통합된 성인 자아를 가지고 있는 사람은 문제의 원인이 다른 사람에게 있다고 투사하고 싶은 마음이 생길 때, 그 문제가 자신의 것임을 아는 사람이다. 자아에 대해 더 잘 알기 위해 자신의 투사를 분석하는 사람은 다른 사람들의 칭찬과 비난에 의문을 가지며, 투사를 통해 자신의 진실된 모습을 발견한다. "아무도 나를 이해해 주지 않아."라고 불평하는 사람은 그 자신이 다른 사람을 거의 이해하지 않는 사람임을 발견할 수 있을지도 모른다. "저런 멍청한 녀석."이라고 말하는 선생님은 자신에게서 멍청함을 발견할 수 있을지도 모른다. "아무도 내 말을 들어 주지 않아."라고 항상 불평하는 사람은 그가 다른 사람의 말을 들어 주지 않는 사람이라는 걸 발견할 수 있다. "남자들이 항상 나를 좋아하고 따라다녀요."라고 불평하는 여성은 남자들과 사귀고 싶은 마음이 있음을 발견할 수 있다.

통합된 성인 자아상태를 가진 사람은 성공한 사람이다. 그러나 성공한 사람이 되기 위해서는 자신과 자신이 맺는 교류를 객관적으로 바라보는 용기가 필요하다. 그리고 자신의 자아가 역기능을 하고 있다는 것을 알았을 때 그것을 인정하고 개선하기 위해 노력해야 한다. 교류분석이론은 이를 위한 도구를 제시해 줄 뿐이다. 정상에 서기 위해 다른 사람을 눌러 이기는 의미의 승자가 아닌, 삶에 반응하며 다른 사람을 존중하고 사랑하며 행복한 인생을 살 줄 아는 승자는 자율성을 수반한 자유를 경험할 수 있는 사람이며, 친밀감을 받아들여 다른 사람들과 진솔하게 만나는 사람이다. 사람을 만나고 자율성을 선택하는 것도 용기가 필요하다. 용기를 내서 자신을 변화시키고, 그 변화를 통해 미래에 성공한 부모로서의 자신을 기대해 보자.

🔑 토의

주위에 있는 사람들 중에 네 가지 심리적 자세에 각각 해당되는 사람을 찾아보자. 그리고 그 사람들이 왜 그러한 심리적 자세를 가졌다고 생각되는지 그 이유를 기록해 보고 옆 사람과 이야기 나누어 보자.

자기 부정과 타인 긍정(I'm not OK, You're OK)

• 해당되는 사람:

• 그 이유:

자기 긍정과 타인 부정(I'm OK, You're not OK)

- 해당되는 사람 :
- 그 이유 :

자기 부정과 타인 부정(I'm not OK, You're not OK)

- 해당되는 사람:
- 이유:

자기 긍정과 타인 긍정(I'm OK, You're OK)

- 해당되는 사람:
- 그 이유:

🖼 과제

1. 내 심리적 자세는 어떤 유형인지 자신을 들여다보며 진지하게 생각해 보자.
   이러한 심리적 자세를 갖게 된 이유는 무엇이었는지, 특히 성장할 때 부모와
   의 관계에서 원인이 있지는 않은지 회상해 보자. 원인을 생각하는 것은 해결
   을 위한 실마리를 찾기 위해서이지, 막연히 원망하거나 회피하려고 하는 것
   이 아니다. 부모나 주변 사람들에게 느껴지는 서운함과 미움을 잠깐 멈추고,
   내 삶을 보다 아름답게 하기 위해, 또한 미래에 좋은 부모가 되기 위해 지금

변해야 할 심리적 자세는 무엇인지 생각해 보자. 그리고 다음의 질문에 대답해 보자.

- 나는 누구이며 무엇을 가치 있게 여기는가?
- 지금의 내 삶은 나에게 어떤 의미를 지니는가?
- 내 삶은 다른 사람에게 어떤 의미를 지니는가?
- 나는 어떤 사람이 되기를 원하는가?(지금, 5년 후, 10년 후, 20년 후)
- 그런 사람이 되기 위해 갖고 있는 잠재력은 무엇인가?
- 장애요인은 무엇인가?
- 잠재력과 장애요인에 대해 나는 어떻게 할 것인가?

2. 마지막으로 한 학기 동안 이루어진 예비부모교육을 통해 새롭게 알게 된 것과 결심한 것을 모아, '부모의 기도' 또는 '아버지의 기도' '어머니의 기도'의 제목으로 시를 창작해 보자. 미래에 태어날 사랑스러운 자녀를 생각하며, 나는 어떤 부모가 될지, 자녀에게 가르칠 중요한 삶의 가치는 무엇인지, 자신의 삶과 가치관, 수업 시간에 했던 다짐들이 모두 녹아 들어가는 시를 써 보자. 그리고 훗날 부모가 되었을 때 오늘의 다짐을 되새겨 보자.

〈부모의 기도〉

참고문헌

강호철(1985). 대학생들의 결혼관에 관한 조사연구-전주지방 전문대학생을 중심으로. 경상대학교 교육대학원 석사학위논문.

강문희, 신현옥, 정옥환, 정정옥(2005). 아동발달. 교문사.

강희은(2002). 예비부모교육에 대한 기독청년들의 요구도 조사. 총신대학교 대학원 석사학위논문.

경찰청(2001). 경찰백서 2001. 경찰청.

고선주, 조은숙, 옥선화(1998). 부모기 전이기의 예비부모교육 프로그램 모형 개발: 부모되는 길라잡이. 대한가정학회지, 제36권 5호.

교육개혁위원회(1997). 제21차 전체회의 자료.

국회(2001). 근로기준법(법률 제6507호, 2001.1.1.). 노동부.

김경화(1989). 부모-자녀간의 의사소통과 청소년의 문제행동에 관한 연구. 이화여자대학교 대학원 석사학위논문.

김광웅, 이미애(1995). 아동의 기질과 부모 양육태도의 부조화가 아동의 문제행동에 미치는 효과. 숙명여자대학교생활과학연구소. 생활과학연구지, 10.

김동극(1990). 태교와 바른 식사를 통한 장애예방. 샘터사.

김명애(2001). MBTI를 이용한 부모교육이 부모의 자아존중감과 양육태도에 미치는 영향. 안양대학교 신학대학원 석사학위논문.

김미숙, 김종숙, 김현주, 김혜경, 박옥희, 원영희, 이경아, 이선미, 이선이, 이선주, 이여봉, 장화경, 함인희(2002). 가족의 사회학적 이해. 학지사.

김민정(1995). 이야기책 듣기가 유아의 어휘력 향상에 미치는 영향. 이화여자대학교 교육대학원 석사학위논문.

김민정(2008). 이 시대를 사는 따뜻한 부모들의 이야기 1, 2. 김영사.

김승권(2003). 저출산의 원인과 안정화 대책. 보건복지포럼, 제86호, 6-21

김영의(1995). 맞벌이 엄마, 아빠의 자녀교육. 샘터사.

김용태(2000). 가족치료이론. 학지사.

김유숙(2000). 가족상담. 학지사.

김은영(1995). 한림대학교 학생의 성의식과 태도, 결혼관에 대한 조사연구. 한림대학교 학생생활연구소 학생생활
연구, 제7권.

김재은(1980). 아이는 이렇게 키워라. 샘터사.

김재은(1985). 좋은 엄마 좋은 아이. 샘터사.

김정미(2003). 예비부모교육에 대한 대학생들의 만족도 및 요구도 조사연구. 삼육의명대학 논집, 제34집.

김정미(2004). 국내외 예비부모교육 동향에 대한 연구. 아동교육연구, 4집.

김정미(2005) 대학생을 위한 예비부모교육 프로그램 구성. 대한가정학회지, 제43권 3호.

김정미(2005) 예비부모교육 프로그램 적용효과. 유아교육학논집, 8권 제4호

김정옥(1993). 가족폭력 관련 변인과 결혼 불안정성과의 관계분석. 한국가족학회. 가족학논집, 5.

김정원(1999). 부모교육 프로그램의 개발과정에 관한 연구. 이화여자대학교 대학원 박사학위논문.

김중술(2007). 사랑의 의미. 서울대학교출판부.

김지신, 정승원, 최미경(1997). 예비부모교육 프로그램 개발을 위한 기초연구. 대한가정학회지, 제35권 6호.

김지은(1999). 예비부모교육에 대한 대학생의 인식도에 관한 연구−충북 농촌 지역을 중심으로. 한국농업 교육학
회지, 32(3), 47-58.

김진영, 김정원, 전선옥(2000). 유아 · 부모 · 교사를 위한 부모교육. 창지사.

김창규, 박정순(2000). 기형아 예방할 수 있다. 도서출판연이.

김현정(2001). 예비부모교육의 수강여부가 아버지의 자녀 양육태도와 역할 지각에 미치는 영향. 인천대학교 교육
대학원 석사학위논문.

김형주, 김군자(1992). 태교음악 유아음악. 샘터사.

김혜련(1995). 남자의 결혼 여자의 이혼. 또하나의문화.

나은경(1992). 고등학생의 부모기에 대한 이해와 유아기 자녀교육에 관한 태도 연구. 이화여자대학교 교육대학원
석사학위논문.

남상인, 김혜숙(1992). 자녀의 힘을 북돋우는 부모. 한국청소년상담원.

남소현, 김영희(2000). 어머니의 심리적 환경요인과 아동의 외면적 · 내면적 부적응행동. 대한가정학회. 대한가정
학회지, 152, 199-213.

문화관광부(2000). 청소년 백서 2000. 문화관광부.

문화일보, 2002년 3월 14일 보도기사.

문화체육부(1997). 통계간행물 총람. 통계청.

민하영(1991). 청소년 비행 정도와 부모자녀 간 의사소통, 가족의 응집 및 적응과의 관계. 서울대학교 대학원 석

사학위논문.

박아청(1998). 자기의 탐색. 교육과학사.

박은민(2001). 대학생활적응과 부모-자녀간 의사소통 유형 및 자아존중감의 관계. 숙명여자대학교 대학원 석사
　　학위논문.

박정자(1998). 적극적 부모역할(APT) 훈련이 어머니의 자아존중감과 자녀와의 의사소통에 미치는 영향. 이화여
　　자대학교 교육대학원 석사학위논문.

박종삼 (1996). 교류분석 기초 Workshop. 전북청소년상담실 제2차 지역 연수 자료집.

박충선(1991). 학동기 자녀를 둔 맞벌이가족의 가족관계와 정책적 제언. 대한가정학회지, 90, 285-305.

박태영(2001). 가족치료이론의 적용과 실천. 학지사.

배미영(2000). 미혼모 발생에 영향을 미치는 요인. 대전대학교 대학원논문집, 3.

변정자(1995). 교류분석. 혜림출판사.

보건복지부(2000). 보건복지통계연보 2000(제46호). 보건복지부.

보건복지부(2002). 보건복지통계연보 2002(제48호). 보건복지부.

사잇소리(1993). 이혼, 또 하나의 선택. 여성사.

서울대학교 사범대학 교육연구소(1995). 교육학용어사전. 배영사.

서울특별시아동학대예방센터(2005). 2005아동학대사례연구집.

서울특별시아동학대예방센터(2005). 2005아동학대예방지침서.

서유헌(2010). 엄마표 뇌교육. 아이트리.

서진석(2002). 얘들아 아빠랑 놀자. 한울림.

송성자(2001). 한국문화와 가족치료. 법문사.

송성자, 정문자(1994). 경험적 가족치료: Satir 이론과 기법. 중앙적성출판사.

송인섭(1998). 인간의 자아개념 탐구. 학지사.

송재희(1989). 대학생들의 이성교제 실태 및 결혼관에 관한 연구: 대전시를 중심으로. 이화여자대학교 석사학위
　　논문.

송정아, 최규련(1999). 가족치료 이론과 기법. 하우.

송혜림(2000). 맞벌이 가정에서 남편의 가사노동참여실태. 생활과학논문집, 2(1), 103-115.

신의진(2000). 현명한 부모들은 아이를 느리게 키운다. 중앙M&B.

신철희(2000). 클릭 자녀상담. 동서문화원.

신혜영(1996). 예비부모교육 프로그램 개발에 관한 연구. 동아대학교 대학원 박사학위논문.

심성경, 이현순(1986). 근로 청소년의 자녀관 및 유아기 자녀교육관에 관한 일 연구. 유아교육연구, 6, 71-98.

양명숙(1985). 부모의 양육태도와 아동의 문제행동과의 관계연구: 권위적 태도와 양육태도 불일치를 중심으로.

경희대학교 대학원 석사학위논문.

여성가족부(2010). 조손가족 실태조사.

여성한국사회연구회 편(1995). 가족과 한국사회; 변화하는 한국가족의 삶 읽기. 경문사.

연문희, 이정윤, 이은경(1997). 연세대학교 재학생의 사랑과 결혼에 대한 의식 및 태도 연구. 연세대학교 학생상담소 연세상담연구, 제13권.

오부운(2000). 청소년의 위한 "HOME" 부모교육 프로그램 효과에 관한 연구. 명지대학교 박사학위논문.

오한숙희(2003). 부부, 살어? 말어?: 개떡같이 말해도 찰떡같이 알아듣는 부부이야기. 웅진닷컴.

원영미(1989). 유아의 기질, 모친의 양육태도 및 교사-유아 상호작용의 질과 유아의 적응과의 관계분석. 교육연구 27(2), 63-80.

유계숙, 임춘희, 전춘애, 천혜정(1998). 또 하나의 우리, 재혼가족. 한국상담연구소 5주년 학술세미나 연구보고서.

유안진, 신양재(1993). 대학생의 부모됨 동기와 부모역할개념에 관한 연구. 대한가정학회지, 31권 4호.

유영주(1984). 신가족관계학. 교문사.

유영주, 김순옥, 김경신(2001). 가족관계학. 교문사

유혜순(1992). 아동발달. 창지사.

윤기영, 전효숙, 박상임(1998). 대학생을 위한 예비부모교육 프로그램 개발을 위한 연구. 서원대학교 학생생활연구소, 제16집.

이경우(1986). 부모교육 프로그램의 방법 및 전략 방향. 부모교육 프로그램 탐색(pp. 179-230). 창지사.

이기숙(2001). 창의적이고 전인적인 인적자원 양성을 위한 유아교육 혁신. 유아교육정책과제. 교육인적자원부.

이동원, 김현주, 최선희, 함인희, 김선영(2002). 한국 가족의 현주소. 학지사.

이명헌(2001). 미혼젊은이들을 위한 선택 프로그램이 부모-자녀 커뮤니케이션, 자아존중감과 가족기능에 미치는 효과. 대구가톨릭대학교 대학원 석사학위논문.

이미숙(1994). 맞벌이 부부의 가사역할수행에 관한 연구. 생활과학연구논집, 14(1).

이민정(2008). 이 시대를 사는 따뜻한 부모들의 이야기 1, 2. 김영사.

이병래(1991). 결혼 전 여성의 양육태도에 관한 연구. 중앙대학교 대학원 석사학위논문.

이병래(2003). 대학생을 위한 예비부모교육 프로그램 개발 및 적용효과. 유아교육연구, Vol. 23, No.1.

이병만(1999). 예비부모들의 부모참여 교육에 대한 인식조사연구. 순천향대학교 교육대학원 석사학위논문.

이부영(1999). 그림자. 한길사

이부영(2001). 아니마, 아니무스. 한길사

이부영(2004). 분석심리학. 일조각.

이선애(1997). 이혼가정의 자녀를 위한 기독교 상담. 침례신학대학교 대학원 석사학위논문.

이순희(1986). 고등학생이 지각한 부모관 및 자녀관에 대한 연구. 이화여대학교 대학원 석사학위논문.

이영덕(1983). 이념과 미래와 바람직한 인간상. 한국교육과정학회 교육과정연구, Vol. 3.

이원영(1983). 어머니의 자녀교육관 및 양육태도와 유아발달과의 관계성 연구. 이화여자대학교 박사학위논문.

이원영(1992). 부모교육론. 교문사.

이원영(1996). 엄마 내가 가르쳐 줄께요. 양서원.

이원영(1999a). 교양으로서 부모교육. 중앙대학교 대학원신문, 제133호.

이원영(1999b). 사랑에도 노하우가 있다. 양서원.

이원영(2002). 젊은 엄마를 위하여. 샘터사.

이원영(2004). 우리 아이 좋은 버릇 들이기. 샘터사.

이원영(2006). 100년이 지나도 변하지 않는 소중한 육아 지혜. 샘터사.

이은경(1995). 사회교육 기관의 부모교육 프로그램 개발을 위한 조사연구. 중앙대학교 대학원 석사학위논문.

이은화, 김영옥(1999). 유아를 위한 부모교육. 동문사.

이재연, 김경희(1988). 남녀 대학생의 부모됨의 동기에 관한 연구. 아세아 여성연구, 27, 103-115.

이재연, 김경희(1990). 부모권위척도와 준거변인의 관계분석. 한국아동학회, 130-145.

이재연, 김경희(1993). 부모교육. 양서원.

이정연(2001). 대학생의 자아존중감과 성의식 및 대인관계간의 상관연구. 강원대학교 교육대학원 석사학위논문.

이종희(1998). 표상의 개념 : 상징, 이미지, 모방의 관계. 유아교육연구, 제18권 1호, 55-68.

이준덕(1997). 도서를 이용한 어린이 도덕교육. 다음세대.

이지연(2001). 아동이 지각하는 부모-자녀관계와 약물에 대한 태도와의 관계. 경상대학교 대학원 석사학위논문.

이해명(2006). 자녀 성공의 Key는 아버지가 쥐고 있다: 좋은 아버지가 되기 위한 21세기 자녀 교육법. 예담프렌드.

이훈구(2001). 미안하다고 말하기가 그렇게 어려웠나요. 이야기.

이화여자대학교 사회사업학과 편(1995). 가족치료 총론. 도서출판동인.

임미숙(1998). 적극적 부모역할 훈련이 어머니의 양육태도와 자아존중감에 미치는 영향. 전남대학교 교육대학원 석사학위논문.

장경근, 정채기(2005). 아버지가 나서면 딸의 인생이 바뀐다. 황금부엉이.

장영식 외 편(2000). 한국의 보건복지 지표 2000. 한국보건사회연구원.

전경원(1997). 나도 창의적으로 문제를 해결할 수 있어요. 창지사.

전선영(2001). 대학생을 위한 예비부모교육 프로그램 개발 연구. 열린유아교육연구, 제6권 제3호. 73-95.

전우경, 강정원(2007). 유아기 자녀를 둔 어머니의 양육태도에 대한 1980년대 초반과 2000년대 중반의 차이 비교 연구-Schaefer의 양육태도 모형을 중심으로. 한국교육문제연구, 25(2), 61-84.

정란(2003). 손자녀 양육 조부모의 자아존중감 및 의사소통 향상을 위한 부모교육 프로그램효과연구. 가톨릭대학교 사회복지대학원 석사학위논문.

정미라, 이희선, 배소연(1995). 대학생들의 예비부모교육에 관한 인식 및 요구. 유아교육연구, 제15권 제1호, 179-197.

정옥분, 윤종희, 도현심(1999). 청년발달의 이론. 양서원.

정인성, 나일주(1999). 최신교수설계이론. 교육과학사.

정채옥(1980). 미혼남녀의 자녀관 및 유아기 자녀 교육관에 관한 일 연구. 이화여자대학교 대학원 석사학위논문.

정현희, 최경순(1995). 아버지의 양육참여와 유아의 역할수용능력 및 친사회적 행동과의 관계. 대한가정학회지 101, 125-139.

제경숙(1990). 고등학생을 위한 부모역할교육의 교과과정개발연구. 연세대학교 대학원 박사학위논문.

조성희(2011). Bowen의 자기분화 개념에 근거한 어머니의 양육 경험 탐구. 중앙대학교 대학원 박사학위 청구논문.

조재구(1996). 마지못해 한 이혼, 뜻밖의 행복. 석필.

주정일(1995). 놀이치료로 좋아졌어요. 샘터사.

주정일, 김승희(1990). 한 아이. 샘터사.

주정일, 유미숙, 신철희(2006). 현명한 부모는 아이의 마음을 먼저 읽는다. 샘터사.

최신덕(1975). 한국 남녀대학생의 데이트 실태에 관한 조사연구. 이화여자대학교 한국문화연구원 논총, 25, 131-159.

최양미, 이태섭(1999). 안양대학교 학생들의 예비부모교육에 관한 인식조사. 인문과학연구, 제7권 1호.

최혜숙, 이은해(1998). 맞벌이 가족에서 아버지의 가사와 자녀양육 참여. 연세대학교 생활과학대학 생활과학연구소.

탁은아(1996). 대학생의 자아정체감 수준과 대인간 문제해결력 간의 관계. 세종대학교 대학원 석사학위논문.

표미정(1997). 유아의 기질과 양육태도 및 유치원 문제행동과의 관계. 계명대학교 교육대학원 석사학위논문.

한국보건사회연구원(1998). 한국 가정폭력의 개념 정립과 실태에 대한 연구. 한국보건사회연구원.

한국소비자보호원(2000). 결혼상담업체 운영 및 이용실태조사. 한국소비자보호원.

한국유아교육학회(1995). 유아교육백서. 도서출판하우.

한국유아교육학회 편(1996). 유아교육사전(용어편). 한국사전연구사.

한국유아교육학회(2003). 유아교육백서 1995년-2000년. 양서원.

한국행동과학연구소(1996). 아이와 함께 하는 놀이 216. 샘터사.

허혜경, 김혜수(2002). 청년발달심리학. 학지사.

허희순(2003). 예비부모교육에 대한 학생들의 인식도 조사. 우석대학교 교육대학원 석사학위논문.

현용수(2006). 유대인 아버지의 4차원 영재교육. 동아일보사.

황옥자(1988). STEP부모교육 프로그램이 어머니의 자아개념, 양육태도 및 유아행동지각에 미치는 효과. 아동학회지, 9권 1호.

황완규(1994). 결혼적령기 직업여성의 유아양육태도에 대한 조사연구. 원광대학교 교육대학원 석사학위논문.

황훈영(2001). 옛날 우리 어머니들은 아이를 어떻게 키웠을까? 책이있는마을.

EBS 생방송 60분 부모 제작팀(2010). EBS 60분 부모(문제행동과의 한판승). 지식채널.

EBS 생방송 60분 부모 제작팀(2010). EBS 60분 부모(성장발달편). 지식채널.

BBC 다큐멘터리 〈인체대탐험, 임신과 출산〉.

EBS 아기성장보고서 〈아기는 과학자로 태어난다〉.

MBC 스페셜 〈내 아이를 위한 사랑의 기술 1, 2부〉(2006.8.27/9.3 방영)

MBC 스페셜 가정의 달 특집 〈행복한 부부, 이혼하는 부부〉(2006.5.9 방영)

MBC 스페셜 다큐멘터리 〈가족 1, 2, 3, 4 부〉(2003.9.21/9.28/10.5/10.12)

MBC 스페셜 설날 특집 인터뷰 다큐멘터리 〈가족 1, 2부〉(2004.1.20~21)

MBC 스페셜 심리다큐 〈행복 2부작〉(2006.7.30/8.6 방영)

MBC 스페셜 휴먼다큐 〈사랑〉

MBC 〈전파견문록〉

SBS 〈그것이 알고 싶다〉 제00209회−이혼 이후 자식을 외면하는 부모

SBS 〈그것이 알고 싶다〉 제00216회−아버지의 역할, 맞벌이

SBS 〈그것이 알고 싶다〉 제00225회−조기교육으로 인한 기러기 아빠의 실태

SBS 〈그것이 알고 싶다〉 제00225회−조기교육의 실태

SBS 〈그것이 알고 싶다〉 제00252회−아동학태의 실태

SBS 〈그것이 알고 싶다〉 제00266 회−이혼과 재혼의 실태

대한매일, 2002년 1월 21일 보도기사.

대한성결신문, 2003년 3월 29일 보도기사.

동아일보, 2000년 9월 20일 보도기사.

동아일보, 2003년 9월 3일 보도기사.

동아일보, 2004년 2월 7일 보도기사.

매일경제, 2003년 7월 29일 보도기사.

매일경제, 2004년 5월 28일 보도기사.

매일경제, 2010년 3월 3일 보도기사.

머니투데이, 2003년 9월 15일 보도기사.

메디컬 투데이, 2006년 11월 15일 보도기사.

메디컬 투데이, 2009년 10월 14일 보도기사.

서울연합뉴스, 2002년 7월 5일 보도기사.

세계일보, 2004년 4월 7일 보도기사.

연합뉴스, 2004년 3월 8일 보도기사.

연합뉴스, 2010년 4월 29일 보도기사.

위클리 공감, 84호.

조선일보, 1995년 5월 10일 보도기사.

조선일보, 2001년 12월 6일 보도기사.

조선일보, 2002년 1월 6일 보도기사.

조선일보, 2011년 1월 5일 보도기사.

주간한국, 2005년 5월 12일 보도기사.

중앙일보, 1996년 7월 1일 보도기사.

중앙일보, 2002년 1월 29일 보도기사.

중앙일보, 2002년 2월 23일 보도기사.

중앙일보, 2002년 10월 20일 보도기사.

중앙일보, 2004년 5월 27일 보도기사.

중앙일보, 2004년 6월 13일 보도기사.

중앙일보, 2006년 10월 19일 보도기사.

중앙일보, 2007년 1월 7일 보도기사.

중앙일보, 2007년 1월 8일 보도기사.

중앙일보, 2010년 12월 15일 보도기사.

중앙일보, 2011년 1월 19일 보도기사.

중앙일보, 2011년 1월 20일 보도기사.

파이낸셜뉴스, 2004년 5월 27일 보도기사.

한겨레신문, 2003년 7월 29일 보도기사.

한겨레신문, 2004년 5월 11일 보도기사.

한겨레신문, 2006년 10월 18일 보도기사.

모유수유 정보신문. http://www.breastfeeding.co.kr

부모넷. www.bumonet.or.kr

한국MBTI연구소. http://www.mbti.co.kr

한국여성민우회. http://www.womenlink.or.kr

한국한의원. http://cafe.daum.net/hankookomc

井深大(1990). 엄마는 인생 최고의 스승이다(유아교육연구회 역). 시간과공간사.

岩月謙司(2006). 부모의 긍정지수를 1% 높여라(오근영 역). 랜덤하우스코리아.

乎山論(2006). 아버지가 아이에게 꼭 해줘야 할 20가지(홍성민 역). 파라북스.

Archambault, R. D.(1964). *John Dewey on Education*. Chicago: The University of Chicago Press.

Ariès, P., & Duby, G. (Eds.). (2002–2006). 사생활의 역사 1~5(주명철, 성백용, 이영림, 전수연, 김기림 역). 새물결출판사.

Axline, V. M. (2002). 딥스(주정일, 이원영 역). 샘터사.

Beatty, B. (1998). 미국유아교육사(이원영 역). 교육과학사.

Barnes & Olson (1982).

Bartz, K. W. (1980). Parenting education for youth, In M. J. Fine (Ed.). Handbook on Parent Education. New York: Academic Press.

Berk, L. E.(1997). *Child Development* (4th ed.). Allyn and Bacon.

Berne, E. (1964). Games people play– The basic handbook of trasactional analysis. *The Psychology of Human Relationship*. N.Y.: Ballantic Books.

Berne, E. (1993). 심리적 게임(우재현, 김홍용 역). 정암서원.

Bessell, S. J.(1993). Efficacy of a parenting component in a teen parent program in Broward country, Florida. EDD Dissertation. Florida Atlantic University.

Bigner, J. J. (1979). *Parent-Child Relations: An Introduction to Parenting*. N.Y: MacMillan Publishing Co., Inc.

Biller, H. B. (1971). *Father, child and sex role*. Lexing ton, Mass: D.C. Health.

Blanchard, R. W. & Biller, H. B. (1971). Father Availability and Academic Performance among Third Grade boys. *Developmental Psychology, 4*, 301-305.

Bogal, A. (1985). Selected programs in other states relating to adolescent pregnancy prevention. Doctoral Dissertation. Wisconsin State Legislative Council.

Borger, J., & O'Neill, P. (1995). *Prevention initiative program, Final evaluation report fiscal 1994*. Chicago public schools, IL. Dept. of Research, Evaluation, and Planning.

Borich. G. D. (1988). *Effective teaching methods*. Merrill.

Bowen, M. (1978). Family theraphy in clinical practice. New York: Jason Aronson.

Brett, D. (2000). 그래 네 맘 알아 엄마 얘기 들어볼래(박찬옥 외 역). 한울림.

Brim, O. G.(1959). *Education for Child Rearing*. New York : Russell Sage Foundation.

Bronfenbrenner, U. (1979). *The Ecology of human Development: Experiments by nature and Design*.

Cambridge, MA; Havard University Press.

Bronfenbrenner, U. (1995). 가족생태학(이영 역). 학지사

Bronson, P., & Merryman, A. (2009). 양육쇼크(이주혜 역). 물푸레.

Bruner, Elias, Stein, & Schaefer (2004). Early learning left out; An examination of public investments in education and development by child age.

Burett, J. (2006). 이혼 후에 잘 길러야 아이 인생이 달라진다: 이혼한 부모를 위한 희망육아법(이지선 역). 북하우스

Caron, S. L., & Wynn, R. L. (1992). The intent to parent among young, unmarried college graduates. *Families in Society*. New York: sep 1992. vol 73.

Cole, B. (2008). 따로따로 행복하게(고정아 역). 보림출판사.

Cunha, Heckman, Lochner, & Masterov (2005). Interpreting the evidence of life cycle skill formation.

Dick, W., Carey, L., & Carey, J. (2009). 체계적 교수 설계(김동식, 강명희, 성양환 역). 아카데미프레스.

Dillon, Colleen O'Neill (2003). Navigating disrupted transitions from adolescence to adulthood: Cumulative adversity, social capital, and psychosocial outcomes. PhD Dissertation. University of Massachusetts, Boston.

Dion, K. K. (1985). Socialization in adulthood. In G. Lindzey & E. Aronson (Eds.), *The Handbook of social Psychology* (3rd ed.). New York : Newbery Award Records.

Doetsch, P. (1990). *Reducing the risk for child abuse by developing and implementing a parenting program for teenage mothers.* Ed. D. Practicum, Nova University.

Dreikurs, R.(1958). *The challenge of parenthood.* New York: Hawthorn Books Inc.

Duby, G. (1999). 중세의 결혼(최애리 역). 새물결출판사.

Duvall, E. M. (1998). Family development's First forty years, *Family Relations, 37*, 124-134.

Elkind, D. (1999). 변화하는 가족(이동원, 김모란, 윤옥경 역). 이화여자대학교출판부.

Elkind, D. (2001). 쫓기며 자라는 아이들(김용미 역). 학지사.

Erath, P. (1997). 일하는 여성의 아이 키우기(김경연 역). 여성신문사.

Erikson, E. H.(1950). *Childhood and society.* New York: Norton.

Erikson, E. H.(1968). Identity: *Youth and Crisis.* New York: Norton.

Eyre, L., & Eyre, R. (1999). 줏대 있는 아이가 세상의 중심이 된다(박찬옥 역). 한울림.

Faber, A., & Maglish, E. (1980). *How to Talk So Kids Will Listen & Listen So Kids Will Talk.* Avon

Fang, Shi-ruei Sherry (1992). Development of an ecological model: evaluation of a parent education program during the transition to parenthood. Ph.D. Dissertation. Michigan state University.

Fashimpar, G. A. (1992). An evaluation of three parent training programs. Ph.D. Dissertation. The University of Texas at Arlington.

Gagne, R. M. (1968). *Learning hierarchies. Educational Psychologist, 6*(1).

Gagne, R. M., & Briggs, L. J. (1979). *Principles of instructional design* (2nd ed.). New York : Holt, Rinehart & Winston.

Gale, J. S. (1898). *Korean Sketches.* Fleming H. Revell.

Galinsky, E. (1987). The six stages of parenthood: Parents will recognize themselves again and this book. *Psychology Today.* Addison Wesley Publishing Co., Inc.

Galvin, K. M., & Brommel, B. J. (1995). 가족관계와 의사소통: 응집성과 변화(노영주, 서동인, 원효종 역). 하우.

Ginott, H. G. (1965). *Between Parent and Child.* New York: Macmillan

Gordon, T. (1975). *P.E.T, The Tested New Way to Raise Responsible Children.* N.Y. & Scarborough Ontario: A Plume Book.

Gordon T. (2002). 부모역할 훈련(P.E.T)(이훈구 역). 양철북.

Gordon, T., & Gordon, J. (1989). 부모역할 배워지는 것인가(김인자 역). 한국심리상담연구소.

Gray, J, (2008). 화성에서 온 남자, 금성에서 온 여자(김경숙 역). 동녘라이프.

Groom, P. D. (1999). Prediction of parenting attitudes and behaviors among adolescents. Ph.D. Dissertation. The University of Tulsa.

Hall, C., & Lindzey, G. (1978). *Theories of Personality* (pp. 241-277). New York: John Wiley & Sons.

Hann, N., Smith, M. B., & Block, J. (1968). Moral reasoning of young adults: political-social behavior, family background, and personality correlates. *Journal of Personality and Social Psychology, 10*, 183-201.

Hanson, S. M. H., Heims, M. L., Julian, D. J., & Sussman, M. B. (1995). Single parent families: Present and future perspectives. Marriage & Family Review. New York: Mar 31, 1995. Vol. 20.

Haskins, R., & Adams, D. (1983). Parent Education and Public Policy, N.J.:Ablex Publishing Co.

Hayden, T. L. (2004). 제이디(이원영 역). 샘터사.

Holmes, J. (2007). 존 볼비와 애착이론(이경숙 역). 학지사.

Johnson, S. W. (1992). Sex education and teenage parenting education policies and curriculum in Missouri public schools. EDD Dissertation. University of Missouri-Columbia.

Kagan, R. (1995). Turmoil to turning points: building hope for children in crisis placements. New York:

W. W. Norton & Co.

Kagan, S. (1993). The research-policy connection: Moving beyond incrementalism. In B. Spodek (Ed.), *Handbook of research on the education of young children* (pp. 506-518). Macmillan Publishing Company.

Karp, H. (2004). 엄마, 나는 아직 뱃속이 그리워요(윤경애 역). 한언.

Kauchak, D. P., & Eggen, P. D. (2003). *Learning and Teaching, Research-based methods*. Allyn and Bacon.

Keller, J. M. (1983). Motivational design of instruction. In C. M. Reigeluth (Ed.), *Instructional design theories and models: An overview of their current status*. Hillsdale, NJ : Lawrence Erlbaum Associates.

Kimmel, D. C., & Weiner, I. B.(1995). *Adolescence: A Developmental Transition*. New York : Wiley & Sons, Inc.

Kiyosaki, B., & Lechter, S. L. (2001). 부자 아빠 가난한 아빠 4: 부자아빠의 자녀교육법(형선호 역). 황금가지.

Knock, D., & Schacht, C. (1997). *Choices in Relationship*. Wadsworth.

Kuhn, A. S. (1987). The effects of pre-parent education on high school students' attitude toward and knowledge of child rearing. PHD Dissertation. University of Maryland College park.

Laing, R. D. (1982). *Self and Others*. N. Y.: Pantheon.

Lakshmanan, I. A. R. (1995). *Teen-agers saying no way, baby citywide program help to reduce youth pregnancy*, Boston Globe: Jul 23, 1995.

Lamb, M. E. (1995). 아버지의 역할과 아동발달(김광웅, 박성연 역), 이화여자대학교출판부.

Lansky, V. (2003). 코코, 네 잘못이 아니야(이경미 역). 친구미디어.

Leboyer, F. (1990). 폭력없는 탄생(주정일 역). 샘터사.

LeVant, R. F. (1990). Education for fatherhood. In P. Bronstein & C. P. Cowan (Eds.), *Fatherhood today: Men's changing role in the family*. New York: John Wiley & Sons.

Long, N., & Forehand, B. (2003). 이혼한 부모를 위한 50가지 자녀양육법(이재연 역). 한나.

Maar, N., & Ballhaus, V. (2001). 아빠는 지금 하인리히 거리에 산다(이지연 역). 아이세움.

Maslow, A. (1968). *Toward a psychology of being* (2nd ed.). Princeton: Van Nostrand.

Masterpasqua et al., (1992). *Teaching Children about Parenting*. Washington D.C. : American Psychological Association.

Mcloyd, V. C. (1990). The impact of economic hardship on black families and children: Psychological distress, parenting, and socioemotional development. *Child Development, 61*, 311-346.

Micucci, J. A. (1998). *The Adolescent in Family Therapy*. Guilford.

Murdock, S. A. (1991). A program evaluation of the welcome baby project: a primary prevention program for teenager mother and their infants. PSYD Dissertation. Old Dominion University.

Muriel, J., & Jongeward, D. (2005). 아이는 성공하기 위해 태어난다(이원영 역). 샘터사.

Oakley, A. (1984). *Taking it like a Woman*. London: Jonathan Cape.

Out, J. W. (1998). Baby Think It Over' (TM): *The use of role-play to prevent teen pregnancy*. MA Dissertation. University of Windsor(Canada).

Papalia, D. E., Olds, S. W., & Feldman, R. D. (2002). *A Child's World: Infancy through adolescence*. McGraw-Hill.

Passino, A. and wurtz, C. W. (1992). The influence of personal adjustment, child treatment and social support on adolescent parenting(teenage pregnancy). Ph.D. Dissertation. University of Notre dame. (2002). Plain Talk Implementation Guide. Tools for Developing Community Programs to reduce teen pregnancy. ED474882. (2004). Preparing future parents and early care educators in Oklahoma. Techniques Alexandria: Mar 2004. Vol. 79, Iss 3.

Penley, J. (1998). 성격유형과 자녀양육태도(심혜숙 역). 한국심리검사연구소.

Perry, B. D., & Szalavitz, M. (2011). 개로 길러진 아이(황정하 역). 민음인.

Popkin, M. (2003). 현대의 적극적 부모역할 훈련(홍경자 역). 한국심리교육센터출판부.

Poulter, S. B. (2005). 당신은 아들에게 어떤 아버지입니까?(이원기 역). 지식의 날개.

Reiss, I. L. (1991). Sexual Pluralism: Ending America's Sexual Crisis. *SIECUS Report, 19*(3), 5-9.

Rhee, W. Y. (2007). The Role of Teachers in Furthering the Devalopment of Social Competence in Young Children. Asia-Pacipic journal of Research in Early Childhood Education. Vol. 1. No. 1. pp. 39-64.

Rollet, C., & Morel, M. (2002). 출산과 육아의 풍속사(나은주 역). 사람과 사람.

Roundtree, D. J. (1987). Implementing parenting workshops with SOLVE adolescent mothers. *Practicum paper*. Nova University.

Russert, T. (2006). 아버지의 지혜(이경식 역). 문학수첩.

Sangalang, B. B. (2003). A study of social and health outcomes among teenage mothers in North Carolina's adolescent parenting program. PhD Dissertation. The University of North carolina at Chapel Hill.

Satir, V. M. (1972). *Peoplemaking*. Palo Alto, CA: Science and Behavior Books.

Schaefer, E. S., & Bayley, N. (1959). Development of a maternal behavior research instrument. *The Journal of Genetic Psychology*.

Sternberg, R. (1986). A Triangular Theory of Love. *Psychology Review, 93*, 119-135.

Sunley, R. (1955). Early 19th Century of American Literature on Child Rearing. In M. Mead & M. Wolfenster (Eds.), *Childhood in Contemporary Culture*.

Tannen, D. (2002). 남자를 토라지게 하는 말 여자를 화나게 하는 말(정명진 역). 한언.

Tebb, K. P. (1999). The effectiveness of monitoring for adolescent mothers and their infants: A comparative study between sister friend and cal learn. Ph.D. Dissertation. University of california, Davis.

Teyber, E. (2006). 이혼가정 자녀 어떻게 돌볼 것인가(성정현, 김희수, 박한샘, 양심영, 양혜원, 전명희, 주소희, 최정숙 역). 청목출판사.

Turnbull, R. (2001). 좋은 부모가 되기 위해 떠나는 10단계 여행: 부모역할이 즐거워지는 실천 프로그램(장명숙 역). 한울림.

Verny, T. (2005). 태아는 알고 있다(김수용 역). 샘터사.

Visher, E. B. (2003). 재혼가정 치료(박진호, 조아랑 역). 빈센트.

Vogel, V. L. (1980). Adolescent parenting and parenthood prepareness: procedures for collection of opinions about children, child rearing, parenting, and parent education from rural country secondary school. Ph.D. Dissertation. University of Illinois at Urbana-champaign.

Warshak, R. A. (2005). 이혼, 부, 모, 아이들: 당당한 관계를 위한 아이들(황임란 역). 아침이슬.

Watson, J, B. (1928). *Psychological Care of Infant and Child*. London: George Allen & Unwin Ltd.

Weinstein, Estelle, Rosen, Efrem (1994). Decreasing sex bias through education for parenthood or prevention of adolescent pregnancy: A developmental model with integrative strategies. Roslyn Heights : Fall 1994, Vol. 29.

Wenar, C. (1998). 발달정신병리학: 영아기부터 청소년기까지(이춘재 외 역). 중앙적성출판사.

Werner, H., & Kaplan, B.(1964). *Symbol formation*. New York: John Wiley & Sons.

Williams, K. V. (1988). An ecological investigation of adolescent parenting. Ph.D. Dissertation. California school of professional psychology-Los angeles.

Young, M. (1991). Incorporating knowledge of developmental needs and critical thinking into a parenting curriculum module for undergraduate nursing students(adolescent mothers). Ph.D. Dissertation. Loyola University of Chicago.

Zimmerman, L. J.(1995). Adolescent knowledge, attitude, and perceptions regarding child development, parenting, and discipline styles. Psyd. Dissertation. University of Pittsburgh.

저자 소개

이원영 이화여자대학교 사범대학 유아교육과 졸업
이화여자대학교 대학원 유아교육학(문학석사)
미국 University of Washington 대학원 교육학 석사
이화여자대학교 대학원 유아교육학(문학박사)
영국 Sheffield University 방문교수 역임
배재학당 재단 이사 역임
전국유아교육양성사립대학교수협의회 회장 역임
한국유아교육학회장 역임
세계유아교육기구(OMEP) 한국위원회 회장 역임
대통령 자문기구 교육개혁위원회 위원 역임
대통령 자문기구 교육인적자원개발정책위원회 위원 역임
여성부 정책자문위원회 자문위원 역임
유아교육법 제정을 위한 유아교육대표자연대 의장 역임
환태평양 유아교육 연구학회(PECERA) 회장 역임
현 중앙대학교 사범대학 유아교육학과 명예교수

주요 저서 및 역서
100년이 지나도 변하지 않는 소중한 육아 지혜(샘터사, 2006)
아이는 성공하기 위해 태어난다(역, 샘터사, 2005)
우리 아이 좋은 버릇 들이기(샘터사, 2004)
제이디(역, 샘터사, 2004)
딥스(공역, 샘터사, 2002)

김정미 중앙대학교 사범대학 유아교육학과 졸업
중앙대학교 대학원 유아교육학(문학석사)
중앙대학교 대학원 유아교육학(문학박사)
미국 University of Illinois at Urbana/champaign 방문교수 역임
현 삼육대학교 유아교육과 교수

주요 논문
고등학생을 위한 예비부모교육프로그램의 효과에 관한 연구(2010)
국내외 예비부모교육 동향에 대한 연구(2005)
대학생을 위한 예비부모교육 프로그램 개발(2005)
예비부모교육 프로그램의 적용효과(2004)
예비부모교육에 대한 대학생들의 만족도 및 요구도 조사연구(2003)

대학생을 위한
예비부모교육

2011년 8월 29일 1판 1쇄 발행
2022년 1월 20일 1판 9쇄 발행

지은이 • 이원영 · 김정미
펴낸이 • 김 진 환
펴낸곳 • (주) **학지사**

　　　　　04031 서울특별시 마포구 양화로 15길 20 마인드월드빌딩 5층
대표전화 • 02) 330-5114　　　팩스 • 02) 324-2345
등록번호 • 제313-2006-000265호

홈페이지 • http://www.hakjisa.co.kr
페이스북 • https://www.facebook.com/hakjisabook

ISBN 978-89-6330-652-0 93370

정가 19,000원

저자와의 협약으로 인지는 생략합니다.
파본은 구입처에서 교환하여 드립니다.

출판 · 교육 · 미디어기업 **학지사**

간호보건의학출판 **학지사메디컬** www.hakjisamd.co.kr
심리검사연구소 **인싸이트** www.inpsyt.co.kr
학술논문서비스 **뉴논문** www.newnonmun.com
원격교육연수원 **카운피아** www.counpia.com